复旦卓越·商洋系列

（第五版）

新编经济法教程

段宝玫　林沈节　主编　　沈　全　副主编

复旦大學 出版社

内容提要

经济法是在社会主义市场经济体制条件下，调整国家为维护社会整体利益，在适度干预经济和管理市场过程中发生的经济关系的法律规范的总称。本书以我国市场经济立法体系为依据，不拘泥于学科分类意义上的严格性，围绕市场经济运行中最为常见和实用的理论和实践问题，从经济法总论、市场主体规制法律制度、市场主体经营行为法律制度、市场秩序规制法律制度、宏观经济调控与可持续性发展保障法律制度、劳动与社会保障法律制度、国际经济贸易法律制度以及经济仲裁与诉讼法律制度八个部分进行了全面、系统的阐述。全书具有较强的理论性和实践性，可作为高等院校经济类、管理类、财经类等非法律专业学生学习"经济法概论"或"经济法通论"课程的教学用书，亦可供其他从事经济管理、法律实务工作的人士参考！

第五版前言

《中华人民共和国国民经济和社会发展第十三个五年规划纲要》指出,要全面推进法治中国建设,完善以宪法为核心的中国特色社会主义法律体系。要加快重点领域立法,坚持立改废释并举,完善社会主义市场经济和社会治理法律制度,加快形成完备的法律规范体系。市场经济是法治经济,熟悉和掌握市场经济法律法规,对于充分利用市场规则,迎接市场经济发展带来的机遇与挑战具有重大意义。

高等院校在培养熟悉和掌握市场经济法律法规、适应社会主义市场经济建设需要的高层次人才方面,担负着重要的历史使命。我国大部分高等院校经管类、财经类专业开设"经济法"课程已有相当长的历史,并形成了鲜明的特色。考虑到经管类、财经类专业与法学专业的差异,以及非法学专业学生学习市场经济法律知识的客观需要,本书没有囿于学科分类意义上的严格性,而是在阐述经济法基本理论和基本知识的基础上,着重介绍了与市场经营主体及市场经营活动关系最为密切的民法、商法和经济法等方面的基本法律规定,使读者对我国市场经济法律体系的总体构架和重要内容有比较全面的了解。

全书分为经济法总论、市场主体规制法律制度、市场主体经营行为法律制度、市场秩序规制法律制度、宏观经济调控与可持续性发展保障法律制度、劳动与社会保障法律制度、国际经济贸易法律制度以及经济仲裁与诉讼法律制度共八编二十六章,内容涵盖了民法、知识产权法、公司法、企业法、破产法、合同法、担保法、票据法、反不正当竞争法、产品质量法、消费者权益保护法、证券法、预算法、税法、统计法、会计法、审计法、银行法、土地管理法、劳动法等20余部实体法以及诉讼法等程序法。在体例设置上,每章前均有本章概要,便于读者对全章内容的总体把握,明晰重点与难点。在编写过程中,我们注重吸收最新立法成果及理论成果,如近年修订、制定的《公司法》《证券法》《审计法》《环境保护法》《物权法》《消费者权益保护法》等内容在相关章节均有较为系统的阐述。此外,文中引用的观点和资料均加以标注并附有参考文献,有助于读者较为全面地把握相关领域的研究成果和前沿、热点问题,充分体现本书理论性与实用性相结合的特点。

本书第四版出版后,再次受到各高等院校及广大读者的欢迎,并荣获2015年上海普通高校市级优秀教材奖。为了完善教材体系和内容,根据近年来我国经济领域的一些重要立法成果和变化,我们对部分相关章节进行了修改或重新编写,具体涉及的立法包括《中华人民共和国民法总则》《中华人民共和国外资企业法》《中华人民共和国中外合资经营企业法》《中华人民共和国中外合作经营企业法》《中华人民共和国反不正当竞争法》《中华人民共和国证券投资基金法》《中华人民共和国对外贸易法》《中华人民共和国税收征收管理法》《中华人民共和国商业银行法》《中华人民共和国海洋环境保护法》《中华人民共和国环境影响评价法》《中华人民共和国大气污染防治法》以及《中华人民共和国仲裁法》。

本书撰写分工为(按章节顺序):

第一章、第三章、第十章、第十三章第五节、第十四章、第十五章、第十七章、第十九章:林沈节;

第二章、第二十二章:何爱华;

第四章:王红珊;

第五章、第七章、第十二章、第二十三章:段宝玫;

第六章、第九章、第二十一章、第二十五章:何艳华;

第八章、第二十章、第二十四章:沈全;

第十一章、第十六章、第十八章:徐文捷;

第十三章第一节至第四节:王红珊、沈全;

第二十六章:汤景桢。

主编:段宝玫、林沈节;副主编:沈全。

在编写过程中,我们参考了国内外公开出版和发表的有关专著、教材和论文。复旦大学出版社的领导和编辑对本书的出版给予了大力支持。在此一并致谢!

由于时间仓促和水平所限,敬请专家、学者和广大读者对书中疏漏、不当之处提出指正,不吝赐教。

编　者
2017 年 11 月

目　录

第一编　经济法总论

第一章　经济法的概念和地位 … 2
　第一节　经济法的产生和发展 … 2
　第二节　经济法的概念和调整对象 … 7
　第三节　经济法的地位 … 11
　第四节　经济法的体系和渊源 … 13

第二章　经济法律关系 … 17
　第一节　经济法律关系的概念和特征 … 17
　第二节　经济法律关系的要素 … 18
　第三节　经济法律关系的产生、变更和终止 … 22
　第四节　经济法律行为 … 23
　第五节　代理 … 26
　第六节　经济法律责任 … 30
　第七节　诉讼时效 … 32

第三章　物权法律制度 … 36
　第一节　物权的基本概念 … 36
　第二节　所有权 … 40
　第三节　他物权 … 47
　第四节　占有的法律制度 … 49
　第五节　物权的变动 … 50
　第六节　物权的法律保护 … 53

第四章　知识产权法律制度 … 56
　第一节　知识产权的概述 … 56
　第二节　专利法 … 59

第三节　商标法 ································· 63
　　第四节　著作权法 ······························· 72

第二编　市场主体规制法律制度

第五章　公司法律制度 ······························· 80
　　第一节　公司法概述 ····························· 80
　　第二节　有限责任公司的设立和组织机构 ············· 83
　　第三节　股份有限公司的设立和组织机构 ············· 90
　　第四节　股份有限公司的股份发行和转让 ············· 97
　　第五节　公司董事、监事、高级管理人员的资格和义务 · 100
　　第六节　公司债券 ······························ 102
　　第七节　公司财务、会计 ························ 103
　　第八节　公司合并、分立、增资、减资 ·············· 104
　　第九节　公司解散和清算 ························ 105
　　第十节　外国公司的分支机构 ···················· 106
　　第十一节　违反公司法的法律责任 ·················· 107

第六章　合伙企业法律制度 ··························· 110
　　第一节　合伙企业法概述 ························ 110
　　第二节　普通合伙企业法律制度 ···················· 112
　　第三节　有限合伙企业法律制度 ···················· 117
　　第四节　合伙企业解散、清算制度 ·················· 118

第七章　个人独资企业法律制度 ······················· 120
　　第一节　个人独资企业法概述 ···················· 120
　　第二节　个人独资企业的设立 ···················· 121
　　第三节　个人独资企业的投资人及事务管理 ·········· 123
　　第四节　个人独资企业的解散和清算 ················ 125
　　第五节　违反《个人独资企业法》的法律责任 ········ 126

第八章　外商投资企业法律制度 ······················· 128
　　第一节　外商投资企业法概述 ···················· 128
　　第二节　中外合资经营企业法 ···················· 129
　　第三节　中外合作经营企业法 ···················· 135

第四节　外资企业法 … 138

第九章　破产法律制度 … 141
　第一节　企业破产法概述 … 141
　第二节　破产的申请和受理 … 143
　第三节　管理人 … 144
　第四节　债务人财产和债权申报程序 … 145
　第五节　债权人会议和债权人委员会制度 … 146
　第六节　重整 … 148
　第七节　和解 … 150
　第八节　破产宣告和破产清算 … 150
　第九节　破产法律责任 … 152

第三编　市场主体经营行为法律制度

第十章　合同法律制度 … 156
　第一节　合同法概述 … 156
　第二节　合同的订立 … 160
　第三节　合同的效力 … 165
　第四节　合同的履行 … 168
　第五节　合同的变更和转让 … 171
　第六节　合同的终止 … 172
　第七节　违约责任 … 175
　第八节　合同的法律适用和争议处理 … 178

第十一章　担保法律制度 … 180
　第一节　担保法概述 … 180
　第二节　保证 … 181
　第三节　抵押 … 184
　第四节　质押 … 186
　第五节　留置 … 188
　第六节　定金 … 189

第十二章　票据法律制度 … 191
　第一节　票据法概述 … 191

第二节　汇票 ·· 200
　　第三节　本票 ·· 207
　　第四节　支票 ·· 208
　　第五节　涉外票据的法律适用 ·· 209
　　第六节　违反《票据法》的法律责任 ·· 210

第四编　市场秩序规制法律制度

第十三章　公平交易法律制度 ·· 214
　　第一节　反不正当竞争法概述 ·· 214
　　第二节　不正当竞争行为 ··· 217
　　第三节　对不正当竞争行为的监督检查 ··· 220
　　第四节　违反《反不正当竞争法》的法律责任 ······································· 221
　　第五节　反垄断法 ·· 223

第十四章　产品质量法律制度 ·· 233
　　第一节　产品质量法概述 ··· 233
　　第二节　产品质量监督管理 ··· 235
　　第三节　产品质量责任和义务 ·· 239
　　第四节　产品质量侵权的损害赔偿责任 ··· 241
　　第五节　产品质量的行政和刑事责任 ·· 243

第十五章　消费者权益保护法律制度 ·· 248
　　第一节　消费者权益保护概述 ·· 248
　　第二节　消费者权益保护立法 ·· 251
　　第三节　消费者的权利 ··· 252
　　第四节　经营者的义务 ··· 254
　　第五节　争议解决和法律责任 ·· 257

第十六章　证券法律制度 ·· 262
　　第一节　证券法概述 ··· 262
　　第二节　证券的发行 ··· 265
　　第三节　证券交易 ·· 269
　　第四节　上市公司收购 ··· 274
　　第五节　证券机构 ·· 276

第六节　法律责任 …………………………………………………… 278

第五编　宏观经济调控与可持续性发展保障法律制度

第十七章　预算法律制度 …………………………………………… 284
　　第一节　预算法概述 …………………………………………………… 284
　　第二节　预算管理的法律规定 ………………………………………… 286
　　第三节　分税制和预算收支范围的法律规定 ………………………… 289
　　第四节　预算编制、审批、执行及决算的法律规定 ………………… 291
　　第五节　对预算、决算监督的法律规定 ……………………………… 293
　　第六节　违反《预算法》的法律责任 ………………………………… 295
第十八章　税收法律制度 …………………………………………… 297
　　第一节　税法概述 ……………………………………………………… 297
　　第二节　我国税收的分类和主要税种 ………………………………… 300
　　第三节　税收征收管理 ………………………………………………… 305
第十九章　银行法律制度 …………………………………………… 312
　　第一节　银行法概述 …………………………………………………… 312
　　第二节　货币发行、现金管理法律制度 ……………………………… 316
　　第三节　存款与贷款法律制度 ………………………………………… 318
　　第四节　结算管理法律制度 …………………………………………… 322
　　第五节　外汇管理法律制度 …………………………………………… 324
第二十章　会计、审计、统计法律制度 …………………………… 327
　　第一节　会计法 ………………………………………………………… 327
　　第二节　审计法 ………………………………………………………… 334
　　第三节　统计法 ………………………………………………………… 340
第二十一章　土地管理法律制度 …………………………………… 347
　　第一节　土地管理法律制度及其基本原则 …………………………… 347
　　第二节　土地所有权和使用权 ………………………………………… 348
　　第三节　耕地保护和建设用地管理 …………………………………… 353
　　第四节　土地法律责任与纠纷处理 …………………………………… 355
第二十二章　环境资源法律制度 …………………………………… 358
　　第一节　环境资源法概述 ……………………………………………… 358

第二节　环境资源法的基本制度 ··· 361
　　第三节　环境污染防治法 ··· 365
　　第四节　污染物质污染防治法 ··· 367
　　第五节　环境资源法的法律责任 ·· 370

第六编　劳动与社会保障法律制度

第二十三章　劳动法律制度 ·· 376
　　第一节　劳动法概述 ··· 376
　　第二节　劳动合同 ·· 378
　　第三节　工作时间、休息休假和工资 ·· 389
　　第四节　劳动安全卫生和劳动保护 ··· 391
　　第五节　劳动争议 ·· 392

第二十四章　社会保障法律制度 ·· 397
　　第一节　社会保障法律制度 ·· 397
　　第二节　社会保险法律制度 ·· 402
　　第三节　社会救济、优抚安置、社会福利法律制度 ························· 408

第七编　国际经济贸易法律制度

第二十五章　国际经济贸易法律制度 ·· 414
　　第一节　WTO 法律制度概述 ·· 414
　　第二节　我国对外贸易法律制度 ·· 421

第八编　经济仲裁与诉讼法律制度

第二十六章　经济仲裁制度和诉讼法律制度 ··· 430
　　第一节　经济仲裁 ·· 430
　　第二节　经济纠纷诉讼 ·· 437

第一编 经济法总论

第一章 经济法的概念和地位

[本章概要]

本章从经济法的产生和发展入手,分析了经济法产生和发展的历史条件;介绍了现代主要经济法学说和我国当代经济法学界具有代表性的观点,阐述了经济法的调整对象;分析了经济法的独立性和经济法在法律体系中的地位;经济法的渊源等。

第一节 经济法的产生和发展

一、经济法的产生和发展概述

在语源上,"经济法"一词最早出现在 1755 年法国空想共产主义者摩莱里(Morelly)的《自然法典》,而另一位法国空想共产主义者德萨米(Dezamy)于 1842 年在其著作《公有法典》中也使用了"经济法"一词。然而,"经济法"在这两本著作中仅指社会运动的法则,而与法学意义上的"经济法"相去甚远。1865 年,法国著名经济学家和政治家普鲁东发表了《论工人阶级的政治能力》,指出法律应当通过普遍和解来解决社会生活矛盾。但是,不改组社会,"普遍和解"就无法实现——而且构成新社会组织基础的就是"经济法"。有学者认为这是历史上最早提出的经济法理念和学说,但由于其尚不成体系,只是一种萌芽状态的思想,因此尚不能说经济法在这时就已经形成。

1906 年,在德国创刊的《世界经济年鉴》杂志中,德国学者里特(Ritter)最早从现代意义上使用了"经济法"一词,表示有关世界经济的各种法规概况,这被认为是现代经济法术语和学科的起源。

现代意义上的经济法是资本主义进入垄断阶段以后,国家运用法律手段干预经济的产物。早期的资本主义倡导契约自由,对经济活动国家一般不作干预。进入垄断资本主义以后,出现了一些新的经济现象,国家通过颁布一些法律、法令直接干预经济活动,人们把这些与传统的调整经济关系的民法、商法不同的法律,称为经济法。

例如,1914 年爆发了第一次世界大战。发动这场战争的德国为了筹集战争物资、加强有关物资的管理,先后颁布了《关于限制契约最高价格的通知》《确保战时国民粮食措施令》,强制征集粮食等军需和民用物资,并对居民日用品实行配给制度。当时人们把这些法令称为"战时经济立法",或称为"经济统制法"。1918年第一次世界大战结束,德国作为战败国,为了应付经济困难,又颁布了《煤炭经济法》《卡特儿规章法》《防止滥用经济力法令》等法规,对企业的经济活动进行直接干预。

日本在第一次世界大战期间,先后制定和实施了《军需业总动员法》《船舶管理法》《军用汽车补助法》《战时海上保险法》等法规,把经济纳入战争轨道。到第二次世界大战,又颁布了《国家总动员令》《公司管理统治令》《工资临时统治令》《价格统治令》《粮食管理法》等,对经济进行管制。

随着这些新的法律现象的产生和发展,人们逐步接受了"经济法"一词。特别是第二次世界大战前后,德国、日本、美国等颁布了大量的经济法律、法规,以实现政府对社会经济的强制干预和推动社会经济的变革。人们逐步掀起对经济法研究的热潮,使经济法逐步发展为一个独立的法律部门和法律学科。最为突出的是战后的日本,为了摆脱困境,振兴经济,在实行经济非军事化、确立和平经济、提倡经济民主化等三项原则的基础上,颁布了以禁止垄断为中心内容,包括企业管理、工业、商业、财政金融、外贸外汇、环保等方面130多种经济法规,并汇编编入1979年出版的《六法全书》中设置的"经济法"专篇,足见经济法在日本法律体系中占有重要地位。在美国,早在19世纪末、20世纪初就先后颁布了《谢尔曼法》《克莱顿法》《联邦委员会贸易法》等统称为反托拉斯法的法律、法规。这些法律、法规虽然没有冠以经济法的名称,但一般认为这些法律属于现代意义上的重要的经济法。尽管经济法已经成为一个独立的法律部门和法律学科,但世界上只有原捷克斯洛伐克曾于1967年制定了《经济法典》,其他国家均未单独制定经济法典。

中华人民共和国成立后,在相当长的一段时间内,我国虽然制定、颁布了一些经济方面的法律、法规,但没有正式称之为经济法。由于我国在一段时间里实现计划经济体制,不可能重视经济法以及其他法律在经济建设中的作用。在高度集中的计划经济体制下,从宏观到微观都是实行以政府指令性计划为主的管理体制。整个国民经济运行,都是以政府为主体,以指令性计划为中心,通过政府的行政行为,即采取行政指令、行政措施、行政手段等方法,来保障国民经济的运行。党的十一届三中全会认真总结了新中国成立以来的经验教训,在全面推行改革开放政策的同时,在经济工作的方法上,提出了要采取经济的、法律的、并辅之以必要的行政手段来管理经济,搞好我国的社会主义现代化建设。在1993年11月14日党的十四届三中全会通过的《关于建立社会主义市场经济体制若干问题的决定》中明确指出,社会主义市场经济体制的建立和完善,必须有完备的法制来规范和保障。要高度重视法制建设,做到改革开放与法制建设的统一,学会运用法律手段管理经济。

虽然我国经济法的兴起比其他国家迟缓了三四十年,但其发展之快、发展的广度和深度是其他国家所不及的。20世纪80年代以来,经济方面的立法是全国人民代表大会及其常务委员会立法的重点,经过三十多年的努力,初步形成了我国的经济法律框架体系。与此同时,经济法研究和教学在全国范围迅速发展。从政府的经济法研究中心到民间的经济法研究会、经济法学会;从政法院校开设经济法专业、经济法系到所有财经、管理院校及其他院系开设经济法课程和其他法律课程。经济法以及其他法律知识已经成为当代中国大学生知识结构的不可缺少的重要组成部分。这必将推动我国社会主义市场经济建设和法制建设进一步发展。

二、经济法产生和发展的历史条件

法的产生和形成与一定的经济基础相关,它是基于调整经济关系的需要而产生的。同时作为上层建筑,法的产生和形成也会受到上层建筑的其他部分的影响,特别是国家的影响。经济法也不例外,经济法是市场经济内在矛盾的必然产物,是国家职能发展的必经阶段,同时也是法律意识作用的必然结果。

(一)经济法产生和发展的社会基础

社会化大生产和垄断的生成,是经济法产生和发展的社会物质条件。

资本主义进入大机器工业阶段后,形成了社会化大生产。社会化大生产主要表现在以下三个方面:

其一,在大规模生产的基础上,形成了生产社会化。生产社会化,指生产资料使用社会化、生产过程社会化和产品社会化。科技新成果的广泛应用形成了大规模生产,其直接结果是生产过程越来越具有社会性,出现了生产社会化。生产社会化使社会经济发生了根本性变革,从而单个资本转变为集中的社会共同资本,实现了资本社会化;单个人的劳动转变为社会的共同劳动,实现了劳动社会化。

其二,社会分工不断深化,新的产业部门不断出现,各经济主体相互依存,形成国民经济体系化。19世纪末20世纪初,化学工业、汽车工业、石油工业等新兴工业部门不断产生并迅速发展。在新兴工业部门形成的同时,在既有的同一生产部门内部也发展成许多新的生产类别,使这些行业进一步扩大。这一时期,社会经济形成了以中心生产部门为轴心的连锁性和基本经济过程连续性。社会各经济部门、同一经济部门的各个经济单位不再是孤立的、分割的,而是相互衔接、互补共存,社会经济形成了有机联系的整体,从而奠定了国民经济完整体系的基础。

其三,完备的市场要素和市场竞争,使各地区、各国家之间的商品交换活动日益频繁,经济联系扩展到全球,形成了垄断资本主义经济国际化。生产社会化和国民经济体系化,把市场经济推向了更高的阶段。在商品输出的同时,资本和技术不断输出,从而使垄断资本主义市场经济具有了国际性质。垄断资本主义经济国际化的标志是贸易的自由化、世界市场的一体化、生产的全球化。

社会化大生产推动了社会经济关系的变化,这种新变化使资本主义的内在矛盾日益显现。为了把生产力与生产关系的矛盾控制在资本主义范围内,西方国家不再信奉"市场万能"理论,政府开始干预经济,纷纷制定相关法律,从最初大量的应付战争和经济危机性质的经济立法到后来自觉维护经济协调发展的现代经济法便应运而生。

(二) 经济法产生和发展的政治基础

国家职能的变化是经济法产生和发展的政治基础。经济基础的变化必然导致作为上层建筑核心的国家职能的变化。在资本主义自由经济阶段,国家对经济采取放任态度。在国家与法的领域,这种放任思想表现为"夜警国家论""有限政府论"。这些理论主张国家与法在自由市场经济下的消极作用,即对社会经济不予干预,"干预最少的政府是最好的政府"是资本主义国家的共识。市场经济主要由民商法调整。民商法的制定,一方面反映了商品经济的内在要求,另一方面也体现了国家对经济的期望。民法基本原则诸如契约自由、诚实信用、平等自愿、等价有偿等的确立,客观上体现了国家鼓励自由竞争,维护经济秩序从而实现促进经济和社会发展的目的。国家选择民商法对市场经济进行规制是由在这种自由经济形态下国家所承担的经济职能决定的。但进入垄断资本主义时期,经济危机频繁发生,社会矛盾进一步激化,垄断的出现极大地限制了自由竞争这个市场经济的内在驱动力,使生产力的发展受到阻碍。这些问题恰恰都是在民商法所设定的法律框架下产生的,但也是民商法所无力解决的。社会经济生活强烈要求国家进一步介入社会经济领域,国家不能像过去那样只当"守夜人"和"警察"及"仲裁人"了,而要对社会经济生活进行全面干预,以求经济能够稳定发展。但是,市场经济本质是法制经济,此种土壤产生出的国家干预决定了其不能是政府随意地针对具体经济个体的干预,而必须是带有普遍性、政策性的,针对一般经济主体的干预。这就决定了国家必须选择法律的形式对社会经济生活进行干预。即使是采用某些行政或经济性质的干预,亦必须是在法定程序下进行。应这种国家干预的需要,西方资本主义国家进行了大量的经济立法。这些新的法律组成了一个新的独立的法部门——经济法。简言之,反垄断和反危机促进了国家经济职能的扩展,从而为现代经济法的产生奠定了政治基础。

(三) 经济法产生和发展的法律基础

社会本位的法哲学思想是经济法产生和发展的法律基础。社会物质条件是法哲学思想的决定性基础。与生产社会化、国民经济体系化和垄断资本主义经济国际化的转变相适应,法哲学思想经历了从个人本位向社会本位的转变。社会本位法哲学思想揭示新的法现象的本质,从而使创立经济法理论成为可能。

自由主义市场经济是自由放任的经济,它与自然法学派的思想是一脉相承的。这在法律上表现为民法。民法以个人权利为本位,强调"意识自治",客观上排斥国家权力的干预,从保障个人契约自由出发来推动社会经济发展,这种不干预的自由放任主义思想被亚当·斯密在其名著《国富论》中发挥到了登峰造极的地步,以至于在自由资本主义时代一致认为"管得越少的政府就是最好的政府"。在自由主义市场经济条件下,个人主义、自由主义是社会思想观念的主流,其在法哲学思想上表现为个人本位。个人本位的核心是个人权利本位,简称权利本位。权利本位论的基本主张和特征是:把权利的地位放在实在法(制定法)之上,也放在国家最高权力之上。主张"自由权利",亦即"天赋人权",认为人性是自然法之父,自然法是实在法之父,认为私有财产权是从自然状态带进国家组织中去的自然权利,因而私有财产神圣不可侵犯,国家不能设置任何障碍,认为自由是人性的结果,人的自由、平等是不可剥夺的权利,国家权力应为保障自由、财产和安全服务;权利是法律的中心概念。主张"法是客观的权利,权利是主观的法律","客观法""主观法"由此而分;"法学是权利之学",充分表达了权利在法文化中的地位;权利是现实的人进行社会活动的工具和出发点。认为现实的人在利益驱动下依据权利参加社会分工和商品交换活动。这里"现实的人",是自由主义市场经济的参加人即所谓"经济人"。

权利本位法哲学思想是对国家义务本位论的否定,是历史的超然。到了19世纪末20世纪初,随着资本主义向垄断阶段发展,垄断资本家凭借其自身对资源的垄断而排斥自由竞争。市场调节所具有的自发性、盲目性和滞后性等缺陷日益充分暴露出来,市场机制失去了其优化配置资源的作用。与此同时,民法所确立的一系列平等、自愿等原则也受到了极大冲击。这种盲目发展带有垄断性的社会关系,可以说是以近代民法为媒介发展起来的。自由主义市场经济逐渐失去自律性。此时,法学家们开始思考个人与社会的关系,认为自由放任、权利本位的弊害在于个人与社会的关系上采取了"个人中心"的立场,已不适合时代要求,认为社会利益就是个人真正利益,个人生存、发展依赖社会的生存、发展。因此,在个人和社会的关系上出现了以社会为本位的法哲学思想,社会法学派逐渐兴起。以庞德、耶林、边沁为代表的社会法学派把社会权概括为权利的首要含义;提出应对私人所有权作出明确的限制;对自然权利论进行了批判。

可见,社会本位法思想是以社会权为核心的权利思想,是以社会权为基础构建社会政治、经济和法律制度的思想。社会本位法哲学思想不是一般地排斥权利,而是权利不再处于本位地位。这种新的权利论不再以社会契约论和自由权利论为前提。以自由权为中心的权利本位法哲学思想向以社会权为中心的社会本位法哲学思想演变,反映了市场经济发展的一般进程,这是巨大的历史性进步。这种转变使经济法理论的创立成为可能。

第二节 经济法的概念和调整对象

一、现代主要经济法学说

根据学者的归纳,二战后至今,主要形成了以下七种经济法学说。

(一)商法行政法关系说

这一学说是英国的克莱夫·斯米托夫于 1966 年在巴黎召开的经济法学术讨论会上提出来的。他认为,经济法是商法与行政法之间,与商法一起调整经济事务,与行政法分享行政管理方法的法。

(二)企业法说

这一学说由法国的克劳德·尚波提出。他认为,企业是以工业文明为框架的经济社会制度的基本细胞,是作出经济决定的基本单位,因此经济法就是企业法。

(三)国家干预说

这一学说是现代经济法学说中的主要流派,其著名的代表人物有法国的费尔南、夏尔、让泰及日本的金泽良雄。费尔南、夏尔、让泰认为,经济法是实现经济目标的一种从属性技术或工具,它随着国家行为所依据的原则的重大波动而变化。因此,经济法是以给予公共权力机构能够对经济采取积极行动为目的的法律规则之总称。金泽良雄认为,经济法是适应经济性即社会调节性要求的法律,经济法是在资本主义社会,为以国家之手(代替"无形之手")来满足各种经济性的,即社会协调性要求而制定之法。

(四)经济利益平衡说

这一学说为法国的罗伯·萨维提出。他认为,在企业的范围内存在各种不同的或对立的经济利益,行政的干预必然是出于对普遍利益的平衡,因此经济法就是保证特定时期和特定社会中国家和私人经济代理人的特殊利益和普遍的经济利益之间的平衡的规则的总称。

(五)经济从属关系说

这一学说的代表人物是日本的正田彬,因此又称"正田说"。他认为,经济法是规制垄断资本主义阶段固有的以垄断为中心的经济从属关系的法。他指出,经济法以限制经济支配者(即垄断者)的任意进行交易的活动,并允许经济从属者为提高经济地位而结成一定的经济关系为核心。

(六)规制市场支配说

这一学说的代表是日本的丹宗昭信,因此又称"丹宗说"。他认为,所谓市场支配是指限制市场自由竞争的状况,而经济法是国家规制市场支配的一系列法。

(七) 纵横说

纵横说即纵横经济法学说,是20世纪五六十年代苏联现代经济法学派的主张,其主要代表人物是拉普捷夫。纵横说的基本思想可以归纳为:(1)社会主义国民经济关系应当由垂直的国家管理关系(国家对经济的组织和计划关系)和经济组织之间在实现经济活动中形成的横向平等关系组成;(2)纵向经济关系与横向经济关系是互相交错及依赖、不可分割的统一体,是财产成分和计划成分的结合,而经济法就是调整横向经济关系和垂直经济关系的一个统一的法律部门。

二、当代中国经济法学界具有代表性的经济法概念

当代中国经济法学界对经济法概念主要有以下六种观点。

第一,经济法是国家为克服市场失灵而制定的调整需要由国家干预的具有全局性和社会公共性的经济关系的法律规范的总称。

第二,经济法是调整经济管理关系,维护公平竞争关系、组织管理性的流转和协作关系的法。

第三,经济法是调整国家在协调本国经济运行过程中发生的经济关系的法律规范的总称。

第四,经济法是调整经济管理和经济协作过程中产生的经济关系的法律规范的总称。

第五,经济法是调整在国家调节社会经济过程中发生的各种社会关系,以保障国家调节,促进社会经济协调、稳定和发展的法律规范的总称。

第六,经济法是调整发生在政府、政府经济管理机关和经济组织、公民个人之间的以社会公共性为根本特性的经济管理关系的法律规范的总和。

三、本教材对经济法概念的表述及基本思路

经济法是调整国家为维护社会整体利益,在适度干预经济和管理市场过程中发生的经济关系的法律规范的总称。

我们对经济法的概念作上述概括,试图阐述经济法的以下三点基本含义。

第一,经济法的特定调整对象是国家在适度干预经济和管理市场过程中发生的经济关系。这表明经济法与民法、商法等法律部门的区别。

在市场经济条件下,市场的运行以市场主体的自主、自治为前提。民商法着重于市场经营主体及其经营行为方面的规范及其利益保护。但是,市场经济的历史发展表明,市场调节往往具有自发性、滞后性、盲目性的特点,往往出现"市场失灵"的情况。对此,仅依据民商法规则尚难以有效地保障市场经济的健康发展。这就决定了国家适度干预经济和管理市场的必要性,在此过程中发生的经济关系正是经济法的

特定调整对象。

从经济法的历史发展过程看,经济法是国家干预市场经济活动的产物,就其法律规范的特点而言,属于法律理论中"公法"的范畴。这类法律规范显然与同样调整经济关系的、在法律理论中属于"私法"范畴的民法、商法法律规范存在明显的区别。

第二,经济法的主要功能是确认和规范国家适度干预经济和管理市场的职责权限,维护社会整体利益。这表明经济法与行政法的区别。

经济法调整一定范围的经济关系,或者经济管理关系由经济法调整,在我国法学理论界似乎已形成共识。但是,这类经济管理关系与国家及其机关行使管理职能中产生的带有经济内容的行政管理关系如何区分,似乎仍然悬而未决。

随着计划经济体制向市场经济体制的过渡,我们已经开始并正在进行中的国家财产所有权与经营权的分离、国家财产所有权与行政权的分离和政府职能的转变,使我国的经济管理体制发生了深刻的变化。由于管理领域、任务和手段的差别,经济管理的单一行政性已被经济管理的多样性所代替。直接管理、间接管理和市场管理等多种形式均已出现。在直接管理领域发生的经济关系,从严格意义上说,并不是一种经济关系,而是一种带有"经济关系"外壳的以权力从属关系为特征的行政管理关系。它的调整依附于行政调节机制,其直接目的是满足国家利益的需要。为此,这部分社会关系应属于行政法的调整范围。间接管理领域发生的经济关系与直接经济管理不同,它是一种非权力从属性的经济关系。它的发生根据不是行政指令,而是普遍性的调控措施。市场管理领域发生的经济管理关系,实质上是对市场主体竞争进行管理所发生的经济关系。市场管理关系和间接管理关系的共同点在于:他们所直接保护的利益都是社会整体利益,而不是单个的企业法人或公民的利益,也不是单纯的国家利益。虽然市场管理和间接经济管理的权利主体也主要是国家和国家行政(经济管理)机关,但这仅仅是为了统一代表社会利益的方便而已。这不表明它与前述的直接经济管理不可分。相反,这两类管理所发生的经济关系不再像权利从属关系那样归行政法调整,而由经济法予以调整。

第三,经济法应确立国家适度干预原则,国家机关应依法定职责干预经济和管理市场。

重新认识和区别不同的经济管理关系,对确立经济法的原则无疑有重要意义。市场管理、直接管理、间接管理分别涉及平等市场主体之间的经济关系、行政性经济管理关系和社会公共性经济管理关系。对这几类经济关系加以区别,有利于分别确认和保护公民、法人的利益、国家利益和社会公共利益,从而避免用一种利益要求掩盖另一种利益要求。我们既不能以保护企业法人、公民利益为名侵害国家利益,也不能以保护国家利益为名侵害企业法人和公民的利益。这三者利益的协调保护是社会安定与发展的需要,也是社会整体利益的重要体现。因此,我们可以把经济法的本质概括为社会公共性,它的主要作用是维护社会整体利益出发,对市场经济的运行进行适度干预和管理。

有些学者认为:"现代经济法是资本主义进入垄断阶段以后国家干预经济的产物,资本主义国家由于生产资料私有制,国家只能作为一种外在的力量来干预经济。社会主义国家不一样了,国家可以作为一种内在力量对社会经济进行有计划的管理。把经济法的调整对象概括为经济管理关系,体现了社会主义国家管理经济的职能,也符合现代经济法的本来含义。从'干预'到管理,反映了现代经济法本身的发展过程,也在本质上划清了社会主义经济法与资本主义经济法的界限。"在计划经济体制下,国家及其机关的社会公共事务管理者和国家财产所有权人的双重身份合二为一,其经济管理从宏观控制到微观经营,从企业内部到企业外部,无所不在。上述观点可以说有其合理之处。但是,在社会主义市场经济条件下国家及其机关的上述双重身份应当分开。国家机关以社会公共事物管理者身份出现时,其管理经济的职能应具有法定性和有限性,即以充分尊重市场主体的地位和利益为前提,对市场经济活动进行适度干预而不是漫无边际的"管理"。它不代替市场主体的经营决策而只纠正其违法行为;它不代替市场机制(看不见的手)而只为市场主体创造公平竞争的条件,使市场机制失灵的地方灵起来,以实现市场竞争的公平、公正。所以,我们认为用适度干预一词而不用经济管理,更能体现经济法的本质,更符合经济法确认和规范国家适度干预经济和管理市场的功能,也更有利于国家机关依法定职责干预经济和管理市场。

四、经济法的调整对象

经济法的调整对象,是指经济法所调整的特定的经济关系。基于对经济法概念的上述认识,经济法的调整对象是国家在适度干预经济和市场管理过程中产生的经济关系。具体来说,主要包括以下四个方面。

(一)市场主体管理关系

市场经济的运行以市场主体的自主、自治为前提。为了保障市场的正常运行,市场主体进入、退出市场须遵守一定的规则,市场主体的自身运作也须有章可循。在各类市场主体中,企业是最主要的主体。以企业制度为例,企业的设立、变更、终止,企业内部机构的设置及其权利义务,企业的财务、会计制度等,国家既不能管得太多、太严,也不能放任自流。通过经济法规的干预、协调,使企业及各类市场主体进入市场时就是自主经营、自负盈亏的合格的市场主体,从而有效参与市场经营,提高市场活动质量,保障市场运转的安全与效率。

(二)市场运行管理关系

建设社会主义市场经济体制,必须建立统一、开放的各类生产要素市场,使各类生产要素能自由流通,按市场规律配置各类资源。这需要打破条块分割、封锁、垄断,充分发挥竞争机制的作用。同时,过度的竞争会导致各种不正当竞争手段及其现象的泛滥。垄断和不正当竞争会妨害市场功能的实现、资源的优化配置,扰乱市场经济秩序。然而,市场本身无力清除垄断和不正当竞争等不正常现象。这就需要国家干预、协调,强化市场管理,设定市场运行的基本或基础性规则,创造平等的竞争环境,保护和促进公平竞争,有效地制止垄断和各种不正当竞争行为,维护市场运行秩序。

(三) 宏观经济调控关系

尽管市场调节作为基础层次的调节,是十分必要的。但是,市场调节往往具有自发性、滞后性、盲目性,涉及国家、社会的整体利益方面,难免有一定的局限性。国家通过制定预算法、审计法、中央银行法、商业银行法、计划法、税法等,实施宏观调控,弥补市场调节之不足,防止和消除经济总量失衡等情况,更好地把社会及人民的当前利益和长远利益、局部利益和整体利益结合起来,指导国民经济持续、稳定、高速的发展。上述法律主要是确定国家间接调控的规则,以维护经济的稳定和社会的安定。

(四) 涉外经济管理关系

涉外经济管理是指国家对具有涉外因素的经济活动和经济关系的管理,包括进出口贸易、技术引进和转让、利用外资、对外投资、外汇管理等方面的管理。在我国经济运行"内外有别"的情况下,涉外经济关系与国内经济关系仍有一定的差别。经济法调整的涉外经济关系是国家在进行上述管理过程中与国内外的公司、企业、其他经济组织所发生的经济关系,以及国内外的公司、企业、其他经济组织相互之间所发生的经济关系,包括:(1) 涉外经济的宏观管理,这主要是指进出口贸易、汇率、关税、税收等方面的管理中发生的经济关系;(2) 涉外企业管理,包括中外合资经营企业、中外合作经营企业、外资企业的审核、登记管理和上述企业的会计制度、年检等方面的管理中所发生的经济关系。

第三节 经济法的地位

一、经济法的调整范围

经济法调整的领域是国民经济运行过程中形成的经济关系。这种经济关系是伴随生产社会化、国民经济体系化和垄断资本主义经济国际化而形成和发展的。国民经济运行过程中形成的经济关系,是完全新型的经济关系。经济法调整的具体范围包括以下五个方面。

(一) 经济组织关系

其形成源于经济主体在社会经济中的地位,包括内部和外部组织关系。从微观角度看,经济主体是社会经济的细胞,其设立、歇业和生产经营活动是内部的事务。

从宏观角度看,经济组织的生存和发展涉及社会生产、分配、交换和消费各个环节,国家需要对其施以必要的控制,以保证国民经济的稳定发展。这样,就形成了内外经济组织关系。

（二）经济竞争关系

两个或两个以上的经营者或消费者在市场机制运行中所形成的相互对立、相互制约的经济关系。经济竞争关系包括正当竞争关系、不正当竞争关系和垄断竞争关系。不正当竞争关系是由经济组织实施的对竞争进行实质性限制,以及使用不正当的竞争方法和交易方法而形成的。垄断关系包括基于"私人自治"所形成的垄断关系和基于国家扶助垄断政策所形成的垄断关系。经济竞争关系不都是竞争法律关系,只有后两种竞争关系才上升为法律关系。

（三）经济调控关系

经济调控关系又称宏观调控关系,是国家在协调、控制国民经济运行中形成的经济关系。国家对国民经济实行调控,是市场经济的必然要求,即来源于总供给与总需求的均衡、经济结构均衡的要求。市场机制本身并不能保障自发实现经济均衡发展。市场价值规律作用的结果表现为两个方面：一方面促成供求均衡,实现资源的优化配置；另一方面又因市场的盲目性特征而导致市场经济的矛盾,造成资源不能充分利用。均衡与非均衡的对立统一是市场经济发展过程中的普遍现象。为保障国民经济健全发展,充分发挥市场调节的基础作用和宏观调控的主导作用,国家对经济进行宏观调控是必然的。

（四）经济监督关系

国家和社会组织及个人在对经济行为实行监察、督导所形成的经济关系。经济监督,不仅包括国家经济机关的监督,还包括一般社会组织和专门社会组织以及个人的监督,而监督主体不限于国家这个唯一主体；在经济监督权的行使上,不仅包括国家权力,还包括社会权力。经济监督关系一般可以分为核算监督关系、技术监督关系、消费监督关系。

（五）涉外经济关系

一国与外国或者地区间等进行经济活动所形成的经济关系。涉外经济关系是国民经济运行的重要组成部分,是国内经济关系的延伸。涉外经济关系与国际经济关系不同。涉外经济关系的主体或客体具有涉外因素,是我国与他国或地区的关系。而国际经济关系是世界各国或地区相互间进行经济活动所形成的经济关系。

二、经济法的地位

经济法调整国民经济关系,在西方经济法被称为"经济宪法",在调整国民经济运行中居于首要地位。经济法在一国的法体系中的地位取决于调整关系在社会中的地位,国民经济是国家的基础、社会的基础,任何社会关系都建立在这个基础之上,并为其决定。经济法在法体系中属于经济安全法,体现在三个方面。(1)国家财产权利的设置是为维护经济安全,如国家财富、自然资源的所有权、使用权、处分权,以及对国有资产的所有权等。(2)国家经济管理权力的行使是为保障经济安全。国家经济管理权属于经济主权的范畴,行使经济主权对内保障经济稳定、增长。国家经济调控的目的是经济主权的直接体现,避免经济发展大起大落。在国际经济关系中经济主权体现为自决权、发展权等。在经济全球化的现今,强调国家经济自决权和发展权等尤其重要。对外国经济因素给本国带来的经济不安定采取的任何挽救措施都是符合经济主权原则的,如对外商投资企业及跨国公司、跨国银行在国内的活动依法进行有效的监管;在一国经济发展中禁止其他国家以任何借口、任何方式对他国的经济资源和自然资源进行掠夺、控制和强占。(3)国家义务的设定是为保障基础设施和公共福利。自"福利国家"概念提出以来,维护公共设施、增进公共福利不仅是国家政治管理内部的事情,而且是国家向社会的承诺。

第四节 经济法的体系和渊源

一、经济法体系

(一)经济法体系的概念

经济法体系是由经济法部门所构成的一个有机联系的系统,经济法部门是经济法体系的构成要素。虽然不同经济法部门有着不同的调整对象和法律法规,但它们相互关联,共同构成经济法的整体。

经济法体系是由经济法的调整对象决定的。由于经济法是调整国家在调控社会经济运行、管理社会经济活动的过程中在政府机关与市场主体之间发生的经济关系的法律规范的总称,因而经济法首先应当包括宏观调控法与市场管理法这两个最重要的经济法部门。对此,我国经济法学界已经基本取得了共识。此外,规范从事市场活动主体的法律部门以及社会分配、劳动与社会保障法律部门也应当成为我国经济法体系的组成部分。

(二)经济法的体系构架

经济法体系取决于经济法调整对象的结构,对经济法调整对象的不同理解往往导致不同的经济法体系,学术界对此的争论就源于这一点。目前法学界对经济法体系的争论主要有三种:四分说、三分说和二分说。

四分说认为经济法体系由市场主体或企业组织管理法、市场运行或市场管理法、宏观调控法、社会保障法或涉外经济法四部分组成。

三分说的主要代表观点是国家经济参与法（投资经营法）、国家经济强制法（反垄断和限制竞争法）和国家经济促导法（宏观调控法）或经济组织法、经济管理法和经济活动法三部分。国家投资经营法是国家以国有资产直接参与生产经营活动，以调节社会经济结构的法律。

二分说认为经济法体系由市场规制法和宏观调控法构成。并认为经济法是国家为了社会整体利益对国民经济进行规制和调控过程中所发生的经济关系，它与倡导意识自治的民商法不同，它通过限制经济主体的意思自治来确保社会整体利益，通过对盲目性、自发性的自由竞争进行规制，防止市场失灵。同时，它与约束国家权力为己任的行政法也不相同，行政法本质上是控权法，是管理管理者执法。经济法是授权法，是授予政府以经济权力来规制和调控国民经济，以防止政府权力滥用而损害市场机制的充分发挥，避免政府失灵。两者的共同目标是在社会主义市场经济条件下实现市场调节机制和国家调节机制的有机结合，正确处理国家和市场的关系。因而，经济法的体系可以概括为市场规制法和宏观调控法两个子部门。

本书倾向采用四分说的观点，即经济法体系由市场规制法、宏观调控法、经济主体法、社会分配和劳动与社会保障法四部分组成。

二、经济法的渊源

（一）经济法渊源的概念

经济法渊源和法的渊源一样，在学理上因标准不同，可以有各种含义。在这里，根据经济法的实质，可以将其渊源分为实质渊源和形式渊源。

1. 实质渊源

经济法的实质渊源是指经济法律规范来自谁的意志，即经济法律规范来源于掌握国家政权的阶级的意志，来源于表现为"国家意志"的统治阶级的意志，他指的是法律取得的真实的渊源，并不是执法的效力。

2. 形式渊源

经济法的形式渊源指经济法律规范来源于何种法的形式，即经济法律规范的表现形式。这些形式是根据法的效力来源划分的，如宪法、法律等。在中外法学论著中，无论法的渊源还是经济法的渊源的概念，通常是在形式意义上使用的。

（二）经济法渊源的种类

从法的创制方式的角度看，可以将经济法的渊源分为制定法和非制定法两种形式。制定法即成文法，非制定法即不成文法。制定法是指由国家制定的，以规范性文件为表现形式的法。在当代中国，制定法是经济法的主要渊源。

1. 制定法

（1）宪法。宪法规定国家的根本制度和根本任务，是其他法律制定的原则性文件,具有最高法律效力。宪法中对我国基本经济制度的规定以及其他原则性规定是我们制定经济法所要依据的原则,因此,宪法是经济法的重要渊源。

（2）法律。法律包括全国人民代表大会制定的法律,即基本法律和全国人民代表大会常务委员会制定的其他法律,它是经济法的主要渊源。例如,《中华人民共和国公司法》《中华人民共和国消费者权益保护法》等。

（3）行政法规。国务院根据宪法和法律的规定,为执行法律或者根据宪法第八十九条规定的国务院行政管理职权的事项制定行政法规。根据《行政法规制定程序条例》的规定,行政法规的名称一般称"条例",也可以称"规定""办法"等。国务院根据全国人民代表大会及其常务委员会的授权决定制定的行政法规,称"暂行条例"或者"暂行规定"。例如,《中华人民共和国外汇管理条例》《证券公司监督管理条例》等。

（4）地方性法规。省、自治区、直辖市与设区的市、自治州的人民代表大会及其常务委员会可以制定地方性法规。根据立法法的规定,省、自治区、直辖市的人民代表大会及其常务委员会根据本行政区域的具体情况和实际需要,在不同宪法、法律、行政法规相抵触的前提下,可以制定地方性法规;设区的市的人民代表大会及其常务委员会根据本市的具体情况和实际需要,在不同宪法、法律、行政法规和本省、自治区的地方性法规相抵触的前提下,可以对城乡建设与管理、环境保护、历史文化保护等方面的事项制定地方性法规,法律对设区的市制定地方性法规的事项另有规定的,从其规定。例如,上海市人大常委会制定的《中国(上海)自由贸易试验区条例》《上海市社会信用条例》。

（5）自治条例和单行条例。民族自治地方的人民代表大会有权依照当地民族的政治、经济和文化的特点,制定自治条例和单行条例。自治区的自治条例和单行条例,报全国人民代表大会常务委员会批准后生效。自治州、自治县的自治条例和单行条例,报省、自治区、直辖市的人民代表大会常务委员会批准后生效。它们也属于经济法的渊源。根据法律规定,自治条例和单行条例可以依照当地民族的特点,对法律和行政法规的规定作出变通规定,但不得违背法律或者行政法规的基本原则,不得对宪法和民族区域自治法的规定以及其他有关法律、行政法规专门就民族自治地方所作的规定作出变通规定。例如,广西壮族自治区巴马瑶族自治县人民代表大会通过的《巴马瑶族自治县巴马香猪产业保护条例》、富川瑶族自治县人民代表大会通过的《富川瑶族自治县富川脐橙产业保护条例》。

（6）国务院部、委规章。国务院各部、委员会、中国人民银行、审计署和具有行政管理职能的直属机构,可以根据法律和国务院的行政法规、决定、命令,在本部门的权限范围内,制定规章和规范性的命令、指示,也属于经济法的渊源。例如,中国人民银行制定的《银行卡清算机构管理办法》、财政部制定的《资产评估行业财政监督管理办法》等。

（7）地方政府规章。省、自治区、直辖市与设区的市、自治州的人民政府可以制定规章。地方政府规章可以为执行法律、行政法规、地方性法规的规定需要与属于本行政区域的具体行政管理事项，可以制定规章，但设区的市、自治州的人民政府制定地方政府规章，限于城乡建设与管理、环境保护、历史文化保护等方面的事项。例如，上海市人民政府制定的《中国（上海）自由贸易试验区管理办法》。

（8）司法解释。司法解释是指最高人民法院在总结审判实践经验的基础上发布的指导性文件和法律解释。例如，最高人民法院颁发的《最高人民法院关于适用〈中华人民共和国公司法〉若干问题的规定（三）》《最高人民法院关于审理融资租赁合同纠纷案件适用法律问题的解释》等。

（9）国际条约和协定。随着中国经济对外开放和加入世贸组织，已经进入国际经济的大循环之中，我国参加了许多国际经济条约和协定，这也成为经济法的渊源之一。例如，《1994年关税与贸易总协定》。

2. 非制定法

非制定法是指由国家认可并赋予法律效力的习惯、判例等，主要包括习惯法和判例法。

（1）习惯法。习惯法是指国家认可并赋予法律效力的习惯，习惯法是经济法律规范的表现形式之一，属于经济法的渊源。在当代中国，由于法律传统的影响，习惯法属于经济法的渊源，但不是主要渊源。

（2）判例法。判例法是指由国家认可并赋予法律效力的判例，其在有的国家是经济法律规范的主要表现形式之一。在我国，判例只在审判实践中具有一定的参考价值，却没有经过国家的认可，因此不是经济法的渊源。

参 考 文 献

1. 漆多俊：《经济法基础理论》（第五版），法律出版社，2017年。
2. 李昌麒：《经济法学》（第五版），中国政法大学出版社，2017年。
3. 孟庆瑜：《经济法基本问题研究》，人民出版社，2017年。
4. 马洪：《经济法概论》（第七版），上海财经大学出版社，2017年。
5. 张守文：《经济法学》，高等教育出版社，2016年。
6. 顾功耘、罗培新：《经济法前沿问题（2015）》，北京大学出版社，2016年。
7. 王先林：《经济法教程》（第二版），上海交通大学出版社，2016年。
8. 高庆国：《经济法》（第二版），清华大学出版社，2016年。

第二章 经济法律关系

[本章概要]

法律关系理论是民法、商法等市场经济法律部门的重要理论。本章结合我国《民法总则》的相关规定,界定了经济法律关系的概念和特征、法律事实、法律关系的产生、变更和消灭以及法律关系的构成要素(主体、客体、内容)等基本理论;阐述了经济法律关系主体(自然人、法人)制度、民事法律行为制度、代理制度、时效制度、经济法律责任制度等市场经济所必需的法律制度;以及民事法律行为的有效条件、无效及可撤销民事行为的认定和财产处理、代理、诉讼时效的重要法律规定。

第一节 经济法律关系的概念和特征

一、经济法律关系的概念

法律关系是由法律规范确认的、具有权利义务内容的社会关系。人类社会生活中存在各种关系,如同学关系、师生关系、同事关系、朋友关系、恋爱关系等。这些关系不属于法律调整范围,因而不是法律关系。

经济法律关系是由经济法律规范确认的、具有经济权利义务内容的社会关系。经济法律关系是法律关系中的一种,是一定的经济关系在法律上的体现。在社会生活中,人们为了满足自身的各种需要,必须从事社会经济活动,相互之间要发生各种社会关系,为维护社会整体利益和社会经济秩序,国家运用各种法律调整社会关系,从而使受法律调整的社会关系具有法律关系的性质。例如,自然人之间或法人之间存在的财产所有权关系、债权关系,其权利义务的实现或履行由国家强制力保障。

二、经济法律关系的特征

(一)经济法律关系是一种人与人之间的社会关系

许多涉及财产内容的法律关系的客体是物,有些人把它说成是人与物或者物与物之间的关系。例如,把所有权关系简单地归结为人对物的支配关系;把商品买卖仅仅看成是一种物(作为一般等价物的货币)与物(商品)之间的交换关系。但是我们通过这些表面现象,不难发现"商品不能自己走到市场上去,不能自己去交换。因此,我们必须寻找它的监护人,商品所有者……为了使这些物作为商品彼此发生关系,商品监护人必须作为有自己的意志体现在这些物中的人彼此发生关系"。[《资本论》(第一卷)第102页]

(二) 经济法律关系是由经济法律规范确认、调整的社会关系

社会关系种类繁多,法律关系只是其中一部分。经济法律关系与经济法的调整对象有密切的联系。经济法调整对象是一定范围的经济关系。经济关系是客观存在的物质利益关系,属于经济基础范畴,不会自动变为经济法律关系。只有被法律规范确认、调整的社会关系才是法律关系。因此,法律关系是一种通过人们的意识而发生的思想社会关系,属于上层建筑范畴。

(三) 权利和义务构成经济法律关系的内容

经济法律关系以权利义务为内容,权利、义务是法律关系的核心。例如,民事法律规范在调整平等主体的自然人、法人和非法人组织之间的人身关系和财产关系时,通过权利与义务的设定,为人们的行为提供一种行为规范,从而保障社会生活、经济生活的有序运转。

(四) 经济法律关系的实现由国家强制力保障

当事人之间的权利和义务关系受国家法律保护。如果义务人不履行义务,致使权利人的权利受到损害,权利人可通过法定程序,请求国家机关强制义务人履行义务,以保证实现其合法权利。

第二节 经济法律关系的要素

市场经济法律调整的范围极为广泛,反应在法律关系上,可以概括为主体、内容(权利和义务)、客体三个要素。

一、经济法律关系的主体

(一) 经济法律关系主体的概念和范围

经济法律关系主体,是指参加经济法律关系,享有权利承担义务的当事人,大致包括国家机关、企业、其他社会组织、个体工商户、农村承包经营户和自然人等几类。在特定情况下,国家也以经济法律关系主体的身份出现,如在为筹措财政资金而发行国债;以政府名义对外签订贸易协定等。

(二) 经济法律关系主体的民事权利能力和民事行为能力

上述法律关系主体,可以概括为自然人、法人和非法人组织。

1. 自然人的民事权利能力和民事行为能力

对自然人的民事权利能力和民事行为能力的主要规定在《民法总则》的第二章。

自然人的权利能力,是指法律赋予自然人享有权利承担义务的资格。根据《民法总则》第13条和第14条的规定,自然人从出生时起到死亡时止,具有民事权利能力,依法享有民事权利,承担民事义务;自然人的民事权利能力一律平等。自然人的民事行为能力,是指自然人能够通过自己的行为取得民事权利和承担民事义务的资格。根据《民法总则》第17条至第22条的规定:十八周岁以上的自然人为成年人。不满十八周岁的自然人为未成年人;成年人为完全民事行为能力人,可以独立实施民事法律行为。十六周岁以上的未成年人,以自己的劳动收入为主要生活来源的,视为完全民事行为能力人。八周岁以上的未成年人为限制民事行为能力人,实施民事法律行为由其法定代理人代理或者经其法定代理人同意、追认,但是可以独立实施纯获利益的民事法律行为或者与其年龄、智力相适应的民事法律行为。不满八周岁的未成年人为无民事行为能力人,由其法定代理人代理实施民事法律行为。不能辨认自己行为的成年人为无民事行为能力人,由其法定代理人代理实施民事法律行为。八周岁以上的未成年人不能辨认自己行为的,适用前款规定。不能完全辨认自己行为的成年人为限制民事行为能力人,实施民事法律行为由其法定代理人代理或者经其法定代理人同意、追认,但是可以独立实施纯获利益的民事法律行为或者与其智力、精神健康状况相适应的民事法律行为。

2. 法人及其民事权利能力和民事行为能力

法人是具有民事权利能力和民事行为能力,依法独立享有民事权利和承担民事义务的组织。法人作为一个组织,是与自然人相对称的民事主体,也具有民事权利能力和民事行为能力,法人主要规定在《民法总则》的第三章。

法人的权利能力受到以下限制:(1)法人性质的限制。有些民事权利如生命健康权、婚姻自主权等,为自然人所专有,法人则没有。(2)法律法规的限制。如根据《公司法》规定,公司不得成为其他公司的无限责任股东。

与自然人的民事能力相比,法人的民事能力具有以下特点:(1)自然人区分为完全民事行为能力人、限制民事行为能力人、无民事行为能力人三种情况,而法人则没有这种区分。法人的民事行为能力与民事权利能力同时产生、同时终止。(2)自然人的行为能力通常由自己来实现。法人的行为能力通常由法人机关或者其代理人来实现。

另外,法人的目的范围对法人活动的限制,也被认为是法人与自然人行为能力的区别。但认识上有不同的看法。主要有四种观点:(1)权利能力限制说,认为法人目的范围对于法人活动的限制,是对于法人权利能力的限制;(2)行为能力限制说,认为法人目的范围属于对法人行为能力的限制;(3)代表权限制说,认为法人的目的范围是划定法人机关的对外代表权;(4)内部责任说,认为法人的目的范围决定了法人机关的内部责任。

上述见解上的差异直接影响法人的目的范围外行为的效力。就企业法人而言,我国企业法人登记时并非登记法人的目的而是登记企业法人的经营范围,因而该问题相应地可以转化为企业法人的经营范围对于企业经营活动的限制。如采用限制行为能力说,就意味着所有超出经营范围的行为都是无效行为,此时很难保护交易相对人的交易安全,也不利于维护交易秩序;如采用内部责任说,法人超出经营范围的行为当然有效,将对法人产生不利的后果;如采用行为能力限制说、代表权限制说,法人超出经营范围的行为仍有生效可能,比较有利于保护交易相对人的利益和维护市场交易秩序。我国《合同法》第50条规定:"法人或者其他组织的法定代表人、负责人超越权限订立的合同,除相对人知道或者应当知道其超越权限的以外,该代表行为有效。"该规定表明采用代表权限制说。

法人应当具备下列条件:(1)依法成立;(2)有必要的财产或者经费;(3)有自己的名称、组织机构和场所;(4)能够独立承担民事责任。

以取得利润并分配给股东等出资人为目的成立的法人,为营利法人。营利法人包括有限责任公司、股份有限公司和其他企业法人等。为公益目的或者其他非营利目的成立,不向出资人、设立人或者会员分配所取得利润的法人,为非营利法人。《民法总则》第三章第四节规定的机关法人、农村集体经济组织法人、城镇农村的合作经济组织法人、基层群众性自治组织法人,为特别法人。

此外,学理上法人还分为企业法人和机关、事业单位、社会团体法人。企业经主管机关核准登记,取得法人资格。企业法人分立、合并或者其他重大事项变更,应当向登记机关办理登记并公告。企业法人分立、合并,它的权利和义务由变更后的法人享有和承担。企业法人终止,应当依法进行清算。

(三)非法人组织

非法人组织主要规定在《民法总则》的第四章,非法人组织是不具有法人资格,但是能够依法以自己的名义从事民事活动的组织。非法人组织包括个人独资企业、合伙企业、不具有法人资格的专业服务机构等。非法人组织应当依照法律的规定登记。设立非法人组织,法律、行政法规规定须经有关机关批准的,依照其规定。

1. 个人独资企业

这是指依照本法在中国境内设立,由一个自然人投资,财产为投资人个人所有,投资人以其个人财产对企业债务承担无限责任的经营实体。个人独资企业从事经营活动必须遵守法律、行政法规,遵守诚实信用原则,不得损害社会公共利益。个人独资企业应当依法履行纳税义务。国家依法保护个人独资企业的财产和其他合法权益。个人独资企业应当依法招用职工。职工的合法权益受法律保护。个人独资企业职工依法建立工会,工会依法开展活动。

2. 合伙企业

合伙企业是指自然人、法人和其他组织依照本法在中国境内设立的普通合伙企业和有限合伙企业。各合伙人应当订立书面的合伙协议,按照协议,各自提供资金、实物、技术等,合伙经营、共同劳动的形式。合伙协议还应当规定各合伙人的出资数额、盈余分配、债务承担、入伙、退伙、合伙终止等事项。

合伙人投入的财产,由合伙人统一管理和使用。合伙经营积累的财产,归合伙人共有。个人合伙可以起字号,依法经核准登记,在核准登记的经营范围内从事经营活动。个人合伙的经营活动由合伙人共同决定,合伙人有执行和监督的权利。合伙人可以推举负责人。负责人和其他人员的经营活动由全体合伙人承担民事责任。

合伙的债务,由合伙人按照出资比例或者协议约定,以各自的财产承担清偿责任。合伙人对合伙的债务承担连带责任。偿还合伙债务超过自己应当承担数额的合伙人,有权向其他合伙人追偿。

二、经济法律关系的内容

经济法律关系的内容,是指经济法律关系主体享有的经济权利和承担的经济义务。

经济权利,是指经济法律关系主体在法定范围内有权作出一定行为(包括作为和不作为,下同)或要求他人做出一定行为的资格。这种资格通常表现为:权利主体在法定范围内可以依法做出一定行为;要求他人做出一定行为,以满足实现权利之需要;如权利受到侵犯,权利人有权经法定程序请求国家机关保护。

经济义务,是指义务人必须为一定行为的责任。义务人应当依法履行义务,不得妨碍权利人合法权益的实现。否则,经法定程序,可强制其履行义务。

在通常情况下,权利和义务是相对应的,即没有无义务的权利,也没有无权利的义务。在民事法律关系中,权利和义务是相互对立、相互联系在一起的。权利的内容通过相应的义务表现,而义务的内容则由相应的权利限定。当事人一方享有权利,必然有另一方负有相应的义务。因此,民事权利和民事义务是从不同的角度来表现民事法律关系的内容的。

三、经济法律关系的客体

经济法律关系的客体,是指经济法律关系主体享有的权利和承担的义务所共同指向的事物。经济法律关系的客体可以概括为以下四类。

(一)物

物是指可以为人们控制和支配的、有一定经济价值的、以物质形态表现出来的物体。从不同的角度,可将其分别划分为:(1)生活资料和生产资料;(2)流通物和限制流通物；(3)特定物和种类物；(4)可分物和不可分物；(5)动产和不动产等。

(二) 货币和有价证券

货币是充当一般等价物的特殊商品。有价证券是指有一定价值、代表某种财产权利的凭证，如股票、债券、汇票、本票、支票等。

(三) 行为

行为是指经济法律关系主体为达到一定目的所进行的活动，包括完成一定的工作(如勘查、设计、建设工程施工)和提供劳务(如货物运输、仓储保管)等。

(四) 非物质财富

非物质财富是指人们脑力劳动的成果，主要是指作为知识产权(专利、商标、著作权等)的无形财产权。

第三节 经济法律关系的产生、变更和终止

一、经济法律关系产生、变更和终止的概念

经济法律关系的产生，是指在经济法律关系主体之间形成一定的权利义务关系。

经济法律关系的变更，是指经济法律关系的主体、内容、客体发生变化。

经济法律关系的终止，是指经济法律关系之间的权利和义务关系的消灭。

二、法律事实

经济法律关系的产生、变更和终止，都必须以一定的法律事实为依据。所谓法律事实，是指由法律确认的、能够引起法律关系产生、变更、终止的客观现象。法律事实，根据其是否与当事人的意志有关，可分为自然事实和人的行为两大类。

(一) 自然事实

自然事实，指人的行为之外的能引起民事法律关系产生、变更或消灭的客观现象。自然事实又分为状态和事件。状态，是指某种客观情况的持续，如人的下落不明、精神失常、对物持续占有等，均属于自然事实中的状态。事件，是指某种客观情况的发生，如人的出生、死亡，自然灾害的发生，战争爆发，发生罢工等，均属于事件。传统观点认为没有必要区分状态和事件，但该分类具有一定的法律意义。例如，战争爆发可能是当事人无法预料的，可以认定为不可抗力事件而免除债务人的责任与义务。如果战争持续时间很长，在战争状态下当事人签订合同，则当事人不能主张该战争状态为不可抗力而请求免责。

(二) 人的行为

人的行为，指与人有意识的、能够引起民事法律关系产生、变更或消灭的人的活

动。行为又可分为:(1)表意行为,即行为人通过意思表示,旨在设立、变更或消灭民事法律关系的行为;(2)非表意行为,即行为人主观上没有产生民事法律关系的意图,但依法律规定,客观上引起了某种法律后果发生的行为,如发现地下埋藏物的行为等。行为还可以分为合法行为、违法行为等。

在通常情况下,一个法律事实就构成一个民事法律关系产生、变更或消灭的原因。但在某些情况下,须同时具备几个法律事实,才能成为一个民事法律关系产生、变更或消灭的原因。

第四节 经济法律行为

一、民事法律行为的概念和特征

我国《民法总则》是重要的经济法律。民事法律行为是市场经济中一种基本的经济法律行为。根据《民法总则》第133条和第136条的规定,民事法律行为是民事主体通过意思表示设立、变更、终止民事法律关系的行为。民事法律行为自成立时生效,但是法律另有规定或者当事人另有约定的除外。行为人非依法律规定或者未经对方同意,不得擅自变更或者解除民事法律行为。民事法律行为具有以下三个特征。

(一)民事法律行为是一种表意行为

行为人在主观上具有设立、变更或终止民事法律关系的意图,即民事法律行为是一种有目的的、自觉的表意行为。它不同于事实行为,后者仅在客观上引起某种法律后果的发生而在主观上并无产生该法律后果的意图。

(二)民事法律行为以行为人的意思表示为基本要素

所谓意思表示是指行为人将其期望发生某种法律后果的内心意图以一定方式表现于外部的过程。当然,意思表示是民事法律行为的基本构成要素,但并不等同于民事法律行为。因为,在某些情况下仅有行为人的意思表示还不够,还必须辅之以交付实物的行为才能构成民事法律行为。

(三)民事法律行为是合法行为

民事法律行为是一种在行为的内容、形式以及行为人的资格上都符合法律规定的民事行为。因为,只有合法的行为才能受国家法律的保护,从而才能产生行为人所预期的民事法律后果。

二、民事法律行为的有效条件

根据《民法总则》第143条的规定,民事法律行为应当具备以下四个条件。

（一）行为人具有相应的民事行为能力

民事法律行为以行为人的意思表示为基本要素，并以产生一定的法律后果为目的。因此，实施民事法律行为的行为人，在行为时必须能够正确理解其行为并预见其行为的法律后果，即必须具有相应民事行为能力。

（二）意思表示真实

意思表示真实，即行为人的外部意思表示与其内在意愿相一致。它包括两个要点：一是意思表示出于行为人的自愿，二是内心意愿与外部表示相一致。只有意思表示真实，才能确保行为人实施的民事法律行为所产生的法律后果符合其预期的目的。

（三）不违反法律、行政法规的强制性规定，不违背公序良俗

所谓不违反法律、行政法规强制性的规定，是指行为的内容不得与法律的强行性规定相抵触；即公共秩序与善良风俗的简称。所谓公序，即社会一般利益，包括国家利益、社会经济秩序和社会公共利益。所谓良俗，即一般道德观念或良好道德风尚，包括社会公德、商业道德和社会良好风尚。所谓不违背公序良俗，是指在法律没有明文规定的情况下，民事行为也不得违背社会公德，不得破坏社会经济秩序，不得损害社会公共利益。

（四）民事法律行为的形式，一般是指行为人进行意思表示的方式

民事法律行为的形式一般有：（1）口头形式，即用口语进行意思表示的形式，如面谈、电话联系等；（2）书面形式，即用书面文字进行意思表示的形式，如合同书、信件、数据电文等；（3）视听资料形式，即用可再现的录音、录像和计算机软盘进行意思表示的形式；（4）推定形式，又称作为的默示形式，即通过作出某种有目的的、他人可以根据常识、交易习惯或相互间的默契推知其含意的积极行为进行意思表示的形式；（5）沉默形式，又称不作为的默示形式，即通过语言和积极行为之外的消极的不作为进行意思表示的形式。沉默形式只有在法律有规定或当事人双方事先有约定的情况下，才可视为意思表示的形式。

根据《民法总则》第135条的规定，民事法律行为可以采用书面形式、口头形式或者其他形式；法律、行政法规规定或者当事人约定采用特定形式的，应当采用特定形式。

在通常情况下，民事行为具备上述有效要件，就产生法律效力。但在特殊情况下，某些民事行为除了具备上述一般有效要件外，还必须具备某些特别有效要件，才能产生法律效力。如附条件或期限的民事法律行为等。

根据《民法总则》第137条至第141条的规定，以对话方式作出的意思表示，相对人知道其内容时生效。以非对话方式作出的意思表示，到达相对人时生效。以非对话方式作出的采用数据电文形式的意思表示，相对人指定特定系统接收数据电文的，该数据电文进入该特定系统时生效；未指定特定系统的，相对人知道或者应当知道该

数据电文进入其系统时生效。当事人对采用数据电文形式的意思表示的生效时间另有约定的,按照其约定。无相对人的意思表示,表示完成时生效。法律另有规定的,依照其规定。以公告方式作出的意思表示,公告发布时生效。行为人可以明示或者默示作出意思表示。沉默只有在有法律规定、当事人约定或者符合当事人之间的交易习惯时,才可以视为意思表示。行为人可以撤回意思表示。撤回意思表示的通知应当在意思表示到达相对人前或者与意思表示同时到达相对人。

三、无效的和可变更、可撤销的民事行为

（一）无效的民事行为

无效的民事行为是指行为人的民事行为不符合民事法律行为的有效条件而不产生法律效力的民事行为。无效的民事行为,从行为开始起就没有法律约束力。

《民法总则》的规定,下列民事行为无效：（1）无民事行为能力人实施的民事法律行为无效；（2）行为人与相对人以虚假的意思表示实施的民事法律行为无效；违反法律、行政法规的强制性规定的民事法律行为无效,但是该强制性规定不导致该民事法律行为无效的除外；（3）违背公序良俗的民事法律行为无效；（4）行为人与相对人恶意串通,损害他人合法权益的民事法律行为无效。

应注意,根据我国实行社会主义市场经济和多年的司法实践经验,1999年颁布的《合同法》规定：有下列情形的,合同无效：（1）一方以欺诈、胁迫的手段订立合同,损害国家利益；（2）恶意串通,损害国家、集体或者第三人利益；（3）以合法的形式掩盖非法目的；（4）损害社会公共利益；（5）违反法律、行政法规的强制性规定；另外,合同中的下列免责条款无效：造成对方人身伤害的；因故意或者重大过失造成对方财产损失的。

无效民事行为的确认权属于人民法院或仲裁机构。

（二）可变更、可撤销的民事行为

可变更、可撤销的民事行为是指行为人实施的民事行为,具有可以撤销、变更的事由,当事人可以依法请求人民法院或者仲裁机构予以变更或撤销的民事行为。被撤销的民事行为从行为开始起无效。根据《民法总则》第147条至第151条的规定,可变更、可撤销的民事行为包括：（1）基于重大误解实施的民事法律行为；（2）一方以欺诈手段,使对方在违背真实意思的情况下实施的民事法律行为；（3）第三人实施欺诈行为,使一方在违背真实意思的情况下实施的民事法律行为；（4）一方或者第三人以胁迫手段,使对方在违背真实意思的情况下实施的民事法律行为；（5）一方利用对方处于危困状态、缺乏判断能力等情形,致使民事法律行为成立时显失公平的,受损害方有权请求人民法院或者仲裁机构予以撤销。

应当注意的是,根据我国《合同法》第52条、第54条规定,一方以欺诈、胁迫的手

段订立的合同,损害国家利益的,合同无效;但是,一方以欺诈、胁迫手段订立的未损害国家利益的合同以及一方乘人之危,使对方在违背真实意思的情况下订立的合同,则属于可变更、可撤销的合同,受损害方有权请求人民法院或者仲裁机构变更或者撤销合同。

可撤销的民事行为与无效的民事行为是有区别的。无效民事行为是绝对无效,从行为开始时就不发生法律效力。可撤销的民事行为是相对无效,成立之时产生法律效力,对当事人具有法律约束力。但是,在当事人依法行使撤销权的情况下,该民事行为基于人民法院或仲裁机构的裁判被撤销而丧失法律效力,并追溯到行为开始起无效。另外,当事人请求变更的,人民法院或仲裁机构不得撤销。

(三) 民事行为被确认无效或被撤销的财产后果

无效的或被撤销的民事行为,不能产生行为人所预期的法律后果,但不等于不会产生任何法律后果。根据《民法总则》的规定,无效的或者被撤销的民事法律行为自始没有法律约束力。民事法律行为部分无效,不影响其他部分效力的,其他部分仍然有效。由此产生的财产后果,应当根据不同情况分别作出处理:

(1) 民事法律行为无效、被撤销或者确定不发生效力后,行为人因该行为取得的财产,应当予以返还;不能返还或者没有必要返还的,应当折价补偿。

(2) 有过错的一方应当赔偿对方由此所受到的损失;各方都有过错的,应当各自承担相应的责任。

(3) 法律另有规定的,依照其规定。

第五节 代 理

一、代理的概念和特征

代理是代理人在代理权限内,以被代理人的名义与第三人为法律行为,其法律后果直接由被代理人承担的法律制度。在代理法律关系中,以他人名义代他人实施民事法律行为的人,称为代理人;由他人以自己的名义代为民事法律行为,并承担法律后果的人,称为被代理人(本人);与代理人进行民事法律行为的人,称为第三人(相对人)。

代理行为具有以下法律特征:

(1) 代理行为是能够引起民事法律后果的民事法律行为;

(2) 代理人须以被代理人的名义实施民事法律行为;

(3) 代理人在代理权限内可以独立为意思表示;

(4) 代理行为的法律后果直接归属于被代理人。

根据《民法总则》第161条规定,民事主体可以通过代理人实施民事法律行为。

依照法律规定、当事人约定或者民事法律行为的性质,应当由本人亲自实施的民事法律行为,不得代理。

二、代理权的产生和终止

代理权是代理人得以被代理人名义与第三人实施民事法律行为,为被代理人设立、变更或终止民事法律关系的权限。代理权是民事主体取得代理人资格,能以被代理人名义从事代理行为的法律依据。代理权的存在是代理关系存续的前提。代理权终止后,代理人不得再以被代理人的名义实施代理行为,否则,为无权代理。

(一)代理权的产生

《民法总则》第163条规定:"代理包括委托代理和法定代理。委托代理人按照被代理人的委托行使代理权。法定代理人依照法律的规定行使代理权。"由此可见,代理权产生的根据主要有被代理人的委托授权和法律的直接规定的两种。委托代理是基于被代理人的委托授权而发生的代理。法定代理是基于法律的直接规定而发生的代理。

民事法律行为的委托代理授权采用书面形式的,授权委托书应当载明代理人的姓名或者名称、代理事项、权限和期间,并由被代理人签名或者盖章。

(二)代理权的终止

代理权因一定的法律事实的发生而终止。《民法总则》第173条规定,有下列情形之一的,委托代理终止:(1)代理期间届满或者代理事务完成;(2)被代理人取消委托或者代理人辞去委托;(3)代理人丧失民事行为能力;(4)代理人或者被代理人死亡;(5)作为代理人或者被代理人的法人、非法人组织终止。同时,《民法总则》第174条规定,被代理人死亡后,有下列情形之一的,委托代理人实施的代理行为有效:(1)代理人不知道并且不应当知道被代理人死亡;(2)被代理人的继承人予以承认;(3)授权中明确代理权在代理事务完成时终止;(4)被代理人死亡前已经实施,为了被代理人的继承人的利益继续代理。作为被代理人的法人、非法人组织终止的,参照适用前款规定。

《民法总则》第175条规定,有下列情形之一的,法定代理终止:(1)被代理人取得或者恢复完全民事行为能力;(2)代理人丧失民事行为能力;(3)代理人或者被代理人死亡;(4)法律规定的其他情形。

三、代理权的行使

(一)行使代理权的基本要求

设立代理法律制度主要是维护被代理人的利益。是否正确行使代理权涉及被代理人利益。为此,法律要求代理人正确行使代理权,不得凭借代理权谋取不正当利益,损害被代理人利益。

就代理权行使的基本要求而言,首先,代理人应积极行使代理权,尽勤勉和谨慎的义务。代理人应认真工作,尽相当的注意义务,尽可能维护被代理人利益。在委托代理中,代理人应根据被代理人的授权进行代理活动,并尽报告义务。需要保密的事项,还应尽保密义务。其次,代理人应在授权范围内行使代理权,不得无权代理。第三,代理人应亲自行使代理权,不得任意转托他人代理。第四,代理人不得滥用代理权。若代理人未尽职责,给被代理人造成损害的,依照《民法总则》第164条规定,代理人应承担民事责任。

(二) 几种特殊的代理责任

代理是代理人在代理权限内,以被代理人的名义与第三人为法律行为,其法律后果直接由被代理人承担。但出现代理人不履行职责等情况时,代理人以及相关当事人需承担法律责任。

1. 滥用代理权的责任

滥用代理权是指代理人行使代理权时,违背代理权的设定宗旨和代理权行使的基本要求,做出损害被代理人利益的行为。滥用代理权包括下列情况:(1) 代理人以被代理人名义与自己订立合同或进行交易;(2) 同时代理双方;(3) 代理人和第三人串通。

代理人滥用代理权,给被代理人造成损害的,应当负赔偿责任。

2. 四种连带责任

(1) 代理人和第三人串通,损害被代理人的利益的,由代理人和第三人负连带责任。

(2) 第三人知道行为人没有代理权、超越代理权或者代理权已经终止还与行为人实施民事行为给他人造成损害的,由第三人和行为人负连带责任。

(3) 代理人知道被委托代理的事项违法仍然进行代理活动的,或者被代理人知道代理人的代理行为违法不表示反对的,由被代理人和代理人负连带责任。

(4) 委托书授权不明的,被代理人应当向第三人承担民事责任,代理人负连带责任。

3. 代理权行使中的转委托

委托代理人为被代理人的利益需要转托他人代理的,应当事先取得被代理人的同意。事先没有取得被代理人同意的,应当在事后及时告诉被代理人。如果被代理人不同意,由代理人对自己所转托的人的行为负民事责任。但是在紧急情况下,为了保护被代理人的利益而转托他人代理的除外。

四、无权代理

无权代理是指没有代理权却以他人的名义实施民事法律行为。无权代理主要表现为：未经授权的"代理"、代理权终止后的"代理"和超越代理权的"代理"。按照民法对无权代理的处理所采取的方针的不同,可以把无权代理分为狭义的(效力待定的)无权代理和(效力确定的)表见代理。

（一）效力待定的无权代理

效力待定的无权代理是指在无权代理行为实施以后,其法律效力仍处于不确定状态的一种无权代理。这种无权代理在民法理论上称之为狭义的无权代理。

狭义的无权代理是否具有法律效力,取决于被代理人如何处置。《民法总则》第171条规定："行为人没有代理权、超越代理权或者代理权终止后,仍然实施代理行为,未经被代理人追认的,对被代理人不发生效力。相对人可以催告被代理人自收到通知之日起一个月内予以追认。被代理人未作表示的,视为拒绝追认。行为人实施的行为被追认前,善意相对人有撤销的权利。撤销应当以通知的方式作出。行为人实施的行为未被追认的,善意相对人有权请求行为人履行债务或者就其受到的损害请求行为人赔偿,但是赔偿的范围不得超过被代理人追认时相对人所能获得的利益。相对人知道或者应当知道行为人无权代理的,相对人和行为人按照各自的过错承担责任。"这表明,无权代理经被代理人追认的,就转变为有权代理,其法律后果由被代理人承担;被代理人拒绝追认的,无权代理就变为最终无效的代理行为。

《合同法》第48条进一步规定,对狭义的无权代理人订立的合同,"相对人可以催告被代理人在一个月内予以追认。被代理人未作表示的,视为拒绝追认。合同被追认之前,善意相对人有撤销的权利。撤销应当以通知的方式作出"。由此可见,狭义的无权代理在相对人行使上述权利之后,或转变为有权代理,或成为最终的无效行为。

（二）表见代理

表见代理,是指行为人无代理权而以被代理人的名义为代理行为,但因被代理人的原因使相对人有理由相信行为人有代理权,被代理人须对行为人的代理行为承担与其授权相同责任的代理。《民法总则》第172条规定："行为人没有代理权、超越代理权或者代理权终止后,仍然实施代理行为,相对人有理由相信行为人有代理权的,代理行为有效。"

构成表见代理,须符合以下条件：（1）客观上存在使相对人相信无权代理人有代理权的理由。如行为人持有本人的证明文件(本人的介绍信、盖有本人印章的空白合同书等);代理权终止后,本人未能采取措施收回代理证书、公告声明代理关系终止等情形。（2）相对人主观上为善意且无过失,即相对人不知道无权代理人的代理行为欠缺代理权,而且这种不知情并非由相对人的疏于注意所致。（3）无权代理人与相对人所为的民事行为,具备民事法律行为的一般有效要件和代理行为的表面特征。符合上述要件的表见代理,具有与有权代理同样的法律效力,代理行为的法律后果直接归属于被代理人。

第六节 经济法律责任

经济法律责任可以概括为民事责任、行政责任、刑事责任等。因篇幅所限,且现实生活中大量的经济法律责任是民事责任,故本节仅介绍民事责任。

一、民事责任的概述

民事责任,即民事法律责任,是指民事主体对因不履行民事义务或侵犯他人民事权利而引起的法律后果所应承担的责任。民事责任具有四个基本特征。第一,违法性,承担民事责任的前提是民事主体违反民事义务。它不是民事义务本身,而是违反民事义务应承担的法律后果。第二,财产性,民事责任是以财产责任为主要责任内容的法律责任,当然,也包括一些非财产责任,如消除影响、恢复名誉等。第三,补偿性,民事责任以补偿受害人的损害为目的。权利义务是相对应的,当事人一方违反义务,使他方的合法权益受到损害时,应当补偿受害人的损失,才能使权利义务关系达到新的平衡。第四,强制性,民事责任依靠国家强制力保证实现。

民事责任通常可分为:违约责任和侵权责任(违约责任本书将在合同法部分介绍);按份责任和连带责任,前者是指各责任人对共同责任依法定或约定的特定份额承担各自的责任,对其他责任人的份额无义务分担,后者是指两个以上的责任人就共同责任对外承担全部的责任,受损害人可向其中任何一个责任人请求承担全部责任。

二、民事责任的构成要件、归责原则和免责事由

(一)民事责任的归责原则

民事责任的归责原则是指法律所确定的行为人承担民事责任的根据和标准,主要包括以下三种。

(1)过错责任原则,即过失责任原则,是以行为人主观上的过错作为其承担民事责任的根据。该原则是一般情况下普遍适用的基本归责原则。

(2)无过错责任原则,又称严格责任原则或客观责任原则,是指行为人没有过错造成他人损害的,依照法律规定仍然承担民事责任的归责原则。在此原则下,行为人的民事责任仅基于损害事实、因果关系产生,是对行为人的加重责任,所以各国均专门列出适用该原则的法定情况。

(3)公平责任原则,是指当事人双方对损害后果均无过错,且无法适用无过错责任原则的情况下,由法院依据公平观念,确定双方合理分担损失的原则。这一原则是法律公平价值的具体体现,是在其他归责原则无法适用的情况下,为避免双方权益显

失公平而确立的一项补充性原则。

（二）一般侵权民事责任的构成要件

所谓民事责任的构成要件是指民事主体承担民事责任所必须具备的条件。一般侵权民事责任是指上述民事责任归责原则中的过错责任原则。构成一般侵权民事责任必须同时具备以下四个条件。

（1）存在违法侵害行为。行为人的侵害行为是一种违反民事法律规范的行为，既可以表现为作为的违法行为，如法律禁止不法侵犯他人人身的违法行为；也可以表现为不作为的违法行为，如法律规定道路施工需设置显著标志却未设置。

（2）存在损害事实。一般情况下只有出现了损害的后果才需要承担民事责任，这种损害不以财产利益受损为限，也可以是非财产权利，如名誉权、肖像权等受到损害。

（3）存在因果关系。违法侵害行为与损害事实之间存在因果关系，行为人仅对由于自己侵害行为所引起的损害后果承担民事责任。

（4）存在主观过错。过错是指行为人对自己行为及其后果认识的心理状态，包括故意和过失两种状态。一般情况下，只要造成他人损害，无论是故意或过失，行为人均应承担相应的民事责任。

以上四个条件是构成一般侵权民事责任（过错责任）必不可少的四个要件。

（三）民事责任的免责事由

所谓民事责任的免责事由是指依照法律规定免予承担民事责任的情形，主要包括如下四种：（1）不可抗力，指不能预见、不能避免、不能克服的客观情况，多指自然灾害，如地震、飓风等，也可以是社会现象，如战争或者类似于战争的军事行动；（2）正当防卫，自然人为使公共利益、本人或他人的人身安全和其他合法权利免受正在进行的非法侵害而加以适当反击的合法行为是正当防卫；（3）紧急避险，也就是自然人为使公共利益、本人或他人的人身和其他合法权利免受正在发生的危险的侵袭而被迫采取的牺牲他人较小利益的行为属于紧急避险；（4）职务授权行为，依据法律规定的权限履行法律规定的义务或依法执行职务的行为，即使给他人造成损害，也不构成违法行为。因上述四种原因造成他人损害的，行为人免予承担民事责任。

三、特殊侵权民事责任

特殊侵权民事责任是指行为人因特殊侵权行为造成他人损害所应承担的民事责任，其中的特殊侵权行为须由法律明文规定。特殊侵权民事责任的构成不要求完全具备民事责任构成的四要件，其归责原则多采取无过错责任原则。根据《中华人民共和国侵权责任法》的规定，特殊侵权民事责任主要有以下九种。

（1）国家机关职务侵权责任。国家机关或其工作人员在执行职务中，侵犯公民、法人合法权益造成损害的,国家机关应承担民事责任。

（2）产品质量责任。因产品质量不合格造成他人财产、人身损害的,产品制造者、销售者应当依法承担连带责任。

（3）高度危险作业的民事责任。从事高空、高压、高速、易燃、易爆、剧毒、放射性等高度危险作业致人损害的,除非能证明损害是由受害人故意造成的,应当承担民事责任。

（4）污染环境的民事责任。违反国家保护环境防止污染的规定,污染环境致人损害的,应当承担民事责任。

（5）地面施工的民事责任。在公共场所、道旁或通道上施工未设置明显标志和采取安全措施致人损害的,施工人应承担民事责任。

（6）建筑物等致人损害的民事责任。建筑物或其他设施以及建筑物上的搁置物、悬挂物倒塌、脱落、坠落致人损害的,除非能证明自己无过错,否则其所有人或管理人应承担民事责任。

（7）饲养动物致人损害的民事责任。饲养的动物造成他人损害的,其饲养人或管理人应承担民事责任,但损害由受害人或第三人过错造成的除外。

（8）被监护人致人损害的民事责任。无民事行为能力人、限制民事行为能力人致人损害的,由监护人承担民事责任,监护人尽了监护责任的,可以适当减轻其责任。

（9）职务代理的民事责任。企业法人对它的法定代表人和其他工作人员的经营活动,承担民事责任。

四、民事责任的承担方式

所谓民事责任的承担方式是指行为人承担民事责任的具体法定形式,也称民事责任形式。《民法总则》第179条规定了11种主要的民事责任形式:停止侵害;排除妨碍;消除危险;返还财产;恢复原状;修理、重作、更换;继续履行;赔偿损失;支付违约金;消除影响、恢复名誉;赔礼道歉。

要指出的是,人民法院在审理民事案件时,根据案件的具体性质和情节,对上述各种民事责任形式可以单独适用,也可以合并适用。

第七节 诉讼时效

一、诉讼时效的概念

所谓时效,指一定事实状态在法定期间存续,从而产生与该事实状态相适应的法律效力的法律制度。时效可分为取得时效和诉讼时效。取得时效是指占有他人财产,持续达到法定期限,即可依法该财产权的时效。取得时效因其事实状态必须占有他人财产,又称占有时效。诉讼时效是指因不行使权利的事实状态持续经过法定期间,即依法发生权利不受法律保护的时效。外国一些立法例将诉讼时效称为消灭时效。我国《民法总则》仅规定了诉讼时效,而未规定取得时效。在是否应当规定取得时效问题上,学者们有不同的主张。现大多认为,有建立取得时效制度的必要。

诉讼时效是指权利人通过诉讼程序实现其请求的民事权利的有效期限。在法律规定的期间内,权利人依法行使权利,应得到人民法院的保护,即人民法院应当运用国家强制力强制义务人履行义务,从而保障权利人实现权利;超过法律规定的期间,人民法院对权利人的诉讼请求则不予保护。

确立诉讼时效制度的主要意义:促使权利人及时行使权利,消除权利义务关系不确定的状况;有利于当事人举证和人民法院及时、正确地处理民事诉讼,稳定社会经济秩序;加快民事流转,促进社会经济建设。

二、诉讼时效期间

诉讼时效期间是指权利人请求人民法院保护的法定期间。诉讼时效可以概括为两类:根据我国《民法总则》第188条规定:向人民法院请求保护民事权利的诉讼时效期间为三年。法律另有规定的,依照其规定;诉讼时效期间自权利人知道或者应当知道权利受到损害以及义务人之日起计算。法律另有规定的,依照其规定。但是,自权利受到损害之日起超过二十年的,人民法院不予保护;有特殊情况的,人民法院可以根据权利人的申请决定延长。

三、诉讼时效的起算、中止、中断和延长

(一)诉讼时效的起算和延长

诉讼时效期间,自权利人知道或者应当知道权利受到损害以及义务人之日起计算。如果权利人不知道权利被侵害,则侵害权利的事实超过二十年,权利人也丧失向人民法院请求保护的权利。规定诉讼时效的目的,是为稳定和维护社会经济秩序。在某些情况下,权利人虽然超过诉讼时效期间但确有特殊情况或正当理由的,如果硬性依照时效届满而使权利人丧失权利的规定,显然与民法中的公平原则不符。因此,《民法总则》第192条规定,诉讼时效期间届满后,义务人同意履行的,不得以诉讼时效期间届满为由抗辩;义务人已自愿履行的,不得请求返还。

(二)诉讼时效的中止

诉讼时效的中止,是指正在进行中的诉讼时效,由于客观原因,使时效暂停进行。待中止时效的客观原因消除之后,时效继续计算。

我国《民法总则》第194规定,在诉讼时效的最后六个月内,因不可抗力或者其他障碍不能行使请求权的,诉讼时效中止。从中止时效的原因消除之日起,诉讼时效期间继续计算。

（三）诉讼时效的中断

诉讼时效的中断,是指正在进行中的诉讼时效,因一定事由使已进行的时效统归无效。时效中断之后,诉讼时效期间重新计算。

我国《民法总则》规定,诉讼时效因权利人向义务人提出履行请求、义务人同意履行义务、权利人提起诉讼或者申请仲裁、与提起诉讼或者申请仲裁具有同等效力的其他情形而中断。从中断时起,诉讼时效期间重新计算。

四、诉讼时效的效力和适用范围

诉讼时效的效力是指权利人丧失何种权利的问题。综观各国民法典,主要有三种主张:(1)实体权利消灭主义,将诉讼时效的效力规定为直接消灭实体权利。如《日本民法典》规定,债权因10年间不行使而消灭;(2)诉权消灭主义,根据《法国民法典》规定,诉讼时效届满,其权利本身仍然存在,仅诉权归于消灭,权利人的权利因诉权消灭不能请求法院强制执行,成为自然权利;(3)抗辩权发生主义,根据《德国民法典》规定,时效届满后,义务人取得拒绝履行的抗辩权,如果义务人自动履行,视为放弃抗辩权。

我国《民法总则》第191条规定:"诉讼时效期间届满后,义务人同意履行的,不得以诉讼时效期间届满为由抗辩;义务人已自愿履行的,不得请求返还。"可见,《民法总则》采用胜诉权消灭论,即诉讼时效届满,权利人的胜诉权消灭。诉权可分为实体意义上的诉权和程序意义上的诉权。胜诉权属于实体意义上的诉权。胜诉权消灭以后,实体权利本身并没有消灭,只是该权利不能请求法院强制执行,而成为一种自然权利。当事人自愿履行的,不受诉讼时效限制。如果义务人自愿履行后,以不知道诉讼时效的法律规定为由,向法院起诉要求返还,人民法院不予支持。程序意义上的诉权对原告来讲是起诉权。由于时效期间届满后,权利人丧失的是胜诉权而不是起诉权,当事人向法院起诉的,只要符合《民事诉讼法》关于起诉的规定,法院仍应当立案受理。受理后查明无诉讼时效中止、中断、延长事由的,判决驳回其诉讼请求。

关于诉讼时效的适用范围,各国规定不尽一致。有规定为债权以及其他非所有权之财产权者,有规定为请求权者。我国《民法总则》对诉讼时效的适用范围未作明文规定,但在其第196条规定:"下列请求权不适用诉讼时效的规定:(1)请求停止侵害、排除妨碍、消除危险;(2)不动产物权和登记的动产物权的权利人请求返还财产;(3)请求支付抚养费、赡养费或者扶养费;(4)依法不适用诉讼时效的其他请求权。"一般认为诉讼时效仅适用于请求权,而不适用于支配权。该问题在学界仍有争议。

参 考 文 献

1. 杨立新:《民法总则》(第二版),法律出版社,2017年。
2. 魏振瀛:《民法》(第六版),北京大学出版社、高等教育出版社,2016年。
3. 梁慧星:《民法总论》,法律出版社,2012年。
4. 吴建斌:《经济法律概论》,南京大学出版社,2012年。
5. 杨紫烜、徐杰:《经济法学》,北京大学出版社,2012年。
6. 江平:《民法学》,中国政法大学出版社,2011年。
7. 王利明:《民法》,中国人民大学出版社,2010年。
8. 佟柔:《中国民法讲稿》,北京大学出版社,2008年。
9. 潘静成、刘文华:《经济法》,中国人民大学出版社,2008年。
10. 吴弘:《新编经济法学》,立信会计出版社,2004年。

第三章 物权法律制度

[本章概要]

物权法是一部重要的民事基本法律。物权是指权利人依法对特定的物享有直接支配和排他的权利,包括所有权、用益物权和担保物权。本章对物权法的基本原则、物权的分类、物权的变动、各种类型的所有权和他物权、占有制度等物权的基本问题逐一阐述。

第一节 物权的基本概念

一、《物权法》的出台

《中华人民共和国物权法》是一部重要的民事基本法律。制定物权法是从1998年开始的。1999年产生第一个专家草案,2000年产生第二个专家草案,2001年产生全国人大常委会法工委的正式草案,2002年12月经过全国人大常委会第一次审议,2004年10月经过第二次审议,2005年6月经过第三次审议,7月在媒体公布征求修改意见,10月经过第四次审议,2006年进行了第五次、第六次、第七次审议。2007年3月物权法草案提交第十届全国人民代表大会第五次会议表决。2007年3月16日第十届全国人民代表大会第五次会议通过了物权法,并于2007年10月1日起施行。

物权法的审议次数之多,是前所未有的。从来没有哪一部法律像物权立法这样充满曲折和反复,这与物权法本身的复杂性及中国转型期的经济社会变迁密不可分,也体现了整个社会对物权法的高度关注。《物权法》是对改革开放以来所取得的胜利成果,特别是经济体制改革胜利成果的法律确认。物权法是确认财产和保护财产的基本法律,作为一部调整财产关系的重要法律,将成为理清我国财产权归属的一个里程碑。

二、物权及其特征

所谓物权,是指权利人依法对特定的物享有直接支配和排他的权利,包括所有权、用益物权和担保物权。其中后两类又被统称为他物权。

物权和债权是民法中两类基本的财产权。在物权和债权的两者关系中,物权是债权的前提和基础,又是债权的归宿点。健全物权法律制度是发展市场经济、稳定交易秩序的前提和基础。一方面,一个正常的交易,首先要求市场主体对其交换的财产享有物权,否则就根本无法进行财产交换。在商品经济条件下,物权制度的一项重要功能,就在于确认和稳定财产的归属及财产交换关系,使市场主体能够享有自由、平等地行使使用、支配和让渡自己的财产,从而合法取得他人的财产的权利。所以,物权是市场交易的前提也是市场交易的结果。另一方面,对物权保护有利于鼓励交易,并增长社会财富。只有保护财产所有权,才能使人们形成对财产的安全感,并对财产的价值和收益以及行使财产权利所获得的利益形成合理的期望,从而鼓励人们积极创造财产、享有财产。没有对财产的安全感和利益的期待,人们就没有投资信心、置产愿望和创业的动力,社会财富很难有效增长。

物权具有以下五个特征。

(1) 物权的客体主要是有体物。这一特征是它与知识产权的明显区别。知识产权的客体主要是智力成果和无形财产。物权以特定的物为权利客体,这里的物主要是有体物,但在一定条件下也包括无形物,例如,担保物权也有在其他权利之上设定的,如土地使用权抵押权、知识产权质权。

(2) 物权是支配权。物权是权利人直接支配特定的物的权利。物权人可以依自己的意思对标的物行使权利,而无须借助于他人的意思或行为。

(3) 物权是绝对权、对世权。在物权法律关系中,除权利人之外,其他一切不特定的人均是义务主体,不得妨害权利人行使权利。

(4) 物权是排他性权利。同一物上不能有内容不相容的物权并存。权利人有权排除他人对其权利的干涉、妨害、侵害。

(5) 物权法定原则。与合同自由原则不同,物权的种类和内容由法律直接规定,权利人对物的支配必须在法律规定的范围之内。

三、物权的分类

在民法理论上,物权可以按不同的标准进行分类。

(一) 所有权与他物权

这是以物权的权利主体是否为财产的所有人为标准对物权进行的分类。所有权,又称为自物权,是指财产所有人对自己所有的财产依法进行全面支配的物权。他物权是指非财产所有人根据法律的规定或所有人的意志对他人所有的财产享有的进行有限支配的物权。

(二) 用益物权与担保物权

这是根据设立目的的不同,对他物权的再分类。用益物权是以物的使用权益为目的而设立的他物权,如建设用地使用权、土地承包经营权等。担保物权是以保证债务的履行和债权的实现为目的而设立的他物权,如抵押权、质权、留置权等。

（三）动产物权与不动产物权

这是以物权的客体是动产或是不动产对物权所作的分类。动产物权是以能够移动的财产为客体的物权。不动产物权是以土地、房屋等不动产为客体的物权。

四、物权的效力

物权的效力,是法律赋予物权的作用力与保障力,也是物权依法成立后发生的法律效果。物权的效力主要包括物权优先效力和物上请求权。

（一）物权优先效力

物权的优先效力,主要是指在同一物上同时存在物权与债权时,物权的效力优先于债权。例如,出现"一物二卖"情形时,甲承诺将自己的电视机出地出卖给乙,乙就取得了要求甲交付电视机的债权；随后甲却将电视机卖给了丙,并交付给丙,丙取得的这台电视机的所有权,优先于乙的债权；这时乙只能要求甲承担债务不履行的责任,而不能要求获得这台电视机的所有权。但是,物权优先于债权也有极少数的例外,承租人之租赁权优先于后设定的物权,即租赁期内如果发生房屋转移,原租赁合同对承租人和新房主继续有效。此外,在债权人依强制执行程序行使其债权时,债务人的财产上成立的物权仍具有优先效力,即在债务人的财产上设立有担保物权的,担保物权人享有优先受偿的权利。

（二）物上请求权

物上请求权,是指物权人在其权利的实现上遇有某种妨害时,请求排除侵害或防止侵害,以恢复其物权的圆满状态的权利。物上请求权是保障物权人对于物的支配权所必需的,是物权所特有的效力。

五、物权法的基本原则

（一）平等保护原则

平等保护不同主体的财产权利是物权法的基本原则。《物权法》第3条第三款明确规定:"国家实行社会主义市场经济,保障一切市场主体的平等法律地位和发展权利。"第4条规定:"国家、集体、私人的物权和其他权利人的物权受法律保护,任何单位和个人不得侵犯。"《物权法》第五章对国家所有权、集体所有权和私人所有权进行了详细的规定。

（二）物权法定原则

所谓物权法定原则,是指物权的种类和内容只能由法律规定,而不得由民事权利主体随意设定。物权法定是各国法律均予以确认的原则。因为物权具有排他性,是民事权利中最强的权利,所以必须是社会公认的权利而不是当事人私自约定的权利。物权是人们交易、商品交换的前提和结果,各种物权的内容及其含义,在一国法律领域内必须统一。物权法定为社会各个领域的交易行为提供了统一的法律基础。

根据物权法定原则,不依照法律规定的物权种类而设定的物权,不得认可其为物权;不依照法律规定的物权内容而设定的物权,不具有物权的效力。该类行为设定的物权无效,但是该类行为符合其他法律行为的生效条件的,依据有关法律规定产生相应的法律后果。

（三）物权绝对原则

物权绝对原则可以从两个方面理解。(1)物权人依自己的意思行使物权具有绝对性。将物权定义为不借助于他人的意思的支配权,意味着除遵守法律之外,物权人完全可以按照自己的意愿行使权利。也就是说,物权人在遵守法律的前提下,完全基于自己的意思,而不必借助于任何人的意思行使其权利。(2)物权排他的绝对性。确定某人对某物享有某种物权,也就在同时排除了其他任何人对该物享有同样的物权。所以,权利人可以根据其物权排除任何第三人的干涉。由于完全物权和限制物权有不同的效力,排他的范围和效力略有差异,但是各种物权均具有排除他人干涉的权利。

（四）物权公示原则

物权公示是物权变动的基本原则。所谓物权公示原则,是指物权各种变动必须以一种可以公开的、能够表现这种物权变动的方式予以展示并进而决定物权变动的效力的原则。

物权的公示方式,各国较为一致,不动产物权的公示方式为不动产登记,动产物权的公示方式为动产的交付(移转占有)。在我国,通常认为,依法律行为设立、移转、变更和废止不动产物权,不经登记者无效;依法律行为设立、移转、变更和废止其他动产物权,经交付生效。

（五）物权抽象原则

物权抽象原则,也称物权变动与其原因行为相分离原则。这是关于物权变动的结果与其原因行为之间的效力关系的规定。如当事人以发生物权变动为目的而订立合同,该合同即属于物权变动的原因行为,其成立、生效应该依据《合同法》《债权法》的规定。但是,合法成立的合同也许不能发生物权变动的结果,因为不动产的变动登记生效,动产的变动交付生效。例如,在"一物二卖"的情形中,其中一个买受人先进行了不动产登记或者接受了动产的交付,另一买受人便不可能取得合同指定的物权。由此可见,由于以发生物权变动为目的的买卖合同与物权变动本身是两个法律事实,只有在买卖合同有效成立后,才发生合同的履行问题,即在合同生效后才发生标的物物权的登记或者交付问题。未交付或者未登记的法律后果是不发生物权变动,但不能以为交付或者未登记而否认买卖合同的效力,违约方应依照合同法承担违约责任。

第二节 所 有 权

一、所有权的概念

所有权是指所有人依法对自己的财产享有占有、使用、收益和处分的权利。所有权关系是一种民事法律关系,它是由法律确认的人们之间因占有物质资料而发生的权利和义务关系。如果仅仅把所有权看成是一种人对物的支配权是不全面的。应该看到,人们往往通过对物的支配而相互影响,通过对物的支配而引起人与人之间的权利义务关系。

所有权和所有制是有密切联系的两个概念。所有权是所有制在法律上的体现。所有制是一定社会的生产资料归谁所有、归谁支配的基本经济制度,它构成社会生产关系的基础和核心。所有制属于经济基础范畴。所有权是作为一种确认和保护财产归属(归谁所有、支配)的法律制度,属于上层建筑范畴。所有制形式决定所有权的性质和内容,但所有权一旦确定之后,也反作用于自己的经济基础,并促使其巩固和发展。

二、所有权的法律特征

(一)所有权是绝对权

所有权与债权不同,债权的行使必须依靠债务人的积极行为协助(履行债务)才能实现,而所有权却不需要他人的积极行为协助(只要他人不加干预)便能实现。为区别这个特点,法学上把债权称为相对权,把所有权称为绝对权。

(二)所有权具有排他性

一般来说,某人对某物享有所有权,就意味着其他所有的人都不得干预他对该物行使所有权。法学上把这种特点称作排他性。

(三)所有权是一种最充分的权利

所有权包括对物的占有、使用、收益直至最终处分的权利。所以,它是一种最全面、最充分的权利。与它相比,如抵押权、留置权等其他物权,只能享有所有权中的部分权利。

三、所有权的内容

所有权的内容是指所有权中所包含的权能,即所有权人对自己的财产依法享有占有、使用、收益和处分的权利。

（一）占有

占有是财产所有人对财产的实际控制和掌握。这既可以体现为所有权人对物的直接掌握，也可以体现为所有权人对物在自己力量范围内的控制。

（二）使用

所谓使用，是指按照财产的性能和用途加以利用。这是财产所有权的重要权能。行使使用权以占有权为前提，所以使用权可以由所有权人行使，也可以由非所有权人行使（如前例承租人根据租赁合同使用出租的房屋），在这种情况下，所有权人并不因此而丧失对财产的所有权。

（三）收益

收益权是使用财产而获得经济利益的权能。收益权是所有权在经济利益上的具体体现。一般情况下，所有人占有、使用自己的财产而获得经济利益，例如，养鸡下蛋、种树收果（法学上称为天然孳息），房屋出租得到租金、钱存入银行得到利息（法学上称为法定孳息）。但也有例外，如果所有人将所有权中的占有、使用权分离出去，如经营性房屋出租或承包给他人经营，在所有权人收取租金或承包上缴利润的同时，承租人、承包人依据合同和法律规定也享有一定的收益权。

（四）处分

处分权是决定财产在事实上和法律上命运的权利。事实上的处分是指所有人把财产直接消耗在生产或生活活动之中，如把原材料投入生产、把肥料施于农田、把粮食吃掉等。法律上的处分是指按照所有人的意志，通过某种法律行为对财产进行处置，如出卖、转让、赠与等。处分权是所有人最基本的权利，是所有权的核心。

上述占有、使用、收益、处分这四项权能是所有权的内容，完整的所有权包含上述四项权能。但是在现实生活中，所有人总是通过这四项权能的分离和回复，来不断满足自己的生产、生活需要和发挥财产的效益。因此，在民事活动中，其中一项（如保管）、二项（如出租）甚至三项、四项（如抵押）权能暂时与所有人分离并不意味着所有人因此丧失了所有权。恰恰相反，这种分离正好是所有人行使所有权的一种表现。

四、国家所有权、集体所有权和私人所有权

我国现阶段存在多种经济成分和多层次的经济结构。与此相适应，从财产所有权的权利主体上看，存在国家所有权、集体所有权和私人所有权。

（一）国家所有权

国家所有权是我国社会主义全民所有制在法律上的体现。国家是国家所有权主体。国家财产属于全民所有，而全民所有的财产则由代表全体人民意志和利益的国家作为所有者。我国国家所有权制度在整个国民经济中占有重要的地位和作用。我国《宪法》规定，国有经济是社会主义全民所有制经济，是国民经济中的主导力量，国家保障国营经济的巩固和发展。物权法对此做了进一步规定。

《物权法》列举了八种主要的国有财产：(1)矿藏、水流、海域属于国家所有；(2)城市的土地,属于国家所有；法律规定属于国家所有的农村和城市郊区的土地,属于国家所有；(3)森林、山岭、草原、荒地、滩涂等自然资源,属于国家所有,但法律规定属于集体所有的除外；(4)法律规定属于国家所有的野生动植物资源,属于国家所有；(5)无线电频谱资源属于国家所有；(6)法律规定属于国家所有的文物,属于国家所有；(7)国防资产属于国家所有；(8)铁路、公路、电力设施、电信设施和油气管道等基础设施,依照法律规定为国家所有的,属于国家所有。法律规定专属于国家所有的不动产和动产,任何单位和个人不能取得所有权。

由于国家是比较抽象的主体,《物权法》对国有财产权的行使作了具体规定：(1)除法律另有规定外,国有财产由国务院代表国家行使所有权；(2)国家机关和国家举办的事业单位对其直接支配的不动产和动产,享有占有、使用以及依照法律和国务院的有关规定处分的权利；(3)国家出资的企业,由国务院、地方人民政府依照法律、行政法规规定分别代表国家履行出资人职责,享有出资人权益。

国家所有的财产受法律保护,任何单位和个人不得侵占、哄抢、私分、截留、破坏。履行国有财产管理、监督职责的机构及其工作人员,应当依法加强对国有财产的管理、监督,促进国有财产保值增值,防止国有财产损失；滥用职权,玩忽职守,造成国有财产损失的,应当依法承担法律责任。针对现实中出现的国有财产流失问题,《物权法》进一步规定,违反国有财产管理规定,在企业改制、合并分立、关联交易等过程中,低价转让、合谋私分、擅自担保或者以其他方式造成国有财产损失的,应当依法承担法律责任。

(二)集体所有权

集体财产所有权是集体所有制在法律上的体现。集体所有的不动产和动产包括：(1)法律规定属于集体所有的土地和森林、山岭、草原、荒地、滩涂；(2)集体所有的建筑物、生产设施、农田水利设施；(3)集体所有的教育、科学、文化、卫生、体育等设施；(4)集体所有的其他不动产和动产。

农民集体所有的不动产和动产,属于本集体成员集体所有。城镇集体所有的财产,依照法律、行政法规的规定由本集体享有占有、使用、收益和处分的权利。

集体所有的财产受法律保护,任何单位和个人不得侵占、哄抢、私分、破坏。集体经济组织、村民委员会或者其负责人作出的决定侵害集体成员合法权益的,受侵害的集体成员享有请求人民法院予以撤销的权利。

(三)私人所有权

私人所有权,是私人对合法的收入、房屋、生活用品、生产工具、原材料等不动产和动产依法占有、使用、收益和处分的权利。2004年3月,"公民的合法的私有财产不受侵犯"被载入宪法修正案,使私有财产权上升为宪法权利。物权法就如何保护私有财产进行了详细的规定,以确立保护私人财产权的具体法律制度。物权法对私人所有权的明确规定最大的意义在于鼓励创新和创造财富。但是,物权法并不保护非法财产,它只保护合法的私人财产。

私人的合法财产受法律保护,禁止任何单位和个人侵占、哄抢、破坏。私人合法的储蓄、投资及其收益、继承权及其他合法权益也受法律保护。

法人也是一种重要的民事法律关系主体。企业法人对其不动产和动产依照法律、行政法规以及章程享有占有、使用、收益和处分的权利。企业法人以外的法人,对其不动产和动产的权利,适用有关法律、行政法规以及章程的规定。社会团体依法所有的不动产和动产,受法律保护。

《物权法》还对征收和征用做出了若干规定。为了公共利益的需要,征收单位、个人的房屋及其他不动产,应当依法给予拆迁补偿,维护被征收人的合法权益;征收个人住宅的,还应当保障被征收人的居住条件。因抢险、救灾等紧急需要,依照法律规定的权限和程序可以征用单位、个人的不动产或者动产。被征用的不动产或者动产使用后,应当返还被征用人。单位、个人的不动产或者动产被征用或者征用后毁损、灭失的,应当给予补偿。

五、不动产相邻关系

相邻关系是指两个或两个以上相互毗邻的不动产的所有人或者使用人,在行使不动产的所有权或使用权时,相互之间应当给予便利或者接受限制而发生的权利义务关系。在相邻关系中,不动产的所有人或者使用人称为相邻人,相邻人享有的要求他方给予方便的权利称为相邻权。

《民法通则》规定:不动产的相邻各方,应当按照有利生产、方便生活、团结互助、公平合理的精神,正确处理截水、排水、通行、通风、采光等方面的相邻关系。给相邻方造成妨碍或者损失的,应当停止侵害,排除妨碍,赔偿损失。《物权法》也规定:不动产的相邻权利人应当按照有利生产、方便生活、团结互助、公平合理的原则,正确处理相邻关系。

相邻关系是人们在长期实践中发展起来的惯例。法律、法规对处理相邻关系有明确规定的,当然可以依照明文规定。如果法律、法规没有规定的,在相邻关系的处理上可以依照当地习惯。

一方面,不动产权利人对相邻权利人因用水、排水、通行、铺设管线客观原因必须利用其土地的,应当提供必要的便利;另一方面,不动产权利人因用水、排水、通行、铺设管线等利用相邻不动产的,应当尽量避免对相邻的不动产权利人造成损害;造成损害的,应当给予赔偿。

六、共有

财产共有权是指两个以上的公民或者法人对同一财产共同享有占有、使用、收益和处分的权利。

财产共有权的特点：(1) 主体是两个以上的公民或者法人；(2) 客体是同一财产；(3) 共有与公有不同。在公有财产中所有权权利主体是一个，在共有财产中所有权权利主体是两个以上；(4) 共有权不是独立的所有权类型，而是相同的或不相同的所有权的联合。

财产共有权有按份共有和共同共有两种。按份共有人对共有的不动产或者动产按照其份额享有所有权。共同共有人对共有的不动产或者动产共同享有所有权。

《物权法》对共有财产的管理、处分、分割、转让、债权债务关系等问题都进行了明确规定，简述如下。

在管理方面，一般情况下，共有人按照约定管理共有的不动产或者动产，没有约定或者约定不明确的，各共有人都有管理的权利和义务。

在处分方面，处分共有的不动产或者动产以及对共有的不动产或者动产作重大修缮的，应当经占份额 2/3 以上的按份共有人或者全体共同共有人同意，但共有人之间另有约定的除外。

在分割方面，共有人约定不得分割共有的不动产或者动产，以维持共有关系的，应当按照约定，但共有人有重大理由需要分割的，可以请求分割；没有约定或者约定不明确的，按份共有人可以随时请求分割，共同共有人在共有的基础丧失或者有重大理由需要分割时可以请求分割。因分割对其他共有人造成损害的，应当给予赔偿。共有人可以协商确定分割方式。达不成协议，共有的不动产或者动产可以分割并且不会因分割减损价值的，应当对实物予以分割；难以分割或者因分割会减损价值的，应当对折价或者拍卖、变卖取得的价款予以分割。

在转让方面，按份共有人可以转让其享有的共有的不动产或者动产份额。其他共有人在同等条件下享有优先购买的权利。

在债权债务问题上，因共有的不动产或者动产产生的债权债务，在对外关系上，共有人享有连带债权、承担连带债务，但法律另有规定或者第三人知道共有人不具有连带债权债务关系的除外；在共有人内部关系上，除共有人另有约定外，按份共有人按照份额享有债权、承担债务，共同共有人共同享有债权、承担债务。偿还债务超过自己应当承担份额的按份共有人，有权向其他共有人追偿。

共有人对共有的不动产或者动产没有约定为按份共有或者共同共有，或者约定不明确的，除共有人具有家庭关系等外，视为按份共有。按份共有人对共有的不动产或者动产享有的份额，没有约定或者约定不明确的，按照出资额确定，不能确定出资额的,视为等额享有。

七、业主的建筑物区分所有权

建筑物区分所有权,是一种复合形态的所有权,它是由专有所有权、共有部分所有权及成员权等要素构成的特别所有权。也就是说,建筑物区分所有权,是指数人区分一建筑物而各专有其一部,就专有部分有单独所有权,并就该建筑物及其附属物的共同部分,除另有约定外,按其专有部分比例共有的建筑物所有权。

专有部分,指区分所有建筑物在构造上及使用上可以独立,且可单独作为所有权只标的物的建筑物部分。业主对其建筑物专有部分享有占有、使用、收益和处分的权利,但是业主行使权利不得危及建筑物的安全,不得损害其他业主的合法权益。

共有部分,指区分所有建筑物,除专有部分内以外的其他部分及不属于专有部分的附属物,比如建筑区划内的道路(属于城镇公共道路的除外)、建筑区划内的绿地(属于城镇公共绿地或者明示属于个人的除外)和其他公共场所、公用设施和物业服务用房。业主对建筑物的共有部分,享有权利,承担义务;不得以放弃权利不履行义务。

关于建筑物区分所有权的行使和管理制度,业主可以设立业主大会,选举业主委员会。业主大会或者业主委员会的决定,对业主具有约束力。业主大会或者业主委员会作出的决定侵害业主合法权益的,受侵害的业主享有请求人民法院予以撤销的权利。

业主可以自行管理建筑物及其附属设施,也可以委托物业服务企业或者其他管理人管理。物业服务企业或者其他管理人根据业主的委托管理建筑区划内的建筑物及其附属设施,并接受业主的监督。值得注意的是,对建设单位聘请的物业服务机构或者其他管理人,业主依法有权更换。

随着我国人民生活水平的提高,汽车逐渐进入平常百姓家。小区内车位紧张日益成为一个问题。对此,《物权法》规定,建筑区划内,规划用于停放汽车的车位、车库应当首先满足业主的需要,其归属由当事人通过出售、附赠或者出租等方式约定。占用业主共有的道路或者其他场地用于停放汽车的车位,属于业主共有。这就意味着,开发商、物业公司不能将车位收费所得据为己有,如果需要收费,在扣除必要管理费后的所得款应属于全体业主共有。

业主大会和业主委员会,对任意弃置垃圾、排放污染物或者噪声、违反规定饲养动物、违章搭建、侵占通道、拒付物业费等损害他人合法权益的行为,有权依照法律、法规以及管理规约,要求行为人停止侵害、消除危险、排除妨害、赔偿损失。业主对侵害自己合法权益的行为,可以依法向人民法院提起诉讼。

这些规定将有利于解决业主与开发商、物业公司之间的矛盾,减少物业纠纷。

八、所有权取得的特殊问题

（一）善意取得

根据《物权法》规定，无处分权人将不动产或者动产转让给受让人的，所有权人有权追回；除法律另有规定外，符合下列情形的，受让人取得该不动产或者动产的所有权：（1）受让人受让该不动产或者动产时是善意的；（2）以合理的价格转让；（3）转让的不动产或者动产依照法律规定应当登记的已经登记，不需要登记的已经交付给受让人；（4）系从无权处分人处取得。

在符合上述四个条件的情况下，受让人即善意取得不动产或者动产的所有权。受让人依照前款规定取得不动产或者动产的所有权的，原所有权人有权向无处分权人请求赔偿损失。其中，对于受让人是不是善意，《最高人民法院关于适用〈中华人民共和国物权法〉若干问题的解释（一）》第15条规定了"善意"认定的基本标准，即"受让人受让不动产或者动产时，不知道转让人无处分权，且无重大过失的，应当认定受让人为善意。真实权利人主张受让人不构成善意的，应当承担举证证明责任"。

（二）拾得遗失物

遗失物不是无主物，原则上其所有权仍然属于失主。所有权人或者其他权利人对遗失物享有追回权。如果该遗失物通过转让被他人占有的，权利人有权向无处分权人请求损害赔偿，或者自知道或者应当知道受让人之日起两年内向受让人请求返还原物，但受让人通过拍卖或者向具有经营资格的经营者购得该遗失物的，权利人请求返还原物时应当支付受让人所付的费用。权利人向受让人支付所付费用后，有权向无处分权人追偿。

拾得遗失物，应当返还权利人。拾得人应当及时通知权利人领取，或者送交公安等有关部门。

在费用问题上，权利人领取遗失物时，应当向拾得人或者有关部门支付保管遗失物等支出的必要费用。如果权利人悬赏寻找遗失物的，领取遗失物时应当按照承诺履行义务。但是，如果拾得人侵占遗失物的，无权请求保管遗失物等支出的费用，也无权请求权利人按照承诺履行义务。

遗失物自发布招领公告之日起六个月内无人认领的，归国家所有。

拾得漂流物、发现埋藏物或者隐藏物的，参照拾得遗失物的有关规定。《文物保护法》等法律另有规定的，依照其规定。

（三）孳息

孳息包括天然孳息和法定孳息。天然孳息，比如母畜生的幼畜、果树结的果实。法定孳息，比如按照借款合同取得的利息、银行贷款的利息等。

天然孳息，由所有权人取得；既有所有权人又有用益物权人的，由用益物权人取得;当事人另有约定的,按照约定。法定孳息,当事人有约定的,按照约定取得;没有约定或者约定不明确的,按照交易习惯取得。

第三节 他 物 权

他物权包括担保物权和用益物权。担保物权是以保证债务的履行和债权的实现为目的而设立的他物权,如抵押权、质权、留置权等。值得注意的是,对于担保物权,我国的《担保法》和《物权法》都进行了详细规定,如果其规定之间发生冲突,根据《物权法》第178条规定,应以新法即《物权法》为准。本书在《担保法》一章对抵押、质押、留置等有专门阐述,本节仅介绍用益物权。

一、用益物权的概念

用益物权是指用益物权人在法律规定的范围内,对他人所有的不动产或者动产享有占有、使用和收益的权利。用益物权的主要特征:第一,用益物权以对标的物的使用、收益为其主要内容,并以对物的占有为前提;第二,用益物权是他物权、限制物权和有期限物权;第三,用益物权的对象可以是不动产或动产。

二、用益物权的种类

(一) 土地承包经营权

土地承包经营权是指承包人(公民或集体)因从事耕作、种植或其他生产经营项目而承包使用、收益集体所有或集体使用的国家所有的土地或森林、山岭、草原、荒地、滩涂、水面的权利。土地承包经营权人依法对其承包经营的耕地、林地、草地等享有占有、使用和收益的权利,有权从事种植业、林业、畜牧业等农业生产。

土地承包经营权可以依法流转。《物权法》规定,土地承包经营权人将土地承包经营权转包、出租、互换、转让等方式流转的,当事人应当采取书面形式订立相应的合同,但合同的期限不得超过原土地承包经营权合同剩余的期限。另外,土地承包经营权人将土地承包经营权互换、转让,当事人要求登记的,应当向县级以上地方人民政府申请土地承包经营权变更登记;未经登记,不得对抗善意第三人,也就是说,此处采取的是登记对抗主义。

耕地的承包期为30年。草地的承包期为30—50年。林地的承包期为30—70年;特殊林木的林地承包期,经国务院林业行政主管部门批准可以延长。上述承包期届满,由土地承包经营权人按照国家有关规定继续承包,这有利于维护土地承包经营制的稳定。原则上,承包期内发包人不得收回承包地。如果承包地被征收的,土地承包经营权人有权依法获得相应补偿。

（二）建设用地使用权

建设用地使用权（传统民法上的地上权）是因建造建筑物、构筑物及其附属设施而依法对国家所有的土地享有占有、使用和收益的权利。其特征是：（1）建设用地使用权是存在于国家所有的土地之上的物权。（2）建设用地使用权是以保存建筑物或其他工作物为目的的权利。（3）建设用地使用权是使用他人土地的权利。

设立建设用地使用权，可以采取出让或者划拨等方式。设立建设用地使用权的，应当向登记机构申请建设用地使用权登记。建设用地使用权自登记时设立。登记机构应当向建设用地使用权人发放建设用地使用权证书。

建设用地使用权人有权将建设用地使用权转让、互换、出资、赠与或者抵押，其相关规则如下：（1）当事人应当采取书面形式订立相应的转让、互换、出资、赠与或者抵押合同；（2）使用期限由当事人约定，但不得超过建设用地使用权的剩余期限；（3）应当向登记机构申请变更登记；（4）房地一体主义，即建设用地使用权转让、互换、出资或者赠与的，附着于该土地上的建筑物、构筑物及其附属设施一并处分；相反地，建筑物、构筑物及其附属设施转让、互换、出资或者赠与的，该建筑物、构筑物及其附属设施占用范围内的建设用地使用权一并处分。

建设用地使用权期间届满前，因公共利益需要提前收回该土地的，应当依法对该土地上的房屋及其他不动产给予补偿，并退还相应的出让金。

建设用地使用权具有期限性。比如，一般人所拥有的住房的土地使用期限就是70年。那么，70年后，我们的房子怎么办？一段时间以来，这个问题已成为社会关注的焦点。针对这一问题，《物权法》将住宅用地和非住宅用地做了区别对待。对于住宅建设用地使用权期间届满的，自动续期，而不需要办理任何手续，但《物权法》并没有对对续期的土地使用费支付标准和办法作出明确规定。对于非住宅建设用地使用权期间届满的，其续期应当依照法律规定办理，该土地上的房屋及其他不动产的归属，有约定的，按照约定，没有约定或者约定不明确的，依照法律、行政法规的规定办理。

（三）宅基地使用权

宅基地使用权是指宅基地使用权人依法享有对集体所有的土地占有和使用的权利，宅基地使用权人有权自主利用该土地建造住房及其附属设施。

宅基地使用权的取得、行使和转让，适用土地管理法等法律和国家有关规定。一户只能拥有一处宅基地。宅基地因自然灾害等原因灭失的，宅基地使用权消灭。对失去宅基地的村民，应当重新分配宅基地。

（四）地役权

地役权是利用他人的不动产，以提高自己的不动产的效益的权利。他人的不动产为供役地，自己的不动产为需役地。地役权的特征：（1）地役权是使用他人不动产的权利;(2)地役权是为自己不动产的便利的权利。

便利,泛指开发、利用需役地的各种需要,其内容只要不违反法律的强制性规定及不违背社会公共利益,可以由当事人根据实际情况约定其内容:(1)以供役地供使用,如通行地役权。(2)以供役地供收益,如用水地役权。(3)避免相邻关系的任意性规范的适用。相邻关系规定的是土地所有人之间的最主要、最基本的关系,多是从土地所有人的义务方面加以规定,因而多属强制性规范。但相邻关系也不乏任意性的规定,当事人可以以特别约定加以改变或排除其适用。例如,相邻关系有土地或房屋所有人不得设置管、槽或其他装置使房屋雨水直接注泻于邻人的土地上或建筑物上,因此土地所有人或使用人即负有不得安装此等装置的义务。如果邻人豁免这一义务,则土地或房屋所有人就可以设定一个向邻地或邻地建筑物上直接注泻雨水的地役权。(4)禁止供役地为某种使用,如禁止在邻地建高楼,以免妨碍眺望。

设立地役权,当事人应当采取书面形式订立地役权合同。地役权自地役权合同生效时设立。当事人要求登记的,可以向登记机构申请地役权登记;未经登记,不得对抗善意第三人,也即采取登记对抗主义。

土地上已设立其他用益物权,如土地承包经营权、建设用地使用权、宅基地使用权等权利的情况下,未经用益物权人同意,土地所有权人不得设立地役权。这有利于克服不必要的权利冲突。

在转让和抵押时,地役权具有一定的附属性:(1)地役权不得单独转让;除非合同另有约定,土地承包经营权、建设用地使用权等转让的,地役权一并转让;(2)地役权不得单独抵押;土地承包经营权、建设用地使用权等抵押的,在实现抵押权时,地役权一并转让;(3)需役地以及需役地上的土地承包经营权、建设用地使用权部分转让时,转让部分涉及地役权的,受让人同时享有地役权;(4)供役地以及供役地上的土地承包经营权、建设用地使用权部分转让时,转让部分涉及地役权的,地役权对受让人具有约束力。

地役权人有下列情形之一的,供役地权利人有权解除地役权合同,地役权消灭:(1)违反法律规定或者合同约定,滥用地役权;(2)有偿利用供役地,约定的付款期间届满后在合理期限内经两次催告未支付费用。

第四节 占有的法律制度

占有可以分为有权占有和无权占有。无权占有,又包括善意占有和恶意占有。善意占有和恶意占有具有不同的法律后果。

《物权法》新增一章对占有进行规定,但是只有五个条文,这些规定还比较笼统。

对于恶意占有人:(1)恶意占有人因使用占有的不动产或者动产,致使该不动产或者动产受到损害的,应当承担赔偿责任;(2)占有的不动产或者动产毁损、灭失,该不动产或者动产的权利人请求赔偿的,占有人应当将因毁损、灭失取得的保险金、赔偿金或者补偿金等返还给权利人,权利人的损害未得到足够弥补的,恶意占有人还应当赔偿损失。

对于善意占有人:(1)当权利人请求返还占有的原物及其孳息时,善意占有人有权请求权利人支付因维护该不动产或者动产支出的必要费用;(2)占有的不动产或者动产毁损、灭失,该不动产或者动产的权利人请求赔偿的,善意占有人仅需将因毁损、灭失取得的保险金、赔偿金或者补偿金等返还给权利人,而不需承担赔偿损失责任。

《物权法》规定了占有的保护制度:(1)占有的不动产或者动产被侵占的,占有人有权在侵占发生之日起一年内请求返还原物;(2)对妨害占有的行为,占有人有权请求排除妨害或者消除危险;(3)因侵占或者妨害造成损害的,占有人有权请求损害赔偿。

占有保护制度,结合物权保护制度,不仅可以对各种类型物权人的利益保护,还可以对基于债权关系的有权占有人,甚至是无权占有人提供相应的保护,这对于保护物权人的利益和维护社会的和谐稳定,都具有重要的现实意义。

第五节 物权的变动

一、物权变动的概念和原则

物权的变动,是指物权的设立、移转、变更与终止。所谓物权的设立,指的是创设一个原来不存在的物权。物权的移转,指的是将已经存在的物权在民事权利主体之间转让,也包括将物权移转给国家的情形。所谓物权变更,指的是物权在主体不变更的情况下改变物权的内容,如改变用益物权的设定期限等。物权的消灭即物权的终止。

物权变动的原因主要有三类:(1)法律行为,如买卖、继承等;(2)法律行为以外的其他法律规定的事实,如生产、收取孳息、接受无主财产等;(3)法律的直接规定、法院的判决和政府的行政指令等,如因国家征用或没收而致物权发生变动。前述第一类物权变动为因法律行为的物权变动,这是物权变动的主要原因、常见原因;后两类为非法律行为的物权变动。物权变动是基于法律行为时,除其原因行为应为有效外,还须履行登记或交付,才能生效。

物权变动应当遵循公示、公信原则:物权的公示是物权享有与变动的可取信于社会公众的外部表现方式。物权为绝对排他性的权利,如果没有可以由外界查悉其变动的表征,则难免会使第三人受到不测之损害。纵观各国物权法的规定,不动产物权以登记和登记的变更作为权利享有与变更的公示方法,动产物权则以占有作为权利享有的公示方法,以占有之移转即交付作其变更的公示方法。物权的公信是指物权的存在以登记或占有为特征。如果这种公示方法所表现的物权实际上并不存在或者实质内容有差异,但对于信赖此公示方法所表示的物权而与之交易的人,法律仍承认其具有和真实物权相同的法律效果。在现实生活中,公示所表现的物权状态与真实的物权状态不相符合的现象时有存在,如电视机的借用人将电视机出卖等,如果在物权交易中买受人都得一一进行调查,显然不利于商品的流通。在物权变动中以公信原则为救济,使行为人可以信赖登记或交付所公示的物权状态进行交易,不必担心其实际状态。可见,公信原则的目的在于保护交易的安全,稳定社会的经济秩序。

二、不动产登记

(一) 不动产登记对不动产物权变动的法律意义

物权的取得与变动,应当通过可取信于社会公众的外部表现形式,就不动产而言,此种公示方法应为不动产物权登记。不动产登记是不动产物权变动的法定公示手段,是因法律行为的物权变动的生效要件,也是物权依法获得承认和保护的基本根据。

不动产登记,由不动产所在地的登记机构办理。国家对不动产实行统一登记制度。统一登记的范围、登记机构和登记办法,由法律、行政法规规定。不动产登记是建立物权制度的重要基础。物权公示的原则,涉及不动产的,要靠登记制度保障。

关于不动产登记对物权变动的效力,各国有两种立法体例。一种是实质主义登记,即登记有决定不动产物权设立、移转、变更和消灭是否生效的法律效力,不动产物权的各项变动都必须登记,不登记者不生效;另一种是登记对抗主义,即不动产物权的设立、移转、变更、消灭的生效,仅仅以当事人的法律行为作为生效的条件,登记与否不决定物权变动的效力,但是为交易安全的考虑,不经登记的物权变动不得对抗第三人。

原则上,我国采取了登记实质主义。《物权法》规定,不动产物权的设立、变更、转让和消灭,经依法登记,发生效力;未经登记,不发生效力。但在土地承包经营权、地役权等用益物权的登记上,我国采取的是登记对抗主义。

物权变动问题和作为其原因行为的合同效力是两个不同的问题。当事人之间订立有关设立、变更、转让和消灭不动产物权的合同,除法律另有规定或者合同另有约定外,自合同成立时生效;未办理物权登记的,不影响合同效力。也就是说,合同效力和物权变动效力互相独立。

不动产物权的设立、变更、转让和消灭,依照法律规定应当登记的,自记载于不动产登记簿时发生效力。不动产登记簿是登记机关保管的,当事人得到的是不动产权属证书。不动产权属证书记载的事项,应当与不动产登记簿一致;记载不一致的,除有证据证明不动产登记簿确有错误外,以不动产登记簿为准。总之,不动产登记簿和不动产权属证书的关系是:不动产登记簿上的记载具有最高效力;不动产登记簿是物权归属和内容的根据;不动产权属证书是权利人享有该不动产物权的证明。

当事人提供虚假材料申请登记,给他人造成损害的,应当承担赔偿责任。因登记错误,给他人造成损害的,登记机构应当承担赔偿责任。登记机构赔偿后,可以向造成登记错误的人追偿。

(二) 顺位

在一个标的物上设定两个以上不动产物权,依其纳入不动产登记的先后时间享有顺位。顺位依登记的时间确定。优先顺位的权利优先实现。

任何一项不动产上均可以设立多项他物权。例如,一项土地所有权上,可以在设立用益物权性质的土地使用权的同时,设立一项或者数项担保物权性质的抵押权。这是由土地的多用性和多值性决定的。在中国现行的不动产物权制度中,实际上已经出现了在一宗不动产上设定多个物权的情形,这是不动产进入市场后发挥多方面作用的反映。

顺位权利是实体权利实现的程序权,是实现实体权利的程序保障。先登记的权利有绝对优先实现的效力,后续顺位的权利只有在优先顺位的权利实现之后才有实现权利的机会。

应注意,只有所有权以外的不动产物权,即用益物权和担保物权才享有顺位。所有权是充分物权,其实现不受法律之外的其他限制。因此,所有权无顺位,而绝对优先实现。

(三) 预告登记

《物权法》规定,当事人签订买卖房屋或者其他不动产物权的协议,为保障将来实现物权,按照约定可以向登记机构申请预告登记。预告登记后,未经预告登记的权利人同意,处分该不动产的,不发生物权效力。预告登记的效力期间为3个月,预告登记后,债权消灭或者自能够进行不动产登记之日起3个月内未申请登记的,预告登记失效。

预告登记是不动产登记的特殊类型。其他不动产登记都是已经完成的不动产的登记,即现实物权的登记;而预告登记所登记的不是现实的不动产物权,而是目的在于将来发生的不动产物权变动的请求权,而且预告登记的特征是使被登记的请求权具有物权的效力。纳入预告登记的请求权,对后来发生的与该请求权内容相同的不动产物权的处分行为具有排他的效力,以确保将来只发生该请求权所期待的法律后果。例如,个人购买预售的商品房,法律上承认买受人有获得指定的房屋的权利。因为购房者订立预售合同后,依据合同法仅享有合同法上的请求权,不具有排他的效力,无法防止售房者"一房两卖"情形的发生。将预售纳入预告登记,因预告登记具有排他性,任何一方违背预告登记内容的物权处分行为均为无效,从而保障购房者获得预售中指定的房屋的权利。

三、动产的占有与交付

（一）动产物权变动的一般规则

动产物权的设立和转让,除法律另有规定外,自交付时发生效力。

《物权法》所说的交付,是指物的直接占有的移转,即一方当事人按照法律行为的要求,将物直接占有移转给另一方当事人的事实。动产物权的取得以交付作为生效要件,是物权公示原则的必然要求,是实现物权排他性的必需手段。

（二）动产物权变动的几项特殊规定

（1）动产物权设立、转让前,权利人已经占有该动产的,物权自法律行为生效时发生效力。

（2）动产物权设立、转让前,第三人占有该动产的,可以通过转让请求第三人返还原物的权利代替交付。

（3）动产物权转让时,出让人应当将该动产交付给受让人,但双方约定由出让人继续占有该动产的,物权自约定生效时发生效力。

（4）船舶、飞行器和机动车等物权的设立、变更、转让和消灭,未经登记,不得对抗善意第三人。可以将船舶、飞行器和机动车理解为特殊的动产。

四、不必公示的物权变动

因人民法院的法律文书、人民政府的征收决定等行为导致物权设立、变更、转让和消灭的,自法律文书生效或者人民政府作出的征收决定等行为生效时发生效力。因继承取得物权的,自继承开始时发生效力。因合法建造、拆除住房等事实行为设立和消灭物权的,自事实行为成就时发生效力。

依上节发生的物权变动,如为不动产物权而未进行不动产登记,权利人不得处分其物。

第六节　物权的法律保护

保护财产所有权是发展市场经济、稳定交易秩序的前提和基础。因此,保护财产所有权是各个法律部门的共同任务,例如,刑法用刑事制裁、行政法用行政措施保护国家、集体和公民的财产所有权不受侵犯。本节主要介绍民事保护方法。根据《物权法》规定物权受到侵害的,权利人可以通过和解、调解、仲裁、诉讼等途径解决。

一、确认物权请求权

因物权的归属和内容发生争议的,利害关系人可以请求确认权利。这种方法可以单独使用,也可以与其他方法合并使用。确认物权是适用其他几种保护方法的最初步骤。当物权的归属问题未解决时,其他几种保护方法也就无法适用。因此,人民法院在审理侵权、赔偿案件时,应首先查明事实,确认物权的归属问题,然后视财产被侵犯情况,采取其他相应的保护方法。

二、返还请求权

无权占有不动产或者动产的,权利人可以请求返还原物;不能返还原物或者返还原物后仍有损失的,可以请求损害赔偿。

三、恢复原状请求权

造成不动产或者动产毁损的,权利人可以请求恢复原状;不能恢复原状或者恢复原状后仍有损失的,可以请求损害赔偿。

四、排除妨害请求权

妨害行使物权的,权利人可以请求排除妨害。例如,"三废"污染,影响物权人正常的生活和生产等,物权人有权请求排除。

五、消除危险请求权

物权人对有可能造成自己的占有物损害的设施的物权人或者占有人,可以请求其消除危险。

六、损害赔偿请求权

侵害物权,造成权利人损害的,权利人可以请求损害赔偿。

上述六种方法是民法保护财产所有权的基本方法,其中前五种是物权之诉的保护方法,其特点是运用这些保护方法,使所有人能够充分实现占有、使用、收益、处分的权能;最后一种是债权之诉的保护方法,其特点是用发生债的方法补偿所有人的损失,以保护所有人的合法权益。上述各种方法彼此联系,相互补充。当财产所有权被侵犯时,应视其被侵犯的具体情况,采用其中一种或多种方法。

参 考 文 献

1. 江平:《物权法教程》(第三版),中国政法大学出版社,2017年。
2. 全国人大常委会法制工作委员会民法室:《〈中华人民共和国物权法〉条文说明、立法理由及相关规定》(第二版),北京大学出版社,2017年。
3. 王利明:《物权法研究》(第四版),中国人民大学出版社,2016年。
4. 申卫星:《物权法原理》(第二版),中国人民大学出版社,2016年。
5. 梁慧星、陈华彬:《物权法》(第六版),法律出版社,2016年。
6. 杨立新:《物权法》(第五版),中国人民大学出版社,2016年。
7. 江必新、何东宁等:《最高人民法院指导性案例裁判规则理解与适用·物权卷》,中国法制出版社,2016年。

第四章 知识产权法律制度

[本章概要]

本章主要介绍知识产权的基本原理和制度,以知识产权的基本概念、原理为基础,通过我国专利法、商标法和著作权法的主要法律规定,阐述我国知识产权的取得、使用和保护制度;并且简要介绍知识产权主要国际公约。

第一节 知识产权的概述

一、知识产权的含义和特征

知识产权主要指权利人对其智力成果享有的专有权利和其他相关权利。知识产权含有人身权和财产权的内容,是一项民事权利。同时,由于知识产权的客体是智力成果,又被称为无形财产权,形成自身独特的法律特征。知识产权的特征是知识产权区别于其他民事权利的特殊性,主要表现为:

(1)无形性。知识产权是人类智力创造成果,不同于有形财产,其保护的对象表现为信息,信息具有无形性。知识产权通过载体表达信息,知识产权法所保护的是载体所负载的信息,取得载体财产权不等于获得附着于载体上的知识产权。

(2)专有性。专有性也称排他性或独占性,知识产权的权利人对自己的智力成果享有专有权,如果法律没有特别规定,未经权利人同意,任何人不得占有、使用他人的智力成果。

(3)地域性。知识产权在一定地域内有效。一国法律确认的知识产权,原则上只在该国领域有效,受到该国的法律保护。其他国家没有给予法律保护的义务。在参加国际公约的情况下,知识产权在公约规定的范围内有效。

(4)时间性。知识产权保护有一定期限。权利人在法定期间内享独占权,超过法定期限,知识产权中的财产权利即自行终止,成为人类共同财富,任何人都可使用。

知识产权,就是让信息的创造者对有关信息拥有某种财产权,并通过这种财产权控制信息在一定时间和、地域范围的传播和他人对信息的使用,从而收回创造的成本和获得的利润。

二、知识产权的范围

从诸多国家立法实践和相关国际公约来看,多从划定范围来说明知识产权概念。当今世界广泛适用的知识产权基本范围如下。

(一) 世界知识产权组织划定的范围

《成立世界知识产权组织公约》中,知识产权如下:
(1) 文学、艺术和科学作品的权利;
(2) 表演艺术家的演出、录音和广播的权利;
(3) 人类在一切领域的发明的权利;
(4) 科学发现的权利;
(5) 工业品外观设计的权利;
(6) 商标、服务标记、厂商名称和标记的权利;
(7) 制止不正当竞争的权利;
(8) 一切其他来自工业、科学及文学艺术领域的智力创作活动所产生的权利。

(二) TRIPS 协定界定的知识产权范围

TRIPS 协定的全称是世界贸易组织(WTO)文件中的《与贸易有关的知识产权协定》。该协议划定的知识产权范围如下:
(1) 版权与邻接权;
(2) 商标权;
(3) 地理标志权;
(4) 工业品外观设计权;
(5) 专利权;
(6) 集成电路布图设计(拓扑图)权;
(7) 未披露过的信息专有权。

该协定中包含的未披露信息,主要是指商业秘密。实际上,该协议是将商业秘密保护列入知识产权的保护之内,从而使商业秘密作为知识产权的内容之一至少在国际贸易领域得到了统一。同时,地理标志和拓扑图也在协议中成为知识产权的新成员。

相对上述两大国际条约所列广义知识产权而言,狭义的知识产权主要是指工业产权和版权两部分;其中工业产权主要包括专利权、商标权;版权即著作权。本章主要从狭义角度介绍。

三、知识产权法

知识产权法是指调整因知识产权的确认和使用而产生的各种社会关系的法律规

范的总称。

（一）我国的知识产权制度

知识产权制度以商品经济发展为基础,在我国漫长的封建社会,自给自足的自然经济无以培育知识产权制度。新中国成立后,我国曾制定一些相关制度,但基本没起什么作用。改革开放后的20世纪80年代,我国开始了知识产权的立法和实践,逐步建立了我国的知识产权制度。1982年通过《商标法》,1993年首次修订,2001年第二次修订,2013年8月30日第十二届全国人民代表大会常务委员会第四次会议第三次修订(以下简称新《商标法》),形成现行商标法。1984年通过《专利法》,1992年首次修改,2000年第二次修订,2001年公布专利法实施条例,2008年第三次修订；1990年,我国现行《著作权法》颁布,2001年首次修改,2002年公布《著作权法实施条例》,2010年,现行《著作权法》第二次修改。

在知识产权国际条约方面,1980年,我国加入《建立知识产权国际公约》；1985年加入《巴黎公约》；1989年加入《商标注册马德里协定》；1990年加入《关于集成电路知识产权条约》；1992年加入《世界版权公约》；1993年加入《保护唱片制作者防止唱片未经授权被复制公约》,又称《唱片公约》；1994年加入《专利合作条约》。2001年,随着"入世"议定书的签订,我国加入《与贸易有关的知识产权协议》(TRIPS)。这些国际条约构成我国知识产权制度的组成部分。

（二）知识产权主要国际公约及主要内容

1883年,在法国巴黎签订《保护工业产权巴黎公约》,简称巴黎公约。巴黎公约是保护工业产权方面最重要的国际公约,主要规定了国民待遇原则和优先权原则等。1967年,51个国家在瑞典首都斯德哥尔摩签署《成立世界知识产权组织公约》。该公约于1970年生效,旨在促进国际范围的知识产权保护和确保公约所建立的联盟之间的行政合作。1981年在西班牙的马德里缔结《商标国际注册马德里协定》,又称马德里协定。该协定是商标国际注册的主要国际规定。1970年于美国华盛顿签署《专利合作条约》,该条约对专利申请案的受理及审查程序作出了国际统一规定。1886年,在瑞士的伯尔尼缔结《保护文学艺术作品伯尔尼公约》,并经1971年、1979年最后作了修订。该公约贯穿国民待遇原则,确立版权自动保护原则以及版权的经济权利、精神权利和权利保护期等主要版权法制度,成为版权领域主要国际公约。1993年,世界贸易组织通过《与贸易有关的知识产权协定》(*Agreement on Trade-Related Aspects of Intellectual Property Rights*),简称TRIPS协定。TRIPS协定的主要贡献是将有形商品的国际贸易原则引入知识产权领域,并以此提出了知识产权保护的基本原则。

第二节 专利法

一、专利权、专利法概述

专利权,是指专利权人在法律规定的期限内对其发明创造所享有的一种独占权或专有权。专利法是指确认、保护发明创造专有权和调整利用发明创造过程中所发生的各种社会关系的法律规范的总称。

根据我国专利法,专利保护的意义:保护发明创造专利权,鼓励发明创造,有利于发明创造的推广应用,促进科学技术进步和创新,适应社会主义市场经济建设的需要。1984年3月12日,第六届全国人民代表大会常务委员会第四次会议,通过了《中华人民共和国专利法》(以下称"专利法")。1992年9月4日、2000年8月25日,全国人大常委会分别作出《关于修改专利法的决定》。2001年6月15日由国务院公布,经2002年修订的《中华人民共和国专利法实施细则》作为修改后的专利法实施的配套法规,2008年专利法作重要修订,形成我国现行专利法的基本制度。

我国已加入的《巴黎公约》《专利合作条约》和TRIPS等是我国应遵守的有关专利的国际公约。

二、专利权的主体、客体和内容

(一)专利权的主体

专利权的主体,是指有权提出专利申请并获得专利权的单位或个人。当一项发明创造依法取得专利权后,专利申请人成为专利权所有人。

我国《专利法》对专利权主体的主要规定如下。

1. 发明人、申请人和专利权人

发明人(设计人)是指真正完成发明创造的人,即对发明创造的实质性特点作出创造性贡献的人。申请人,是指就一项发明创造向专利局申请专利的人。除了发明人可以作为申请人外,通过合同从发明人那里取得发明专利申请权的其他人;从发明人那里继承发明专利申请权的继承人;职务发明创造中按规定享有申请权的单位,都可以成为专利申请人。经申请依法取得专利权的人为专利权人。

2. 职务发明人和非职务发明

企业、事业单位、社会团体、国家机关等单位的工作人员执行本单位的任务或者主要利用本单位的物质技术条件所完成的发明创造,是职务发明创造。职务发明创造申请专利的权利属于该单位。申请被批准后,该单位为专利权人。除上述两种情况,发明人、设计人完成的发明创造是非职务发明,专利申请权以及被批准的专利权归发明人、设计人所有。

利用本单位的物质技术条件所完成的发明创造,单位与发明人或者设计人订有合同,对申请专利的权利和专利权的归属作出约定的,从其约定。

这里,执行本单位的任务是指:(1)在从事本职工作时作出的发明创造;(2)履行本单位交付的本职工作之外的任务所作出的发明创造。(3)退职、退休或者调动工作后一年内作出的,与其在原单位承担的本职工作或者分配的任务有关的发明创造。主要利用本单位的物质技术条件是指利用本单位的资金、设备、零部件、原材料或者不对外公开的技术资料等。

3. 共同发明和委托发明

两个以上单位或者个人合作完成的发明创造、一个单位或者个人接受其他单位或者个人委托所完成的发明创造,除另有协议的以外,申请专利的权利属于完成或共同完成的单位或者个人;申请被批准后,申请单位或者个人为专利权人。

4. 申请在先

两个以上的申请人分别就相同的发明创造申请专利的,专利权授予最先申请的人。

5. 国民待遇

在中国境内没有经常居所或营业所的外国人、外国企业或者其他外国组织在中国申请专利的,依照其所属国与我国签订的协议,或者共同参加的国际条约,或者依照互惠原则,根据专利法有关规定办理;并应当委托国务院专利行政部门指定的专利代理机构办理。

(二)专利权的客体

专利权的客体,是指专利法所规定的予以专利保护的发明创造。我国专利法所称的发明创造是指发明、实用新型和外观设计。

发明是指对产品、方法或其改进所提出的新的技术方案。发明可分为产品发明和方法发明。实用新型是指对产品的形状、构造或其结合所提出的适于实用的新的技术方案,又称其为"小发明"。外观设计是指对产品的形状、图案或者其结合以及色彩与形状、图案的结合所作出的富有美感并适用于工业上应用的新设计。

《专利法》还规定,下列各项不授予专利权:(1)科学发现;(2)智力活动的规则和方法;(3)疾病的诊断和治疗方法;(4)动物和植物品种;(5)用原子核变换方法获得的物质。其中第(4)项,动物和植物产品的生产方法,可以依照专利法规定授予专利权。对违反国家法律、社会公德或者妨害公共利益的发明创造,不授予专利权。上述又被称为专利除外客体。

(三)专利权人的主要权利

根据《专利法》有关规定,专利权人享有以下五项权利。

1. 实施权

专利权人在专利有效期限内享有为生产经营目的专有制造、使用和销售其专利产品或专有使用其专利方法的权利。

2. 许可权

专利权人有权许可他人使用其专利权,并收取专利使用费。任何单位或者个人实施他人专利的,都应当与专利权人订立书面使用许可合同,向专利权人支付专利使用费。

3. 转让权

专利申请权和专利权可以转让。转让专利申请权或者专利权的,当事人应当订立书面合同,并向专利局登记,由专利局予以公告。专利申请权或者专利权的转让自登记之日起生效。中国单位或者个人向外国人转让专利申请权和专利权的,必须经国务院有关主管部门批准。

4. 标记权

专利权人有权在其专利产品或该产品的包装上标明专利标记和专利号;发明人或设计人有在专利文件中写明自己是发明人或者设计人的权利。

5. 禁止权

除专利法另有规定外,任何单位或个人未经专利权人许可,都不得实施其专利,即不得以营利为目的制造、使用、许诺销售、销售、进口其专利产品或者使用该专利方法直接获得的产品。

(四)专利权人的主要义务

专利权人在享有上述权利的同时,应当履行下列两项义务。

1. 实施专利

专利权被授予后,专利权人有义务实施或者许可他人实施该专利,即以生产经营为目的在中国境内制造、使用、销售其专利产品或者使用其专利方法。

2. 按期缴纳专利年费

专利权人应当自被授予专利权的当年开始缴纳年费。年费交纳方式为一年一次,在前一年度期满前一个月缴纳。专利权人希望维持专利权,必须缴纳年费。

三、申请专利的原则及保护期限

(一)取得专利权的条件

授予专利权的发明、实用新型应当具备新颖性、创造性和实用性。

新颖性,是指在申请日以前没有同样的发明或实用新型在国内外出版物上公开发表过、在国内公开使用过或以其他方式为公众所知,也没有同样的发明或实用新型由他人向专利局提出申请并且记载在申请日以后公布的专利申请文件中。但是,申请专利的发明创造在申请日以前6个月内有下列情形之一的不丧失新颖性：（1）在中国政府主办或者承认的国际展览会上首次展出的；（2）在规定的学术会议或技术会议上首次发表的；（3）他人未经申请人同意而泄露其内容的。

创造性，是指同申请日以前的已有技术相比，该发明有突出的实质性特点和显著的进步，该实用新型有实质性特点和进步。

实用性，是指该发明或实用新型能制造或使用，并且能够产生积极效果。

授予专利权的外观设计应当同申请日以前在国内外出版物上公开发表过或在国内公开使用过的外观设计不相同或不相近似，并不得与他人在先取得的合法权利相冲突。

（二）专利申请的原则

1. 一件发明一项申请

一件发明或者实用新型专利申请应当限于一项发明或者实用新型。

2. 申请在先

在两个以上的申请人分别就同样的发明创造申请专利的情况下，专利权授予最先申请人。

3. 优先权

申请人自发明或者实用新型在外国第一次提出专利申请之日起12个月内，或者自外观设计在外国第一次提出专利申请之日起6个月内，又在中国就相同主题提出专利申请的，依照该外国同中国签订的协议或者共同参加的国际条约，或者依照相互承认优先权的原则，可以享有优先权。申请人自发明或者实用新型在中国第一次提出专利申请之日起12个月内，又向专利局就相同主题提出专利申请的，可以享有优先权。

申请人要求优先权的，应当在申请的时候提出书面声明，并且在3个月内提交第一次提出的专利申请文件的副本；未提出书面声明或者逾期未提交专利申请文件副本的，视为未要求优先权。

（三）专利权的保护期限

发明专利权的期限为20年，实用新型专利权和外观设计专利权的期限为10年，均自申请日起计算。

四、专利权的保护

（一）专利权保护的范围

发明或者实用新型专利权的保护范围以其权利要求的内容为准，说明书及附图可以用于解释权利要求；外观设计专利权的保护范围以表示在图片或者照片中的该外观设计专利产品为准。

（二）专利侵权行为及其处理

专利侵权，是指受专利法保护的有效专利受到某种违法行为的侵害。主要表现为：

（1）未经专利权人许可，以生产经营为目的，制造、使用、销售、许诺销售、进口专利产品或者使用专利方法及使用、销售、许诺销售、进口依照该专利方法直接获得的产品，以及擅自制造、销售外观设计专利产品的行为；

（2）非专利权人未经专利权人许可，在其产品或产品包装上标注专利权人的专利标记和专利号，冒充专利权人的专利产品的行为。

专利侵权的处理。未经专利权人许可，实施其专利，即侵犯专利权，引起纠纷的，由当事人协商解决；不愿协商或者协商不成的，专利权人或者利害关系人可以向人民法院起诉，也可以请求专利管理机关进行处理。

侵犯专利权的赔偿数额，按照权利人因被侵权所受到的损失或者侵权人因侵权所获得的利益确定；难以确定的，参照该专利许可使用费的倍数合理确定。侵犯专利权的诉讼时效为两年，自专利权人或者利害关系人得知或者应当得知侵权行为之日起计算。

（三）不视为侵权的实施专利的行为

为社会整体利益，需对专利权作了适当限制，专利法规定，有下列情形之一的，不视为侵犯专利权：

（1）专利权人制造、进口或者经专利权人许可制造、进口的专利产品售出后，使用、许诺销售或者销售该产品的；

（2）在专利申请日前已经制造相同产品、使用相同方法或者已经作好制造、使用的必要准备，并且仅在原有范围内继续制造、使用的；

（3）临时通过中国领土、领水、领空的外国运输工具，依照其所属国同中国签订的协议或者共同参加的国际条约，或者依照互惠原则，为运输工具自身需要而在其装置和设备中使用有关专利的；

（4）专为科学研究和实验而使用有关专利的；

（5）为生产经营目的使用或者销售不知道是未经专利权人许可制造并销售的专利产品或者依照专利方法直接获得的产品，能证明其产品合法来源的，不承担赔偿责任。

第三节 商 标 法

一、商标法概述

（一）商标概述

商标是商品生产者或经营者为使自己销售的商品或者提供的服务，与其他生产者或经营者销售的商品或者提供的服务相区别而使用文字、图形等一种特殊的可视性标记。商标法关于商品商标的规定,适用于服务商标。

(二) 商标权

商标权是商标所有人对法律确认并给予保护的商标所享有的权利。经商标局核准注册的商标为注册商标,商标注册人对注册商标享有专有权。商标权的主体是商标注册所有人,客体是注册商标。商标权的内容有专用权、许可权、转让权、禁止权等。

(三) 商标法

商标法是指在调整确认、保护商标专用权和商标使用过程中发生的社会关系的法律规范的总称。为了加强商标管理,保护商标专用权,促使生产、经营者保证商品和服务质量,维护商标信誉,以保障消费者和生产、经营者的利益,促进社会主义市场经济的发展,1982年8月23日,第五届全国人民代表大会常务委员会第二十四次会议审议、通过了《中华人民共和国商标法》(以下称《商标法》),1993年2月2日、2001年10月27日全国人民代表大会常务委员会对《商标法》进行了第二次修改,2013年8月30日第十二届全国人民代表大会常务委员会第四次会议第三次修订(以下简称新商标法),形成现行商标法。与《商标法》配套的法规主要有新修订的《中华人民共和国商标法实施条例》。《巴黎公约》和TRIPS协议组成商标方面的主要国际公约。

二、商标权的主体、客体和内容

(一) 商标权的主体

商标权的主体是指有权申请商标注册并依法取得商标所有权的单位和个人。《商标法》规定,自然人、法人或者其他组织,对其生产、制造、加工、拣选或者经销的商品,或者对其提供的服务项目,需要取得商标专用权的,应当向商标局申请商标注册。另外,《商标法》还规定:两个以上自然人、法人或者其他组织可以共同向商标局申请同一商标,共同享有和行使商标专用权;外国人或外国企业在中国申请商标注册的,应按其所属国和我国签订的协议或共同参加的国际条约办理,或者按对等原则办理;申请商标注册或者办理其他商标事宜,可以自行办理,也可以委托依法设立的商标代理机构办理;外国人或外国企业在中国申请商标注册和办理其他商标事宜的,应当委托国家认可的具有商标代理资格的组织代理。

《商标法》第19条规定,商标代理机构应当遵循诚实信用原则,遵守法律、行政法规,按照被代理人的委托办理商标注册申请或者其他商标事宜;对在代理过程中知悉的被代理人的商业秘密,负有保密义务。委托申请注册的商标可能存在《商标法》规定不得注册情形的,商标代理机构应当明确告知委托人。商标代理机构知道或者应当知道委托人申请注册的商标属于《商标法》第15条和第32条规定情形的,不得接受其委托。

商标代理机构除对其代理服务申请商标注册外,不得申请注册其他商标。《商标法》第21条规定,商标国际注册遵循中华人民共和国缔结或者参加的有关国际条约确立的制度,具体办法由国务院规定。

(二)商标权的客体

商标权的客体,是指经过国家商标局核准注册的商标权标记,即注册商标载体。任何能够将自然人、法人或者其他组织的商品与他人的商品区别开的标志,包括文字、图形、字母、数字、三维标志、颜色组合和声音等,以及上述要素的组合,均可以作为商标申请注册。

申请商标注册的商标必须符合以下规定。

(1)申请注册的商标,应当有显著特征,便于识别,并不得与他人在先取得的合法权利相冲突。

(2)下列标志不得作为商标使用(即商标禁用标志):① 同中华人民共和国的国家名称、国旗、国徽、国歌、军旗、军徽、军歌、勋章等相同或者近似的,以及同中央国家机关的名称、标志、所在地特定地点的名称或者标志性建筑物的名称、图形相同的;② 同外国的国家名称、国旗、国徽、军旗等相同或者近似的,但经该国政府同意的除外;③ 同政府间国际组织的名称、旗帜、徽记等相同或者近似的,但经该组织同意或者不易误导公众的除外;④ 与表明实施控制、予以保证的官方标志、检验印记相同或者近似的,但经授权的除外;⑤ 同"红十字""红新月"的名称、标志相同或者近似的;⑥ 带有民族歧视性的;⑦ 带有欺骗性,容易使公众对商品的质量等特点或者产地产生误认的;⑧ 有害于社会主义道德风尚或者有其他不良影响的。

县级以上行政区划的地名或者公众知晓的外国地名,不得作为商标。但是,地名具有其他含义或者作为集体商标、证明商标组成部分的除外;已经注册的使用地名的商标继续有效。

(3)下列标志不得作为注册商标:① 仅有本商品的通用名称、图形、型号的;② 仅直接表示商品的质量、主要原料、功能、用途、重量、数量及其他特点的;③ 其他缺乏显著特征的。上述所列标志经过使用取得显著特征,并便于识别的,可以作为商标注册。

(4)以三维标志申请注册商标的,仅由商品自身的性质产生的形状、为获得技术效果而需有的商品形状或者使商品具有实质性价值的形状,不得注册。

(5)为相关公众所熟知的商标,持有人认为其权利受到侵害时,可以依照《商标法》规定请求驰名商标保护。就相同或者类似商品申请注册的商品是复制、模仿或者翻译他人未在中国注册的驰名商标,容易导致混淆的,不予注册并禁止使用。

驰名商标应当根据当事人的请求,作为处理涉及商标案件需要认定的事实进行认定。认定驰名商标应当考虑下列因素：① 相关公众对该商标的知晓程度；② 该商标使用的持续时间；③ 该商标的任何宣传工作的持续时间、程度和地理范围；④ 该商标作为驰名商标受保护的记录；⑤ 该商标驰名的其他因素。

在商标注册审查、工商行政管理部门查处商标违法案件过程中，当事人依照《商标法》第13条规定主张权利的，商标局根据审查、处理案件的需要，可以对商标驰名情况作出认定。

在商标争议处理过程中，当事人依《商标法》第13条规定主张权利的，商标评审委员会根据处理案件的需要，可以对商标驰名情况作出认定。生产、经营者不得将"驰名商标"字样用于商品、商品包装或者容器上，或者用于广告宣传、展览以及其他商业活动中。

（6）未经授权，代理人或者代表人以自己的名义将被代理人或者被代表人的商标进行注册，被代理人或者被代表人提出异议的，不予注册并禁止使用。就同一种商品或者类似商品申请注册的商标与他人在先使用的未注册商标相同或者近似，申请人与该他人具有前款规定以外的合同、业务往来关系或者其他关系而明知该他人商标存在，该他人提出异议的，不予注册。

（7）商标中有商品的地理标志，而该商品并非来源于该标志所标示的地区，误导公众的，不予注册并禁止使用；但是已经善意取得注册的继续有效。

这里所称地理标志，指标明某商品来源于某地区、该商品的特定质量、信誉或者其他特征，主要由该地区的自然因素或者人文因素所决定的标志。

（三）商标权的内容

商标权的内容，即商标法律关系的权利和义务。

1. 商标权人的主要权利

（1）商标专用权。商标权人享有商标专用权，可以将其注册商标在核准的商品上使用，并因此获得合法利益。其他人未经商标权人许可，不得使用注册商标。

（2）转让权。商标权人有权将其注册商标转让给其他单位或者个人。商标转让是商标所有权的转移。转让注册商标的，转让人和受让人应当签订转让协议，并共同向商标局提出申请。受让人应当保证使用该注册商标的商品质量。转让注册商标经核准后，予以公告。受让人自公告之日起享有商标专用权。

（3）许可权。商标注册人可以通过签订商标使用许可合同，许可他人使用其注册商标。许可人应当监督被许可人使用其注册商标的商品质量。被许可人应当保证使用该注册商标的商品质量。

经许可使用他人注册商标的，必须在使用该注册商标的商品上标明被许可人的名称和商品产地。商标使用许可合同应当报商标局备案。商标使用许可未经备案不得对抗善意第三人。

(4) 禁用权。商标权人有禁止他人未经许可而使用其注册商标或使用与之相混同的商标的权利。他人未经许可不得在同一种商品或类似商品上使用该注册商标或相近似的商标,否则构成侵权。

(5) 收益权。商标权人通过使用、许可使用转让等方式行使其商标权而获得经济利益的权利。

2. 商标权人的主要义务

(1) 使用注册商标的义务。使用注册商标的,应当标明"注册商标"或者注册标记。连续3年停止使用注册商标,任何人可以向商标局申请予以撤销。

(2) 确保商品质量的义务。商标注册人、受让人、被许可使用人应当保证注册商标的商品质量,不得粗制滥造,以次充好,欺骗消费者。

(3) 交纳规定费用的义务。商标权人按规定在申请商标注册和办理其他商标事宜时,缴纳费用,否则商标局不予注册。

(4) 其他义务。商标权人负有遵守商标管理规定义务,如不得擅自改变注册事项义务、不得自行转让注册商标的义务等。

三、商标权的取得

商标权取得方式分为原始取得和继受取得。

(一) 原始取得

原始取得又称直接取得。在我国,经商标局核准注册的商标才享有注册商标专用权。《商标法》规定,申请注册和使用商标,应当遵循诚实信用原则。商标所有人在申请商标注册时遵循下列规定。

1. 注册原则

我国采用自愿和强制相结合的原则。对绝大多数商品采用自愿注册原则,商标是否注册,由当事人自行决定。应注意,未注册商标不享有商标专用权。同时,《商标法》规定,必须使用注册商标的商品(强制注册),如人用药品、烟草制品,必须申请商标注册,未经核准注册的,不得在市场上销售。商标注册人申请商标注册前,他人已经在同一种商品或者类似商品上先于商标注册人使用与注册商标相同或者近似并有一定影响的商标的,注册商标专用权人无权禁止该使用人在原使用范围内继续使用该商标,但可以要求其附加适当区别标识。

2. 先申请原则

两个以上的申请人先后就同一种类的商品以相同或相似的商标申请注册的,商标局对申请在先者予以审核和注册,并驳回其他人的申请;同一天申请的,商标局对使用在先者予以审核和注册,驳回其他人的申请。商标注册申请人自其商标在外国第一次提出注册商标申请之日起6个月内,又在中国就相同商品以同一商品提出商标注册申请的,依照该外国同中国签订的协议或者共同参加的国际条约,或者按照相互承认优先权的原则,可以享有优先权;要求享有优先权的,应当在提出商标注册申请的时候提出书面声明,并且在 3 个月内提交第一次提出的商标注册申请文件的副本;未提出书面声明或者逾期未提交商标注册申请文件副本的,视为未要求优先权。

商标在中国政府主办的或者在国际展览会展出的商品上首次使用的,自该商品展出之日起 6 个月内,该商标的注册申请人可以享有优先权;要求享有优先权的,应当在提出商标注册申请的时候提出书面声明,并且在 3 个月内提交第一次提交其商品的展览会名称、在展出商品上使用该商标的证据、展出日期等证明文件。未提出书面声明或者逾期未提交证明文件的,视为未要求优先权。

3. 一类商品一件商标申请原则

商标注册申请人应当按规定的商品分类表填报使用商标的商品类别和商品名称,提出注册申请。

商标注册申请人可以通过一份申请就多个类别的商品申请注册同一商标。商标注册申请等有关文件,可以以书面方式或者数据电文方式提出。注册商标需要在同一类的其他商品上使用的,应当另行提出申请。注册商标需要改变其标志的,应当重新提出注册申请。注册商标需要变更注册人的名义、地址或者其他注册事项的,应当提出变更申请。对申请注册的商标,商标局应当自收到商标注册申请文件之日起 9 个月内审查完毕,符合本法有关规定的,予以初步审定公告。

在审查过程中,商标局认为商标注册申请内容需要说明或者修正的,可以要求申请人作出说明或者修正。申请人未作出说明或者修正的,不影响商标局作出审查决定。

对初步审定公告的商标,自公告之日起 3 个月内,在先权利人、利害关系人认为违反法《商标法》第 13 条第二款和第三款、第 15 条、第 16 条第一款、第 30 条、第 31 条、第 32 条规定的,或者任何人认为违反《商标法》第 10 条、第 11 条、第 12 条规定的,可以向商标局提出异议。公告期满无异议的,予以核准注册,发给商标注册证,并予公告。

对驳回申请、不予公告的商标,商标局应当书面通知商标注册申请人。商标注册申请人不服的,可以自收到通知之日起 15 日内向商标评审委员会申请复审。商标评审委员会应当自收到申请之日起 9 个月内作出决定,并书面通知申请人。有特殊情况需要延长的,经国务院工商行政管理部门批准,可以延长 3 个月。当事人对商标评审委员会的决定不服的,可以自收到通知之日起 30 日内向人民法院起诉。

对初步审定、予以公告的商标提出异议的,商标局应当听取异议人和被异议人陈述事实和理由,经调查核实后,作出裁定。当事人不服的,可以自收到通知之日起 15 日内向商标评审委员会申请复审,由商标评审委员会作出裁定,并书面通知异议人和被异议人。当事人对商标评审委员会的裁定不服的,可以自收到通知之日起 30 日内向人民法院起诉。人民法院应当通知商标复审程序的对方当事人作为第三人参加诉讼。对初步审定公告的商标提出异议的,商标局应当听取异议人和被异议人陈述事实和理由,经调查核实后,自公告期满之日起12个月内作出是否准予注册的决定,并书面通知异议人和被异议人。有特殊情况需要延长的,经国务院工商行政管理部门批准,可以延长6个月。

商标局作出准予注册决定的,发给商标注册证,并予公告。异议人不服的,可以依照《商标法》第44条、第45条的规定向商标评审委员会请求宣告该注册商标无效。商标评审委员会在进行复审的过程中,所涉及的在先权利的确定必须以人民法院正在审理或者行政机关正在处理的另一案件的结果为依据的,可以中止审查。中止原因消除后,应当恢复审查程序。经审查异议不成立而准予注册的商标,商标注册申请人取得商标专用权的时间自初步审定公告3个月期满之日起计算。自该商标公告期满之日起至准予注册决定做出前,对他人在同一种或者类似商品上使用与该商标相同或者近似的标志的行为不具有追溯力;但是,因该使用人的恶意给商标注册人造成的损失,应当给予赔偿。

（二）继受取得

继受取得是指商标所有人享有商标权是以原商标所有人的商标权及其意志为依据而产生的,主要有两种情况。一是根据转让合同受让人取得出让人的商标权,又称注册商标的转让。转让注册商标的,转让人和受让人应当签订转让协议,并共同向商标局提出申请。受让人应当保证使用该注册商标的商品质量。转让注册商标的,商标注册人对其在同一种商品上注册的近似的商标,或者在类似商品上注册的相同或者近似的商标,应当一并转让。对容易导致混淆或者有其他不良影响的转让,商标局不予核准,书面通知申请人并说明理由。转让注册商标经核准后,予以公告。受让人自公告之日起享有商标专用权。二是根据继承程序由继承人继承被继承人的商标权。

四、商标权的期限和续展

我国注册商标的有效期为10年,自核准注册之日起计算。注册商标期限届满,需要继续使用的,可以申请续展,且次数不受限制,每次续展注册的有效期为10年。注册商标的续展,应在期满前12个月内申请,在此期间未能提出申请的,可给予6个月的宽展期。续展注册经核准的,予以公告。宽展期满仍未提出申请续展的,商标局注销注册商标。

五、注册商标专用权的保护

（一）商标权的保护范围

注册商标的专用权,以核准注册的商标和核定使用的商品为限。

(二) 商标侵权行为

根据《商标法》规定,有下列行为之一的,均属侵犯注册商标专用权:

(1) 未经商标注册人的许可,在同一种商品上使用与其注册商标相同的商标的;

(2) 未经商标注册人的许可,在同一种商品上使用与其注册商标近似的商标,或者在类似商品上使用与其注册商标相同或者近似的商标,容易导致混淆的;

(3) 销售侵犯注册商标专用权的商品的;

(4) 伪造、擅自制造他人注册商标标识或者销售伪造、擅自制造的注册商标标识的;

(5) 未经商标注册人同意,更换其注册商标并将该更换商标的商品又投入市场的;

(6) 故意为侵犯他人商标专用权行为提供便利条件,帮助他人实施侵犯商标专用权行为的;

(7) 给他人的注册商标专用权造成其他损害的:在同一种或者类似商品上,将与他人注册商标相同或者近似的标志作为商品名称或者商品装潢使用,误导公众的;故意为侵犯他人注册商标专用权行为提供仓储、运输、邮寄、隐匿等便利条件的。

将他人注册商标、未注册的驰名商标作为企业名称中的字号使用,误导公众,构成不正当竞争行为的,依照《中华人民共和国反不正当竞争法》处理。

(三) 商标权限制

注册商标中含有的本商品的通用名称、图形、型号,或者直接表示商品的质量、主要原料、功能、用途、重量、数量及其他特点,或者含有的地名,注册商标专用权人无权禁止他人正当使用。

三维标志注册商标中含有的商品自身的性质产生的形状、为获得技术效果而需有的商品形状或者使商品具有实质性价值的形状,注册商标专用权人无权禁止他人正当使用。

商标注册人申请商标注册前,他人已经在同一种商品或者类似商品上先于商标注册人使用与注册商标相同或者近似并有一定影响的商标的,注册商标专用权人无权禁止该使用人在原使用范围内继续使用该商标,但可以要求其附加适当区别标识。

(四) 商标侵权行为处理

1. 处理程序

由侵犯商标专用权的行为引起纠纷的,由当事人协商解决;不愿协商或者协商不成的,商标注册人或者利害关系人可以向人民法院起诉,也可以请求工商行政管理部门处理。对侵犯注册商标专用权的行为,工商管理部门有权依法查处;涉嫌犯罪的,应当及时移送司法机关依法处理。

2. 诉前禁令

为强化商标专用权保护措施,《商标法》规定了诉前保全和禁令制度。商标注册人或者利害关系人有证据证明他人正在实施或者即将实施侵犯其注册商标专用权的行为,如不及时制止将会使其合法权益受到难以弥补的损害的,可以依法在起诉前向人民法院申请采取责令停止有关行为和财产保全的措施。为制止侵权行为,在证据可能灭失或者以后难以取得的情况下,商标注册人或者利害关系人可以依法在起诉前向人民法院申请保全证据。

3. 行政责任

工商行政管理部门处理时,认定侵权行为成立的,责令立即停止侵权行为,没收、销毁侵权商品和主要用于制造侵权商品、伪造注册商标标识的工具,违法经营额5万元以上的,可以处违法经营额五倍以下的罚款,没有违法经营额或者违法经营额不足5万元的,可以处25万元以下的罚款。对5年内实施两次以上商标侵权行为或者有其他严重情节的,应当从重处罚。销售不知道是侵犯注册商标专用权的商品,能证明该商品是自己合法取得并说明提供者的,由工商行政管理部门责令停止销售。

对侵犯商标专用权的赔偿数额的争议,当事人可以请求进行处理的工商行政管理部门调解,也可以依照《中华人民共和国民事诉讼法》向人民法院起诉。经工商行政管理部门调解,当事人未达成协议或者调解书生效后不履行的,当事人可以依照《中华人民共和国民事诉讼法》向人民法院起诉。

4. 民事责任

侵犯商标专用权的赔偿数额,按照权利人因被侵权所受到的实际损失确定;实际损失难以确定的,可以按照侵权人因侵权所获得的利益确定;权利人的损失或者侵权人获得的利益难以确定的,参照该商标许可使用费的倍数合理确定。对恶意侵犯商标专用权,情节严重的,可以在按照上述方法确定数额的1倍以上3倍以下确定赔偿数额。赔偿数额应当包括权利人为制止侵权行为所支付的合理开支。

人民法院为确定赔偿数额,在权利人已经尽力举证,而与侵权行为相关的账簿、资料主要由侵权人掌握的情况下,可以责令侵权人提供与侵权行为相关的账簿、资料;侵权人不提供或者提供虚假的账簿、资料的,人民法院可以参考权利人的主张和提供的证据判定赔偿数额。

权利人因被侵权所受到的实际损失、侵权人因侵权所获得的利益、注册商标许可使用费难以确定的,由人民法院根据侵权行为的情节判决给予300万元以下的赔偿。

注册商标专用权人请求赔偿,被控侵权人以注册商标专用权人未使用注册商标提出抗辩的,人民法院可以要求注册商标专用权人提供此前3年内实际使用该注册商标的证据。注册商标专用权人不能证明此前3年内实际使用过该注册商标,也不能证明因侵权行为受到其他损失的,被控侵权人不承担赔偿责任。

销售不知道是侵犯注册商标专用权的商品,能证明该商品是自己合法取得并说明提供者的,不承担赔偿责任。

5. 刑事责任

未经商标注册人许可,在同一种商品上使用与其注册商标相同的商标,构成犯罪的,除赔偿被侵权人的损失外,依法追究刑事责任;伪造、擅自制造他人注册商标标识或者销售伪造、擅自制造的注册商标标识,构成犯罪的,除赔偿被侵权人的损失外,依法追究刑事责任;销售明知是假冒注册商标的商品,构成犯罪的,除赔偿被侵权人的损失外,依法追究刑事责任。我国《刑法》规定,未经注册商标所有人许可,在同一种商品上使用与其注册商标相同的商标,情节严重的,处3年以下有期徒刑或者拘役,并处或者单处罚金;情节特别严重的,处3年以上7年以下有期徒刑,并处罚金。

商标代理机构有下列行为之一的,由工商行政管理部门责令限期改正,给予警告,处1万元以上10万元以下的罚款;对直接负责的主管人员和其他直接责任人员给予警告,处5 000元以上5万元以下的罚款;构成犯罪的,依法追究刑事责任:

(1) 办理商标事宜过程中,伪造、变造或者使用伪造、变造的法律文件、印章、签名的;(2) 以诋毁其他商标代理机构等手段招徕商标代理业务或者以其他不正当手段扰乱商标代理市场秩序的;(3) 违反《商标法》第19条第三款、第四款规定的。

商标代理机构有前款规定行为的,由工商行政管理部门记入信用档案;情节严重的,商标局、商标评审委员会并可以决定停止受理其办理商标代理业务,予以公告。商标代理机构违反诚实信用原则,侵害委托人合法利益的,应当依法承担民事责任,并由商标代理行业组织按照章程规定予以惩戒。

第四节　著　作　权　法

一、著作权和著作权法

著作权,也称版权,是指文学、艺术和科学等作品的作者或其他著作权人,在法定期限内对其作品所依法享有的专有权利。著作权通常有狭义和广义之分。狭义的著作权即作者权,是指作者依法享有的权利,包括著作人身权和著作财产权。广义的著作权还包括邻接权,即与著作权相联系的作品传播者的权利,主要指表演者、录音录像制品制作者和广播电视组织的权利以及图书报刊出版者的权利等。

著作权法是调整著作权人,作品传播者与公众之间因著作权及相关权益的取得、行使和保护而产生的人身关系和财产关系的法律规范的总和。为保护文学、艺术和科学作品作者的著作权,以及与著作权有关的权益,鼓励有益于社会主义精神文明、物质文明建设的作品的创作和传播,促进社会主义文化和科学事业的发展与繁荣,我国制定、颁布了一系列保护著作权的法律,包括:《中华人民共和国著作权法》(1990年9月7日第七届全国人大常委会第15次会议通过,2001年10月27日第九届全国人大常委会第24次会议修改);2002年8月2日国务院公布的《中华人民共和国著作权法实施条例》《计算机软件保护条例》《音像制品管理条例》等;2010年现行著作权法第二次修改。我国已加入的著作权国际公约主要是《保护文学作品伯尔尼公约》、TRIPS协议、《世界版权公约》和《保护唱片制作者防止唱片被擅自复制公约》(又称唱片公约)等,这些亦成为我国应遵守的著作权法律制度。

二、著作权的主体和客体

(一)著作权的主体

著作权的主体是指依法享有著作权的人。关于著作权的主体的主要规定如下。

1. 一般规定

中国公民、法人或者其他组织的作品,不论是否发表,依照《著作权法》享有著作权;外国人、无国籍人的作品根据其作者所属国或者经常居住地国同中国签订的协议或者共同参加的国际条约享有著作权;外国人、无国籍人的作品首先在中国境内出版的,依照《著作权法》享有著作权;未与中国签订的协议或者共同参加的国际条约的作者以及无国籍人的作品首次在中国参加的国际条约的成员国出版的,或者在成员国和非成员国同时出版的,受《著作权法》保护。

2. 作者

作者是指文学、艺术和科学作品的创作人。作者可以是公民、法人或非法人单位,也可以是若干个公民或法人。

创作作品的公民是作者;由法人或者非法人单位主持,代表法人或者非法人单位意志创作,并由法人或者非法人单位承担责任的作品,法人或者非法人单位视为作者。

3. 关于著作权主体的其他规定

(1)改编、翻译、注释、整理已有作品而产生的作品,其著作权有改编、翻译、注释、整理人享有,但行使著作权时,不得侵犯原作品的著作权。

(2)电影作品或者以类似摄制电影的方法创作的作品的著作权由制片者享有,但编剧导演、编剧、作词、作曲、摄影等作者享有署名权,并有权按照与制片者签订的合同获得报酬。

电影作品或者以类似摄制电影的方法创作的作品的剧本、音乐等可以单独使用的作品的作者有权单独行使其著作权。

(3)主要是利用法人或非法人单位的物质技术条件创作,并由法人或非法人单位承担责任的工程设计、产品设计图纸及其说明、计算机软件、地图等职务作品以及法律法规规定或者合同约定的其他的职务作品,作者享有署名权,著作权的其他权利由法人或非法人单位享有。

除上述情况外,公民为完成法人或者非法人单位工作任务所创作的职务作品,著作权由作者享有,但法人或者非法人单位有权在其业务范围内优先使用。作品完成两年内,未经单位同意,作者不得许可第三人以与单位使用的相同方式使用该作品。

(4) 受委托创作的作品,著作权的归属由委托人和受托人通过合同约定。合同未作明确约定或者没有订立合同的,著作权属于受托人。

(5) 两人以上合作创作的作品,著作权由合作作者共同享有。没有参加创作的人,不能成为合作作者;合作作品可以分割使用的,作者对各自创作的部分可以单独享有著作权,但行使著作权时不得侵犯合作作品整体的著作权。

(6) 汇编若干作品、作品片段或者不构成作品的数据或者其他材料,对内容的选择或者编排体现独创性的作品,为汇编作品。其著作权由汇编人享有,但行使著作权时,不得侵犯原作品的著作权。

(7) 美术等作品原件所有权的转移,不视为作品著作权的转移,但美术作品原件的展览权由原件所有人享有。

(8) 著作权属于公民的,公民死亡后,其作品的发行权、出租权等财产权利在《著作权法》规定的保护期内,依照《继承法》的规定转移;著作权属于法人或者非法人单位的,法人或者非犯人单位变更、终止后,其作品的发行权、出租权等财产权利在《著作权法》规定的保护期内,由承受其权利义务的法人或者非法人单位享有。没有承受其权利义务的法人或者非法人单位的,由国家享有。

(二) 著作权的客体

著作权的客体是指受著作权保护的作品。作品是指文学、艺术和科学领域内具有独创性并能以某种有形形式复制的智力创作成果。著作权法所称的作品,包括以下列形式创作的文学、艺术和自然科学、社会科学、工程技术等作品:(1) 文字作品;(2) 口述作品;(3) 音乐、戏剧、曲艺、舞蹈、杂技艺术作品;(4) 美术、建筑作品;(5) 摄影作品;(6) 电影作品和以类似摄制电影的方法创作的作品;(7) 工程设计图、产品设计图、地图、示意图等图形作品和模型作品;(8) 计算机软件;(9) 法律、行政法规规定的其他作品。

依法禁止出版、传播的作品,不受著作权法保护。著作权人行使著作权,不得违反宪法和法律,不得损害公共利益。另外,我国《著作权法》不适用于:(1) 法律、法规,国家机关的决议、决定、命令和其他具有立法、行政、司法性质的文件,及其官方正式译文;(2) 时事新闻;(3) 历法、通用数表、通用表格和公式。民间文学艺术作品的著作权保护办法由国务院另行规定。

三、著作权的内容和保护期限

著作权的内容包括著作人身权和著作财产权两部分。

（一）著作人身权

著作人身权是指作者基于作品依法享有的以人身权益为内容的、与其人身密不可分的权利，又称精神权利或人格权。著作人身权专属于作品的作者，通常不得转让、继承和放弃。它包括：

（1）发表权，即作者决定作品是否公之于众的权利。无论任何作品，发表权只能行使一次，且专属于作者。

（2）署名权，即表明作者身份，在作品上署名的权利。署名权行使方式，包括署真名、署假名、署笔名和不署名。

（3）修改权，即修改或者授权他人修改作品的权利。

（4）保护作品完整权，即保护作品不受歪曲、篡改的权利。

著作权人可以全部或者部分转让上述权利，并依照约定或者本法有关规定获得报酬。

（二）著作财产权

著作财产权是指著作权人依法通过各种方式利用其作品能带来经济效益的权利。著作财产权主要是复制权、出租权、发行权、展览权、表演权、放映权、广播权、信息网络传播权、摄制权、改编权、翻译权、汇编权等使用作品的权利。

著作权人可以许可他人行使上述权利，并依照约定或者《著作权法》有关规定获得报酬。

（三）著作权的保护期限

（1）作者的署名权、修改权、保护作品完整权的保护期不受限制。

（2）公民的作品，其财产权的保护期为作者终生及其死亡后50年，截止于作者死亡后第50年的12月31日；如果是合作作品，截止于最后死亡的作者死亡后的第50年的12月31日。

（3）法人或者非法人单位的作品、著作权（署名权除外）由法人或者非法人单位享有的职务作品，其发表权和财产权的保护期为50年，截止于作品首次发表后第50年的12月31日，但作品自创作完成后50年内未发表的，不再保护。

（4）电影作品和类似摄制电影的方法创作的作品、摄影作品的发表权和财产权的保护期为50年，截止于作品首次发表后第50年的12月31日，但作品自创作完成后50年内未发表的，不再保护。

（四）著作权的限制

在下列情况下使用作品，可以不经著作权人的许可，不向著作权人支付报酬，但应当指明作者姓名、作品名称,并且不得侵犯著作权人享有的其他权利。(1)为个人学习、研究或者欣赏,使用他人已经发表的作品;(2)为介绍、评论某一作品或者说明某一问题,在作品中适当引用他人已经发表的作品;(3)为报道时事新闻,在报纸、期刊、广播电台、电视台等媒体中不可避免地再现或者引用已经发表的作品;(4)报纸、期刊、广播电台、电视台等媒体刊登或者播放其他报纸、期刊、广播电台、电视台已经发表的关于政治、经济、宗教问题的时事性文章,但作者声明不许刊登、播放的除外;(5)报纸、期刊、广播电台、电视台等媒体刊登或者播放在公众集会上发表的讲话,但作者声明不许刊登、播放的除外;(6)为学校课堂教学或者科学研究,翻译或者少量复制已经发表的作品,供教学或者科研人员使用,但不得出版发行;(7)国家机关为执行公务在合理范围内使用已经发表的作品;(8)图书馆、档案馆、纪念馆、博物馆、美术馆等为陈列或者保存版本的需要,复制本馆收藏的作品;(9)免费表演已经发表的作品。该表演未向公众收取费用,也未向表演者支付报酬;(10)对设置或者陈列在室外公共场所的艺术作品进行临摹、绘画、摄影、录像;(11)将中国公民、法人或者其他组织已经发表的以汉语言文字创作的作品翻译成少数民族文字作品在国内出版发行;(12)将已经发表的作品改成盲文出版。

上述规定适用于对出版者、表演者、录音录像制作者、广播电台、电视台的权利的限制。

四、著作权的保护

我国对作品实行自动保护原则。作者在作品完成时即取得作品的著作权。

(一)侵犯著作权的法律责任

根据我国《著作权法》,有下列侵权行为的,应当根据情况,承担停止侵害、消除影响、赔礼道歉、赔偿损失等民事责任:(1)未经著作权人许可,发表、其作品的;(2)未经合作作者许可,将与他人合作创作的作品当作自己单独创作作品发表的;(3)没有参加创作,为谋取个人名利,在他人作品上署名的;(4)歪曲、篡改他人作品的;(5)剽窃他人作品的;(6)未经著作权人许可,以展览、摄制电影和类似摄制电影的方法使用作品或者以改编、翻译、注释等方式使用作品的。《著作权法》另有规定的除外;(7)使用他人作品,应当支付报酬而未支付的;(8)未经表演者许可,从现场直播其表演或者公开传送其现场表演,或者录制其表演的;(9)未经出版者许可,使用其出版的图书、期刊的版式设计的;(10)未经电影作品和类似摄制电影的方法创作的作品、计算机软件、录音录像制品的著作权人或者与著作权有关的权利人许可,出租其作品或者录音录像的。法律另有规定的除外;(11)其他侵犯著作权以及与著作权有关的权益的行为。

侵犯著作权或者与著作权有关的权利的,侵权人应当按照权利人的实际损失给予赔偿;实际损失难以计算的,可按照侵权人的违法所得给予赔偿。赔偿数额还应包括权利人为制止侵权行为所支付的合理开支。实际损失和违法所得不能确定的,人民法院可根据侵权行为的情节,判决给予50万元以下的赔偿。

（二）诉前保全和禁令

著作权人或者与著作权有关的权利人有证据证明他人正在实施或者即将实施侵犯其权利的行为,如不及时制止将会使其合法权益受到难以弥补的损害的,可以在起诉前向人民法院申请采取责令停止有权行为和财产保全的措施。

为制止侵权行为,在证据可能灭失或者以后难以取得的情况下,著作权人或者与著作权有关的权利人可以在起诉前向人民法院申请保全证据。

（三）对复制品的法律责任

复制品的出版者、制作者不能证明其出版、制作有合法授权的,复制品的发行者或电影作品或类似电影摄制电影的方法创作的作品、计算机软件、录音录像制品的复制品的出租者不能证明其发行、出租的复制品有合法来源的,应承担法律责任。

（四）著作权纠纷的解决

著作权纠纷可以调解,也可以依当事人达成的书面仲裁协议或仲裁条款,向仲裁机构申请仲裁。没有仲裁协议和仲裁条款的,可以直接向人民法院起诉。当事人对行政处罚不服的,可自收到处罚书之日起的6个月内向人民法院起诉,期满不起诉又不履行的,著作权行政管理部门可申请法院强制执行。

参 考 文 献

1. 张玉敏、廖志刚、马海生：《专利法》,厦门大学出版社,2017年。
2. 郑成思：《版权法》,社会科学文献出版社,2016年。
3. 张平：《知识产权法》,北京大学出版社,2015年。
4. 吴汉东：《知识产权法》(第五版),法律出版社,2014年。
5. 王迁：《知识产权法教程》(第四版),中国人民大学出版社,2014年。
6. 谢尔登·哈尔彭等：《美国知识产权法原理》(第三版),宋慧献译,商务印书馆,2013年。
7. 王祥修：《WTO法律制度》,南京大学出版社,2011年。
8. 李德明、黄晖等：《欧盟知识产权法》,法律出版社,2010年。

第二编 市场主体规制法律制度

第五章 公司法律制度

[本章概要]

公司是最主要的企业组织形式，是现代企业制度的集中体现。《公司法》作为规范公司组织和行为，保护公司、股东和债权人的合法权益，维护社会经济秩序，促进经济健康发展的重要法律，在我国商法、经济法体系中也处于日益重要的地位。本章阐述了关于公司和公司法的基本原理，依据2013年12月28日修订的《公司法》，介绍了有限责任公司、股份有限公司的设立，组织机构，股权转让，公司股份和债券，公司财务、会计，公司合并、分立、增资、减资、解散和清算等重要法律规定，以及关于一人有限责任公司、国有独资公司和上市公司等的特别规定。

第一节 公司法概述

一、公司的含义

公司一词，从语源上可以追溯到古罗马时期的拉丁语词汇"societas"，其意为"人合组织"，但其实质、含义均与今日之"公司"殊为不同。由于法律体制与法律传统上的差异，各国与地区有关公司的名称、概念与内涵都有着很大的区别，即使在同一国家和地区，随着社会经济实践与公司法自身的发展，公司的概念及其内涵等也往往处于发展变动中。

一般来说，大陆法系中公司是指依法设立的以营利为目的的企业法人，而在英美法系国家和地区，公司一词具有极为广泛的含义，没有一个统一、明确的概念。在我国，根据《公司法》的相关规定，公司可以理解为是股东依照《公司法》的规定，以出资方式设立，股东以其认缴的出资额或认购的股份为限对公司承担责任，公司以其全部财产对公司债务承担责任的企业法人。其基本含义如下。

（一）公司必须依法设立

公司是企业法人，而法人的资格只有依照法律规定的条件和程序才能取得。公司只有依照法律的规定，经过登记注册后，才能取得法人资格，以自己的名义独立地进行活动。

（二）公司是营利性的经济组织

公司的设立宗旨是为了通过各种生产经营活动，满足社会各种需求并获取利润。以营利为目的是公司的基本特征，并以此区别于公益法人和以国家管理、行业管理为目的的行政行业公司。

（三）公司是集合性、标准性、自由性的经济实体

股东按公司章程规定，共同出资，共享收益，共担风险，从而具有集合性特征；对公司的类型及设立条件、程序等，法律均作明文规定，成为公司的标准性要求；公司作为商事组织形式，享有择业、营业和竞业的自由，虽然现代各国法律有加以约束的趋势，但并未改变其自由的特征。以上"三性"特征使公司可能成为真正的市场竞争主体。

二、公司的基本分类

公司自17世纪初出现至今，在长期的发展演变过程中形成了多种类型，从不同角度按不同标准可作出不同的分类。

（一）按公司构成基础的不同

按公司构成基础可分为人合公司、资合公司以及人合兼资合公司。人合公司是以股东个人的信用为基础而设立的公司，如无限责任公司；资合公司是以资本的结合为基础的公司，如股份有限公司；而人合兼资合公司则是一种兼具有以股东的信用和资本结合的双重性的公司，如有限责任公司、两合公司、股份两合公司。

（二）按公司责任状况的不同

按公司责任状况可分为无限责任公司、有限责任公司、股份有限公司、两合公司和股份两合公司等。无限责任公司是指股东对公司的债务承担无限责任的公司；有限责任公司指由法定数额的股东组成的，股东以出资额为限对公司债务承担责任的公司；两合公司指由一个以上有限责任股东和一个以上无限责任股东组成的，有限责任股东承担有限责任，无限责任股东承担无限责任的公司；股份有限公司指由法定数额以上的发起人发起，公司的全部资本分为等额股份，股东仅以其持有的股份为限对公司债务承担责任的公司；股份两合公司指一个以上无限责任的股东和一个以上有限责任股东共同组成的，有限责任股东以持有的股份额对公司的债务承担责任，无限责任股东对公司债务承担无限清偿责任的公司。我国《公司法》所称的公司，仅指有限责任公司和股份有限公司。

（三）按公司的组织系统不同

按公司的组织系统可分为总公司和分公司、母公司与子公司。总公司也称本公司，是指在组织上可以管辖若干个分公司的公司。分公司是指属于总公司管辖，成为总公司不可分割的构成部分，并且不具有独立的法人资格的公司。设立分公司，应当向公司登记机关申请登记，领取营业执照。分公司因不具有法人资格，其民事责任由

公司承担。母公司也称控股公司,是指拥有另一个公司大部分股份的公司;子公司又称为被控股公司,是指虽然在母公司控制之下但自己具有独立的法人资格,能独立承担民事责任的公司。

(四)按公司国籍不同

按公司国籍可分为本国公司和外国公司。本国公司指按所在国的公司法设立的,其国籍属于所在国的公司;外国公司指经所在国确认而按外国公司法设立的、国籍属于外国的公司。

(五)按公司开放性程度的不同

按公司开放程度可分为开放公司和封闭公司。开放公司指股票可以公开发行、上市和转让的公司;封闭公司指不公开发行股票的公司。

三、公司法的含义

公司法是调整公司设立、组织、清算及其他对内对外活动中发生的社会关系的法律规范的总称。所谓对内关系,简单而言,是指公司与其股东或股东相互之间,公司内部各组织机构之间的关系;对外关系,是指公司与第三人或其股东与第三人之间的权利义务关系。从公司法的特性来看,较为复杂。作为典型的商事立法,公司法从本质上说属于私法,但公司法中关于公司名称、公司登记、公司财务会计、法定事项的公示主义等规定都带有强烈的公法色彩,可以说公司法是兼具公法性质的私法。此外,《公司法》是兼具程序法内容的实体法。公司法中关于公司设立条件、公司资本制度、公司组织机构及其职权、股东权利义务等规定属于实体规范;而有关公司设立程序、组织机构行使职权的方式、公司变更、清算、解散的程序规定均为程序法内容。

1993年12月29日,第八届全国人大常委会第五次会议审议通过了《中华人民共和国公司法》(以下称《公司法》)。该法分为11章,共230条,自1994年7月1日起实施。1999年12月25日第九届全国人民代表大会常务委员会第十三次会议对《公司法》进行了第一次修正。2004年8月28日第十届全国人民代表大会常务委员会第十一次会议对《公司法》进行了第二次修正。2005年10月27日,第十届全国人民代表大会常务委员会第十八次会议修订、通过了《公司法》,这是《公司法》自1994年实施以来的再一次重大修改。2013年12月28日,第十二届全国人民代表大会常务委员会第六次会议对《公司法》进行了又一次修订,修订后的《公司法》分为13章,共218条,自2014年3月1日起施行。2014年最新《公司法》共修改了12个条款,将公司注册资本实缴登记制改为认缴登记制,取消公司注册资本最低限额,放宽注册资本登记条件,简化了登记事项和登记文件等。

作为建立社会主义市场经济主体制度的一部重要法律,它的制定、实施和修订,对于规范公司的组织和行为,保护公司、股东和债权人的合法权益,维护社会经济秩序,促进社会主义市场经济的发展,均具有极为重要的意义。

第二节 有限责任公司的设立和组织机构

一、有限责任公司的含义和特征

有限责任公司又称有限公司,是指依照《公司法》的有关规定设立的,股东以其认缴的出资额为限对公司承担责任,公司以其全部资产对公司的债务承担责任的企业法人。

有限责任公司具有以下三个主要法律特征。

(1)有限责任公司的股东均负有限责任。有限责任公司各股东对公司所负责任仅以其认缴的出资额为限,除此之外对公司债权人不负直接责任。这是有限责任公司与无限责任公司、两合公司、股份两合公司最主要的区别。

(2)有限责任公司的资本不分为等额股份,证明股东出资份额的权利证明书称为出资证明书,而不是股票。这是有限责任公司与股份有限公司最主要的区别。

(3)有限责任公司的股东人数有限制性规定。我国《公司法》规定,有限责任公司由 50 人以下的股东共同出资设立。

二、有限责任公司的设立

(一)设立有限责任公司应当具备的条件

(1)股东符合法定人数。有限责任公司由 50 个以下股东出资设立;

(2)有符合公司章程规定的全体股东认缴的出资额。有限责任公司的注册资本为在公司登记机关登记的全体股东认缴的出资额。法律、行政法规以及国务院决定对有限责任公司注册资本实缴、注册资本最低限额另有规定的,从其规定;

(3)股东共同制定公司章程;

(4)有公司名称,建立符合有限责任公司要求的组织机构;

(5)有公司住所。

(二)制定公司章程

设立有限责任公司,必须依照公司法规定,制定公司章程。股东应当在公司章程上签名、盖章。公司章程对公司、股东、董事、监事、高级管理人员具有约束力,是公司开展活动的基本准则。有限责任公司章程应载明下列事项:

(1)公司名称和住所;

(2)公司经营范围;

（3）公司注册资本；
（4）股东的姓名或者名称；
（5）股东的出资方式、出资额和出资时间；
（6）公司的机构及其产生办法、职权、议事规则；
（7）公司法定代表人；
（8）股东会会议认为需要规定的其他事项。

（三）股东的出资

（1）股东的出资方式。股东可以用货币出资，也可以用实物、知识产权、土地使用权等可以用货币估价并可以依法转让的非货币财产作价出资；但是，法律、行政法规规定不得作为出资的财产除外。

对作为出资的非货币财产应当评估作价，核实财产，不得高估或者低估作价。法律、行政法规对评估作价有规定的，从其规定。

（2）股东应当按期足额缴纳公司章程中规定的各自所认缴的出资额。股东以货币出资的，应当将货币出资足额存入有限责任公司在银行开设的账户；以非货币财产出资的，应当依法办理其财产权的转移手续。股东不按照上述规定缴纳出资的，除应当向公司足额缴纳外，还应当向已按期足额缴纳出资的股东承担违约责任。

（3）有限责任公司成立后，发现作为设立公司出资的非货币财产的实际价额明显低于公司章程所定价额的，应当由交付该出资的股东补足其差额；公司设立时的其他股东承担连带责任。

（4）公司成立后，股东不得抽逃出资。

（四）公司的设立登记

股东认定公司章程规定的出资后，由全体股东指定的代表或者共同委托的代理人向公司登记机关报送公司登记申请书、公司章程等文件，申请设立登记。

三、有限责任公司的股权转让

有限责任公司的股东之间可以相互转让其全部或者部分股权。股东向股东以外的人转让股权，应当经其他股东过半数同意。股东应就其股权转让事项书面通知其他股东征求同意，其他股东自接到书面通知之日起满 30 日未答复的，视为同意转让。其他股东半数以上不同意转让的，不同意的股东应当购买该转让的股权；不购买的，视为同意转让。经股东同意转让的股权，在同等条件下，其他股东有优先购买权。两个以上股东主张行使优先购买权的，协商确定各自的购买比例；协商不成的，按照转让时各自的出资比例行使优先购买权。公司章程对股权转让另有规定的，从其规定。

人民法院依照法律规定的强制执行程序转让股东的股权时，应当通知公司及全体股东，其他股东在同等条件下有优先购买权。其他股东自人民法院通知之日起满

20日不行使优先购买权的,视为放弃优先购买权。

股东转让股权后,公司应当注销原股东的出资证明书,向新股东签发出资证明书,并相应修改公司章程和股东名册中有关股东及其出资额的记载。对公司章程的该项修改不需再由股东会表决。这一变更应向公司登记机关办理变更登记,未经变更登记的,不得对抗第三人。

有下列情形之一的,对股东会该项决议投反对票的股东可以请求公司按照合理的价格收购其股权:(1)公司连续5年不向股东分配利润,而公司该5年连续盈利,并且符合公司法规定的分配利润条件的;(2)公司合并、分立、转让主要财产的;(3)公司章程规定的营业期限届满或者章程规定的其他解散事由出现,股东会会议通过决议修改章程使公司存续的。自股东会会议决议通过之日起60日内,股东与公司不能达成股权收购协议的,股东可以自股东会会议决议通过之日起90日内向人民法院提起诉讼。

自然人股东死亡后,其合法继承人可以继承股东资格;但是,公司章程另有规定的除外。

四、有限责任公司的组织机构

(一)股东会

1. 股东会的性质和职权

有限责任公司的股东会由全体股东组成,股东会是公司的权力机构。股东会行使下列职权:

(1)决定公司的经营方针和投资计划;
(2)选举和更换非由职工代表担任的董事、监事,决定有关董事、监事的报酬事项;
(3)审议批准董事会的报告;
(4)审议批准监事会或者监事的报告;
(5)审议批准公司的年度财务预算方案、决算方案;
(6)审议批准公司的利润分配方案和弥补亏损方案;
(7)对公司增加或者减少注册资本作出决议;
(8)对发行公司债券作出决议;
(9)对公司合并、分立、变更公司形式、解散和清算等事项作出决议;
(10)修改公司章程;
(11)公司章程规定的其他职权。

对前款所列事项股东以书面形式一致表示同意的,可以不召开股东会会议,直接作出决定,并由全体股东在决定文件上签名、盖章。

2. 股东会的议事规则

股东会会议分为定期会议和临时会议。定期会议应当按照公司章程的规定按时召开。代表 1/10 以上表决权的股东，1/3 以上的董事，监事会或者不设监事会的公司的监事提议召开临时会议的，应当召开临时会议。股东会的首次会议由出资最多的股东召集和主持。有限责任公司设立董事会的，股东会会议由董事会召集，董事长主持；董事长不能履行职务或者不履行职务的，由副董事长主持；副董事长不能履行职务或者不履行职务的，由半数以上董事共同推举一名董事主持。有限责任公司不设董事会的，股东会会议由执行董事召集和主持。董事会或者执行董事不能履行或者不履行召集股东会会议职责的，由监事会或者不设监事会的公司的监事召集和主持；监事会或者监事不召集和主持的，代表 1/10 以上表决权的股东可以自行召集和主持。召开股东会会议，应当于会议召开 15 日以前通知全体股东；但是，公司章程另有规定或者全体股东另有约定的除外。股东会应当对所议事项的决定作成会议记录，出席会议的股东应当在会议记录上签名。

股东会会议由股东按照出资比例行使表决权；但是，公司章程另有规定的除外。股东会的议事方式和表决程序，除《公司法》有规定的外，由公司章程规定。股东会会议作出修改公司章程、增加或者减少注册资本的决议，以及公司合并、分立、解散或者变更公司形式的决议，必须经代表 2/3 以上表决权的股东通过。

3. 股东权利

股东有权查阅、复制公司章程、股东会会议记录、董事会会议决议、监事会会议决议和财务会计报告。股东可以要求查阅公司会计账簿。股东要求查阅公司会计账簿的，应当向公司提出书面请求，说明目的。公司有合理根据认为股东查阅会计账簿有不正当目的，可能损害公司合法利益的，可以拒绝提供查阅，并应当自股东提出书面请求之日起 15 日内书面答复股东并说明理由。公司拒绝提供查阅的，股东可以请求人民法院要求公司提供查阅。

（二）董事会

1. 董事会的设立和组成

有限责任公司设董事会，其成员为 3—13 人。法律另有规定的除外。两个以上的国有企业或者其他两个以上的国有投资主体投资设立的有限责任公司，其董事会成员中应当有公司职工代表；其他有限责任公司董事会成员中也可以有公司职工代表。董事会中的职工代表由公司职工通过职工代表大会、职工大会或者其他形式民主选举产生。董事会设董事长一人，可以设副董事长。董事长、副董事长的产生办法由公司章程规定。

股东人数较少或者规模较小的有限责任公司，可以设一名执行董事，不设立董事会。执行董事可以兼任公司经理。执行董事的职权由公司章程规定。

公司法定代表人依照公司章程的规定,由董事长、执行董事或者经理担任,并依法登记。公司法定代表人变更,应当办理变更登记。

2. 董事会的职权

董事会对股东会负责,行使下列职权:

(1) 召集股东会会议,并向股东会报告工作;
(2) 执行股东会的决议;
(3) 决定公司的经营计划和投资方案;
(4) 制订公司的年度财务预算方案、决算方案;
(5) 制订公司的利润分配方案和弥补亏损方案;
(6) 制订公司增加或者减少注册资本以及发行公司债券的方案;
(7) 制订公司合并、分立、变更公司形式、解散的方案;
(8) 决定公司内部管理机构的设置;
(9) 决定聘任或者解聘公司经理及其报酬事项,并根据经理的提名决定聘任或者解聘公司副经理、财务负责人及其报酬事项;
(10) 制定公司的基本管理制度;
(11) 公司章程规定的其他职权。

3. 董事的任期

董事任期由公司章程规定,但每届任期不得超过3年。董事任期届满,连选可以连任。董事任期届满未及时改选,或者董事在任期内辞职导致董事会成员低于法定人数的,在改选出的董事就任前,原董事仍应当依照法律、行政法规和公司章程的规定,履行董事职务。

4. 董事会的议事规则

董事会会议由董事长召集和主持;董事长不能履行职务或者不履行职务的,由副董事长召集和主持;副董事长不能履行职务或者不履行职务的,由半数以上董事共同推举一名董事召集和主持。

董事会的议事方式和表决程序,除《公司法》有规定的外,由公司章程规定。董事会应当对所议事项的决定作成会议记录,出席会议的董事应当在会议记录上签名。董事会决议的表决,实行一人一票。

(三) 经理

有限责任公司可以设经理,由董事会决定聘任或者解聘。经理对董事会负责,行使下列职权:

(1) 主持公司的生产经营管理工作,组织实施董事会决议;
(2) 组织实施公司年度经营计划和投资方案;
(3) 拟订公司内部管理机构设置方案;

（4）拟订公司的基本管理制度；
（5）制定公司的具体规章；
（6）提请聘任或者解聘公司副经理、财务负责人；
（7）决定聘任或者解聘除应由董事会决定聘任或者解聘以外的负责管理人员；
（8）董事会授予的其他职权。

公司章程对经理职权另有规定的，从其规定。经理列席董事会会议。

（四）监事会

1. 监事会的设立和组成

有限责任公司设立监事会，其成员不得少于 3 人。股东人数较少或者规模较小的有限责任公司，可以设 1—2 名监事，不设立监事会。监事会应当包括股东代表和适当比例的公司职工代表，其中职工代表的比例不得低于 1/3，具体比例由公司章程规定。监事会中的职工代表由公司职工通过职工代表大会、职工大会或者其他形式民主选举产生。监事会设主席一人，由全体监事过半数选举产生。监事会主席召集和主持监事会会议；监事会主席不能履行职务或者不履行职务的，由半数以上监事共同推举一名监事召集和主持监事会会议。

董事、高级管理人员不得兼任监事。

2. 监事的任期和监事会的职权

监事的任期每届为 3 年。监事任期届满，连选可以连任。监事任期届满未及时改选，或者监事在任期内辞职导致监事会成员低于法定人数的，在改选出的监事就任前，原监事仍应当依照法律、行政法规和公司章程的规定，履行监事职务。

监事会、不设监事会的公司的监事行使下列职权：

（1）检查公司财务；
（2）对董事、高级管理人员执行公司职务的行为进行监督，对违反法律、行政法规、公司章程或者股东会决议的董事、高级管理人员提出罢免的建议；
（3）当董事、高级管理人员的行为损害公司的利益时，要求董事、高级管理人员予以纠正；
（4）提议召开临时股东会会议，在董事会不履行《公司法》规定的召集和主持股东会会议职责时召集和主持股东会会议；
（5）向股东会会议提出提案；
（6）依照法律规定，对董事、高级管理人员提起诉讼；
（7）公司章程规定的其他职权。

监事可以列席董事会会议，并对董事会决议事项提出质询或者建议。监事会、不设监事会的公司的监事发现公司经营情况异常，可以进行调查；必要时，可以聘请会计师事务所等协助其工作，费用由公司承担。

3. 监事会的议事规则

监事会每年度至少召开一次会议,监事可以提议召开临时监事会会议。监事会的议事方式和表决程序,除《公司法》有规定的外,由公司章程规定。监事会决议应当经半数以上监事通过。监事会应当对所议事项的决定作成会议记录,出席会议的监事应当在会议记录上签名。

监事会、不设监事会的公司的监事行使职权所必需的费用,由公司承担。

五、一人有限责任公司

(一) 一人有限责任公司的概念

一人有限责任公司是指只有一个自然人股东或者一个法人股东的有限责任公司。

(二)《公司法》关于一人有限责任公司的特别规定

(1) 一个自然人只能投资设立一个一人有限责任公司。该一人有限责任公司不能投资设立新的一人有限责任公司。

(2) 一人有限责任公司应当在公司登记中注明自然人独资或者法人独资,并在公司营业执照中载明。

(3) 一人有限责任公司章程由股东制定。

(4) 一人有限责任公司不设股东会。股东决定公司的经营方针和投资计划时,应当采用书面形式,并由股东签字后置备于公司。

(5) 一人有限责任公司应当在每一会计年度终了时编制财务会计报告,并经会计师事务所审计。

(6) 一人有限责任公司的股东不能证明公司财产独立于股东自己财产的,应当对公司债务承担连带责任。

六、国有独资公司

(一) 国有独资公司的概念

国有独资公司是指国家单独出资、由国务院或者地方人民政府委托本级人民政府国有资产监督管理机构履行出资人职责的有限责任公司。

(二) 国有独资公司的特别规定

(1) 国有独资公司章程。国有独资公司章程由国有资产监督管理机构制定,或者由董事会制定报国有资产监督管理机构批准。

(2) 国有独资公司设立主体职权。国有独资公司不设股东会,由国有资产监督管理机构行使股东会职权。国有资产监督管理机构可以授权公司董事会行使股东会的部分职权,决定公司的重大事项,但公司的合并、分立、解散、增减注册资本和发行公司债券,必须由国有资产监督管理机构决定;其中,重要的国有独资公司合并、分立、解散、申请破产的,应当由国有资产监督管理机构审核后,报本级人民政府批准。重要的国有独资公司,按照国务院的规定确定。

（3）董事会。国有独资公司设立董事会,履行法定职权。董事每届任期不得超过3年。董事会成员中应当有公司职工代表。董事会成员由国有资产监督管理机构委派;但是,董事会成员中的职工代表由公司职工代表大会选举产生。董事会设董事长1人,可以设副董事长。董事长、副董事长由国有资产监督管理机构从董事会成员中指定。

（4）经理。国有独资公司设经理,由董事会聘任或者解聘。经理依照《公司法》第49条规定行使职权。经国有资产监督管理机构同意,董事会成员可以兼任经理。

国有独资公司的董事长、副董事长、董事、高级管理人员,未经国有资产监督管理机构同意,不得在其他有限责任公司、股份有限公司或者其他经济组织兼职。

（5）监事会。国有独资公司监事会成员不得少于5人,其中职工代表的比例不得低于1/3,具体比例由公司章程规定。监事会成员由国有资产监督管理机构委派;但是,监事会中的职工代表由公司职工代表大会选举产生。监事会主席由国有资产监督管理机构从监事会成员中指定。国有独资公司的监事会行使下列职权：① 检查公司财务；② 对董事、高级管理人员执行公司职务的行为进行监督,对违反法律、行政法规、公司章程的董事、高级管理人员提出罢免的建议；③ 当董事、高级管理人员的行为损害公司的利益时,要求董事、高级管理人员予以纠正；④ 国务院规定的其他职权。

第三节　股份有限公司的设立和组织机构

一、股份有限公司的含义和特征

股份有限公司,是指依法设立,由符合法定人数的股东所组成的,其全部资本分为等额股份,股东以其认购的股份为限对公司承担责任,公司以其全部股份对公司的债务承担责任的企业法人。

股份有限公司具有以下特征：股份有限公司的全部资本分为等额股份,股份采取股票形式;股东以其认购的股份为限对公司承担责任,公司以其全部资产对公司的债务承担责任;股份有限公司的股东有最低人数的限制,而没有最高人数的限制。

二、股份有限公司的设立

（一）设立条件

（1）发起人符合法定人数。设立股份有限公司,应当有2人以上200人以下为发起人,其中须有半数以上的发起人在中国境内有住所。发起人应当签订发起人协议,明确各自在公司设立过程中的权利和义务。

(2)有符合公司章程规定的全体发起人认购的股本总额或者募集的实收股本总额。股份有限公司采取发起设立方式设立的,注册资本为在公司登记机关登记的全体发起人认购的股本总额。在发起人认购的股份缴足前,不得向他人募集股份。股份有限公司采取募集方式设立的,注册资本为在公司登记机关登记的实收股本总额。法律、行政法规以及国务院决定对股份有限公司注册资本实缴、注册资本最低限额另有规定的,从其规定。

(3)股份发行、筹办事项符合法律规定。

(4)发起人制订公司章程,采用募集方式设立的经创立大会通过。

(5)有公司名称,建立符合股份有限公司要求的组织机构。

(6)有公司住所。

(二)设立方式

股份有限公司的设立,可以采取发起设立或者募集设立的方式。发起设立,是指由发起人认购公司应发行的全部股份而设立公司。募集设立,是指由发起人认购公司应发行股份的一部分,其余股份向社会公开募集或者向特定对象募集而设立公司。

(三)制定公司章程

股份有限公司章程应当载明下列事项:

(1)公司名称和住所;

(2)公司经营范围;

(3)公司设立方式;

(4)公司股份总数、每股金额和注册资本;

(5)发起人的姓名或者名称、认购的股份数、出资方式和出资时间;

(6)董事会的组成、职权、任期和议事规则;

(7)公司法定代表人;

(8)监事会的组成、职权、任期和议事规则;

(9)公司利润分配办法;

(10)公司的解散事由与清算办法;

(11)公司的通知和公告办法;

(12)股东大会会议认为需要规定的其他事项。

(四)设立程序

1. 发起设立程序

以发起设立方式设立股份有限公司的,发起人应当书面认足公司章程规定其认购的股份,并按照公司章程规定缴纳出资。以非货币财产出资的,应当依法办理其财产权的转移手续。发起人不依照前款规定缴纳出资的,应当按照发起人协议承担违约责任。发起人认足公司章程规定的出资后,应当选举董事会和监事会,由董事会向公司登记机关报送公司章程以及法律、行政法规规定的其他文件,申请设立登记。

2. 募集设立程序

(1)以募集设立方式设立股份有限公司的,发起人认购的股份不得少于公司股份总数的35%;但是,法律、行政法规另有规定的,从其规定。

(2)发起人向社会公开募集股份,公告招股说明书,并制作认股书。招股说明书应当附有发起人制订的公司章程,并载明下列事项:发起人认购的股份数;每股的票面金额和发行价格;无记名股票的发行总数;募集资金的用途;认股人的权利、义务;本次募股的起止期限及逾期未募足时认股人可以撤回所认股份的说明。认股书应当载明招股说明书所列事项,由认股人填写认购股数、金额、住所,并签名、盖章。认股人按照所认购股数缴纳股款。

发起人向社会公开募集股份,应当由依法设立的证券公司承销,签订承销协议,并应当同银行签订代收股款协议。

(3)召开创立大会。发行股份的股款缴足后,必须经依法设立的验资机构验资并出具证明。发起人应当在30日内主持召开公司创立大会。创立大会由认股人组成。发行的股份超过招股说明书规定的截止期限尚未募足的,或者发行股份的股款缴足后,发起人在30日内未召开创立大会的,认股人可以按照所缴股款并加算银行同期存款利息,要求发起人返还。

发起人应当在创立大会召开15日前将会议日期通知各认股人或者予以公告。创立大会应有代表股份总数过半数的发起人、认股人出席,方可举行。创立大会行使下列职权:审议发起人关于公司筹办情况的报告;通过公司章程;选举董事会成员;选举监事会成员;对公司的设立费用进行审核;对发起人用于抵作股款的财产的作价进行审核;发生不可抗力或者经营条件发生重大变化直接影响公司设立的,可以作出不设立公司的决议。创立大会对上述所列事项作出决议,必须经出席会议的认股人所持表决权过半数通过。

发起人、认股人缴纳股款或者交付抵作股款的出资后,除未按期募足股份、发起人未按期召开创立大会或者创立大会决议不设立公司的情形外,不得抽回其股本。

(4)申请设立登记。董事会应于创立大会结束后30日内,向公司登记机关报送下列文件,申请设立登记:公司登记申请书;创立大会的会议记录;公司章程;验资证明;法定代表人、董事、监事的任职文件及其身份证明;发起人的法人资格证明或者自然人身份证明;公司住所证明。以募集方式设立股份有限公司公开发行股票的,还应当向公司登记机关报送国务院证券监督管理机构的核准文件。

（五）发起人应当承担的责任

（1）股份有限公司成立后，发起人未按照公司章程的规定缴足出资的，应当补缴；其他发起人承担连带责任。股份有限公司成立后，发现作为设立公司出资的非货币财产的实际价额显著低于公司章程所定价额的，应当由交付该出资的发起人补足其差额；其他发起人承担连带责任。

（2）公司不能成立时，对设立行为所产生的债务和费用负连带责任。

（3）公司不能成立时，对认股人已缴纳的股款，负返还股款并加算银行同期存款利息的连带责任。

（4）在公司设立过程中，由于发起人的过失致使公司利益受到损害的，应当对公司承担赔偿责任。

三、股份有限公司的组织机构

（一）股东大会

1. 股东大会的性质和职权

股东大会由全体股东组成，股东大会是公司的权力机构，前述有关有限责任公司股东会职权的规定，适用于股份有限公司股东大会。

2. 股东大会的议事规则

股东大会应当每年召开一次年会。有下列情形之一的，应当在2个月内召开临时股东大会：（1）董事人数不足《公司法》规定人数或者公司章程所定人数的2/3时；（2）公司未弥补的亏损达实收股本总额1/3时；（3）单独或者合计持有公司10%以上股份的股东请求时；（4）董事会认为必要时；（5）监事会提议召开时；（6）公司章程规定的其他情形。

股东大会会议由董事会召集，董事长主持；董事长不能履行职务或者不履行职务的，由副董事长主持；副董事长不能履行职务或者不履行职务的，由半数以上董事共同推举一名董事主持。

董事会不能履行或者不履行召集股东大会会议职责的，监事会应当及时召集和主持；监事会不召集和主持的，连续90日以上单独或者合计持有公司10%以上股份的股东可以自行召集和主持。

召开股东大会会议，应当将会议召开的时间、地点和审议的事项于会议召开20日前通知各股东；临时股东大会应当于会议召开15日前通知各股东；发行无记名股票的，应当于会议召开30日前公告会议召开的时间、地点和审议事项。

单独或者合计持有公司3%以上股份的股东，可以在股东大会召开10日前提出临时提案并书面提交董事会；董事会应当在收到提案后2日内通知其他股东，并将该临时提案提交股东大会审议。临时提案的内容应当属于股东大会职权范围，并有明确议题和具体决议事项。股东大会不得对未列明的事项作出决议。无记名股票持有人出席股东大会会议的，应当于会议召开 5 日前至股东大会闭会时将股票交存于公司。

股东出席股东大会会议，所持每一股份有一表决权。但是，公司持有的本公司股份没有表决权。股东大会作出决议，必须经出席会议的股东所持表决权过半数通过。但是，股东大会作出修改公司章程、增加或者减少注册资本的决议，以及公司合并、分立、解散或者变更公司形式的决议，必须经出席会议的股东所持表决权的 2/3 以上通过。

《公司法》和公司章程规定公司转让、受让重大资产或者对外提供担保等事项必须经股东大会作出决议的，董事会应当及时召集股东大会会议，由股东大会就上述事项进行表决。

股东大会选举董事、监事，可以根据公司章程的规定或者股东大会的决议，实行累积投票制。所谓累积投票制，是指股东大会选举董事或者监事时，有表决权的每一股份拥有与应选董事或者监事人数相同的表决权，股东拥有的表决权可以集中使用。累积投票制起源于英国，但在美国得到了重大发展。其与普通投票制的区别主要在于公司股东可以把自己拥有的表决权集中使用于待选董事中的一人或多人。例如：一公司共有 100 股，股东甲拥有 15 股，乙拥有另外 85 股。每股具有等同于待选董事人数的表决权（如选 7 人即每股有 7 票）。如果要选 7 名董事，股东甲总共有 105 个表决权，乙拥有 595 个表决权。在实行普通投票制的情况下，甲投给自己提出的 7 个候选人每人的表决权不会多于 15，远低于乙投给其提出的 7 个候选人每人 85 的表决权。此时甲不可能选出自己提名的董事。如果实行累积投票制，甲可以集中将他拥有的 105 个表决权投给自己提名的一名董事，而乙无论如何分配其总共拥有的 595 个表决权，也不可能使其提名的 7 个候选人每人的表决权多于 85，更不可能多于 105。累积投票制的主要功能就在于保障中小股东有可能选出自己信任的董事或监事。

3. 股东权利与责任

股东有权查阅公司章程、股东大会会议记录和财务会计报告，对公司的经营提出建议和质询。公司股东会或者股东大会、董事会的决议内容违反法律、行政法规的无效。股东会或者股东大会、董事会的会议召集程序、表决方式违反法律、行政法规或者公司章程，或者决议内容违反公司章程的，股东可以自决议作出之日起 60 日内，请求人民法院撤销。股东依照前款规定提起诉讼的，人民法院可以应公司的请求，要求股东提供相应担保。公司根据股东会或者股东大会、董事会决议已办理变更登记的，人民法院宣告该决议无效或者撤销该决议后，公司应当向公司登记机关申请撤销变更登记。

公司股东应当遵守法律、行政法规和公司章程，依法行使股东权利，不得滥用股东权利损害公司或者其他股东的利益;不得滥用公司法人独立地位和股东有限责任损害公司债权人的利益。

公司股东滥用股东权利给公司或者其他股东造成损失的,应当依法承担赔偿责任。公司股东滥用公司法人独立地位和股东有限责任,逃避债务,严重损害公司债权人利益的,应当对公司债务承担连带责任。

(二) 董事会

1. 董事会的设立和组成

股份有限公司设董事会,其成员为5—19人。董事会成员中可以有公司职工代表。董事会中的职工代表由公司职工通过职工代表大会、职工大会或者其他形式民主选举产生。董事会设董事长一人,可以设副董事长。董事长和副董事长由董事会以全体董事的过半数选举产生。董事长召集和主持董事会会议,检查董事会决议的实施情况。副董事长协助董事长工作,董事长不能履行职务或者不履行职务的,由副董事长履行职务;副董事长不能履行职务或者不履行职务的,由半数以上董事共同推举一名董事履行职务。

《公司法》关于有限责任公司董事任期的规定,适用于股份有限公司董事。

2. 董事会的职权

《公司法》关于有限责任公司董事会职权的规定,适用于股份有限公司董事会。

3. 董事会议事规则

董事会每年度至少召开两次会议,每次会议应当于会议召开10日前通知全体董事和监事。代表1/10以上表决权的股东、1/3以上董事或者监事会,可以提议召开董事会临时会议。董事长应当自接到提议后10日内,召集和主持董事会会议。董事会召开临时会议,可以另定召集董事会的通知方式和通知时限。

董事会会议应有过半数的董事出席方可举行。董事会作出决议,必须经全体董事的过半数通过。董事会决议的表决,实行一人一票。董事会会议,应由董事本人出席;董事因故不能出席,可以书面委托其他董事代为出席,委托书中应载明授权范围。

董事会应当对会议所议事项的决定作成会议记录,出席会议的董事应当在会议记录上签名。董事应当对董事会的决议承担责任。董事会的决议违反法律、行政法规或者公司章程、股东大会决议,致使公司遭受严重损失的,参与决议的董事对公司负赔偿责任。但经证明在表决时曾表明异议并记载于会议记录的,该董事可以免除责任。

(三) 经理

股份有限公司设经理,由董事会决定聘任或者解聘。公司董事会可以决定由董事会成员兼任经理。

《公司法》关于有限责任公司经理职权的规定,适用于股份有限公司经理。

（四）监事会

1. 监事会的设立和组成

股份有限公司设立监事会，其成员不得少于 3 人。监事会应当包括股东代表和适当比例的公司职工代表，其中职工代表的比例不得低于 1/3，具体比例由公司章程规定。监事会中的职工代表由公司职工通过职工代表大会、职工大会或者其他形式民主选举产生。监事会设主席 1 人，可以设副主席。监事会主席和副主席由全体监事过半数选举产生。监事会主席召集和主持监事会会议；监事会主席不能履行职务或者不履行职务的，由监事会副主席召集和主持监事会会议；监事会副主席不能履行职务或者不履行职务的，由半数以上监事共同推举 1 名监事召集和主持监事会会议。

董事、高级管理人员不得兼任监事。

《公司法》关于有限责任公司监事任期的规定，适用于股份有限公司监事。

2. 监事会的职权

《公司法》关于有限责任公司监事会职权的规定，适用于股份有限公司监事会。监事会行使职权所必需的费用，由公司承担。

3. 监事会的议事规则

监事会每 6 个月至少召开一次会议。监事可以提议召开临时监事会会议。监事会的议事方式和表决程序，除《公司法》有规定的外，由公司章程规定。监事会应当对所议事项的决定作成会议记录，出席会议的监事应当在会议记录上签名。

四、上市公司

（一）上市公司的含义

上市公司是指其股票在证券交易所上市交易的股份有限公司。根据《中华人民共和国证券法》的规定，设立股份有限公司公开发行股票，应当具备经国务院批准的国务院证券监督管理机构规定的有关条件，并向国务院证券监督管理机构报送募股申请和相关文件。

（二）上市公司组织机构的特别规定

（1）上市公司在 1 年内购买、出售重大资产或者担保金额超过公司资产总额 30%的，应当由股东大会作出决议，并经出席会议的股东所持表决权的 2/3 以上通过。

（2）上市公司设立独立董事，具体办法由国务院规定。独立董事一般是指与其所受聘的上市公司及其主要股东不存在可能妨碍其进行独立客观判断的一切关系的特定董事。独立董事制度最早出现于美国 1940 年的《投资公司法》，兴起于 20 世纪六七十年代。独立董事制度的设立，有助于达到改善公司治理、提高监控职能、降低代理成本的目的，实现公司价值与股东利益的最大化。

(3)上市公司设立董事会秘书,负责公司股东大会和董事会会议的筹备、文件保管以及公司股权管理,办理信息披露事务等事宜。

(4)上市公司董事与董事会会议决议事项所涉及的企业有关联关系的,不得对该项决议行使表决权,也不得代理其他董事行使表决权。该董事会会议由过半数的无关联关系董事出席即可举行,董事会会议所作决议须经无关联关系董事过半数通过。出席董事会的无关联关系董事人数不足3人的,应将该事项提交上市公司股东大会审议。关联关系是指公司控股股东、实际控制人、董事、监事、高级管理人员与其直接或者间接控制的企业之间的关系,以及可能导致公司利益转移的其他关系。但是,国家控股的企业之间不仅仅因为同受国家控股而具有关联关系。

第四节 股份有限公司的股份发行和转让

一、股份与股票

股份是指股份有限公司发行的,股东持有的均分公司股本的计量单位,它表示股东在公司中所占股东权益的份额。股份有以下三个含义:

(1)股份是公司资本的组成部分。股份有限公司的资本划分为股份,每一股的金额相等;

(2)股份体现股东的权利和义务。它是股东权利、义务的依据,股东权利、义务的大小及范围取决于其所持股份的数额;

(3)股份以股票为表现形式。股份的发行和转让也就是股票的发行和转让。

股票是股份有限公司签发的证明股东所持股份的凭证。

二、股份的发行

(一)股份发行的原则

股份的发行,实行公平、公正的原则,同种类的每一股份应当具有同等权利。同次发行的同种类股票,每股的发行条件和价格应当相同;任何单位或者个人所认购的股份,每股应当支付相同价额。

(二)股票的发行价格

股票发行价格可以按票面金额,也可以超过票面金额,但不得低于票面金额。股份有限公司以超过股票票面金额的发行价格发行股份所得的溢价款以及国务院财政部门规定列入资本公积金的其他收入,应当列为公司资本公积金。

(三)股票的形式和应载明的事项

股票采用纸面形式或者国务院证券监督管理机构规定的其他形式。股票应当载明的主要事项有：公司名称；公司成立日期；股票种类、票面金额及代表的股份数；股票的编号。

股票由法定代表人签名，公司盖章。发起人的股票，应当标明发起人股票字样。

（四）记名股票、无记名股票与其他股票

公司发行的股票，可以为记名股票，也可以为无记名股票。公司向发起人、法人发行的股票，应当为记名股票，并应当记载该发起人、法人的名称或者姓名，不得另立户名或者以代表人姓名记名。

公司发行记名股票的，应当置备股东名册，记载下列事项：股东的姓名或者名称及住所、各股东所持股份数、各股东所持股票的编号、各股东取得股份的日期。

发行无记名股票的，公司应当记载其股票数量、编号及发行日期。

国务院可以对公司发行《公司法》规定以外的其他种类的股份，另行作出规定。

（五）股票的交付

股份有限公司成立后，即向股东正式交付股票。公司成立前不得向股东交付股票。

（六）新股的发行

股份有限公司设立后又需要通过发行股票募集资本的，为新股发行。所以，股票的发行可分为设立发行和新股发行。

公司发行新股，依照公司章程的规定由股东大会或者董事会对下列事项作出决议：新股种类及数额、新股发行价格、新股发行的起止日期、向原有股东发行新股的种类及数额。

公司经国务院证券监督管理机构核准公开发行新股时，必须公告新股招股说明书和财务会计报告，并制作认股书。公司公开发行新股，应当由依法设立的证券公司承销，签订承销协议，应当同银行签订代收股款协议。公司发行新股，可以根据公司经营情况和财务状况，确定其作价方案。

公司发行新股募足股款后，必须向公司登记机关办理变更登记，并公告。

根据《中华人民共和国证券法》的规定，公司公开发行新股，应当符合下列条件：具备健全且运行良好的组织机构；具有持续盈利能力，财务状况良好；最近3年财务会计文件无虚假记载，无其他重大违法行为；经国务院批准的国务院证券监督管理机构规定的其他条件。上市公司非公开发行新股，应当符合经国务院批准的国务院证券监督管理机构规定的条件，并报国务院证券监督管理机构核准。

三、股份的转让

（一）股东转让股份的权利和对转让的限制

股东持有的股份可以依法转让。

发起人持有的本公司股份,自公司成立之日起1年内不得转让。公司公开发行股份前已发行的股份,自公司股票在证券交易所上市交易之日起1年内不得转让。

公司董事、监事、高级管理人员应当向公司申报所持有的本公司的股份及其变动情况,在任职期间每年转让的股份不得超过其所持有本公司股份总数的25%;所持本公司股份自公司股票上市交易之日起1年内不得转让。上述人员离职后半年内,不得转让其所持有的本公司股份。公司章程可以对公司董事、监事、高级管理人员转让其所持有的本公司股份作出其他限制性规定。

高级管理人员,是指公司的经理、副经理、财务负责人、上市公司董事会秘书和公司章程规定的其他人员。

(二)转让股份的场所和方式

股东转让其股份,应当在依法设立的证券交易场所进行或者按照国务院规定的其他方式进行。

记名股票,由股东以背书方式或者法律、行政法规规定的其他方式转让;转让后由公司将受让人的姓名或者名称及住所记载于股东名册。股东大会召开前20日内或者公司决定分配股利的基准日前5日内,不得进行前款规定的股东名册的变更登记。但是,法律对上市公司股东名册变更登记另有规定的,从其规定。

无记名股票的转让,由股东将该股票交付给受让人后即发生转让的效力。

(三)公司不得非法收购本公司的股票

公司不得收购本公司股份。但是,有下列情形之一的除外:

(1)减少公司注册资本;

(2)与持有本公司股份的其他公司合并;

(3)将股份奖励给本公司职工;

(4)股东因对股东大会作出的公司合并、分立决议持异议,要求公司收购其股份的。

公司因上述第(1)—(3)项的原因收购本公司股份的,应当经股东大会决议。公司依前述规定收购本公司股份后,属于第(1)项情形的,应当自收购之日起10日内注销;属于第(2)项、第(4)项情形的,应当在6个月内转让或者注销。

公司依照上述第(3)项规定收购的本公司股份,不得超过本公司已发行股份总额的5%;用于收购的资金应当从公司的税后利润中支出;所收购的股份应当在1年内转让给职工。

公司不得接受本公司的股票作为质押权的标的。

四、关于上市公司的特别规定

上市公司的股票,依照有关法律、行政法规及证券交易所交易规则上市交易。

上市公司必须依照法律、行政法规的规定,公开其财务状况、经营情况及重大诉讼,在每个会计年度内每半年公布一次财务会计报告。

第五节 公司董事、监事、高级管理人员的资格和义务

一、公司董事、监事、高级管理人员的任职资格

《公司法》通过限制性条件规定了董事、监事、高级管理人员的任职资格。有下列情形之一的,不得担任公司的董事、监事、高级管理人员:

(1) 无民事行为能力或者限制民事行为能力者;

(2) 因贪污、贿赂、侵占财产、挪用财产或者破坏社会主义市场经济秩序,被判处刑罚,执行期满未逾5年,或者因犯罪被剥夺政治权利,执行期满未逾5年;

(3) 担任破产清算的公司、企业的董事或者厂长、经理,对该公司、企业的破产负有个人责任的,自该公司、企业破产清算完结之日起未逾3年;

(4) 担任因违法被吊销营业执照、责令关闭的公司、企业的法定代表人,并负有个人责任的,自该公司、企业被吊销营业执照之日起未逾3年;

(5) 个人所负数额较大的债务到期未清偿。

公司违反上述规定选举、委派董事、监事或者聘任高级管理人员的,该选举、委派或者聘任无效。董事、监事、高级管理人员在任职期间出现上述所列情形的,公司应当解除其职务。

二、董事、监事、高级管理人员的义务

董事、监事、高级管理人员应当遵守法律、行政法规和公司章程,对公司负有忠实义务和勤勉义务。董事、监事、高级管理人员不得利用职权收受贿赂或者其他非法收入,不得侵占公司的财产。

董事、高级管理人员不得有下列行为:

(1) 挪用公司资金;

(2) 将公司资金以其个人名义或者以其他个人名义开立账户存储;

(3) 违反公司章程的规定,未经股东会、股东大会或者董事会同意,将公司资金借贷给他人或者以公司财产为他人提供担保;

(4) 违反公司章程的规定或者未经股东会、股东大会同意,与本公司订立合同或者进行交易;

(5) 未经股东会或者股东大会同意,利用职务便利为自己或者他人谋取属于公

司的商业机会,自营或者为他人经营与所任职公司同类的业务;

(6) 接受他人与公司交易的佣金归为己有;

(7) 擅自披露公司秘密;

(8) 违反对公司忠实义务的其他行为。

董事、高级管理人员违反上述规定所得的收入应当归公司所有。

要注意的是,公司向其他企业投资或者为他人提供担保,按照公司章程的规定由董事会或者股东会、股东大会决议;公司章程对投资或者担保的总额及单项投资或者担保的数额有限额规定的,不得超过规定的限额。公司为公司股东或者实际控制人提供担保的,必须经股东会或者股东大会决议。所涉股东或者受公司实际控制人支配的股东,不得参加规定事项的表决。该项表决由出席会议的其他股东所持表决权的过半数通过。

公司的控股股东、实际控制人、董事、监事、高级管理人员不得利用其关联关系损害公司利益。违反规定,给公司造成损失的,应当承担赔偿责任。

控股股东,是指其出资额占有限责任公司资本总额50%以上或者其持有的股份占股份有限公司股本总额50%以上的股东;出资额或者持有股份的比例虽然不足50%,但依其出资额或者持有的股份所享有的表决权已足以对股东会、股东大会的决议产生重大影响的股东。

实际控制人,是指虽不是公司的股东,但通过投资关系、协议或者其他安排,能够实际支配公司行为的人。

董事、监事、高级管理人员执行公司职务时违反法律、行政法规或者公司章程的规定,给公司造成损失的,应当承担赔偿责任。

董事、高级管理人员执行公司职务时违反法律、行政法规或者公司章程的规定,给公司造成损失的,有限责任公司的股东、股份有限公司连续180日以上单独或者合计持有公司1%以上股份的股东,可以书面请求监事会或者不设监事会的有限责任公司的监事向人民法院提起诉讼;监事执行公司职务时违反法律、行政法规或者公司章程的规定,给公司造成损失的,前述股东可以书面请求董事会或者不设董事会的有限责任公司的执行董事向人民法院提起诉讼。

监事会、不设监事会的有限责任公司的监事,或者董事会、执行董事收到上述股东书面请求后拒绝提起诉讼,或者自收到请求之日起30日内未提起诉讼,或者情况紧急、不立即提起诉讼将会使公司利益受到难以弥补的损害的,有关股东有权为了公司的利益以自己的名义直接向人民法院提起诉讼。

股东会或者股东大会要求董事、监事、高级管理人员列席会议的,董事、监事、高级管理人员应当列席并接受股东的质询。董事、高级管理人员应当如实向监事会或者不设监事会的有限责任公司的监事提供有关情况和资料,不得妨碍监事会或者监事行使职权。

董事、高级管理人员违反法律、行政法规或者公司章程的规定,损害股东利益的,股东可以向人民法院提起诉讼。

第六节 公司债券

一、公司债券的概念

公司债券,是指公司依照法定程序发行、约定在一定期限还本付息的有价证券。公司发行公司债券应当符合《中华人民共和国证券法》规定的发行条件。

公司债券,可以为记名债券,也可以为无记名债券。

二、公司债券的发行条件

根据《中华人民共和国证券法》规定,公开发行公司债券,应当符合下列条件:

(1) 股份有限公司的净资产不低于人民币3 000万元,有限责任公司的净资产不低于人民币6 000万元;

(2) 累计债券余额不超过公司净资产的40%;

(3) 最近3年平均可分配利润足以支付公司债券1年的利息;

(4) 筹集的资金投向符合国家产业政策;

(5) 债券的利率不超过国务院限定的利率水平;

(6) 国务院规定的其他条件。

公开发行公司债券筹集的资金,必须用于核准的用途,不得用于弥补亏损和非生产性支出。

上市公司发行可转换为股票的公司债券,除应当符合上述规定的条件外,还应当符合《证券法》关于公开发行股票的条件,并报国务院证券监督管理机构核准。

三、公司债券募集办法及其记载事项

发行公司债券的申请经国务院授权的部门核准后,应当公告公司债券募集办法。公司债券募集办法中应当载明下列主要事项:

(1) 公司名称;

(2) 债券募集资金的用途;

(3) 债券总额和债券的票面金额;

(4) 债券利率的确定方式;

(5) 还本付息的期限和方式;

(6) 债券担保情况;
(7) 债券的发行价格、发行的起止日期;
(8) 公司净资产额;
(9) 已发行的尚未到期的公司债券总额;
(10) 公司债券的承销机构。

第七节 公司财务、会计

一、建立财务、会计制度和制作财务会计报告

公司应当依照法律、行政法规和国务院财政部门的规定建立本公司的财务、会计制度。公司应当在每一会计年度终了时编制财务会计报告,并依法经会计师事务所审计。财务会计报告应当依照法律、行政法规和国务院财政部门的规定制作。

有限责任公司应当按照公司章程规定的期限将财务会计报告送交各股东。股份有限公司的财务会计报告应当在召开股东大会年会的20日前置备于本公司,供股东查阅;公开发行股票的股份有限公司必须公告其财务会计报告。

二、税后利润的分配

公司分配当年税后利润时,应当提取利润的10%列入公司法定公积金。公司法定公积金累计额为公司注册资本的50%以上的,可以不再提取。

公司的法定公积金不足以弥补以前年度亏损的,在依照上述规定提取法定公积金之前,应当先用当年利润弥补亏损。

公司从税后利润中提取法定公积金后,经股东会或者股东大会决议,还可以从税后利润中提取任意公积金。公司弥补亏损和提取公积金后所余税后利润,有限责任公司股东按照实缴的出资比例分配;股份有限公司按照股东持有的股份比例分配,但股份有限公司章程规定不按持股比例分配的除外。

股东会、股东大会或者董事会违反上述规定,在公司弥补亏损和提取法定公积金之前向股东分配利润的,股东必须将违反规定分配的利润退还公司。公司持有的本公司股份不得分配利润。

三、公积金的用途

公司的公积金用于弥补公司的亏损、扩大公司生产经营或者转为增加公司资本。但是,资本公积金不得用于弥补公司的亏损。法定公积金转为资本时,所留存的该项公积金不得少于转增前公司注册资本的25%。

第八节 公司合并、分立、增资、减资

一、公司合并与分立

（一）公司合并

公司合并，是指两个以上公司依法定程序组成一个公司的法律行为。公司合并可以采取吸收合并或者新设合并。一个公司吸收其他公司为吸收合并，被吸收的公司解散。两个以上公司合并设立一个新的公司为新设合并，合并各方解散。

公司合并应当由合并各方签订合并协议，并编制资产负债表及财产清单。公司应当自作出合并决议之日起10日内通知债权人，并于30日内在报纸上公告。债权人自接到通知书之日起30日内，未接到通知书的自公告之日起45日内，可以要求公司清偿债务或者提供相应的担保。

公司合并时，合并各方的债权、债务，应当由合并后存续的公司或者新设的公司承继。

（二）公司分立

公司分立是指一个公司根据有关法律的规定，依据一定的条件和程序分成两个或两个以上的公司的法律行为。公司分立其财产应作相应的分割。公司分立，应当编制资产负债表及财产清单。公司应当自作出分立决议之日起10日内通知债权人，并于30日内在报纸上公告。

公司分立前的债务由分立后的公司承担连带责任。但是，公司在分立前与债权人就债务清偿达成的书面协议另有约定的除外。

（三）设立登记、变更登记和注销登记

公司合并或者分立，登记事项发生变更的，应当依法向公司登记机关办理变更登记；公司解散的，应当依法办理公司注销登记；设立新公司的，应当依法办理公司设立登记。

二、公司增资与减资

（一）公司增资

有限责任公司增加注册资本时，股东认缴新增资本的出资，依照《公司法》设立有限责任公司缴纳出资的有关规定执行。股份有限公司为增加注册资本发行新股时，股东认购新股，依照《公司法》设立股份有限公司缴纳股款的有关规定执行。

（二）公司减资

公司需要减少注册资本时，必须编制资产负债表及财产清单。

公司应当自作出减少注册资本决议之日起 10 日内通知债权人,并于 30 日内在报纸上公告。债权人自接到通知书之日起 30 日内,未接到通知书的自公告之日起 45 日内,有权要求公司清偿债务或者提供相应的担保。

第九节 公司解散和清算

一、公司解散

公司有下列原因的,可以解散:(1)公司章程规定的营业期限届满或者公司章程规定的其他解散事由出现;(2)股东会或者股东大会决议解散;(3)因公司合并或者分立需要解散;(4)依法被吊销营业执照、责令关闭或者被撤销;(5)公司经营管理发生严重困难,继续存续会使股东利益受到重大损失,通过其他途径不能解决的,人民法院应持有公司全部股东表决权 10% 以上的股东请求,可以解散公司。

二、公司清算

(一)清算组的组成

公司因上述第(1)项、第(2)项、第(4)项、第(5)项规定而解散的,应当在解散事由出现之日起 15 日内成立清算组,开始清算。有限责任公司的清算组由股东组成,股份有限公司的清算组由董事或者股东大会确定的人员组成。逾期不成立清算组进行清算的,债权人可以申请人民法院指定有关人员组成清算组进行清算。人民法院应当受理该申请,并及时组织清算组进行清算。

(二)清算组的职权

清算组在清算期间行使下列职权:(1)清理公司财产,分别编制资产负债表和财产清单;(2)通知、公告债权人;(3)处理与清算有关的公司未了结的业务;(4)清缴所欠税款以及清算过程中产生的税款;(5)清理债权、债务;(6)处理公司清偿债务后的剩余财产;(7)代表公司参与民事诉讼活动。

(三)清算组成员的义务

清算组成员应当忠于职守,依法履行清算义务。清算组成员不得利用职权收受贿赂或者其他非法收入,不得侵占公司财产。

清算组成员因故意或者重大过失给公司或者债权人造成损失的,应当承担赔偿责任。

(四)清算程序

清算组应当自成立之日起 10 日内通知债权人,并于 60 日内在报纸上公告。债权人应当自接到通知书之日起 30 日内,未接到通知书的自公告之日起 45 日内,向清算组申报其债权。债权人申报债权,应当说明债权的有关事项,并提供证明材料。清算组应当对债权进行登记。在申报债权期间,清算组不得对债权人进行清偿。

清算组在清理公司财产、编制资产负债表和财产清单后,应当制定清算方案,并报股东会、股东大会或者人民法院确认。

公司财产在分别支付清算费用、职工的工资、社会保险费用和法定补偿金,缴纳所欠税款,清偿公司债务后的剩余财产,有限责任公司按照股东的出资比例分配,股份有限公司按照股东持有的股份比例分配。清算期间,公司存续,但不得开展与清算无关的经营活动。公司财产在未按前款规定清偿前,不得分配给股东。

清算组在清理公司财产、编制资产负债表和财产清单后,发现公司财产不足清偿债务的,应当依法向人民法院申请宣告破产。

公司经人民法院裁定宣告破产后,清算组应当将清算事务移交给人民法院,依照有关企业破产的法律实施破产清算。

公司清算结束后,清算组应当制作清算报告,报股东会、股东大会或者人民法院确认,并报送公司登记机关,申请注销公司登记,公告公司终止。

第十节　外国公司的分支机构

一、外国公司分支机构的设立程序和设立条件

(一) 设立程序

外国公司是指依照外国法律在中国境外设立的公司。外国公司在中国境内设立分支机构,必须向中国主管机关提出申请,并提交其公司章程、所属国的公司登记证书等有关文件,经批准后,向公司登记机关依法办理登记,领取营业执照。外国公司分支机构的审批办法由国务院另行规定。

(二) 设立条件

外国公司在中国境内设立分支机构,必须在中国境内指定负责该分支机构的代表人或者代理人,并向该分支机构拨付与其所从事的经营活动相适应的资金。对外国公司分支机构的经营资金需要规定最低限额的,由国务院另行规定。

外国公司的分支机构应当在其名称中标明该外国公司的国籍及责任形式。外国公司的分支机构应当在本机构中置备该外国公司章程。

二、外国公司分支机构的法律地位及其活动

外国公司在中国境内设立的分支机构不具有中国法人资格。外国公司对其分支机构在中国境内进行经营活动承担民事责任。经批准设立的外国公司分支机构,在中国境内从事业务活动,必须遵守中国的法律,不得损害中国的社会公共利益,其合法权益受中国法律保护。

三、外国公司分支机构的撤销和清算

外国公司撤销其在中国境内的分支机构时,必须依法清偿债务,依照中国公司法有关公司清算程序的规定进行清算。未清偿债务之前,不得将其分支机构的财产移至中国境外。

第十一节 违反公司法的法律责任

一、法律责任的含义

法律责任是指行为人因实施了某种违法行为而必须承担的法律后果,体现了国家对违反法定义务、超越法定权利或滥用权利的违法行为所作的否定的法律评价。我国《公司法》第12章专章规定了各种违反公司法的行为及其应当承担的法律后果。

二、违反公司法的行为及其法律责任

(一) 发起人、股东虚假出资

公司的发起人、股东虚假出资,未交付或者未按期交付作为出资的货币或者非货币财产的,由公司登记机关责令改正,处以虚假出资金额5%以上15%以下的罚款。构成犯罪的,依法追究刑事责任。

(二) 发起人、股东抽逃其出资

公司的发起人、股东在公司成立后,抽逃其出资的,由公司登记机关责令改正,处以所抽逃出资金额5%以上15%以下的罚款。构成犯罪的,依法追究刑事责任。

(三) 办理公司登记时虚报注册资本、提交虚假材料或者采取其他欺诈手段隐瞒重要事实

虚报注册资本、提交虚假材料或者采取其他欺诈手段隐瞒重要事实取得公司登记的,由公司登记机关责令改正,对虚报注册资本的公司,处以虚报注册资本金额5%以上15%以下的罚款;对提交虚假材料或者采取其他欺诈手段隐瞒重要事实的公司,处以5万元以上50万元以下的罚款;情节严重的,撤销公司登记或者吊销营业执照。构成犯罪的,依法追究刑事责任。

(四) 违反财务、会计法规

违反《公司法》规定,公司在法定的会计账簿以外另立会计账簿的,由县级以上人民政府财政部门责令改正,处以5万元以上50万元以下的罚款。

公司在依法向有关主管部门提供的财务会计报告等材料上作虚假记载或者隐瞒重要事实的,由有关主管部门对直接负责的主管人员和其他直接责任人员处以3万元以上30万元以下的罚款。

公司不依照《公司法》规定提取法定公积金的,由县级以上人民政府财政部门责令如数补足应当提取的金额,可以对公司处以20万元以下的罚款。以上行为构成犯罪的,依法追究刑事责任。

(五)违反关于合并、分立、减少注册资本或者清算的规定

公司在合并、分立、减少注册资本或者进行清算时,不依照法律规定通知或者公告债权人的,由公司登记机关责令改正,对公司处以1万元以上10万元以下的罚款。

公司在进行清算时,隐匿财产,对资产负债表或者财产清单作虚假记载或者在未清偿债务前分配公司财产的,由公司登记机关责令改正,对公司处以隐匿财产或者未清偿债务前分配公司财产金额5%以上10%以下的罚款;对直接负责的主管人员和其他直接责任人员处以1万元以上10万元以下的罚款。

公司在清算期间开展与清算无关的经营活动的,由公司登记机关予以警告,没收违法所得。

清算组不依照本法规定向公司登记机关报送清算报告,或者报送清算报告隐瞒重要事实或者有重大遗漏的,由公司登记机关责令改正。

清算组成员利用职权徇私舞弊、谋取非法收入或者侵占公司财产的,由公司登记机关责令退还公司财产,没收违法所得,并可以处以违法所得1倍以上5倍以下的罚款。

(六)其他法律责任

(1)承担资产评估、验资或者验证的机构提供虚假材料的,由公司登记机关没收违法所得,处以违法所得1倍以上5倍以下的罚款,并可以由有关主管部门依法责令该机构停业、吊销直接责任人员的资格证书,吊销营业执照。

承担资产评估、验资或者验证的机构因过失提供有重大遗漏的报告的,由公司登记机关责令改正,情节较重的,处以所得收入1倍以上5倍以下的罚款,并可以由有关主管部门依法责令该机构停业、吊销直接责任人员的资格证书,吊销营业执照。

承担资产评估、验资或者验证的机构因其出具的评估结果、验资或者验证证明不实,给公司债权人造成损失的,除能够证明自己没有过错的外,在其评估或者证明不实的金额范围内承担赔偿责任。

(2)公司登记机关对不符合《公司法》规定条件的登记申请予以登记,或者对符合《公司法》规定条件的登记申请不予登记的,对直接负责的主管人员和其他直接责任人员依法给予行政处分。

公司登记机关的上级部门强令公司登记机关对不符合《公司法》规定条件的登

记申请予以登记,或者对符合《公司法》规定条件的登记申请不予登记的,或者对违法登记进行包庇的,对直接负责的主管人员和其他直接责任人员依法给予行政处分。

（3）未依法登记为有限责任公司或者股份有限公司,而冒用有限责任公司或者股份有限公司名义的,或者未依法登记为有限责任公司或者股份有限公司的分公司,而冒用有限责任公司或者股份有限公司的分公司名义的,由公司登记机关责令改正或者予以取缔,可以并处10万元以下的罚款。

（4）公司成立后无正当理由超过6个月未开业的,或者开业后自行停业连续6个月以上的,可以由公司登记机关吊销营业执照。

（5）公司登记事项发生变更时,未依照公司法规定办理有关变更登记的,由公司登记机关责令限期登记;逾期不登记的,处以1万元以上10万元以下的罚款。

（6）外国公司违反《公司法》规定,擅自在中国境内设立分支机构的,由公司登记机关责令改正或者关闭,可以并处5万元以上20万元以下的罚款。

（7）利用公司名义从事危害国家安全、社会公共利益的严重违法行为的,吊销营业执照。

公司违反《公司法》规定,应当承担民事赔偿责任和缴纳罚款、罚金的,其财产不足以支付时,先承担民事赔偿责任。

违反上述规定,构成犯罪的,依法追究刑事责任。

参 考 文 献

1. 甘培忠:《企业与公司法学》(第八版),北京大学出版社,2017年。
2. 张天玉、高桂林:《公司法理论与实务》,中国政法大学出版社,2017年。
3. 曹颖著:《公司运行中的法律问题研究》,知识产权出版社,2017年。
4. 王丰:《企业外部法律与内部规范风险防控常见案例评析》,中国法制出版社,2017年。
5. 法律出版社法规中心:《2017最新公司法及司法解释汇编》,法律出版社,2017年。
6. 赵旭东:《公司法学》(第四版),高等教育出版社,2016年。

第六章 合伙企业法律制度

[本章概要]

合伙制度源起于古罗马法,是民商事制度的重要组成部分。为了规范合伙企业的行为,确认合伙企业的经营资格,保护合伙企业及其合伙人的合法权益,维护社会经济秩序,我国于1997年制定了《中华人民共和国合伙企业法》,并于2006年进行了修改以适应市场经济发展的需要。本章依据最新立法的规定,就合伙企业的概念和特征、普通合伙企业、有限合伙企业、合伙企业的解散和清算等法律制度进行了阐述。

第一节 合伙企业法概述

一、合伙企业法

合伙企业法,有广义和狭义两种理解。广义的合伙企业法,是调整合伙企业设立、经营、解散、清算以及对内对外关系的法律规范的总称。狭义的合伙企业法,则指1997年2月23日由第八届全国人民代表代表大会常务委员会第二十四次会议通过的《中华人民共和国合伙企业法》(以下简称《合伙企业法》)。《合伙企业法》自1997年施行以来,对确立合伙企业的法律地位、规范合伙企业设立和经营、保护合伙企业及其合伙人的合法权益、鼓励民间投资、促进经济发展,发挥了积极作用。随着社会主义市场经济体制的逐步完善,经济社会生活中出现了一些新的情况和问题。同时,国外合伙立法也出现了一些新的动向。《合伙企业法》的有些规定已不适应现实要求,迫切需要修改完善。《合伙企业法》在2006年8月27日第十届全国人民代表大会常务委员会第二十三次会议上进行修订,新修订的合伙企业法自2007年6月1日起施行。

二、合伙企业的概念和特征

合伙企业,是指两个和两个以上的合伙人订立合伙协议,共同投资,合伙经营,共享收益,至少有一个以上的合伙人对企业债务承担无限责任的营利性组织。

合伙企业包括普通合伙企业和有限合伙企业。普通合伙企业由普通合伙人组成,合伙人对合伙企业债务承担无限连带责任。有限合伙企业由普通合伙人和有限合伙人组成,普通合伙人对合伙企业债务承担无限连带责任,有限合伙人以其认缴的出资额为限对合伙企业债务承担责任。

合伙企业的发展壮大是商品经济发展的需要。最初的商品经营形式是自然人独资经营,以个体为单位进行投资营运,独自享有收益并承担亏损。个人独资经营的方式具有自由、独立、灵活的特点。随着商品经济的发展,商业活动日趋频繁,经营规模日渐扩大,个人独资经营方式的弊端日渐凸显,如资金来源渠道狭窄、经营风险过于集中等。为了克服上述弊端,而将分散的单笔资金和个人力量联合起来就显得尤为必要,这样就出现自然人之间最初级的联合经营形式。

与其他形式的企业相比,合伙企业具有以下5个法律特征。

(1) 合伙企业是一种共同经营体。合伙企业必须有两个以上的人共同投资,由两个或者两个以上的合伙人组成。合伙企业不是单个人的行为,而是多个人的联合。

(2) 合伙企业为契约式联合企业。合伙企业须由合伙人共同出资设立,各合伙人的出资方式、出资期限、出资数额等,均取决于合伙协议的约定。合伙人可按各自对合伙企业的贡献,通过协议约定收益分配方式和分配比例。

(3) 合伙企业以人合为基础。在对外交易活动中,合伙企业不是以企业资本为信用,而是以各合伙人个人的身份信用为基础。法律对合伙企业一般没有法定最低资本额的要求,而对合伙人的身份资格有严格规定,这与现代资合公司有着根本的区别。

(4) 合伙企业必须有人对企业债务承担无限连带责任。这也是与现代资合公司的一大区别。无论是有限责任公司还是股份有限公司,股东承担的都是有限责任。

(5) 在合伙企业经营中,承担无限责任的合伙人要负责企业经营,执行企业事务,对外代表企业。

三、合伙企业法的特征

(一) 合伙企业法是一种组织法

合伙企业是市场主体的一种组织形式,具有自己的法律地位。合伙企业法规定的内容,主要是有关合伙企业设立条件、设立程序、合伙协议、合伙人的权利义务、合伙企业的解散与清算等涉及合伙企业组织的问题。

(二) 合伙企业法是一种行为法

合伙企业法所规范的内容主要是与合伙企业组织特点密切相关的活动。

(三) 合伙企业法中既有强制性规范,也有任意性规范

合伙企业法中的强制性规范,如合伙企业对外承担无限责任,合伙人对合伙企业的债务承担连带清偿责任等。合伙企业的任意性规范,如合伙企业事务的执行、利润

的分配与亏损的承担、合伙人的加入与退出等。在合伙企业法中,任意性规范居多,这是因为合伙企业的设立是基于合伙人的合伙合同,合伙人的权利义务主要取决于合伙合同的约定。

第二节 普通合伙企业法律制度

一、合伙企业设立

(一)设立条件

为保证合伙企业依法经营、维护合伙企业各方的合法权益和保护债权人的合法权益,合伙企业法规定了设立普通合伙企业应当具备的条件:(1)有两个以上合伙人。合伙人为自然人的,应当具有完全民事行为能力;(2)有书面合伙协议;(3)有合伙人认缴或者实际缴付的出资;(4)有合伙企业的名称和生产经营场所;(5)法律、行政法规规定的其他条件。

(二)合伙人资格

合伙人可以是自然人和法人。新的《合伙企业法》明确法人可以参与合伙。法人合伙即由法人机构参与合伙投资,成为合伙人。合伙企业是一种比较方便的投资形式,法人参与合伙可以使公司等企业法人利用合伙企业形式灵活、合作简便、成本较低的优势,在开发新产品、新技术中与创新型中小企业进行合作。

同时,为防止国有企业和上市公司因参加合伙,可能使企业全部财产面临承担无限连带责任的风险,新的《合伙企业法》规定,国有独资公司、国有企业、上市公司以及公益性的事业单位、社会团体不得成为普通合伙人。这些组织只能参与设立第三节所述的有限合伙企业,成为有限合伙人。有限合伙人只需依法对合伙企业债务以其认缴的出资额为限承担有限责任,因而区别于普通合伙人的无限连带责任。

(三)出资形式

合伙人可以用货币、实物、知识产权、土地使用权或者其他财产权利出资,也可以用劳务出资。其可以用劳务出资,这一点明显区别于公司。

合伙人以实物、知识产权、土地使用权或者其他财产权利出资,需要评估作价的,可以由全体合伙人协商确定,也可以由全体合伙人委托法定评估机构评估。合伙人以劳务出资的,其评估办法由全体合伙人协商确定,并在合伙协议中载明。合伙人应当按照合伙协议约定的出资方式、数额和缴付期限,履行出资义务。以非货币财产出资的,依照法律、行政法规的规定,需要办理财产权转移手续的,应当依法办理。

(四)合伙协议

合伙协议应当载明下列事项:(1)合伙企业的名称和主要经营场所的地点;

(2) 合伙目的和合伙经营范围；(3) 合伙人的姓名或者名称、住所；(4) 合伙人的出资方式、数额和缴付期限；(5) 利润分配、亏损分担方式；(6) 合伙事务的执行；(7) 入伙与退伙；(8) 争议解决办法；(9) 合伙企业的解散与清算；(10) 违约责任。

合伙协议经全体合伙人签名、盖章后生效。合伙人按照合伙协议享有权利，履行义务。

（五）合伙企业的注册登记

申请设立合伙企业，应当向企业登记机关提交登记申请书、合伙协议书、合伙人身份证明等文件。合伙企业的经营范围中有属于法律、行政法规规定在登记前须经批准的项目的，该项经营业务应当依法经过批准，并在登记时提交批准文件。

申请人提交的登记申请材料齐全、符合法定形式，企业登记机关能够当场登记的，应予当场登记，发给营业执照。除前述情形外，企业登记机关应当自受理申请之日起 20 日内，作出是否登记的决定。予以登记的，发给营业执照；不予登记的，应当给予书面答复，并说明理由。

合伙企业的营业执照签发日期，为合伙企业成立日期。

二、合伙企业财产

合伙企业财产的范围包括合伙人的出资、以合伙企业名义取得的收益和依法取得的其他财产。

合伙企业的财产属于共有财产，合伙人的份额是潜在的。因而合伙人在合伙企业清算前，一般不得请求分割合伙企业的财产。

合伙企业财产的转让视转让对象的不同而采取不同的规则。合伙人向合伙人以外的人转让其在合伙企业中的全部或者部分财产份额时，除合伙协议另有约定外，须经其他合伙人一致同意。合伙人之间转让在合伙企业中的全部或者部分财产份额时，应当通知其他合伙人。

合伙人向合伙人以外的人转让其在合伙企业中的财产份额的，在同等条件下，其他合伙人有优先购买权；但是，合伙协议另有约定的除外。

合伙人以其在合伙企业中的财产份额出质的，须经其他合伙人一致同意；未经其他合伙人一致同意，其行为无效，由此给善意第三人造成损失的，由行为人依法承担赔偿责任。

三、合伙事务执行

各合伙人对执行合伙事务享有同等的权利。合伙企业事务的执行大致有四种模式：(1) 全体合伙人共同执行；(2) 由各合伙人分别单独执行；(3) 委托一个或者数个合伙人执行；(4) 聘任第三人经营管理。

这里重点介绍第三种执行模式。按照合伙协议的约定或者经全体合伙人决定，可以委托一个或者数个合伙人对外代表合伙企业，执行合伙事务。作为合伙人的法人、其他组织执行合伙事务的，由其委派的代表执行。由一个或者数个合伙人执行合伙事务的，执行事务合伙人应当定期向其他合伙人报告事务执行情况以及合伙企业的经营和财务状况，其执行合伙事务所产生的收益归合伙企业，所产生的费用和亏损由合伙企业承担。合伙人为了解合伙企业的经营状况和财务状况，有权查阅合伙企业会计账簿等财务资料。

除合伙协议另有约定外，合伙企业的下列事项应当经全体合伙人一致同意：(1) 改变合伙企业的名称；(2) 改变合伙企业的经营范围、主要经营场所的地点；(3) 处分合伙企业的不动产；(4) 转让或者处分合伙企业的知识产权和其他财产权利；(5) 以合伙企业名义为他人提供担保；(6) 聘任合伙人以外的人担任合伙企业的经营管理人员。

合伙人不得自营或者同他人合作经营与本合伙企业相竞争的业务。除合伙协议另有约定或者经全体合伙人一致同意外，合伙人不得同本合伙企业进行交易。合伙人不得从事损害本合伙企业利益的活动。

合伙企业的利润分配、亏损分担，按照合伙协议的约定办理；合伙协议未约定或者约定不明确的，由合伙人协商决定；协商不成的，由合伙人按照实缴出资比例分配、分担；无法确定出资比例的，由合伙人平均分配、分担。合伙协议不得约定将全部利润分配给部分合伙人或者由部分合伙人承担全部亏损。

四、入伙、退伙

（一）入伙

入伙，是指已经存在的合伙企业接纳新的合伙人。合伙企业成立之后、解散之前，原来的非合伙人申请加入合伙企业，并被合伙企业接纳，从而取得合伙人身份的法律行为。

新合伙人入伙，除合伙协议另有约定外，应当经全体合伙人一致同意，并依法订立书面入伙协议。

订立入伙协议时，原合伙人应当向新合伙人如实告知原合伙企业的经营状况和财务状况。入伙的新合伙人与原合伙人享有同等权利，承担同等责任。入伙协议另有约定的，从其约定。新合伙人对入伙前合伙企业的债务承担无限连带责任。

（二）退伙

退伙，是指在合伙企业存续期间，已经取得合伙人身份的合伙人退出合伙团体，丧失合伙人资格，引起合伙企业变更或终止的法律事实。退伙人对基于其退伙前的原因发生的合伙企业债务，承担无限连带责任。退伙主要有以下四种类型。

1. 约定有经营期限的法定退伙情形

合伙协议约定合伙期限的,在合伙企业存续期间,有下列情形之一的,合伙人可以退伙:(1)合伙协议约定的退伙事由出现;(2)经全体合伙人一致同意;(3)发生合伙人难以继续参加合伙的事由;(4)其他合伙人严重违反合伙协议约定的义务。

2. 未约定有经营期限的法定退伙情形

合伙协议未约定合伙期限的,合伙人在不给合伙企业事务执行造成不利影响的情况下,可以退伙,但应当提前30日通知其他合伙人。

3. 当然退伙情形

主要包括以下五种情况:(1)作为合伙人的自然人死亡或者被依法宣告死亡;(2)个人丧失偿债能力;(3)作为合伙人的法人或者其他组织依法被吊销营业执照、责令关闭、撤销,或者被宣告破产;(4)法律规定或者合伙协议约定合伙人必须具有相关资格而丧失该资格;(5)合伙人在合伙企业中的全部财产份额被人民法院强制执行。

4. 开除退伙情形

合伙人有下列情形之一的,经其他合伙人一致同意,可以决议将其除名:(1)未履行出资义务;(2)因故意或者重大过失给合伙企业造成损失;(3)执行合伙事务时有不正当行为;(4)发生合伙协议约定的事由。

《合伙企业法》也对退伙中可能发生的一些特殊情况进行了规定:

合伙人被依法认定为无民事行为能力人或者限制民事行为能力人的,经其他合伙人一致同意,可以依法转为有限合伙人,普通合伙企业依法转为有限合伙企业。其他合伙人未能一致同意的,该无民事行为能力或者限制民事行为能力的合伙人退伙。

合伙人死亡或者被依法宣告死亡的,对该合伙人在合伙企业中的财产份额享有合法继承权的继承人,按照合伙协议的约定或者经全体合伙人一致同意,从继承开始之日起,取得该合伙企业的合伙人资格。但是,有下列情形之一的,合伙企业应当向合伙人的继承人退还被继承合伙人的财产份额:(1)继承人不愿意成为合伙人;(2)法律规定或者合伙协议约定合伙人必须具有相关资格,而该继承人未取得该资格;(3)合伙协议约定不能成为合伙人的其他情形。合伙人的继承人为无民事行为能力人或限制民事行为能力人的,经全体合伙人一致同意,可以依法成为有限合伙人,普通合伙企业依法转为有限合伙企业。全体合伙人未能一致同意的,合伙企业应当将被继承合伙人的财产份额退还该继承人。

五、特殊的普通合伙企业(有限责任合伙)

特殊的普通合伙企业在国外被称为"有限责任合伙"(Limited Liability

Partnership，简称为 LLP），是 20 世纪 90 年代以后国际上出现的一种新的责任形式。它主要适用于专业服务机构，比较典型的就是注册会计师事务所、律师事务所，例如很多外资律师事务所名称就是以 LLP 结尾。新的合伙企业法中新增了相关规定，但采用的名字是"特殊的普通合伙企业"。

引入特殊的普通合伙企业制度可以更好地推动我国专业服务机构的发展。普通合伙作为一种传统的组织形式，其基本特点是合伙人共同出资、共同经营、共享收益、共担风险，合伙人对合伙债务负无限连带责任。很多会计师事务所、律师事务所等专业服务机构采用这种组织形式。随着社会对各项专业服务需求的迅速增长，专业服务机构的规模扩大，合伙人数目大增，以至合伙人之间并不熟悉甚至不认识，各自的业务也不重合，与传统普通合伙中合伙人人数较少、共同经营的模式已有不同，因而让合伙人对其并不熟悉的合伙人的债务承担无限连带责任，有失公平。许多国家进行专门立法，规定采用普通合伙形式的专业服务机构的普通合伙人可以对特定的合伙企业债务承担有限责任，以使专业服务机构的合伙人避免承担过度风险。

特殊的普通合伙企业有以下特殊之处。

（1）适用范围。根据新的《合伙企业法》规定，以专业知识和专门技能为客户提供有偿服务的专业服务机构，可以设立为特殊的普通合伙企业。此外，合伙企业法只规范注册为企业的专业服务机构，而很多专业服务机构如律师事务所在我国并未注册为企业，不适用《合伙企业法》的规定，但在责任形式上也可以采用《合伙企业法》规定的特殊的普通合伙的责任形式。因此，新的《合伙企业法》在附则中专门作出规定，非企业专业服务机构依据有关法律采取合伙制的，其合伙人承担责任的形式可以适用《合伙企业法》中关于特殊的普通合伙企业合伙人承担责任的规定。

（2）特殊的普通合伙企业合伙人的责任形式。这是特殊的普通合伙企业制度中最特殊之处。一个合伙人或者数个合伙人在执业活动中因故意或者重大过失造成合伙企业债务的，应当承担无限责任或者无限连带责任，其他合伙人以其在合伙企业中的财产份额为限承担责任。合伙人在执业活动中非因故意或者重大过失造成的合伙企业债务以及合伙企业的其他债务，由全体合伙人承担无限连带责任。

（3）对特殊的普通合伙企业债权人的保护。特殊的普通合伙企业，其合伙人对特定合伙企业债务只承担有限责任，对合伙企业的债权人的保护相对削弱。为了保护债权人的利益，新的《合伙企业法》专门规定了对特殊的普通合伙企业债权人的保护制度，特殊的普通合伙企业应当建立执业风险基金、办理职业保险。执业风险基金应当单独立户管理，用于偿付合伙人执业活动造成的债务。

特殊的普通合伙企业实质上仍然是普通合伙企业，因此新的《合伙企业法》规定，特殊的普通合伙企业，《合伙企业法》未作专门规定的，适用关于普通合伙企业的法律规定。

第三节 有限合伙企业法律制度

一、有限合伙制度

修订后的合伙企业法新增了有限合伙（Limited Partnership）制度。有限合伙是承担无限责任的合伙人与承担有限责任的合伙人共同组成的合伙。这种合伙在至少有一名合伙人承担无限责任的基础上，允许其他合伙人承担有限责任，它将具有投资管理经验或技术研发能力的机构和个人，与具有资金实力的投资者进行有效结合。有限合伙主要适用于风险投资。根据我国建设创新型国家的需要，为鼓励推动风险投资事业发展，新的《合伙企业法》新增一章对有限合伙企业作出专门规定。

二、合伙人的责任形式

新的《合伙企业法》明确规定，有限合伙企业由普通合伙人和有限合伙人组成；有限合伙企业由2个以上50个以下合伙人设立，至少应当有一个普通合伙人。普通合伙人对合伙企业债务承担无限连带责任，有限合伙人以其认缴的出资额为限承担责任。这是有限合伙企业制度中最特殊之处。

但是，有限合伙人对合伙企业债务承担有限责任也不是绝对的，当出现法定情形时，有限合伙人也会对合伙企业债务承担无限连带责任。新的《合伙企业法》规定，第三人有理由相信有限合伙人为普通合伙人并与其交易的，该有限合伙人对该笔交易承担与普通合伙人同样的责任，即对该笔债务承担无限连带责任。

三、有限合伙人的权利

有限合伙企业的特点，就是有限合伙人以不执行合伙企业事务为代价，获得对合伙企业债务承担有限责任的权利。因此，在有限合伙企业中，有限合伙人的权利是受到一定的限制的，修订后的《合伙企业法》规定：有限合伙人不得以劳务对合伙企业出资；有限合伙人不执行合伙事务，不得对外代表有限合伙企业。

有限合伙人享有以下权利：（1）参与决定普通合伙人入伙、退伙；（2）对企业的经营管理提出建议；（3）参与选择承办有限合伙企业审计业务的会计师事务所；（4）获取经审计的有限合伙企业财务会计报告；（5）对涉及自身利益的情况，查阅有限合伙企业财务会计账簿等财务资料；（6）在有限合伙企业中的利益受到侵害时，向有责任的合伙人主张权利或者提起诉讼；（7）执行事务合伙人怠于行使权利时，督促其行使权利或者为了本企业的利益以自己的名义提起诉讼；（8）依法为本企业提供担保。并且，有限合伙人的上述行为，不被视为执行合伙事务。

四、有限合伙企业不同于普通合伙企业的其他规定

针对有限合伙企业的特点,《合伙企业法》对有限合伙企业作出了如下一些不同于普通合伙企业的规定。

(1) 如果合伙协议有约定,有限合伙企业可以将全部利润分配给部分合伙人。

(2) 除合伙协议另有约定外,有限合伙人可以同本有限合伙企业进行交易。

(3) 除合伙协议另有约定外,有限合伙人可以自营或者同他人合作经营与本有限合伙企业相竞争的义务。

(4) 除合伙协议另有约定外,有限合伙人可以将在有限合伙企业中的财产份额转让或者出质,而不必经全体合伙人一致同意。

(5) 作为有限合伙人的自然人在有限合伙企业存续期间丧失民事行为能力的,其他合伙人不得因此要求其退伙。

(6) 作为有限合伙人的自然人死亡、被依法宣告死亡或者作为有限合伙人的法人及其他组织终止时,其继承人或者权利承受人可以依法取得该有限合伙人在有限合伙人企业中的资格。

同时,《合伙企业法》规定,法律对有限合伙企业未做特殊规定的,适用《合伙企业法》关于普通合伙企业的一般规定。

第四节　合伙企业解散、清算制度

一、解散

合伙企业有下列情形之一的,应当解散:(1) 合伙期限届满,合伙人决定不再经营;(2) 合伙协议约定的解散事由出现;(3) 全体合伙人决定解散;(4) 合伙人已不具备法定人数满30天;(5) 合伙协议约定的合伙目的已经实现或者无法实现;(6) 依法被吊销营业执照、责令关闭或者被撤销;(7) 法律、行政法规规定的其他原因。

二、清算

合伙企业解散,应当由清算人进行清算。清算人由全体合伙人担任;经全体合伙人过半数同意,可以自合伙企业解散事由出现后15日内指定一个或者数个合伙人,或者委托第三人,担任清算人。自合伙企业解散事由出现之日起15日内未确定清算人的,合伙人或者其他利害关系人可以申请人民法院指定清算人。

清算人在清算期间执行下列事务:(1) 清理合伙企业财产,分别编制资产负债

表和财产清单;(2)处理与清算有关的合伙企业未了结事务;(3)清缴所欠税款;(4)清理债权、债务;(5)处理合伙企业清偿债务后的剩余财产;(6)代表合伙企业参加诉讼或者仲裁活动。

清算期间,合伙企业存续,但不得开展与清算无关的经营活动。

合伙企业财产在支付清算费用和职工工资、社会保险费用、法定补偿金以及缴纳所欠税款、清偿债务后的剩余财产,按照合伙协议的约定办理;合伙协议未约定或者约定不明确的,由合伙人协商决定;协商不成的,由合伙人按照实缴出资比例分配;无法确定出资比例的,由合伙人平均分配。

清算结束,清算人应当编制清算报告,经全体合伙人签名、盖章后,向企业登记机关报送清算报告,申请办理合伙企业注销登记。合伙企业注销后,原普通合伙人对合伙企业存续期间的债务仍应承担无限连带责任。

三、破产

合伙企业不能清偿到期债务的,债权人可以依法向人民法院提出破产清算申请,也可以要求普通合伙人清偿。合伙企业依法被宣告破产的,普通合伙人对合伙企业债务仍应承担无限连带责任。

参 考 文 献

1. 王梦依:"规范合伙人除名制度的法律思考与建议——以〈合伙企业法〉第四十九条为核心的研究",《北方经贸》,2016年第12期。
2. 《中华人民共和国公司法(案例注释版)》(第二版),中国法制出版社,2013年。
3. 朱少平:《中华人民共和国合伙企业法释义及实用指南》,中国民主法制出版社,2013年。
4. 滕威:《合伙法理论研究》,人民法院出版社,2013年。
5. 王利明:"论合伙协议与合伙组织体的相互关系",《当代法学》,2013年第4期。
6. 刘新民:《有限责任合伙法律制度专题研究》,知识产权出版社,2011年。
7. 法律出版社法规中心:《中华人民共和国合伙企业法案例解读本》,法律出版社,2010年。
8. 杨建梅:"论我国有限合伙企业的立法缺陷与完善",《南昌大学学报(人文社会科学版)》,2010年第S1期。

第七章 个人独资企业法律制度

[本章概要]

《个人独资企业法》是我国为了规范个人独资企业的行为,保护个人独资企业投资人和债权人的合法权益,维护社会经济秩序,促进社会主义市场经济的发展而特别制定的一部法律。本章主要就个人独资企业的法律特征、个人独资企业的设立、投资人及事务管理、个人独资企业的解散和清算及相关法律责任展开阐述。

第一节 个人独资企业法概述

一、个人独资企业的含义及其特征

个人独资企业是各种企业形态中最简单也是最古老的一种形式,一般简称为独资企业或独资商号,系指由单一个体单独投资经营,并为营业的债务负责。根据《中华人民共和国个人独资企业法》的规定,个人独资企业是指依法在中国境内设立,由一个自然人投资,财产为投资人个人所有,投资人以其个人财产对企业债务承担无限责任的经营实体。

与合伙、公司等商事组织形式相比,个人独资企业具有以下四个法律特征。

(一)个人独资企业是由一个自然人投资的企业

设立个人独资企业只能是一个自然人,国家机关、国家授权投资的机构或者国家授权的部门、企业、事业单位等都不能作为个人独资企业的设立人。这是个人独资企业与一般的合伙及公司的显著不同。此外,个人独资企业与新修订的《公司法》所规定的一人有限责任公司也有着本质上的区别:(1)法律地位不同。个人独资企业不具备法人资格,而一人公司仍是法人;(2)设立条件不同。许多国家的法律对于个人独资企业是否必须注册登记,登记文件和最低注册资本金等均没有严格规定,而一人公司必须按照《公司法》的规定注册登记,且有最低注册资本金的要求;(3)承担的法律责任形式不同。个人独资企业的业主对企业债务承担无限责任,而一人公司的股东只对外承担有限责任,除非一人有限责任公司的股东不能证明公司财产独立于股东自己财产的,才应当对公司债务承担连带责任。

（二）个人独资企业的经营管理方式灵活性较大

个人企业的投资者既是企业的所有者，又是企业的经营者，对企业事务有绝对的控制权和支配权。所有者和经营者角色的统一，使得出资人的个人意志即成为个人独资企业的意思表示，因而内部组织机构的设置和经营管理方式都较之公司简单。

（三）个人独资企业的投资人以其个人财产对企业债务承担无限责任

由于投资者是一个自然人，所以投资者对企业的债务承担无限责任，即当企业的资产不足以清偿到期债务时，投资人应以自己个人的全部财产用于清偿。

（四）个人独资企业是非法人企业，出资人的人格与企业的人格并未分离，企业只是出资人（自然人）进行商业活动的一种特殊形态，这是个人独资企业与法人型企业的本质区别。

二、个人独资企业法的含义

个人独资企业法是指调整个人独资企业在设立、经营、解散、清算以及对内对外活动中发生的社会关系的法律规范的总称。与公司法、合伙企业法一样，个人独资企业法既是组织法，也是行为法。

1999年8月30日，第九届全国人大常委会第十一次会议审议通过了《中华人民共和国个人独资企业法》。该法分6章，共48条，自2000年1月1日起施行。国家工商行政管理总局于2000年1月13日公布了《个人独资企业登记管理办法》，自公布之日起施行。《个人独资企业法》的制定和实施，完善了我国企业的法律形态，标志着我国已初步建立起以《公司法》《合伙企业法》和《个人独资企业法》相互协调补充的企业法律制度体系，对维护社会主义经济秩序，促进社会主义市场经济的发展，具有重要的意义。

第二节 个人独资企业的设立

一、个人独资企业的设立条件

为保证个人独资企业的合法经营，维护个人独资企业投资人的合法权益和保护债权人的合法权益，《个人独资企业法》第8条规定了设立个人独资企业应当具备的条件：

（1）投资人为一个自然人，且只能是中国公民。法律、行政法规禁止从事营利性活动的人，不得作为投资人申请设立个人独资企业。

（2）有合法的企业名称。个人独资企业的名称应当与其责任形式及从事的营业相符合。个人独资企业的名称中不得使用"有限""有限责任"或者"公司"字样,个人独资企业的名称应当表明企业的营业性质、活动内容和营业的地域范围等,以便交易当事人能够更好地了解个人独资企业的营业活动,避免误导当事人。

(3) 有投资人申报的出资。《个人独资企业法》对设立个人独资企业的出资数额未作限制,也不要求进行验资。设立个人独资企业可以用货币出资,也可以用实物、土地使用权、知识产权或者其他财产权利出资。依法需要评估作价的,应当由法定机构评估,核实资产。以家庭共有财产作为个人出资的,投资人应当在设立(变更)登记申请书上予以注明。

(4) 有固定的生产经营场所和必要的生产经营条件。

(5) 有必要的从业人员。个人独资企业法并未对个人独资企业的从业人数作出要求,但要求企业应配备与其生产经营活动相适应的营业人员。

二、个人独资企业的设立程序

(一) 提出申请

申请设立个人独资企业,应当由投资人或者其委托人的代理人向个人独资企业所在地的登记机关提交设立申请书、投资人身份证明、生产经营场所使用证明等文件。委托代理人申请设立登记时,应当出具投资人的委托书和代理人的合法证明。个人独资企业设立申请书应当载明下列事项:企业的名称和住所;投资人的姓名和居所;投资人的出资额和出资方式;经营范围等。个人独资企业的生产经营场所可以是投资人个人所有的,也可以是投资人租赁使用的。

个人独资企业不得从事法律、行政法规禁止经营的业务;从事法律、行政法规规定须报经有关部门审批的业务,应当在申请设立登记时提交有关部门的批准文件。

(二) 工商登记

申请设立个人独资企业的投资人向拟设立企业所在地的工商行政管理机关提出申请,登记机关应当自收到登记申请文件之日起的15日内,作出是否登记的决定,对符合登记条件的,予以登记并发给营业执照。对不符合条件的,应当给予书面答复,说明理由。个人独资企业的营业执照的签发日期,为个人独资企业成立日期。在领取个人独资企业营业执照前,个人独资企业还未合法存在更未合法成立,企业不具备独立的民事主体资格,因此投资人不得以个人独资企业名义从事经营活动。

三、个人独资企业的分支机构

个人独资企业可以设立分支机构。个人独资企业设立分支机构,应当由投资人或者其委托代理人向分支机构所在地的登记机关申请登记,领取营业执照。分支机构经核准登记后,应将登记情况报该分支机构隶属的个人独资企业的登记机关备案。

分支机构的民事责任由设立该分支机构的个人独资企业承担。

四、个人独资企业的变更

个人独资企业的变更是指个人独资企业在其存续期间,因为各种原因而发生的活动宗旨和业务范围的变化,以及组织的变更。例如改变企业名称、经营者住所、经营范围、经营方式等,通常情况下,个人独资企业的变更主要表现为合并、分立、转产和迁移。根据《个人独资企业法》的规定,个人独资企业存续期间登记事项发生变更的,应当在作出变更决定之日起的15日内依法向登记机关申请办理变更登记。

第三节 个人独资企业的投资人及事务管理

一、个人独资企业的投资人

根据《个人独资企业法》的规定,个人独资企业的投资人为一个具有中国国籍的自然人,但法律、行政法规禁止从事营利性活动的人,不得作为投资人申请设立个人独资企业。根据我国有关法律、行政法规的规定,无民事行为能力人、国家公务员、党政机关领导干部、警官、法官、检察官、现役军人等人员,以及根据竞业禁止原则受到约束的特定身份的人员如国有独资公司的董事长、经理等人,均不得作为投资人申请设立个人独资企业。

个人独资企业投资人对本企业的财产依法享有所有权。其有关权利可以依法进行转让和继承。

个人独资企业投资人在申请企业设立登记时明确以其家庭财产作为个人出资的,应当以家庭共有财产对企业债务承担无限责任。

二、个人独资企业的事务管理

个人独资企业的性质决定了企业的经营管理权在法律上归属于企业投资人,由于个人独资企业往往规模较小,投资人可以自营、自行管理企业。当然也可以委托或者聘用其他具有民事行为能力的人负责企业的事务管理。

投资人委托或者聘用他人管理个人独资企业事务,应当与受托人或者被聘用的人签订书面合同,明确委托的具体内容和授予的权力范围。投资人对受托人或者被聘用的人员职权的限制,不得对抗善意第三人。当然,若第三人明知受托人具体职权限制而非善意的情况,则属例外。

受托人或者被聘用的人员应当履行诚信、勤勉义务,按照与投资人签订的合同负责个人独资企业的事务管理,如违反合同给投资人造成损失的,承担民事赔偿责任。另外,根据《个人独资企业法》第20条规定,受托人或者被聘用的人员不得有下列行为:

(1) 利用职务上的便利,索取或者收受贿赂;

(2) 利用职务或者工作上的便利侵占企业财产;

(3) 挪用企业的资金归个人使用或者借贷给他人;

(4) 擅自将企业资金以个人名义或者以他人名义开立账户储存;

(5) 擅自以企业财产提供担保;

(6) 未经投资人同意,从事与本企业相竞争的义务;

(7) 未经投资人同意,同本企业订立合同或者进行交易;

(8) 未进投资人同意,擅自将企业商标或者其他知识产权转让给他人使用;

(9) 泄露本企业的商业秘密;

(10) 法律、行政法规禁止的其他行为。

三、个人独资企业的权利和义务

个人独资企业是个人业主制企业,所以个人独资企业的权利与个人独资企业投资人的权利具有共通之处。其主要权利如下。

(1) 个人独资企业的投资人对本企业的财产依法享有所有权,其有关权利可以依法进行转让或继承。

(2) 个人独资企业拥有生产经营自主权、可以依法申请贷款、取得土地使用权,并享有法律、行政法规规定的其他权利。任何单位和个人不得违反法律、行政法规的规定,以任何方式强制个人独资企业提供财力、物力、人力;对于违法强制提供财力、物力、人力的行为,个人独资企业有权拒绝。

(3) 机构设置及劳动用工自主权。个人独资企业的经营规模和业务情况各不相同,经营者完全可以根据行业特点和生产经营的实际情况,决定是否设置相应的组织机构,决定用工数量、招用条件和考核办法。

个人独资企业的义务包括:

(1) 在设立和经营过程中遵守国家的法律法规,遵守诚实信用原则,不得损害国家和社会公共利益以及其他组织和个人的合法权益;

(2) 依法缴纳国家税收;

(3) 依法建立企业财务会计制度,设置会计账簿,进行会计核算;

(4) 保障和维护企业职工的合法权益。个人独资企业招用职工的,应当依法与职工签订劳动合同,保障职工的劳动安全,按时、足额发放职工工资,应当按国家规定参加社会保险,为职工缴纳社会保险费。

第四节 个人独资企业的解散和清算

一、个人独资企业的解散

个人独资企业的解散,是指企业作为一个经营因法律规定的情形出现时归于消灭的状态。企业经解散清算后,其民商事权利能力和行为能力归于消灭,主体资格随即消失。根据《个人独资企业法》第 26 条的规定,有下列情形之一时,个人独资企业应当解散:

(1) 投资人决定解散;
(2) 投资人死亡或者被宣告死亡,无继承人或者继承人决定放弃继承;
(3) 被依法吊销营业执照;
(4) 法律、行政法规规定的其他情形。

二、个人独资企业的清算

个人独资企业解散,应当进行清算。清算是依法定程序清理企业未了事务及债权债务,使企业归于消灭的活动。根据法律规定,清算有两种方式,即由投资人自行清算或者由债权人申请人民法院指定清算人进行清算。投资人自行清算的,应当在清算前 15 日内书面通知债权人,无法通知的,应当予以公告。债权人应当在接到通知之日起 30 日内,未接到通知的应当在公告之日起 60 日内,向投资人申报其债权。逾期没有申报的,视为放弃债权。

个人独资企业解散的,财产应当按照下列顺序清偿:

(1) 所欠职工工资和社会保险费用;
(2) 所欠税款;
(3) 其他债务。

个人独资企业财产不足以清偿债务的,投资人应当以其个人的其他财产予以清偿。个人独资企业解散后,原投资人对个人独资企业存续期间的债务仍应承担偿还责任,但债权人在五年内未向债务人提出偿债请求的,该责任消灭。这一规定,是为了尽早稳定债权债务关系,有效维护社会经济秩序。

清算期间,个人独资企业不得开展与清算目的无关的经营活动。在按规定清偿债务前,投资人不得转移、隐匿财产。清算结束后,投资人或者人民法院指定的清算人应当编制清算报告,并于 15 日内到登记机关办理注销登记。

第五节 违反《个人独资企业法》的法律责任

一、个人独资企业及其投资人违法行为的法律责任

(1) 个人独资企业投资人提交虚假文件或采取其他欺骗手段,取得企业登记的,责令改正,处以 5 000 元以下的罚款;情节严重的,并处吊销营业执照。

(2) 个人独资企业使用的名称与其在登记机关登记的名称不相符合的,责令限期改正,处以 2 000 元以下的罚款。

(3) 涂改、出租、转让营业执照的,责令改正,没收违法所得,处以 3 000 元以下的罚款;情节严重的,吊销营业执照。

伪造营业执照的,责令停业,没收违法所得,处以 5 000 元以下的罚款。构成犯罪的,依法追究刑事责任。

(4) 个人独资企业成立后无正当理由超过 6 个月未开业的,或者开业后自行停业连续 6 个月以上的,吊销营业执照。

(5) 个人独资企业投资人违反《个人独资企业法》规定,未领取营业执照,以个人独资企业名义从事经营活动的,责令停止经营活动,处以 3 000 元以下的罚款。

个人独资企业登记事项发生变更时,未按规定办理有关变更登记的,责令限期办理变更登记;逾期不办理的,处以 2 000 元以下的罚款。

(6) 个人独资企业侵犯职工合法权益,未保障职工劳动安全,不缴纳社会保险费用的,按照有关法律、行政法规予以处罚,并追究有关责任人员的责任。

(7) 个人独资企业及其投资人在清算前或清算期间隐匿或转移财产,逃避债务的,依法追回其财产,并按照有关规定予以处罚;构成犯罪的,依法追究刑事责任。

(8) 投资人违反法律规定,应当承担民事赔偿责任和缴纳罚款、罚金,其财产不足以支付的,或者被判处没收财产的,应当先承担民事赔偿责任。

二、个人独资企业登记机关及其工作人员的相关法律责任

(1) 登记机关对不符合规定条件的个人独资企业予以登记,或者对符合法定条件的企业不予登记的,对直接责任人员依法给予行政处分;构成犯罪的,依法追究刑事责任。

(2) 登记机关的上级部门的有关主管人员强令登记机关对不符合法定条件的企业予以登记,或者对符合法定条件的企业不予登记的,或者对登记机关的违法登记行为进行包庇的,对直接责任人员依法给予行政处分;构成犯罪的,依法追究刑事责任。

（3）登记机关对符合法定条件的申请不予登记或者超过法定时限不予答复的，当事人可依法申请行政复议或提起行政诉讼。

参 考 文 献

1. 李振华：《经济法通论》，中国政法大学出版社，2017年。
2. 郏红艳、张婧：《企业法律环境》，经济管理出版社，2017年。
3. 张士元：《企业法》（第四版），法律出版社，2015年。
4. 郭富青：《中国非公司企业法研究》，法律出版社，2009年。
5. 回沪明、孙秀君：《个人独资企业法及配套规定新释新解》，人民法院出版社，2003年。

第八章 外商投资企业法律制度

[本章概要]

本章介绍了外商投资企业的概念和特征、权利和义务、出资方式、比例及期限、我国对外商投资企业的法律保护；中外合资经营企业法、中外合作经营企业法、外资企业法的特点；外商投资企业设立的条件和法律程序、组织机构和经营管理期限、终止和清算。

第一节 外商投资企业法概述

自1979年颁布和实施《中外合资经营企业法》以来，经过数年的努力，我国已形成较为完善的吸收外商投资法律体系。全国人大颁布修订的《中外合资经营企业法》《中外合作经营企业法》《外资企业法》以及国务院颁布修订的《中外合资经营企业法实施条例》《中外合作经营企业法实施细则》《外资企业法实施细则》一系列法律、法规和规章自成体系。多层次立法、内外资企业分别立法、以鼓励和给外商以优惠为特色的外商投资企业法，是我国吸收外商投资法律体系的基础，外商投资企业立法对于我国吸引外来资本、技术和先进管理经验，对于外国投资者追求投资回报、开辟我国市场都发挥了积极的作用。

一、外商投资企业及其特征

外商投资企业是指依照中国法律规定，在中国境内设立的，由中国投资者和外国投资者共同投资设立或者仅由外国投资者投资设立的企业。在我国，外商投资企业包括中外合资经营企业、中外合作经营企业和外资企业。外商投资企业有以下三个特征：

（一）外商投资企业是外商直接投资举办的企业

直接投资是指投资者将资金或其他财产投入企业，并不同程度地参与企业经营决策，通过企业盈利分配获取投资收益的投资方法。相对于间接投资而言，具有更大的稳定性。

（二）外商投资企业是依照中国法律，在中国境内设立的企业

尽管外资企业的全部资本均来自外国投资者，但它是根据中国法律在中国境内

设立,受中国法律的管辖和保护,是具有中国国籍的企业。这是外资企业与外国企业的根本不同。

(三) 外资企业是独立的法律主体

在一般情况下,外资企业以自己的名义进行经营活动,独立承担民事责任,外国投资者对其债务不承担无限责任。这是外资企业与外国企业在中国境内设立的分支机构的根本不同,外国企业的分机构不具有独立的民事主体资格,其进行经营活动由外国企业承担民事责任。除非外资企业设立时已登记为无限责任的独资或合伙企业。

二、外商投资企业立法和外商投资企业法

外商投资企业法,是调整外商投资企业在设立、变更、终止以及组织管理和经营活动过程中发生的各种经济关系的法律规范的总称。依照现行外商投资企业法,外商投资企业主要以三种法律形式存在,即中外合资经营企业、中外合作经营企业及外资企业。

关于外商投资企业的法律、法规主要有《中华人民共和国中外合资经营企业法》《中华人民共和国中外合作经营企业法》《中华人民共和国外资企业法》。2016年9月3日第十二届全国人民代表大会常务委员会第二十二次会议通过决定,对《中华人民共和国外资企业法》《中华人民共和国中外合资经营企业法》《中华人民共和国中外合作经营企业法》《中华人民共和国台湾同胞投资保护法》作相应修改,决定将不涉及国家规定准入特别管理措施的外商投资企业和台胞投资企业的设立及变更,由审批改为备案管理,重新公布,自2016年10月1日起施行。

第二节 中外合资经营企业法

1979年7月,当全国人大通过中国第一个正式的企业法——《中外合资经营企业法》(以下简称合资企业法)的时候,中国还没有其他形式的企业立法,甚至连最基本的企业法——公司法也没有。这使合资企业法以及其后陆续颁布的《中外合作经营企业法》(以下简称合作企业法)和《外资企业法》在相当长时期内,自成体系。1993年12月《中华人民共和国公司法》的颁布,外商投资企业法与公司法的衔接问题第一次摆到了人们面前,将它们纳入企业法的统一体系并予以适当的协调,成为公司法颁布后企业法立法及其理论实践面临的新任务。中华人民共和国第九届全国人民代表大会第四次会议于2001年3月15日通过了《全国人民代表大会关于修改〈中华人民共和国中外合资经营企业法〉的决定》,自公布之日起施行。2016年9月3日第十二届全国人民代表大会常务委员会第二十二次会议又通过了对《中华人民共和国中外合资经营企业法》的修改。修改的内容主要是不涉及国家规定实施准入特别管理措施举办合营企业的,一些审批事项适用备案管理的方式。

一、中外合资经营企业的含义及特征

中外合资经营企业是指国外公司、企业和其他经济组织或个人,依照中华人民共和国法律和行政法规,经中国政府批准,按照平等互利的原则,在中国境内同中国公司、企业或其他经济组织共同投资、共同经营、共负盈亏的企业法人组织。其特征有以下四点。

(1)合营企业至少有一方为外国投资者,同样也至少有一方是中国投资者。外国投资者可以是公司、企业、其他经济组织、团体或个人。中国投资者可以是公司、企业或者是其他经济组织,但中方的个人不能成为中外合资经营企业中方的当事人。

(2)合营企业是经中国政府批准设立的中国法人,必须遵守中华人民共和国的法律、行政法规,并受中国法律、行政法规的保护。

(3)合营企业是中外双方投资者共同投资、共同经营、共负盈亏。共同投资即中外双方都要有投资,其中外方投资比例一般不得少于25%,否则,不享受合营企业的待遇。

(4)合营营企业的组织形式为有限责任公司,董事会为最高权力机关。

二、中外合资经营企业的设立

(一)设立中外合资经营企业的条件

申请设立中外合资经营企业应注重经济效益,符合下列一项或数项要求:(1)采用先进技术设备和科学管理方法,能增加产品品种,提高产品质量和数量,节约能源和材料;(2)有利于技术改造,能做到投资少、见效快、收益大;(3)能扩大产品出口,增加外汇收入;(4)能培训技术人员和经营管理人员。

申请设立中外合资经营企业有下列情况之一的,不予批准:(1)有损中国主权的;(2)违反中国法律的;(3)不符合中国国民经济发展要求的;(4)造成环境污染的;(5)签订的协议、合同、章程显属不公平,损害合营一方权益的。

(二)设立中外合资经营企业的申请和审批

在中国境内设立中外合资经营企业,应由中国合营者向企业主管部门呈报拟与外国合营者设立合营企业的项目建议书和初步可行性研究报告。在中国境内设立合营企业,必须经国家对外经济贸易主管部门审查批准。批准后,由国家对外经济贸易主管部门发给批准证书。但具备以下两个条件的,国家对外经济贸易主管部门可委托有关的省、自治区、直辖市人民政府或国务院有关部、局(以下简称受托机关)审批:(1)投资总额在国务院规定的金额内,中国合营者的资金来源已落实的;(2)不需要国家增拨原材料,不影响燃料、动力、交通运输、外贸出口配额等的全国平衡的。受托机关批准设立合营企业后,应报国家对外经济贸易主管部门备案,并由国家对外经济贸易主管部门发给批准证书。国家对外经济贸易主管部门和受托机关,统称为审批机关。审批机关自接到中国合营者按规定报送的全部文件之日起3个月内决定批准或不批准。审批机关如发现前述文件有不当之处,应要求限期修改,否则不予批准。

举办合营企业不涉及国家规定实施准入特别管理措施的,适用备案管理的审批事项有如下3个方面。(1)对合营各方签订的合营协议、合同、章程,应报国家对外经济贸易主管部门审查批准。审查批准机关应在3个月内决定批准或不批准。合营企业经批准后,向国家工商行政管理主管部门登记,领取营业执照,开始营业。(2)合营企业的合营期限,按不同行业、不同情况,作不同的约定。有的行业的合营企业,应当约定合营期限;有的行业的合营企业,可以约定合营期限,也可以不约定合营期限。约定合营期限的合营企业,合营各方同意延长合营期限的,应在距合营期满6个月前向审查批准机关提出申请。审查批准机关应自接到申请之日起1个月内决定批准或不批准。(3)合营企业如发生严重亏损、一方不履行合同和章程规定的义务、不可抗力等,经合营各方协商同意,报请审查批准机关批准,并向国家工商行政管理主管部门登记可终止合同。如果因违反合同而造成损失的,应由违反合同的一方承担经济责任。

（三）中外合资经营企业的设立登记

申请者在收到批准证书后的30日内,由企业的组建负责人向国家工商行政管理局或者其授权的地方工商行政管理局办理企业设立登记手续。工商行政管理机关应当在受理申请后30日内,作出核准登记或者不予核准登记的决定。合营企业经登记主管机关核准登记注册,领取《企业法人营业执照》后,企业即告成立,取得中国法人资格,其合法权益受国家法律保护。

三、中外合资经营企业的组织形式与注册资本

（一）组织形式

《中外合资经营企业法》第4条第1款规定:"合营企业的形式为有限责任公司。"该法《实施条例》第19条第2款规定:"合营各方对合营企业的责任以各自认缴的出资额为限。"作为有限责任公司股东的合营各方以其认缴的出资额对企业承担有限责任。合营企业以其全部资产对其债务承担责任。

（二）注册资本

合营企业的注册资本,应当与生产经营规模相适应,与投资总额之间应保持适当的比例。在合营企业的注册资本中,外国合营者的出资比例一般不应低于25%;合营

企业在合营期内,不得减少其注册资本;合营企业的一方如同合营伙伴以外的第三者转让其全部或者部分出资的,应当经合营他方的同意;合营企业的注册资本应符合《公司法》规定的有限责任公司的注册资本的最低限额;同时,应符合有关中外合资经营企业注册资本与投资总额比例的专项规定。国家工商行政管理总局《关于中外合资经营企业注册资本与投资总额比例的暂行规定》(1987年3月1日公布)规定:投资总额在300万美元以下(含300万美元)的,其注册资本至少应占投资总额的7/10;投资总额在300万—1 000万美元(含1 000万美元)的,其注册资本至少应占投资总额的1/2;投资总额在1 000万—3 000万美元(含3 000万美元)的,其注册资本至少应占投资总额的2/5;投资总额在3 000万美元以上的,其注册资本至少应占投资总额的1/3。这样规定可以防止投资风险过多地由贷款方承担,并促使外方合营者对合营项目作更多的投资。

四、中外合资经营企业合营各方的出资方式与出资期限

(一)出资方式

出资方式有4种:(1)以货币出资,即用现金出资;(2)以实物出资,即用建筑物、厂房、机器设备或其他物料作价出资;(3)以工业产权、专有技术作价出资;(4)以场地使用权作价出资。

以实物、工业产权、专有技术作为出资的,其作价由合营各方按照公平合理的原则协商确定,或者聘请合营各方同意的第三方评定。外国合营者以工业产权或专有技术作为出资的,应提交工业产权、专有技术的有关资料;外国合营者作为出资的机器设备或其他物料、工业产权或专有技术,应经中国合营者的企业主管部门审查同意,报审批机关批准。

关于场地使用权是否可以作价出资问题,根据《中外合资经营企业法》第5条的规定:中国合营者的出资方式,可以包括为合营企业在经营期间提供的场地使用权。如果场地使用权未作为中国合营者出资的一部分,合营企业应向中国政府缴纳使用费。

(二)出资期限

合营合同中规定一次缴清出资的,合营各方应当从营业执照签发之日起6个月内缴清;合营合同中规定分期缴付出资的,合营各方第一期出资,不得低于各自认缴出资额的15%,并且应当在营业执照签发之日起3个月内缴清。合营各方未能在合营合同规定的上述期限内缴付出资的,视同合营企业自动解散,合营企业批准证书自动失效。

合营各方缴付第一期出资后,超过合营合同规定的其他任何一期出资期限3个月,仍未出资或者出资不足时,工商行政管理机关应当会同原审批机关发出通知,要

求合营各方在1个月内缴清出资。未按上述通知期限缴清出资的,原审批机关有权撤销对该合营企业的批准证书。

合营一方未按照合营合同的规定如期缴付或者缴清其出资的,即构成违约。守约方应当催告违约方在1个月内缴付或者缴清出资。逾期仍未缴付或者缴清的,视同违约方放弃在合营合同中的权利,自动退出合营企业。守约方可以依法要求违约方赔偿因未缴或者未缴清出资造成的经济损失。

五、中外合资经营企业的组织机构

中外合资经营企业的组织机构根据《中外合资经营企业法》及其实施条例的规定,合营企业的组织机构是董事会和经营管理机构,或者说是董事会领导下的总经理负责制。

（一）董事会

董事会是合营企业的最高权力机构。它有权按照合营企业章程的规定,讨论决定合营企业的一切重大问题。

董事会的人数不得少于3人。董事名额的分配,由合营各方参照出资比例协商确认,然后由合营各方按照分配的名额分别委派董事。董事的任期为4年,经合营者继续委派可以连任。董事长和副董事长由合营各方协商确定或由董事会选举产生。中外合营者中一方担任董事长的,由他方担任副董事长。董事长是合营企业的法定代表人。董事长不能履行职责时,应授权副董事长或其他董事履行职责。

董事会会议每年至少召开一次。经1/3以上的董事提议,可召开董事会临时会议。董事会会议应有2/3以上董事出席方能举行,举行董事会会议的地点,一般应在合营企业的法定地址所在地。

下列事项由出席董事会会议的董事一致通过方可作出决议：(1)合营企业章程的修改；(2)合营企业的中止、解散；(3)合营企业注册资本的增加、转让；(4)合营企业与其他经济组织的合并。关于其他事项,可以根据合营企业章程载明的议事规则作出决议。

（二）经营管理机构

合营企业的经营管理机构,负责企业的日常经营管理工作。经营管理机构设总经理1人,副总经理若干人,其他高级管理人员若干人。其人员由董事会聘请或者任命。总经理在董事会领导下,执行董事会的各项决议,组织领导合营企业的日常经营管理工作,在董事会授权的范围内任免所属人员,行使董事会授予的其他职权。总经理对董事会负责,副总经理协助总经理工作。

总经理、副总经理不得兼任其他经济组织的总经理或副总经理,不得参与其他经济组织对本企业的商业竞争。

六、中外合资经营企业的经营管理

(一) 经营活动

合营企业可按合营合同、章程规定的经营范围和生产规模决定企业的发展规划和生产经营计划(包括购买物资计划、产品销售计划、外汇收支计划、劳动工资计划等),由董事会批准执行,报企业主管部门备案。企业主管部门和各级计划管理部门,不对合营企业下达指令性生产经营计划。

1. 物资购买

合营企业所需的机器设备、原材料、燃料、配套件、运输工具和办公用品等,有权自行决定在国内或国外购买,但在同等条件下,应尽量先在国内购买。合营企业在国内购买物资和所需服务的价格,除国家另有规定外,应与国内其他企业同等对待,并以人民币支付。

2. 产品销售

中国政府鼓励合营企业向国际市场销售其产品。合营企业生产的产品,属于中国急需的或中国需要进口的,可以在中国国内市场销售为主。

合营企业出口产品的价格,由合营企业自行制定,报企业主管部门和物价管理部门备案。合营企业在中国国内销售的产品,除经物价管理部门批准可以参照国际市场价格定价的以外,应执行国家价格法规规定。

(二) 财务、税收、外汇管理

合营企业的财务、会计制度,应根据中国有关法律和财务会计制度的规定,结合企业的情况加以制定,并报当地财政部门、税务机关备案。合营企业会计采用国际通用的权责发生制和借贷记账法记账。一切自制凭证、账簿、报表必须用中文书写,也可以同时用合营各方商定的一种外文书写。

合营企业的主要税种有所得税、关税、房地产税、车船使用牌照税、增值税、消费税和营业税等。根据有关税法规定,合营企业所得税税率为30%;地方所得税按应纳税的所得额计算,税率为3%;两项相加,共为33%。为了鼓励外国合营者在我国进行投资,我国法律还规定了给予合营企业的各种减、免税等优惠条件。

合营企业的外汇管理主要是合营企业的外汇平衡。合营企业一切外汇收入必须存入经批准经营外汇的银行;一切外汇支出,从其外汇存款账户中支付。

七、中外合资经营企业的期限、终止、清算

合营企业的合营期限按不同行业、不同情况作不同的规定。约定合营期限的合营企业,合营各方同意延长合营期限的,应在距合营期限届满6个月前向审批机关提出申请。审批机关应自接到申请之日起1个月内决定批准或不批准。

合营企业在下列情况下可以终止或解散：（1）合营期限届满；（2）企业发生严重亏损，无力继续经营；（3）合营一方不履行合营企业协议、合同、章程规定的义务，致使企业无法继续经营；（4）因自然灾害、战争等不可抗力遭受严重损失，无法继续经营；（5）合营企业未达到其经营目的，同时又无发展前途；（6）合营企业合同、章程所规定的其他解散原因已经出现。在上述（2）—（6）种情况发生时，应由董事会提出解散申请书，报审批机关批准。在上述第（3）种情况下，不履行合营企业协议、合同、章程规定的一方，应对合营企业由此造成的损失负赔偿责任。

合营企业终止或解散时，应进行清算。董事会应提出清算的程序、原则和清算委员会的人选，报企业主管部门审核并监督清算。清算委员会的成员一般应在合营企业的董事中选任，也可聘请在中国注册的会计师、律师担任。审计机关认为必要时，可以派人进行监管。清算委员会的任务是对合营企业的财产、债权、债务进行全面的清查，编制资产负债表和财产目录，提出财产作价和计算依据，制订清算方案，提请董事会会议通过后执行。清算期间，清算委员会代表该合营企业起诉和应诉。合营企业以其全部资产对其债务承担责任。合营企业清偿债务后的剩余财产按照合营各方的出资比例进行分配，但合营企业协议、合同、章程另有规定的除外。清算工作结束后，由清算委员会提出清算结束报告，提请董事会会议通过后，报原审批机构，并向原登记管理机构办理注销登记手续，缴销营业执照。

第三节　中外合作经营企业法

一、中外合作经营企业的含义和特征

中外合作经营企业是指中国的企业或其他经济组织与外国的企业和其他经济组织或个人，依照中国法律规定，在中国境内举办的，按合作企业合同的约定分配收益或产品、分担风险和亏损的企业。

中外合作经营企业与中外合资经营企业相比较，有下列特征：

（1）中外合作经营企业属于契约式的合营企业，中外合作者的投资或者提供的合作条件，不折算成股份，而中外合资经营企业是股权式的合营企业。

（2）中外合作经营企业的合作各方可以提供各种合作条件，而中外合资经营的合营各方则必须是投资。

（3）在收益分配方面，中外合作经营企业在合同中约定分配比例和风险及亏损的分担比例，而中外合资经营企业则是按出资比例分配利润、分担风险及亏损的。

（4）投资回收方式不同。合资企业只有在依法终止时，外国合营者才能收回自己的资本，而合作企业中的外国合营者在一定条件下可以先行回收投资。

（5）中外合作经营企业可以设立董事会、联合管理机构、委托一方管理、委托他人管理等方式进行管理，而中外合资经营企业则实行董事会领导下的总经理负责制。

（6）组织形式不同。合资企业必须为中国法人，即有限责任公司。而合作企业除法人型企业外，也有合伙型企业。

二、中外合作经营企业的设立、出资方式和收益分配

国家鼓励举办的合作企业有两类：其一，产品出口型企业；其二，技术先进的生产型合作企业。

（一）合作企业的设立

申请设立合作企业，应当将中外合作者签订的协议、合同、章程等文件报国务院对外经济贸易主管部门或者国务院授权的部门和地方政府审查批准。审查批准机关应当自接到申请之日起 45 天内决定批准或不予批准。申请被批准后，申请者应当自接到批准证书之日起 30 天内到工商行政管理机关申请登记，领取营业执照。合作企业的营业执照签发日期，为该企业的成立日期。合作企业应当自成立之日起 30 天内向税务机关办理税务登记。

举办合作企业不涉及国家规定实施准入特别管理措施的审批事项，适用备案管理。(1) 申请设立合作企业，应当将中外合作者签订的协议、合同、章程等文件报国务院对外经济贸易主管部门或者国务院授权的部门和地方政府（以下简称审查批准机关）审查批准。审查批准机关应当自接到申请之日起 45 天内决定批准或者不批准。(2) 中外合作者在合作期限内协商同意对合作企业合同作重大变更的，应当报审查批准机关批准；变更内容涉及法定工商登记项目、税务登记项目的，应当向工商行政管理机关、税务机关办理变更登记手续。(3) 中外合作者的一方转让其在合作企业合同中的全部或者部分权利、义务的，必须经他方同意，并报审查批准机关批准。(4) 合作企业成立后改为委托中外合作者以外的他人经营管理的，必须经董事会或者联合管理机构一致同意，报审查批准机关批准，并向工商行政管理机关办理变更登记手续。(5) 合作企业的合作期限由中外合作者协商并在合作企业合同中订明。中外合作者同意延长合作期限的，应当在距合作期满 180 天前向审查批准机关提出申请。审查批准机关应当自接到申请之日起 30 天内决定批准或者不批准。

（二）合作企业的出资方式

中外合作者的投资或者提供的合作条件可以是现金、实物、土地使用权、工业产权、非专利技术和其他财产权利。

合作企业合作各方的出资过程比较灵活、简便。合作各方不必对投资和提供的合作条件计算出资额，也不必确定合作各方的出资比例。这与中外合资经营企业的出资是有区别的。

(三) 合作企业的收益分配和风险及亏损承担

中外合作各方依照合作企业合同的约定,分配收益或者产品,承担风险和亏损。实践中,合作企业的利润分配方式是灵活多样的,大致有以下三种方式:(1) 产品分成,即合作企业将企业生产的产品依照合同约定的比例或者数额,分配给合作各方。产品由合作各方自行销售;(2) 保证合作一方的收益达到某一固定的值;(3) 利润分成,即将企业利润按一定百分比分配给合作各方。

三、合作企业的资本回收

(一) 外商先行回收投资的方式

根据《中外合作经营企业法》及其实施细则的规定,外国合作者在合作期限内可以申请按下列方式先行回收其投资:

(1) 在按照投资或者提供合作条件进行分配的基础上,在合作企业合同中约定扩大外国合作者的收益分配比例;

(2) 经财政税务机关按照国家有关税收的规定审查批准,外国合作者在合作企业缴纳所得税前回收投资;

(3) 经财政税务机关和审查批准机关批准的其他回收投资方式。

(二) 外商先行回收投资的法定条件

中外合作经营者在合作企业合同中约定合作期满时,合作企业的全部固定资产无偿归中国合作者所有;中外合作者应当依照有关法律的规定和合作企业合同的约定,对合作企业的债务承担责任。

外国合作者提出先行回收投资的申请,并具体说明先行回收投资的总额、期限和方式,经财政税务机关审查同意后,报审查批准机关审批;外国合作者应在合作企业的亏损弥补之后,才能先行回收投资。对于税前回收投资的,必须向财政税务机关提出申请,并由财政税务机关依法审查批准。

(三) 中外合作企业的组织机构和经营管理

1. 组织形式

合作企业符合中国法律关于法人条件的规定的,依法取得中国法人资格,其组织形式为有限责任公司。在实践中,也可以申请设立不具有法人资格的合作企业。

2. 经营管理

经营管理通常有三种形式。其一,董事会制;其二,联合管理制;其三,委托管理制。《中外合作经营企业法》第 12 条规定:合作企业应当设立董事会或者联合管理机构,依照合作企业合同或者章程的规定,决定合作企业的重大问题。此外,还规定合作企业成立后可委托第三方经营管理。可见,合作企业在组织机构的设置上有较大的灵活性。

（1）董事会制。具有法人资格的合作企业，一般实行董事会制。董事会是合作企业的最高权力机构，决定合作企业的重大问题。董事长、副董事长由合作各方协商产生。中外合作者一方担任董事长的，由他方担任副董事长。董事会下设经营管理机构，负责企业的日常管理工作。董事会可以决定任命或者聘请总经理，负责合作企业的日常经营管理工作。

（2）联合管理制。不具有法人资格的合作企业，一般实行联合管理制。联合管理机构由合作各方代表组成，是合作企业的权力机构，决定合作企业的重大问题。中外合作者的一方担任联合管理机构主任的，由他方担任副主任。

联合管理机构可以设经营管理机构，也可以不设经营管理机构。设经营管理机构的，总经理由联合管理机构决定任命或者聘请。总经理负责合作企业的日常经营管理工作。

（3）委托管理制。合作企业成立后，可委托第三方经营管理，但必须经董事会或者联合管理机构一致同意，报审批机关批准，并向工商行政管理机关办理变更登记手续。

在实践中，委托管理制还有另一种形式，即经合作各方同意，委托合作一方进行管理，他方不参加管理。

委托管理制，一般是委托具有管理经验的外国专门管理公司或外国合作者按照国际惯例管理较为复杂的合作项目。这对合作各方都是有利的。

第四节 外资企业法

一、外资企业的含义及其特征

外资企业是指依照中华人民共和国法律的规定，在中国境内设立的、全部资本由外国投资者投资的企业，不包括外国的企业和其他经济组织在中国境内的分支机构。

外资企业的主要特征是：

（1）它的全部资本是由外国投资者投资的，并且是由外国投资者经营的；

（2）外资企业是依照中国的法律规定在中国境内设立的企业法人；

（3）外资企业不包括外国企业和其他经济组织在中国境内的分支机构；

（4）外资企业是一个独立的经济实体，独立核算，自负盈亏，独自承担法律责任。

二、外资企业的设立

设立外资企业，必须有利于中国国民经济的发展，能够取得显著的经济效益。国家鼓励举办产品出口或者技术先进的外资企业。

申请设立外资企业,有下列情形之一的,不予批准:(1)有损中国主权或者社会公共利益的;(2)危及中国国家安全的;(3)违反中国法律、法规的;(4)不符合中国国民经济发展要求的;(5)可能造成环境污染的。

禁止设立外资企业的行业:新闻、出版、广播、电视、电影、国内商业、对外贸易、保险、邮电通信;中国政府规定的禁止设立外资企业的其他行业。限制设立外资企业的行业包括公用事业、交通运输、房地产、信托投资、租赁。

设立外资企业的申请,一般由国家对外经济贸易主管部门审查批准后发给批准证书。但如果设立的外资企业投资总额在国务院规定的投资审批权限以内的,不需要国家调拨原材料,不影响能源、交通运输、外贸出口配额等全国平衡的,则由国务院授权的省、自治区、直辖市和计划单列市、经济特区人民政府审查批准后,发给批准证书,但应在批准后15天内报国家对外经济贸易主管部门备案。举办外资企业不涉及国家规定实施准入特别管理措施的,适用备案管理的审批事项:(1)设立外资企业的申请,由国务院对外经济贸易主管部门或者国务院授权的机关审查批准。审查批准机关应当在接到申请之日起90天内决定批准或者不批准。(2)外资企业分立、合并或者其他重要事项变更,应当报审查批准机关批准,并向工商行政管理机关办理变更登记手续。(3)外资企业的经营期限由外国投资者申报,由审查批准机关批准。期满需要延长的,应当在期满180天以前向审查批准机关提出申请。审查批准机关应当在接到申请之日起30天内决定批准或者不批准。

设立外资企业的程序:(1)外国投资者在提出设立外资企业的申请前,应向拟设立外资企业所在地的县级或县级以上地方人民政府提交报告;(2)外国投资者应通过拟设立外资企业的县级或县级以上地方人民政府向审批机关提出申请,并报送有关文件;(3)审批机关在收到申请设立外资企业的全部文件之日起90天内决定批准或者不批准;(4)设立外资企业的申请经审批机关批准后,外国投资者应当在收到批准证书之日起30天内向工商行政管理机关申请登记,取得营业执照。营业执照签发日期为该外资企业成立日期。

三、外资企业的组织形式与出资方式

(一)外资企业的组织形式

外资企业的组织形式为有限责任公司,经批准也可以为其他责任形式。外资企业为有限责任公司的,外国投资者对企业的责任以其认缴的出资额为限。外资企业以其全部资产对其债务承担责任。外资企业为其他责任形式的,外国投资者对企业的责任适用中国法律、法规的规定。外资企业必须按规定缴足注册资本,并在经营期内不得减少注册资本,但可增加或转让。增加、转让注册资本须经原审批机关批准,

并向原登记机关办理变更登记手续。

(二)外资企业的出资方式

外国投资者的出资方式,可以用能自由兑换的外币出资,也可用机器设备、工业产权、专有技术等作价出资。以实物投资的,应出具在中国登记注册的有关机构的估价证明;以工业产权、专有技术作为投资的,一般不得超过注册资本的20%。

四、外资企业的期限、终止与清算

外资企业的经营期限,根据不同行业和企业的具体情况,由外国投资者申报,经审批机关批准。外资企业的经营期限以其营业执照签发之日起计算。需要延长期限的,应在期满180天前向原审批机关报送延长期限的申请书。审批机关应在收到申请书之日起30天内决定批准或者不批准。

外资企业有下列情形之一的,应予终止:(1)期限届满。(2)经营不善,严重亏损,外国投资者决定解散。(3)因自然灾害、战争等不可抗力而遭受严重损失,无法继续经营。(4)破产。(5)违反中国法律、法规,危害社会公共利益被依法撤销。(6)外资企业章程规定的其他解散事由已经出现。在上述(2)、(3)、(4)项情况下,外资企业应当自行提交终止申请,报审批机关核准。审批机关作出核准的日期为企业的终止日期。在上述(1)、(2)、(3)、(6)项情况下,外资企业应当自终止之日起15天内对外公告并通知债权人,并在终止公告发出之日起15天内提出清算程序、原则和清算委员会人选,报审批机关审核后进行清算。

外资企业在清算结束之前,除为了执行清算外,外国投资者对企业财产不得处理。清算结束后,其资产净额或剩余财产超过注册资本的部分视同利润,应依法缴纳所得税。缴纳所得税后的剩余财产,按照外资企业章程的规定进行分配。外资企业清算处理财产时,在同等条件下,中国的企业或者其他经济组织有优先购买权。

外资企业清算结束,应向工商行政管理机关办理注销登记手续,缴销营业执照。

参 考 文 献

1. 荣振华、刘怡琳:《经济法概论》,清华大学出版社,2017年。
2. 唐承慧、黄静纯:"透视外商备案制",《中国外汇》,2016年第21期。
3. 商务部投资促进事务局:《外商投资相关政策汇编系列》,中华工商联合出版社,2013年。
4. 王传辉、葛菲等:《外资并购的反垄断管制》,经济管理出版社,2011年。
5. 焦志勇:《中国外商投资法新论》,对外经济贸易大学出版社,2010年。
6. 张琨:"浅析我国外商投资企业法的基本框架和完善",《经济研究导刊》,2007年第11期。

第九章 破产法律制度

[本章概要]

企业破产法是指调整企业法人不能清偿到期债务,并且资产不足以清偿全部债务或者明显缺乏清偿能力,被依法宣告破产所发生的经济关系的法律规范的总称。于 2007 年 6 月 1 日起施行的《企业破产法》对破产实体问题和破产程序问题都作了比较明确、具体的规定。本章阐述了破产法的基本原理,结合最新《企业破产法》的相关规定,分别介绍了破产的申请和受理、破产管理人制度、债务人财产和债权申报程序、债权人会议和债权人委员会制度、重整、和解、破产宣告和破产清算等法律制度。

第一节 企业破产法概述

一、我国企业破产的立法

1986 年 12 月 2 日,第六届全国人大常委会第十八次会议通过了《中华人民共和国企业破产法(试行)》。该法适用于全民所有制企业,1988 年 11 月 1 日正式试行。1991 年 4 月 9 日,第七届全国人大第四次会议通过《中华人民共和国民事诉讼法》。该法在第二编第十九章中规定了企业法人破产还债程序,适用于非国有性质的企业法人。我国企业破产法律制度长期处于不统一和不完善的状态。

随着市场经济的发展,《中华人民共和国企业破产法》在经历了 12 年的修改之后终于尘埃落定,破茧而出,于 2006 年 8 月 27 日在十届全国人大常委会第二十三次会议上获得通过,并于 2007 年 6 月 1 日起实施。新的《企业破产法》不论是对破产实体问题的规定,还是对破产程序问题的规定,都更加明确、具体。法律条文的数量由现行《企业破产法(试行)》的六章 43 条,增加到现在的十二章 136 条,为处理破产案件提供了更加明确、清晰的法律依据。新《企业破产法》确立了以市场为导向的企业有序退出的法律制度,规范了企业破产程序,对于公平清理债权债务,保护债权人和债务人的合法权益,维护社会主义市场经济秩序具有重要意义。

二、企业破产的概念及其特征

企业破产是指企业法人不能清偿到期债务,并且资产不足以清偿全部债务或者明显缺乏清偿能力的,依法定程序宣告债务人破产,以破产企业的全部财产有限偿还债务,并依法免除债务人无法偿还的债务的一种法律制度。

就事实状况而言,企业破产是指企业法人不能清偿到期债务,并且资产不足以清偿全部债务或者明显缺乏清偿能力的事实状态。就法律制度而言,企业破产是指经债权人或债务人向有管辖权的人民法院提出破产申请,由人民法院依照法定程序审理破产案件,宣告债务人破产,并将债务人的全部财产公平地向各债权人清偿,未得到清偿的债权不再清偿的法律制度。

破产主要具有以下四个特征。

(1)破产是债权实现的一种特殊形式。债务到期后,债务人必须偿还债权人的债务。与一般的偿债不同,破产还债是通过消灭债务人的主体资格来实现的,而一般的债务履行行为则不会导致债务人主体资格的消灭。

(2)破产是在特定情况下所运用的偿债程序。破产适用的前提即破产原因是不能清偿到期债务,并且资产不足以清偿全部债务或者明显缺乏清偿能力。在这种情况下,只有通过宣告债务人破产,才能维护多数债权人的利益。如果没有这一前提即破产原因的存在,就不得适用破产程序。

(3)破产程序进行的主要目的是为了公平地清偿债权人的债务。破产意味着债务人缺乏足够的偿付能力,此时债权人为数人时就产生一种使所有债权人受到公平合理清偿的内在要求。当债务人的资产不足以满足全体债权人的债权要求时,则需适用破产程序,按一定的顺序和比例将债务人的所有财产公平合理地分配给债权人。

(4)破产是在法院的指挥和监督之下实施的债务清理程序。破产宣告只能由法院作出,整个破产程序也须在法院的指挥和监督之下进行。脱离司法裁判程序即无所谓破产程序,包括债务人在内的任何单位或个人自行宣告破产从而企图追求破产法上效果的行为都是无效的。

三、企业破产法的概念和特征

企业破产法是指调整企业法人不能清偿到期债务,并且资产不足以清偿全部债务或者明显缺乏清偿能力,被依法宣告破产所发生的经济关系的法律规范的总称。根据有关学者研究,破产法的发展具有悠久的历史,几乎可以追溯到公元前若干年的罗马帝国时期。发展至今,破产法已成为各现代市场经济国家法律体系中不可缺少的一个组成部分。

企业破产法的特征主要可以概括为以下三个方面。

（1）综合性。破产法所要解决的债务人无力偿债的问题，涉及多种社会关系和多方利益诉求，需要运用多种法律机制进行调整。

（2）实体性法律规范与程序性法律规范的结合。概括而言，破产法的内容包括实体规范和程序规范两个方面。前者如破产界限、破产财产、破产债权、破产费用、法律责任等规定。后者如破产申请的提出、破产案件的受理、和解与整顿、破产宣告、破产程序的终结等规定。

（3）任意性与强制性相结合。破产法的基本指导思想是尽可能公平而妥善处理债务人在无力偿债情况下的债务清偿问题，并尽可能避免其消极后果，因此破产法允许债务人与债权人在破产程序进行中通过协商达成和解，同时，为保证对全体债权人公平清偿，许多破产程序规则均具有强制性。

第二节 破产的申请和受理

一、申请

（一）破产申请人

企业破产申请人主要包括三类：（1）债务人可以向人民法院提出重整、和解或者破产清算申请；（2）债务人不能清偿到期债务，债权人可以向人民法院提出对债务人进行重整或者破产清算的申请；（3）企业法人已解散但未清算或者未清算完毕，资产不足以清偿债务的，依法负有清算责任的人应当向人民法院申请破产清算。

（二）破产案件的管辖

破产案件的管辖，是指人民法院受理破产案件的分工和权限。债权人或债务人申请破产，必须向有管辖权的人民法院提出。我国《企业破产法》规定，企业破产案件由债务人住所地的人民法院管辖。所谓债务人住所地，是指债务人的主要办事机构所在地。债务人无办事机构的，由其注册地人民法院管辖。根据最高人民法院的司法解释，基层人民法院一般管辖县、县级市或区的工商行政管理机关核准登记企业的破产案件，中级人民法院一般管辖地区、地级市（含本级）以上工商行政管理机关核准登记企业的破产案件。

（三）申请破产应提交的材料

向人民法院提出破产申请，应当提交破产申请书和有关证据。破产申请书应当载明下列事项：（1）申请人、被申请人的基本情况；（2）申请目的；（3）申请的事实和理由；（4）人民法院认为应当载明的其他事项。债务人提出申请的，还应当向人民法院提交财产状况说明、债务清册、债权清册、有关财务会计报告、职工安置预案以及职工工资的支付和社会保险费用的缴纳情况。

二、受理

(一) 受理和立案

债权人提出破产申请的,人民法院应当自收到申请之日起 5 日内通知债务人。如果债务人对申请有异议,应当自收到人民法院的通知之日起 7 日内向人民法院提出,人民法院应当自异议期满之日起 10 日内裁定是否受理。如果债务人对申请没有异议,人民法院应当自收到破产申请之日起 15 日内裁定是否受理。有特殊情况需要延长前述裁定受理期限的,经上一级人民法院批准,可以延长 15 日。

人民法院裁定受理破产申请的,应当同时指定管理人。管理人在整个破产程序中将起到重要作用。

(二) 通知和公告

人民法院应当自裁定受理破产申请之日起 25 日内通知已知债权人,并予以公告。通知和公告应当载明下列事项:(1) 申请人、被申请人的名称或者姓名;(2) 人民法院受理破产申请的时间;(3) 申报债权的期限、地点和注意事项;(4) 管理人的名称或者姓名及其处理事务的地址;(5) 债务人的债务人或者财产持有人应当向管理人清偿债务或者交付财产的要求;(6) 第一次债权人会议召开的时间和地点;(7) 人民法院认为应当通知和公告的其他事项。

(三) 债务人及其有关人员的义务

自人民法院受理破产申请的裁定送达债务人之日起至破产程序终结之日,债务人的有关人员承担下列义务:(1) 妥善保管其占有和管理的财产、印章和账簿、文书等资料;(2) 根据人民法院、管理人的要求进行工作,并如实回答询问;(3) 列席债权人会议并如实回答债权人的询问;(4) 未经人民法院许可,不得离开住所地;(5) 不得新任其他企业的董事、监事、高级管理人员。所谓有关人员,是指企业的法定代表人;经人民法院决定,可以包括企业的财务管理人员和其他经营管理人员。

另外,人民法院受理破产申请后,债务人对个别债权人的债务清偿无效;债务人的债务人或者财产持有人应当向管理人清偿债务或者交付财产;债务人的债务人或者财产持有人故意违反规定向债务人清偿债务或者交付财产,使债权人受到损失的,不免除其清偿债务或者交付财产的义务。

第三节 管 理 人

一、破产管理人制度

新《企业破产法》引入了国际通行的破产管理人制度,规定管理人主要由律师事务所、会计师事务所、破产清算事务所等社会中介机构担任,按照市场化方式进行运作。这就将整个破产运作交由专业化人士来处理,使破产程序更符合我国市场经济的发展要求。

二、管理人的资格

根据新《企业破产法》规定,管理人可以由有关部门、机构的人员组成的清算组或者依法设立的律师事务所、会计师事务所、破产清算事务所等社会中介机构担任。管理人由人民法院指定,并接受债权人会议和债权人委员会的监督。

此外,新《企业破产法》从反面规定了担任管理人的否定性因素。有下列情形之一的,不得担任管理人:(1)因故意犯罪受过刑事处罚;(2)曾被吊销相关专业执业证书;(3)与本案有利害关系;(4)人民法院认为不宜担任管理人的其他情形。

三、管理人的职责

管理人主要履行下列职责:(1)接管债务人的财产、印章和账簿、文书等资料;(2)调查债务人财产状况,制作财产状况报告;(3)决定债务人的内部管理事务;(4)决定债务人的日常开支和其他必要开支;(5)在第一次债权人会议召开之前,决定继续或者停止债务人的营业;(6)管理和处分债务人的财产;(7)代表债务人参加诉讼、仲裁或者其他法律程序;(8)提议召开债权人会议;(9)人民法院认为管理人应当履行的其他职责。管理人应当勤勉尽责,忠实执行职务。管理人没有正当理由不得辞去职务。管理人辞去职务应当经人民法院许可。

第四节 债务人财产和债权申报程序

一、债务人财产

所谓债务人财产,是指破产申请受理时属于债务人的全部财产,以及破产申请受理后至破产程序终结前债务人取得的财产。在债务人财产中一般要剔除掉设置了担保权的特定财产,因为对破产人的特定财产享有担保权的权利人,对该特定财产享有优先受偿的权利。

在实践中,出现了破产欺诈行为。一些债务人利用破产程序策划各种欺诈逃债行为,侵害债权人利益,损害职工利益,破坏经济秩序。破产欺诈是各国破产法严厉打击的对象,在中国,破产案件中的欺诈逃债行为尤为严重。为此,新《企业破产法》设置了较以前立法更为完善的撤销权与无效行为制度。新《企业破产法》第31条规定,人民法院受理破产申请前1年内,债务人具有无偿转让财产、以明显不合理的价格进行交易、对没有财产担保的债务提供财产担保、对未到期的债务提前清偿的、放弃债权等行为的,管理人有权请求人民法院予以撤销。另外,新《企业破产法》第33条还规定,为逃避债务而隐匿、转移财产、虚构债务或者承认不真实的债务等涉及债务人财产的行为是无效的,这就在一定程度上对实践中出现的"虚假破产""恶意破产"等行为进行了规制,从而更好地保护了债权人利益,维护了市场经济秩序,也为整个社会商业信用体制的建立和完善提供了重要的制度保证。

二、债权申报

人民法院受理破产申请后,应当确定债权人申报债权的期限。债权申报期限自人民法院发布受理破产申请公告之日起计算,最短不得少于30日,最长不得超过3个月。债权人应当在人民法院确定的债权申报期限内向管理人申报债权。

新《企业破产法》对一些特殊债权的处理作了明确规定。未到期的债权,在破产申请受理时视为到期。附利息的债权自破产申请受理时起停止计息。附条件、附期限的债权和诉讼、仲裁未决的债权,债权人可以申报。

债权人申报债权时,应当书面说明债权的数额和有无财产担保,并提交有关证据。申报的债权是连带债权的,应当说明。连带债权人可以由其中一人代表全体连带债权人申报债权,也可以共同申报债权。

债务人的保证人或者其他连带债务人已经代替债务人清偿债务的,以其对债务人的求偿权申报债权。债务人的保证人或者其他连带债务人尚未代替债务人清偿债务的,以其对债务人的将来求偿权申报债权。但是,债权人已经向管理人申报全部债权的除外。

管理人收到债权申报材料后,应当登记造册,对申报的债权进行审查,并编制债权表。债权表和债权申报材料由管理人保存,供利害关系人查阅。编制的债权表,应当提交第一次债权人会议核查。债务人、债权人对债权表记载的债权无异议的,由人民法院裁定确认。债务人、债权人对债权表记载的债权有异议的,可以向受理破产申请的人民法院提起诉讼。

第五节 债权人会议和债权人委员会制度

一、债权人会议

债权人会议的成员为依法申报债权的债权人,他们有权参加债权人会议,享有表决权。另外,债权人会议应当有债务人的职工和工会的代表参加,对有关事项发表意见。

债权尚未确定的债权人,除人民法院能够为其行使表决权而临时确定债权额的外,不得行使表决权。债权人可以委托代理人出席债权人会议,行使表决权。代理人出席债权人会议,应当向人民法院或者债权人会议主席提交债权人的授权委托书。

债权人会议设主席一人,由人民法院从有表决权的债权人中指定。债权人会议由债权人会议主席主持。

二、债权人会议的职权

债权人会议主要行使下列职权:(1)核查债权;(2)申请人民法院更换管理人,审查管理人的费用和报酬;(3)监督管理人;(4)选任和更换债权人委员会成员;(5)决定继续或者停止债务人的营业;(6)通过重整计划;(7)通过和解协议;(8)通过债务人财产的管理方案;(9)通过破产财产的变价方案;(10)通过破产财产的分配方案;(11)人民法院认为应当由债权人会议行使的其他职权。

三、债权人会议的程序和表决方式

第一次债权人会议由人民法院召集,自债权申报期限届满之日起15日内召开。以后的债权人会议,在人民法院认为必要时,或者管理人、债权人委员会、占债权总额1/4以上的债权人向债权人会议主席提议时召开。另外,召开债权人会议,管理人应当提前15日通知已知的债权人。

债权人会议的决议,由出席会议的有表决权的债权人过半数通过,并且其所代表的债权额占无财产担保债权总额的1/2以上。债权人会议通过和解协议的决议,由出席会议的有表决权的债权人过半数同意,并且其所代表的债权额占无财产担保债权总额的2/3以上。债权人会议的决议,对于全体债权人均有约束力。债权人认为债权人会议的决议违反法律规定,损害其利益的,可以自债权人会议作出决议之日起15日内,请求人民法院裁定撤销该决议,责令债权人会议依法重新作出决议。

四、债权人委员会

债权人会议可以决定设立债权人委员会。债权人委员会由债权人会议选任的债权人代表和一名债务人的职工代表或者工会代表组成。债权人委员会成员不得超过9人。

债权人委员会行使下列职权:(1)监督债务人财产的管理和处分;(2)监督破产财产分配;(3)提议召开债权人会议;(4)债权人会议委托的其他职权。债权人委员会执行职务时,有权要求管理人、债务人的有关人员对其职权范围内的事务作出说明或者提供有关文件。

管理人实施下列行为,应当及时报告债权人委员会:(1)涉及土地、房屋等不动产权益的转让;(2)探矿权、采矿权、知识产权等财产权的转让;(3)全部库存或者营业的转让;(4)借款;(5)设定财产担保;(6)债权和有价证券的转让;(7)履行债务人和对方当事人均未履行完毕的合同;(8)放弃权利;(9)担保物的取回;(10)对债权人利益有重大影响的其他财产处分行为。未设立债权人委员会的,管理人实施上述行为应当及时报告人民法院。

第六节 重 整

一、重整的含义

重整是指不对无偿付能力债务人的财产立即进行清算,而是在法院的主持下由债务人与债权人达成协议,制订重整计划,规定在一定的期限内,债务人按一定的方式全部或部分地清偿债务,同时债务人可以继续经营其业务的制度。作为一种再建型的债务清偿程序,在"促进债务人复兴"的立法目的指导下构建的重整制度,是一个国际化的潮流,它使得破产法不仅仅是一部市场退出法、死亡法、淘汰法,还是一部企业更生法、恢复生机法、拯救法。在提出破产申请后,陷入困境的企业依然有可能通过有效的重整避免破产。

由于重整制度具有对象的特定化、原因的宽松化、程序启动的多元化、重整措施的多样化、重整程序的优先化、担保物权的非优先化和参与主体的广泛化等特点,这就给了债务人企业一个自我拯救、重新开始的机会,平衡了债权人与债务人之间的利益关系。

二、重整申请和重整期间

在重整申请的主体上,首先,债务人或者债权人可以直接向人民法院申请对债务人进行重整。其次,在债权人申请对债务人进行破产清算的情况下,在人民法院受理破产申请后、宣告债务人破产前,债务人或者出资额占债务人注册资本1/10以上的出资人,可以向人民法院申请重整。

人民法院经审查认为重整申请符合法律规定的,将裁定债务人重整。自人民法院裁定债务人重整之日起至重整程序终止,为重整期间。

在重整期间,经债务人申请,人民法院批准,债务人可以在管理人的监督下自行管理财产和营业事务。在重整期间也有一些特殊规则。比如,债务人的出资人不得请求投资收益分配;除非人民法院同意,债务人的董事、监事、高级管理人员不得向第三人转让其持有的债务人的股权。

三、重整计划的制定和批准

债务人或者管理人应当自人民法院裁定债务人重整之日起6个月内,同时向人民法院和债权人会议提交重整计划草案。上述期限届满,经债务人或者管理人请求,有正当理由的,人民法院可以裁定延期3个月。

重整计划草案应当包括下列内容:(1)债务人的经营方案;(2)债权分类;(3)债权调整方案;(4)债权受偿方案;(5)重整计划的执行期限;(6)重整计划执行的监督期限;(7)有利于债务人重整的其他方案。

为了协调和满足不同利益群体的需求,对重整计划的表决实行的是分组表决制。各类债权的债权人参加讨论重整计划草案的债权人会议,依照下列债权分类,分组对重整计划草案进行表决:(1)对债务人的特定财产享有担保权的债权;(2)债务人所欠职工的工资和医疗、伤残补助、抚恤费用,所欠的应当划入职工个人账户的基本养老保险、基本医疗保险费用,以及法律、行政法规规定应当支付给职工的补偿金;(3)债务人所欠税款;(4)普通债权。为了保护小额债权人的利益,人民法院在必要时可以决定在普通债权组中设小额债权组对重整计划草案进行表决。

出席会议的同一表决组的债权人过半数同意重整计划草案,并且其所代表的债权额占该组债权总额的2/3以上的,即为该组通过重整计划草案。

各表决组均通过重整计划草案时,重整计划即为通过。自重整计划通过之日起10日内,债务人或者管理人应当向人民法院提出批准重整计划的申请。人民法院经审查认为符合法律规定的,应当自收到申请之日起30日内裁定批准,并予以公告。

四、重整计划的执行

经人民法院裁定批准的重整计划,对债务人和全体债权人均有约束力。

重整计划由债务人负责执行。人民法院裁定批准重整计划后,已接管财产和营业事务的管理人应当向债务人移交财产和营业事务。自人民法院裁定批准重整计划之日起,在重整计划规定的监督期内,由管理人监督重整计划的执行。在监督期内,债务人应当向管理人报告重整计划执行情况和债务人财务状况。

债务人不能执行或者不执行重整计划的,人民法院经管理人或者利害关系人请求,应当裁定终止重整计划的执行,并宣告债务人破产。

人民法院裁定终止重整计划执行的,债权人在重整计划中作出的债权调整的承诺失去效力。债权人因执行重整计划所受的清偿仍然有效,债权未受清偿的部分作为破产债权。

五、重整程序的终止

重整计划草案未获得通过,或者已通过的重整计划未获得人民法院批准的,人民法院应当裁定终止重整程序,并宣告债务人破产。

在重整期间,有下列情形之一的,经管理人或者利害关系人请求,人民法院应当裁定终止重整程序,并宣告债务人破产:(1)债务人的经营状况和财产状况继续恶化,缺乏挽救的可能性;(2)债务人有欺诈、恶意减少债务人财产或者其他显著不利于债权人的行为;(3)由于债务人的行为致使管理人无法执行职务。

第七节 和 解

债务人可以依法直接向人民法院申请和解;也可以在人民法院受理破产申请后、宣告债务人破产前,向人民法院申请和解。债务人申请和解,应当提出和解协议草案。

人民法院经审查认为和解申请符合法律规定的,应当裁定和解,予以公告,并召集债权人会议讨论和解协议草案。

债权人会议通过和解协议的决议,由出席会议的有表决权的债权人过半数同意,并且其所代表的债权额占无财产担保债权总额的2/3以上。

债权人会议通过和解协议的,由人民法院裁定认可,终止和解程序,并予以公告。管理人应当向债务人移交财产和营业事务,并向人民法院提交执行职务的报告。和解协议草案经债权人会议表决未获得通过,或者已经债权人会议通过的和解协议未获得人民法院认可的,人民法院应当裁定终止和解程序,并宣告债务人破产。

经人民法院裁定认可的和解协议,对债务人和全体和解债权人均有约束力。债务人应当按照和解协议规定的条件清偿债务。债务人不能执行或者不执行和解协议的,人民法院经和解债权人请求,应当裁定终止和解协议的执行,并宣告债务人破产。

按照和解协议减免的债务,自和解协议执行完毕时起,债务人不再承担清偿责任。

第八节 破产宣告和破产清算

一、破产宣告

人民法院依照法律规定宣告债务人破产的,应当自裁定作出之日起5日内送达债务人和管理人,自裁定作出之日起10日内通知已知债权人,并予以公告。债务人被宣告破产后,债务人称为破产人,债务人财产称为破产财产,人民法院受理破产申请时对债务人享有的债权称为破产债权。

破产宣告前,有下列情形之一的,人民法院应当裁定终结破产程序,并予以公告:(1)第三人为债务人提供足额担保或者为债务人清偿全部到期债务的;(2)债务人已清偿全部到期债务的。

二、破产费用和共益债务

（一）破产费用

破产费用,是指破产程序开始后,为破产程序的进行以及为全体债权人的共同利益而在破产财产的管理、变价和分配中产生的费用,以及为破产财产进行诉讼和办理其他事务而支付的费用。

根据《企业破产法》的规定,人民法院受理破产申请后发生的下列费用,为破产费用：(1)破产案件的诉讼费用；(2)管理、变价和分配债务人财产的费用；(3)管理人执行职务的费用、报酬和聘用工作人员的费用。

（二）共益债务

共益债务,又称财团债务,是指破产程序中为全体债权人的共同利益而管理、变价和分配破产财产而负担的债务。

根据《企业破产法》的规定,人民法院受理破产申请后发生的下列债务,为共益债务：(1)因管理人或者债务人请求对方当事人履行双方均未履行完毕的合同所产生的债务；(2)债务人财产受无因管理所产生的债务；(3)因债务人不当得利所产生的债务；(4)为债务人继续营业而应支付的劳动报酬和社会保险费用以及由此产生的其他债务；(5)管理人或者相关人员执行职务致人损害所产生的债务；(6)债务人财产致人损害所产生的债务。

（三）破产费用和共益债务的清偿

破产费用和共益债务由债务人财产随时清偿。债务人财产不足以清偿所有破产费用和共益债务的,先行清偿破产费用。债务人财产不足以清偿所有破产费用或者共益债务的,按照比例清偿。

债务人财产不足以清偿破产费用的,管理人应当提请人民法院终结破产程序。人民法院应当自收到请求之日起15日内裁定终结破产程序,并予以公告。

三、变价和分配

管理人应当及时拟订破产财产变价方案,提交债权人会议讨论。管理人应当按照债权人会议通过的或者人民法院裁定的破产财产变价方案,适时变价出售破产财产。变价出售破产财产应当通过拍卖进行。但是,债权人会议另有决议的除外。

破产财产在优先清偿破产费用和共益债务后,依照下列顺序清偿：(1)破产人所欠职工的工资和医疗、伤残补助、抚恤费用,所欠的应当划入职工个人账户的基本养老保险、基本医疗保险费用,以及法律、行政法规规定应当支付给职工的补偿金；(2)破产人欠缴的除前项规定以外的社会保险费用和破产人所欠税款；(3)普通破产债权。破产财产不足以清偿同一顺序的清偿要求的,按照比例分配。另外,值得注意的是,破产企业的董事、监事和高级管理人员的工资按照该企业职工的平均工资计算。

破产财产的分配一般应当以货币分配方式进行。管理人应当及时拟订破产财产分配方案,提交债权人会议讨论。破产财产分配方案应当载明下列事项:(1)参加破产财产分配的债权人名称或者姓名、住所;(2)参加破产财产分配的债权额;(3)可供分配的破产财产数额;(4)破产财产分配的顺序、比例及数额;(5)实施破产财产分配的方法。债权人会议通过破产财产分配方案后,由管理人将该方案提请人民法院裁定认可。破产财产分配方案经人民法院裁定认可后,由管理人执行。

四、破产程序的终结

破产程序的终结主要有两种情况:第一,破产人无财产可供分配的,管理人应当请求人民法院裁定终结破产程序;第二,管理人在最后分配完结后,应当及时向人民法院提交破产财产分配报告,并提请人民法院裁定终结破产程序。

人民法院应当自收到管理人终结破产程序的请求之日起15日内作出是否终结破产程序的裁定。裁定终结的,应当予以公告。管理人应当自破产程序终结之日起10日内,持人民法院终结破产程序的裁定,向破产人的原登记机关办理注销登记。

第九节 破产法律责任

企业董事、监事或者高级管理人员违反忠实义务、勤勉义务,致使所在企业破产的,依法承担民事责任。有前述情形的人员,自破产程序终结之日起3年内不得担任任何企业的董事、监事、高级管理人员。

对于债务人而言,有义务列席债权人会议的债务人的有关人员,经人民法院传唤,无正当理由拒不列席债权人会议的,人民法院可以拘传,并依法处以罚款。债务人的有关人员违反法律规定,拒不陈述、回答,或者作虚假陈述、回答的,人民法院可以依法处以罚款。债务人违反法律规定,拒不向人民法院提交或者提交不真实的财产状况说明、债务清册、债权清册、有关财务会计报告以及职工工资的支付情况和社会保险费用的缴纳情况的,人民法院可以对直接责任人员依法处以罚款。债务人违反法律规定,拒不向管理人移交财产、印章和账簿、文书等资料的,或者伪造、销毁有关财产证据材料而使财产状况不明的,人民法院可以对直接责任人员依法处以罚款。债务人的有关人员违反法律规定,擅自离开住所地的,人民法院可以予以训诫、拘留,可以依法并处罚款。

对于管理人而言,其未依照破产法规定勤勉尽责,忠实执行职务的,人民法院可以依法处以罚款;给债权人、债务人或者第三人造成损失的,依法承担赔偿责任。

违反《企业破产法》规定,构成犯罪的,依法追究刑事责任。

参 考 文 献

1. 最高人民法院民事审判第二庭:《最高人民法院关于企业破产法司法解释理解与适用》,人民法院出版社,2017年。
2. 程品方:《人民法院企业破产审判实务疑难问题解析》,法律出版社,2016年。
3. 沈志先:《破产案件审理实务》,法律出版社,2013年。
4. 曲冬梅:《新企业破产法疑难问题与实务》,法律出版社,2012年。
5. 法律出版社法规中心:《中华人民共和国企业破产法文书范本(注解版)》,法律出版社,2011年。
6. 法律出版社法规中心:《中华人民共和国企业破产法案例解读本》,法律出版社,2010年。
7. 霍敏:《破产案件审理精要》,法律出版社,2010年。

第三编 市场主体经营行为法律制度

第十章 合同法律制度

[本章概要]

合同是市场交易行为的基本法律形式,合同法是民商法的重要组成部分。本章根据《中华人民共和国合同法》等相关法律法规,在准确界定合同领域若干重要概念的基础上,阐述了合同的基本原则、合同成立、合同的条款、合同示范文本、格式条款、合同履行中的抗辩权、代位权、撤销权,以及合同约定不明确时的履行、合同转让、无效合同的财产处理、合同终止、违约责任、合同的法律适用等理论知识和相关法律的具体规定。

第一节 合同法概述

一、合同的含义和特征

合同也称为契约。据一些学者考证,在我国,合同一词早在2000年前已存在,但一直未被广泛采用。新中国成立以前,著述中都使用契约而不使用合同一词。自20世纪50年代以来,我国民事立法和司法实践主要采用合同的概念。

合同是反映交易的法律形式。合同在英文中称为"Contract",在法文中称为"Contrat"或"Pacte",在德文中称为"Uertrag"或"Kontrakt",这些用语都来源于罗马法的合同概念"Contractus"。据学者考证"Contractus"一词由"Con"和"tractus"组成。Con由Com转化而来,有"共"字的意义,"tractus"有交易的意义。因此,合同的本意为"共相交易"。关于合同的定义,大陆法学者基本上认为合同是一种合意或者协议;英美法学者大都认为合同是一种允诺。我国民法理论基本上继受了大陆法的概念。例如,我国《民法通则》第85条规定:"合同是当事人之间设立、变更、终止民事关系的协议。依法成立的合同,受法律保护。"

在我国《合同法》起草过程中,关于合同概念的界定一直存有争议。一种观点认为,合同是当事人之间设立、变更、终止债权债务的协议,合同仅发生债权债务关系而不产生其他民事关系。另一种观点认为,尽管合同是产生债的原因,合同关系也是债的一种形式,但合同不仅产生、变更、终止债权债务关系,而且也是物权关系、共有关系等非债权债务关系产生、变更、终止的原因。我国《合同法》第 2 条采纳了后一种观点。根据该条规定,合同是平等主体的自然人、法人、其他组织之间设立、变更、终止民事权利义务关系的意思表示一致的协议。合同具有以下基本法律特征:

(1) 合同是一种当事人意思表示一致并能够引起一定法律后果的民事法律行为;

(2) 合同是双方或多方当事人之间的民事法律行为;

(3) 当事人在合同关系中法律地位平等;

(4) 合同是合法的行为。

应予说明的是,民事权利义务关系包括人身权、财产所有权、债权等。我国《合同法》规定,婚姻、收养、监护等有关身份关系的协议,不适用《合同法》,而适用其他法律的规定。

二、合同关系的相对性

合同是发生在当事人之间的一种法律关系。合同关系和一般民事法律关系一样,也是由主体、内容、客体三个要素组成。合同关系的主体又称为合同当事人,包括债权人和债务人。由于债权人和债务人都是相对的,合同债权又称为相对权。合同的相对性是区别于其他民事法律关系(如物权法律关系)的重要特点。它主要是指合同关系只发生在特定的合同当事人之间,只有合同当事人一方能够向另一方基于合同提出请求或者提起诉讼,不能向其他无合同关系的第三人提出合同上的请求;与当事人没有发生合同上权利义务的第三人不能依据合同向合同当事人提出请求或者提起诉讼,也不承担合同的义务和责任;非依法律或者合同规定,第三人不能主张合同上的权利。

合同的相对性规则包含极为丰富和复杂的内容。概括起来,主要包含三点。

(一) 主体的相对性

合同关系是特定当事人之间发生的法律关系。只有合同当事人彼此才能提出请求。与合同当事人没有发生合同上权利义务的第三人不能依据合同向合同当事人提出请求或者提起诉讼。合同规定由当事人享有的权利,原则上不及于第三人。合同规定的义务,一般也不能对第三人产生约束力。合同当事人无权为他人设定合同上的义务。当然,随着现代产品责任制度的发展,许多国家立法扩大了产品制造商、销售商对许多与其无合同关系的消费者的责任。但承担此种责任,必须有法律的特别规定。

(二) 内容的相对性

一般来说,合同当事人享有某个合同所规定的权利,并承担合同所规定的义务。超出合同范围,合同当事人无权向对方主张权利。在双务合同中,合同内容的相对性还表现为当事人双方互为权利义务,即一方所享有的权利,乃是另一方的义务。

（三）责任的相对性

违约责任只在合同当事人之间发生。合同关系以外的人，不负违约责任；合同当事人一般也不对合同关系以外的人承担违约责任。《合同法》第121条规定："当事人因第三人的原因造成违约的，应当向对方承担违约责任。"

三、合同的种类

合同种类繁多，形式多样，具体体现了市场经济和社会生活各个领域和环节的内容和要求。作为商品交换法律形式的合同，随着交易关系的发展和内容的复杂化，其类型也在不断发展和变化。

根据法律上是否规定了一定合同的名称，可以将合同分为有名合同与无名合同。有名合同，又称为典型合同，是指法律、法规有明文规定的被赋予特定名称及规则的合同。如我国《合同法》分则规定的买卖合同，供用电、水、热气合同，赠与合同，借款合同，租赁合同，融资租赁合同，承揽合同，建筑工程合同，运输合同，技术合同，保管合同，仓储合同，委托合同，行纪合同，居间合同等15种合同都属于有名合同。上述是企、事业单位和自然人在生产经营和生活中普遍发生的、常用的典型合同。《合同法》分则对这些合同作了规定，为当事人订立、履行合同提供了具体规范，也为人民法院、仲裁机构审理合同纠纷案件提供了依据。所谓无名合同，又称非典型合同，是指法律上尚未确定一定的名称与规则的合同。根据合同自由原则，合同当事人可以自由决定合同的内容，因此即使当事人订立的合同不属于有名合同的范围，只要不违背法律的禁止性规定和社会公共利益，也仍然是有效的。

四、《合同法》的基本原则

《合同法》的基本原则是合同当事人在合同活动中应当遵守的基本准则，也是人民法院、仲裁机构审理合同纠纷案件时应当遵循的原则。《合同法》关于合同的订立、效力、履行、违约责任等以及各个分则的内容都是根据这些基本原则规定的。了解和掌握合同法的基本原则，对于正确理解《合同法》的有关规定，有着十分重要的意义。

（一）平等原则

合同当事人的法律地位平等，一方不得将自己的意志强加给另一方。法律地位平等，是当事人自愿协商达成协议的前提。当事人无论具有什么身份，在合同关系中相互之间的法律地位都是平等的，没有高低、从属之分，都必须遵守法律规定，都必须尊重对方当事人的意志。

（二）自愿原则

合同自愿原则是《合同法》最重要的基本原则。其基本含义是：合同当事人通过协商,自愿决定和调整相互之间的权利义务关系。自愿原则体现了民事活动的基本特征,是民事法律关系区别于行政法律关系、刑事法律关系的特有的原则。民事活动除法律有强制性规定者外,由当事人自愿约定。为此,《合同法》规定,当事人依法享有自愿订立合同的权利,任何单位和个人不得非法干预。

当然,自愿也不是绝对的。当事人订立、履行合同,应当遵守法律、行政法规,尊重社会公德,不得扰乱社会经济秩序,损害社会公共利益。

（三）公平原则

我国《合同法》规定,当事人应当遵循公平原则确定各方的权利和义务。公平是法律最基本的价值取向。法律的基本目标就是在公平和正义的基础上建立社会的秩序。合同各方当事人都应当遵循公平原则,在不损害他人合法权益的基础上实现自己的利益,不得滥用自己的权利。

公平原则作为一项法律适用原则,可以弥补法律规范的不足或者合同约定的不足。在法律没有规定或者合同没有约定时,可以运用公平原则来确定各方当事人的权利和义务。

（四）诚实信用原则

诚实信用原则,要求当事人在订立、履行合同中应当讲诚实、守信用,善意地行使权利履行义务,不得规避法律和合同义务。具体包括:(1)在订立合同时,应当善意行使权利,不得欺诈,不得假借订立合同恶意磋商或进行其他违背诚实信用原则的行为;(2)在履行合同义务时,当事人应当按照诚实信用的要求,根据合同的性质、目的和交易惯例履行通知、协助、提供必要的条件、防止损失扩大、保密等义务;(3)合同终止后,也应当根据合同约定或交易习惯履行通知、协助、保密等义务。

（五）遵守法律,尊重社会公德原则

遵守法律,尊重社会公德原则是对合同自愿的限制和补充。一般来讲,合同的订立和履行,属于合同当事人之间的民事权利义务关系,主要涉及当事人的利益,国家一般不予干预,由当事人自主约定,采取自愿原则。但是,当事人在社会中彼此之间发生的权利义务关系,可能会涉及社会公共利益,涉及社会经济秩序。因此,合同自愿原则也不是绝对的,当事人必须对自己的行为有所约束。为了维护社会公共利益、维护正常的社会秩序,对于损害社会公共利益、扰乱社会经济秩序的行为,国家应当干预。国家干预要依法进行,通过法律、行政法规作出规定。

（六）合同对当事人具有法律约束力的原则

订立不订立合同、与谁订立合同、合同的内容等,由当事人自愿约定。但是,依法成立的合同受法律保护,对当事人具有法律约束力。当事人应当按照合同的约定履行自己的义务,非依法律规定或者对方同意,不得擅自变更或者解除合同。如果不履行合同义务或者履行合同义务不符合约定,就要承担违约责任。如果受损害一方请求法院或者仲裁机构予以救济时,有关机构应当依法维护守约一方的合法权益。这对提高合同信用、保障合同安全、促进合同履行、保护合同当事人的合法权益等有着重要意义。

第二节 合同的订立

一、合同成立的概念和要件

合同的成立,是指订约当事人就合同的主要条款达成合意。合同成立意味着各方当事人的意思表示一致。合同成立是当事人意志的结果,是否发生法律效力取决于法律的评价。若符合法律规定,则合同生效。由于我国《合同法》未严格区分合同成立和生效,因此有些学者认为合同的生效要件就是合同成立的要件。实际上,这是两个不同的概念。就合同的成立而言,须具备以下三个条件:

(1)存在双方或者多方当事人;
(2)订约当事人对合同主要条款达成合意;
(3)当事人订立合同采取要约、承诺的方式。

二、要约和承诺

当事人订立合同的过程是对合同内容进行协商的过程。《合同法》第13条规定:"当事人订立合同采取要约、承诺的方式。"

(一)要约

1. 要约的概念和条件

要约,又称订约提议,或称为发盘、发价、出价等。《合同法》第14条规定:"要约是希望和他人订立合同的意思表示。"在要约关系中,发出要约的一方称为要约人,接受要约的一方称为受要约人、相对人和承诺人。可见,要约是一方当事人以缔结合同为目的,向对方当事人所作的意思表示。要约可以采取口头形式,也可以采取书面形式。

要约发出后,非依法律规定或受要约人的同意,不得变更、撤销要约的内容。一项要约发生法律效力,必须具备以下3个条件:第一,要约是由具有订约能力的特定人作出的意思表示。例如,对订立买卖合同来说,他既可以是买受人也可以是出卖人,但必须是准备订立买卖合同的当事人。如果是代理人,需要有本人的授权。第二,要约必须具有订立合同的意图。要约中必须表明要约经受要约人承诺,要约人即受该意思表示约束。第三,要约必须向要约人希望与其缔结合同的受要约人发出。要约原则上应向特定人发出,在特定情况下也可向非特定对象提出(如悬赏广告等)。第四,要约的内容必须具体确定,具备足以使合同成立的条款。第五,要约必须送达受要约人。

2. 要约邀请

要约邀请(亦称要约之引诱)不同于要约。要约邀请是希望他人向自己发出要约的意思表示。寄送价目表、拍卖公告、招标公告、招股说明书、商业广告等为要约邀请。其中,商业广告的内容符合要约规定的,视为要约。

要约邀请与要约有着本质区别。要约是希望和他人订立合同的意思表示,该意思表示的内容已经包括了一份可以履行的可能成立的合同的基本要件,只要经过受要约人承诺,合同即告成立。要约邀请则只是希望他人向自己发出要约,不直接发生合同成立的法律后果。

3. 要约的法律效力

(1) 要约的生效和存续期间。

要约到达受要约人时生效。采用数据电文形式订立合同,收件人指定特定系统接收数据电文的,该数据电文进入该特定系统的时间,视为到达时间;未指定特定系统的,该数据电文进入收件人的任何系统的首次时间,视为到达时间。关于要约的生效时间,依发信(投邮)主义以要约寄出之时生效,依到达主义则以要约到达相对人时生效。大陆法系国家大多采到达主义。我国立法和司法实践也采用到达主义。

要约生效后,要约人在要约的有效期限内不得随便反悔。至于要约的存续期间,要约中确定承诺期限的,承诺应当在要约确定的期限内到达要约人;如果要约中没有确定期限,以对话方式作出要约的,受要约人应当即时作出承诺。要约以非对话方式作出的,受要约人应当在合理期限内(如信函往返的在途时间加上对方合理的考虑时间)作出承诺。

(2) 要约的撤回和撤销。

要约可以撤回。撤回要约的通知应当在要约到达受要约人之前或者与要约同时到达受要约人。

要约到达受要约人生效后,要约人不能再撤回要约。对于是否能撤销要约,《合同法》作了限制性的规定。要约可以撤销,撤销要约的通知应当在受要约人发出承诺通知之前到达受要约人。有下列情形之一的,要约不得撤销:① 要约人确定了承诺期限或者以其他形式明示要约不可撤销;② 受要约人有理由认为要约是不可撤销的,并已经为履行合同作出了准备工作。

4. 要约的失效

要约失效,又称要约消灭,即指要约丧失法律约束力,要约人不再受要约的约束。《合同法》规定,有下列情形之一的,要约失效:

(1) 拒绝要约的通知到达要约人;

（2）要约人依法撤销要约；
（3）承诺期限届满，受要约人未作出承诺；
（4）受要约人对要约的内容作出实质性变更。

（二）承诺

1. 承诺的概念和条件

承诺是受要约人同意要约的意思表示。一般情况下，要约一经承诺，合同即告成立。作为一项有效的承诺，必须符合以下4个条件。

（1）承诺应当由受要约人或其代理人作出。

（2）承诺应当在要约确定的期限内到达要约人。受要约人超过期限发出承诺的，除要约人及时通知受要约人该承诺有效的以外，视为新要约。

应予注意，《合同法》规定，要约以信件或者电报作出的，承诺期限自信件载明的日期或者电报交发之日开始计算。信件未载明日期的，自投寄该信件的邮戳日期开始计算。要约以电话、传真等快速通讯方式作出的，承诺期限自要约到达受要约人时开始计算。

（3）承诺的内容应当与要约的内容一致。受要约人对要约的内容作出实质性变更的，为新要约。有关合同标的、数量、质量、价款或者报酬、履行期限、履约地点和方式、违约责任和解决争议方式等的变更，是对要约内容的实质性变更。

承诺对要约作出非实质性变更的，除要约人及时表示反对或者要约表明不得对要约的内容作出任何变更的以外，该承诺有效。合同的内容以承诺的内容为准。

（4）承诺的方式符合要约的要求。根据《合同法》第22条规定，承诺应当以通知的方式作出，但根据交易习惯或者要约表明可以通过行为作出承诺的除外。如果要约规定承诺必须以一定方式作出，否则承诺无效，那么承诺人作出承诺时，必须符合要约人规定的承诺方式。

2. 确定承诺生效的标准

我国《合同法》第25条规定："承诺生效时合同成立。"承诺从何时开始生效，大陆法系与英美法系存在着截然不同的规定。大陆法采用到达主义，即承诺的意思表示于到达要约人支配的范围时生效；英美法采用投邮主义，或称发信主义，即如果承诺的意思表示以邮件、电报表示的，则承诺人将信件投入邮筒或者电报交付电信局即生效力，除非当事人另有约定。我国现行立法采用了到达主义。《合同法》第26条规定："承诺通知到达要约人时生效。承诺不需要通知的，根据交易习惯或者要约的要求作出承诺的行为时生效。"

3. 承诺延迟和承诺撤回

承诺应当在要约确定的期限内到达要约人。受要约人超过承诺期限发出承诺的，除要约人及时通知受要约人该承诺有效的以外，为新要约。

受要约人在承诺期限内发出承诺,按照通常情形能够及时到达要约人,但因其他原因承诺到达要约人时超过承诺期限的,除要约人及时通知受要约人因承诺超过期限不接受该承诺的以外,该承诺有效。

承诺可以撤回。撤回承诺的通知应当在承诺通知到达要约人之前或者与承诺通知同时到达要约人。承诺撤回是《合同法》规定的承诺消灭的唯一原因。撤回承诺,应当以通知的形式由承诺人向要约人发出。撤回通知应当明确表明撤回承诺,不愿意成立合同的意思,否则不产生撤回承诺的效力。

三、合同的形式

合同的形式,是指合同当事人之间达成合同协议的外在表现形式。我国《合同法》允许当事人订立合同采用口头形式、书面形式和其他形式。法律、行政法规规定采用书面形式的,应当采用书面形式。书面形式是指合同书、信件和数据电文(包括电报、电传、传真、电子数据交换和电子邮件)等可以有形地表现所载内容的形式。

四、合同成立的时间和地点

(一) 合同成立的时间

一般合同洽谈成立的过程,往往是要约—新要约—再新的要约—直至承诺的过程。《合同法》规定,承诺生效时合同成立。

当事人采用合同书形式订立合同的,自双方当事人签字或者盖章时成立;在签字或者盖章之前,当事人一方已经履行主要义务,对方接受的,该合同成立。法律、行政法规规定或者当事人约定采用书面形式订立合同,当事人未采用书面形式但一方已经履行主要义务,对方接受的,该合同成立。

当事人采用信件、数据电文等订立合同的,可以在合同成立之前要求签订确认书。签订确认书时合同成立。

(二) 合同成立的地点

承诺生效的地点为合同成立的地点。当事人采用合同书形式订立合同的,双方当事人签字或者盖章的地点为合同成立的地点。采用数据电文形式订立合同的,收件人的主营业地点为合同成立的地点;收件人没有主营业地点的,其经常居住地为合同成立的地点;当事人另有约定的,按照其约定。

五、合同的内容

(一) 合同的一般条款

合同的内容是当事人之间权利义务关系的体现。由于当事人在签订合同时往往通过条款的方式确定合同的内容,所以合同内容通常称为合同条款。

合同权利,又称合同债权,是债权人依据法律或合同规定向债务人请求给付的权利。合同义务是依据法律或合同确定的约定而产生的义务。此外,债务人还应当依据诚实信用原则所产生的,根据合同性质、目的和交易习惯所应承担的通知、协助、保密等随附义务。

按照自愿原则,合同内容由当事人约定,法律一般不作干预。但是,现实生活中的合同种类繁多,内容表述上也千差万别。买卖、承揽、委托、建设工程、租赁等合同,性质、种类不同,具体条款也不一样。为便于合同内容由当事人约定,一般包括以下条款:

(1) 当事人的名称或者姓名和住所;
(2) 标的;
(3) 数量;
(4) 质量;
(5) 价款或者报酬;
(6) 履行期限、地点和方式;
(7) 违约责任;
(8) 解决争议的方法。

应予说明,订立合同时一般需对上述条款认真考虑,但是不能认为只有具备以上全部条款才算成立。我国《民法通则》及《合同法》专门对合同中没有约定质量、价格、履行期限、履行地点等情况如何补救作了规定。除标的、数量等没有约定时合同不成立,其他条款没有约定不一定导致合同不成立,这样有利于防止司法实践中过多地出现合同不成立的情况,有利于促进交易和市场经济的发展。

(二) 合同示范文本和格式条款

订立合同需考虑合同法分则以及其他法律的有关规定。由于社会经济活动的多样性,当事人缺乏经验,订立、履行合同时往往考虑不周全而产生纠纷。在实践中,通过采取宣传、推广合同示范文本的做法,会产生积极作用。因此,《合同法》特别规定,当事人可以参照各类合同的示范文本订立合同。这里有两点需注意:一是这里讲的示范文本不是某单位自己制定的格式(合同)条款,而是由特定机关(机构)主持,在广泛听取各方面意见之后拟定的示范文本。二是这里仅仅是"参照",供当事人参考的合同示范文本,本身不具有法律约束力,只有经当事人选用并签字(盖章)认可,才具有法律约束力。

格式(合同)条款,是指当事人(特别是一些垄断性企业)为了重复使用而预先拟定,并在订立合同时未与对方协商的条款。为了维护公平、保护弱者,《合同法》对格式条款从三方面作了限制性规定:第一,提供格式条款的一方应当遵循公平原则确定当事人之间的权利和义务,并采取合理的方式提请对方注意免除或者限制其责任的条款,并按照对方的要求,对该条款予以说明;第二,提供格式条款一方免除其责任、加重对方责任、排除对方主要权利的条款无效;第三,对格式条款的理解发生争议的,应当按照通常理解予以解释。对格式条款有两种以上解释的,应当作出不利于提供格式条款一方的解释。格式条款和非格式条款不一致的,应当采用非格式条款。

六、缔约过失责任

缔约过错责任,是指一方当事人在订立合同过程中,因为过错或过失违反依诚实信用原则负有的先合同义务,导致合同不成立,或者合同虽然成立,但不符合法定的生效条件而被确认不生效、无效、被变更或被撤销,给对方造成损失时所应承担的民事责任。所谓先合同义务,又称先契约义务或缔约过程中的附随义务,是指自缔约当事人因签订合同而相互接触磋商,至合同有效成立之前,双方当事人依诚实信用原则负有协助、通知、告知、保护、照管、保密、忠实等义务。《合同法》对缔约过失责任作了如下规定:

(一) 订立合同过程中一般过错责任

当事人在订立合同过程中有下列情形之一,给对方造成损失的,应当承担赔偿责任:

(1) 假借订立合同,恶意进行磋商;

(2) 故意隐瞒与订立合同有关的重要事实或者提供虚假情况;

(3) 有其他违背诚实信用原则的行为。

(二) 违反保守商业秘密义务的责任

当事人在订立合同过程中知悉的商业秘密,无论合同是否成立,不得泄露或者不正当使用。泄露或者不正当使用该商业秘密给对方造成损失的,应当承担赔偿责任。

第三节 合同的效力

合同的效力问题是指合同是否有效,有效合同对当事人具有法律约束力,国家给予法律保护。根据合同的效力不同,合同分为有效合同、效力待定合同和无效合同。根据不同情况可能有4种结果:一是有效合同;二是无效合同;三是可变更或者撤销合同;四是合同效力待定。《合同法》分别对此作了具体规定。

一、有效合同

依法成立的合同,自成立时生效。法律、行政法规规定应当办理批准、登记等手续的,依照其规定(形式手续完整)。合同属于双方(或多方)的民事法律行为。因此,有效合同需要具备《中华人民共和国民法总则》规定的民事法律行为应当具备的

三个条件:
(1) 行为人具有相应的民事行为能力;
(2) 意思表示真实;
(3) 不违反法律、行政法规的强制性规定,不违背公序良俗。

二、无效合同

(一) 无效合同的含义

无效合同是指不发生法律效力的合同。合同一旦被确认为无效,从订立时起就没有法律效力,不受法律保护。当事人双方据此确立的权利义务关系也随之无效。合同尚未履行的不再履行;正在履行的停止履行。

对这类合同,应当区分全部无效还是部分无效。仅确认合同的某一或某几个条款无效而不影响整个合同合法有效的,其余条款仍然有效。部分无效的条款,经删除或修改,合同仍须履行。

(二) 确认无效合同的依据

有下列情形之一的,合同无效:
(1) 一方以欺诈、胁迫的手段订立合同,损害国家利益;
(2) 行为人与相对人恶意串通,损害他人合法权益的;
(3) 以合法形式掩盖非法目的;
(4) 损害社会公共利益;
(5) 违背公序良俗的;
(6) 违反法律、行政法规的强制性规定,但是该强制性规定不导致该民事法律行为无效的除外。

《合同法》还对免责条款做了规定。一般来说,当事人经过充分协商确定的免责条款,只要建立在当事人自愿的基础之上,法律予以承认。但是对于严重违反诚实信用原则和社会公共利益的免责条款,法律予以禁止。《合同法》规定合同中的下列免责条款无效:
(1) 造成对方人身伤害的;
(2) 故意或者重大过失造成对方财产损失的。

三、可变更或者撤销的合同

(一) 可变更或者撤销的合同的含义

可变更或者撤销的合同,是指合同成立后,存在法定事由,人民法院或者仲裁机构根据当事人的申请在审理后根据具体情况准许变更或者撤销有关内容的合同。

应予注意,无效的合同和被撤销的合同,自始没有法律约束力。而可撤销合同需有关当事人向人民法院或者仲裁机构提出申请;人民法院或者仲裁机构未宣布撤销前仍然有效,一经宣布撤销,自始没有法律约束力。另外,当事人请求变更的,人民法院和仲裁机构不得撤销。

(二)请求变更或者撤销合同的法定事由

(1)因重大误解订立的合同;

(2)一方或者第三人以欺诈、胁迫的手段,使对方在违背真实意思的情况下订立的合同;

(3)一方利用对方危困状态、缺乏判断能力等情形,致使民事法律行为成立时显失公平的。

(三)撤销权的消灭

有下列情形之一的,撤销权消灭:

(1)当事人自知道或者应当知道撤销事由之日起1年内、重大误解的当事人自知道或者应当知道撤销事由之日起3个月内没有行使撤销权;

(2)当事人受胁迫,自胁迫行为终止之日起1年内没有行使撤销权;

(3)当事人知道撤销事由后明确表示或者以自己的行为表明放弃撤销权。

(4)当事人自民事法律行为发生之日起5年内没有行使撤销权的,撤销权消灭。

(四)无效合同或者被撤销的后果

对无效合同、可撤销合同引起的财产后果,适用以下三种方法处理。

(1)当事人依据该无效合同、可撤销合同取得的财产,应当予以返还;不能返还或者没有必要返还的应当折价补偿。

(2)有过错的一方应当赔偿对方因此所受到的损失。双方都有过错的,应当根据过错大小、责任主次,各自承担相应的责任。

(3)当事人恶意串通,损害国家、集体或者第三人利益的,因此取得财产收归国家所有或者返还集体、第三人。

另外,我国《合同法》还规定,合同无效、被撤销或者终止的,不影响合同中独立存在的有关争议解决方法的条款的效力。

四、效力待定的合同

在实际工作中,有些合同在某些方面不符合合同生效条件,但不宜作为无效合同,应当采取措施,有条件的尽量促使合同生效;有些合同中,当事人约定附条件或附期限,也需视情况才能确定合同效力。这类合同主要有以下五种情况。

第一,附条件的合同和附期限的合同。

当事人对合同的效力可以约定附条件。附生效条件的合同,自条件成就时生效。附解除条件的合同,自条件成就时失效。

当事人为自己的利益不正当地阻止条件成就的视为条件成就;不正当地促成条件成就的视为条件不成就。

当事人对合同的效力可以约定附期限。附生效期限的合同,自期限届至时生效。附终止条件的,自期限届满时失效。

第二,限制民事行为能力人订立的合同,经法定代理人追认后,该合同有效,但纯获利益的合同或者与其年龄、智力、精神健康状态相适应而订立的合同,不必经法定代理人追认。

相对人可以催告法定代理人在1个月内予以追认。法定代理人未作表示的,视为拒绝追认。合同被追认前,善意相对人有撤销的权利。撤销应当以通知的方式作出。

第三,行为人没有代理权、超越代理权或者代理权终止后以被代理人名义订立合同,未经被代理人追认,对被代理人不发生效力,由行为人承担责任。但是相对人有理由相信行为人有代理权的,该代理行为有效。

相对人可以催告被代理人在一个月内予以追认。被代理人未作表示的,视为拒绝追认。合同被追认前,善意相对人有撤销的权利。撤销应当以通知的方式作出。

第四,法人或者其他组织的法定代表人、负责人超越权限订立的合同,除相对人知道或者应当知道其超越权限的以外,该代表行为有效。

第五,无处分权的人处分他人财产,经权利人追认或者无处分权的人订立合同后取得处分权的,该合同有效。

第四节 合同的履行

一、合同的履行原则

合同的履行,是指合同的当事人按照合同的约定,全面完成各自承担的义务,使合同关系全部终止的行为。其含义既包括合同的当事人全面正确实现合同义务的行为,如交付标的物、完成约定的工作并交付工作成果、提供约定的服务等,也指当事人全面完成合同义务的全过程。合同的履行原则是当事人在履行合同时所应遵循的基本原则,包括全面履行原则、诚实信用履行原则和促进交易履行原则。

(一)全面履行原则

当事人应当按照合同约定的主体、标的、数量、质量、价款等,在适当的履行期限、履行地点,用适当的履行方式,全面完成合同义务。

(二)诚实信用履行原则

订立、履行合同应当遵循诚实信用原则,除了全面履行合同义务这一基本内涵外,当事人还应当履行诚实信用原则所产生的附属义务,即根据合同的性质、目的和交易习惯履行通知、协助、保密等义务。

（三）促进交易履行原则

合同生效后，当事人就质量、价款或者报酬、履行地点等内容没有约定或者约定不明确的，应当按照便于交易、利于交易的原则，由当事人达成协议补充；不能达成补充协议的，按照合同有关条款或者交易习惯确定。

二、合同内容约定不明确时的履行

当事人就有关内容约定不明确、事后不能达成补充协议，按照合同有关条款或者交易习惯仍不能确定的，适用下列规定：

（1）质量要求不明确的，按照国家标准、行业标准履行；没有国家标准、行业标准的，按照通常标准或者符合合同目的的特定标准履行。

（2）价格或者报酬不明确的，按照订立合同时的市场价格履行；依法应当执行政府定价或者政府指导价的，按照规定履行。

（3）履行地点不明确，给付货币的，在接受给付一方所在地履行；交付不动产的，在不动产所在地履行；其他标的在履行义务一方所在地履行。

（4）履行期限不明确的，债务人可以随时履行，债权人也可以随时要求履行，但应当给对方必要的准备时间。

（5）履行方式不明确，按照有利于实现合同目的的方式履行。

（6）履行费用的负担不明确的，由履行义务一方负担。

三、价格发生变动时的合同履行

合同履行过程中发生价格变动是比较普遍的情况。随着我国市场经济的发展，大部分商品和服务价格实行市场调节价，只有极少数商品和服务价格执行政府定价或者政府指导价。《合同法》规定，执行政府定价或者政府指导价的，在合同约定的交付期限内政府价格调整时，按照交付时的价格计价。逾期交付标的物的，遇价格上涨时，按照原价格执行；价格下降时，按照新价格执行。逾期提取标的物或者逾期付款的，遇价格上涨时，按照新价格执行；价格下降时，按照原价格执行。

四、合同履行中的抗辩权

合同可分为双务合同和单务合同。一般来说，绝大多数合同都是双务合同，它要求合同的双方当事人都必须承担义务，并且相互对待履行合同，以给付的交换为目的，只有在双方都履行了合同义务之后，合同的目的才能实现。所谓合同履行中的抗辩权，是指在符合法定条件时，双务合同中当事人一方对抗对方的履行请求权，暂时拒绝履行其债务的权利。它包括同时履行抗辩、顺序履行抗辩权和不安抗辩权。

（一）同时履行抗辩权

当事人互负债务,没有先后履行顺序的,应当同时履行。一方在对方履行之前有权拒绝其履行要求。一方在对方履行债务不符合约定时,有权拒绝其相应的履行要求。

（二）顺序履行抗辩权

当事人互负债务,有先后履行顺序,先履行一方未履行的,后履行一方有权拒绝其履行要求。先履行一方履行债务不符合约定的,后履行一方有权拒绝其相应的履行义务。

（三）不安抗辩权

应当先履行债务的当事人,有确切证据说明对方有下列情形之一的,可以中止履行：

（1）经营情况严重恶化；
（2）转移财产,抽逃资金,以逃避债务；
（3）丧失商业信誉；
（4）有丧失或者可能丧失履行债务能力的其他情形。

当事人行使不安抗辩权中止履行的,应当及时通知对方。对方提供适当担保时,应当恢复履行。中止履行后,对方在合理期限内未恢复履行能力并且未提供适当担保的,中止履行的一方可以解除合同。当事人没有确切证据中止履行的,应承担违约责任。

五、合同保全措施

合同的保全措施是指为防止因债务人的财产不当减少而给债权人的债权带来危害,债权人为保全其债权的实现而采取的法律措施,保全措施包括代位权和撤销权。

（一）代位权

代位权是指债务人怠于行使其到期债权,对债权人造成损害的,债权人可以向人民法院请求以自己名义代位行使债务人债权的权利。行使代位权的条件是：

（1）债权人对债务人的债权合法；
（2）债务人怠于行使其到期债权,对债权人造成损害；
（3）债务人的债权已到期；
（4）债务人的债权不是专属于债务人自身的债权。

专属于债务人自身的债权,是指基于抚养关系、赡养关系、继承关系产生的给付请求权和劳动报酬、退休金、养老金、抚恤金、安置费、人寿保险、人身伤害赔偿请求权等权利。专属于债务人自身的债权,债权人不得代位行使。

（二）撤销权

撤销权是指因债务人放弃债权或者无偿转让财产,或者债务人以明显不合理的低价转让财产并且受让人知道该情形的,对债权人造成损害的,债权人可以请求人民法院撤销债务人这种行为的权利。

撤销权自债权人知道或者应当知道撤销事由之日起 1 年内行使。自债务人的行为发生之日起 5 年内没有行使撤销权的,该撤销权消灭。

第五节 合同的变更和转让

一、合同变更

合同变更是指合同成立之后、履行完毕之前由双方当事人依法对合同的内容所进行的修改、补充、增加或者删除的法律行为。合同依法成立,即具有法律约束力,任何一方不得擅自变更合同。但是由于各种情况变化可能会对合同履行造成不利的影响,法律允许变更合同,有助于避免或减少不必要的损失。这里讲的合同变更,是在合同的主体不改变的前提下对合同内容或标的的变更,合同性质和标的性质并不改变。

《合同法》规定,当事人协商一致,可以变更合同,法律、行政法规规定变更合同应当办理批准、登记等手续的,应当办理批准、登记手续;当事人对合同变更的内容约定不明确的,推定为未变更。

二、合同转让

（一）合同转让的概念

合同转让是指合同当事人依法将合同的全部或者部分权利义务转让给他人的行为。合同转让可分为合同权利转让、合同义务转让和合同权利义务全部转让三种。

（二）合同权利的转让

债权人可以将合同的权利全部或者部分转让给第三人,但有下列情形的除外:

（1）根据合同情况不得转让;

（2）按照当事人约定不得转让;

（3）按照法律规定不得转让。

债权人转让权利的,应当通知债务人。未经通知,该转让对债务人不发生效力。债权人转让权利的通知不得撤销,但经受让人同意的除外。

债权人转让权利的,受让人取得与债权有关的从权利,但从权利专属于债权人自身的除外。

债务人接到债权转让通知时,债务人对让与人享有债权,并且债务人的债权先于转让的债权到期或者同时到期的,债务人可以向受让人主张抵销。债务人接到债权转让通知后,债务人对让与人的抗辩,可以向受让人主张。未经通知,该转让对债务人不发生效力。

（三）合同义务转让

债务人将合同的义务全部或者部分转让给第三人的,应当经债权人同意。

债务人转移义务的,新债务人可以主张原债务人对原债权人的抗辩;同时应当承担与债务有关的从债务,但该从债务专属于原债务人自身的除外。

（四）合同转让的其他规定

（1）当事人一方经对方同意,可以将合同中的权利义务一并转让给第三人。合同权利义务一并转让的适用上述规定。

（2）法律、行政法规规定转让权利或者义务应当办理批准、登记等手续的,应当办理批准、登记手续。

（3）当事人订立合同后合并的,由合并后的法人或者其他组织行使合同权利,履行合同义务。当事人在订立合同后分立的,除债权人和债务人另有规定的以外,由分立的法人或者其他组织对合同的权利和义务享有连带债权,承担连带责任。

第六节 合同的终止

一、合同终止的概念及原因

合同终止是指合同当事人双方终止合同关系,合同确立的关系消灭。《合同法》规定,有下列情形之一的,合同的权利义务终止:

（1）债务已经按照约定履行;

（2）合同解除;

（3）债务相互抵销;

（4）债务人依法将标的物提存;

（5）债权人免除债务;

（6）债权债务归于一人;

（7）法律规定或者当事人应当终止的其他情形。

合同的权利义务终止后,当事人应当遵循诚实信用原则,根据交易习惯履行通知、协助、保密等义务。合同的权利义务终止,不影响合同中结算和清理条款的效力。

二、合同的解除

（一）合同解除的概念

合同解除是指合同有效成立后,根据法定条件或者当事人协议,提前终止合同权利义务关系。合同解除分两种情况:一是协议解除,二是法定解除。

1. 协议解除

协议解除是指双方当事人协商同意解除合同。包括：在订立合同时约定解除合同的条件，当解除合同条件成就时，当事人就可以解除合同；或者在合同履行过程中，经双方协商同意解除合同。

2. 法定解除

法定解除是指合同成立后，没有履行或没有完全履行以前，当事人一方行使法定解除权而使合同终止。有下列情形之一的，当事人可以解除合同：

（1）因不可抗力致使不能实现合同目的；

（2）在履行期限届满之前，当事人一方明确表示或者以自己的行为表明不履行主要债务；

（3）当事人一方迟延履行主要债务，经催告后在合理期限内仍未履行；

（4）当事人一方迟延履行债务或者其他违约行为致使不能实现合同目的；

（5）法律规定的其他情形。

从上述（2）、（3）、（4）规定来看，只有在不履行主要债务、不能实现合同目的的情况下，也就是根本违约时，才能依法解除合同。如果仅是一般违约（部分质量不合格、履行稍延迟等情况），当事一方不能解除合同，而应按违约责任处理。

（二）解除合同的程序

解除合同的程序是，当事人一方行使解除权时应当通知对方。合同自通知达到对方时解除。对方有异议的，可以请求人民法院或者仲裁机构确认解除合同的效力。法律、行政法规规定的解除合同应当办理批准、登记等手续的，应当办理批准、登记手续。

合同解除后，尚未履行的，终止履行；已经履行的，根据履行情况和合同性质，当事人可以要求恢复原状、采取其他补救措施，并有权要求赔偿损失。

三、抵销

（一）法定抵销

法定抵销，是指由法律规定抵销条件，当条件具备时，按照当事人一方的意思表示即可发生抵销债务的效力。当事人互负到期债务，该债务的标的物种类、品质相同的，任何一方可以将自己的债务与对方的债务抵销，但依照法律规定或者合同性质不得抵销的除外。

当事人主张抵销的，应当通知对方。通知自到达对方时生效。抵销不得附条件或者附期限。

（二）协议抵销

协议抵销，是由互负债务的当事人协商一致后发生的抵销。《合同法》规定，当事人互负债务，标的物种类、品质不相同，经双方协商一致，也可以抵销。

四、提存

（一）提存的概念

提存是指由于债权人的原因而无法向其交付标的物时，债务人将标的物交给提存机构而使合同权利义务关系终止的一项制度。由于债权人的原因致使合同不能履行，债权人应承担相应的责任，但债务人的债务并未消灭，债务人仍需履行义务，并需随时履行，这对债务人是不公平的。为解决这一问题，法律设立了提存制度。

（二）提存的适用条件

有下列情形之一，难以履行债务的，债务人可以将标的物提存：

（1）债权人无正当理由拒绝受领；

（2）债权人下落不明；

（3）债权人死亡未确定继承人或者丧失民事行为能力未确定监护人；

（4）法律规定的其他情形。

（三）提存规则

1. 提存机构

提存机构，即负责保管提存物的法律规定机构。《合同法》对此未作明确规定。1995年司法部颁布了《提存公证规则》全面规定了提存制度，规定公证机关是提存机关。

2. 标的物提存及相关费用

标的物不适宜提存或者提存费用过高的，债务人依法可以拍卖或者变卖标的物，提存所得的价款。

标的物提存后，毁损、丢失的风险由债权人承担。提存期间，标的物的孳息归债权人所有。提存费用由债权人承担。

3. 提存通知

标的物提存后，除债权人下落不明的以外，债务人应当及时通知债权人或者债权人的继承人、监护人。

4. 提存期限

债权人可以随时领取提存物。但债权人对债务人负有到期债务的，在债权人未履行债务或者提供担保之前，提存机构根据债务人的要求应当拒绝其领取提存物。债权人领取提存物的权利，自提存之日起5年之内不行使而消灭，提存物扣除提存费用后归国家所有。

五、免除债务

债权人免除债务人部分或者全部债务的，合同的权利义务部分或者全部终止。

债权人免除债务,实际是债权人自愿放弃债权。免除具有使债务绝对消灭的效力,免除的效力还同时及于债权的从权利。

六、混同

债权和债务同归于一人,合同的权利义务终止。如企业合并使两个企业之间的债权债务同归于一个企业而消灭,但涉及第三人利益的除外,即合同权利系他人权利的标的时,债权不因混同而消灭。

第七节 违约责任

一、违约责任的概念

违约责任即违反合同的民事责任,是指合同当事人不履行合同义务,或者履行合同义务不符合规定时应承担的民事责任。

违约责任是《合同法》规定的一项重要制度,不仅是保障合同履行,确保当事人合法权益的需要,而且也是处理合同争端、确保市场经济秩序的重要法律依据。因此,违约责任制度是合同具有法律约束力的集中体现,是合同法律制度的核心内容。

二、承担违约责任的前提和构成要件

（一）承担违约责任的前提

合同的有效成立,是承担违约责任的前提。因为合同有效,才对当事人具有法律约束力,并受国家法律保护。如果合同无效,则合同约定事项及当事人的权利义务不受国家法律保护,故不存在违约及违约责任的问题。

（二）违约责任的构成要件

《合同法》规定,当事人一旦不履行合同义务或者履行合同义务不符合规定的,应当承担违约责任。也就是说,只要当事人有不履行合同义务或者履行合同义务不符合约定的情况存在,不管当事人主观上是否有过错,除不可抗力可以免责外,都要承担违约责任。

在这一问题上,我国法律规定历经发展。最早制定的《经济合同法》采用的是过错责任。《经济合同法》规定,由于当事人一方的过错,造成经济合同不能履行或者不能完全履行,由有过错的一方承担违约责任。后来制定的《民法通则》《涉外经济合同法》《技术合同法》对此有了发展。《民法通则》对民事责任来讲,总的是过错责任,同时作了没有过错但法律规定应承担民事责任的,应当承担民事责任的规定。《民法通则》在违反合同的民事责任中专门规定,当事人一方不履行合同义务或者履

行合同义务不符约定条件的,要承担民事责任,这实际上是一种无过错责任或严格责任。《涉外经济合同法》和《技术合同法》都采用了严格责任原则。《合同法》对违约责任也采用了严格责任原则。至于缔约过失、无效合同或可撤销合同,采取过错责任,分则中个别合同特别规定了过错责任的,按过错责任承担违约责任。

违约责任的构成要件主要是:有违约行为;有损害事实;违约行为与损害事实之间存在因果关系。在过错责任条件下,还需有当事人主观上存在过错。

三、免责事由

(一) 法定事由——不可抗力

不可抗力,是指当事人不能预见、不能避免并且不能克服的客观情况。因不可抗力不能履行合同的,根据不可抗力的影响,部分或者全部免除责任,但法律另有规定的除外。当事人迟延履行后发生不可抗力的,不能免除责任。

当事人一方因不可抗力不能履行合同的,应当及时通知对方,以减轻可能给对方造成的损失,并应当在合理期限内提供证明。

(二) 免责条款

免责条款是指当事人在合同中约定的用以免除或者限制其未来合同责任的条款。在约定免责条款时,要依法进行,内容合法。《合同法》禁止免责的条款有:(1)免除造成对方人身伤害的责任的条款;(2)免除因故意或者重大过失造成对方财产损失的责任的条款。

(三) 因法律的特别规定

承运人对运输过程中货物的毁损、灭失承担损害赔偿责任,但承运人证明货物的毁损、灭失是因不可抗力、货物本身的自然性质或者合理损耗以及托运人、收货人的过错造成的,不承担损害赔偿责任。

四、承担违约责任的方式

(一) 继续履行

继续履行是指当事人一方不履行合同义务或者履行合同义务不符约定时,另一方当事人可要求其承担继续完成合同义务的行为。

1. 金钱债务违约的继续履行

金钱债务是指当事人直接支付货币的义务。《合同法》规定,当事人一方未支付价款或者报酬的,对方可以要求其支付价款或者报酬。

2. 非金钱债务违约的继续履行

非金钱债务是指除直接支付货币以外的债务,如提供货物、提供劳务、完成工作等。非金钱债务不同于金钱债务,其标的有时具有特定性和不可替代性,所以非金钱债务更应强调实际履行，以利于合同的实现。但是如果出现：（1）法律上或事实上不能履行；（2）债务的标的不适于强制履行或者履行费用过高；（3）债权人在合理期限内未要求履行等情况，继续履行已经不可能或者没有必要，当事人可要求赔偿损失等其他补救措施。

（二）采取补救措施

广义的理解，继续履行、赔偿损失、支付违约金等均是违约的补救措施。狭义的理解，是指继续履行、赔偿损失、支付违约金等方式以外的其他补救措施。《民法通则》规定承担民事责任的方式有：停止侵害；排除妨碍；清除危险；返还财产；恢复原状；修理；重作、更换；赔偿损失；支付违约金；消除影响、恢复名誉；赔礼道歉等。这些责任方式有些属于违约责任方式，有的属于侵权责任方式。而违约补救措施通常为恢复原状、修理、重作、更换、退货、减少价款或者报酬等。

《合同法》规定，质量不符合约定的，应当按照当事人的约定承担违约责任。对违约责任没有约定或者约定不明确的，受损害方根据标的性质以及损失的大小，可以合理选择要求对方承担修理、更换、重作、退货、减少价款或者报酬等违约责任。

（三）赔偿损失

1. 赔偿责任构成要件

支付赔偿金的构成要件，因其采用的归责原则不同而有所不同。在采用过错责任原则时，支付赔偿金的构成要件包括：第一，损失事实；第二，违约行为；第三，主观过错。有了损害事实和违约行为，但没有主观过错，包括故意和过失，行为人也不承担责任；第四，违约行为和损失事实之间存在因果关系。在采用严格责任原则时，支付赔偿金的违约责任构成要件无需主观过错。

2. 赔偿金额计算方法

《合同法》规定，当事人一方不履行合同义务或者履行合同义务不符合约定，给对方造成损失的，损失赔偿额应当相当于因违约所造成的损失，包括合同履行后可以获得的利益，但不得超过违反合同一方订立合同时预见到或者应当预见到的因违反合同可能造成的损失。

经营者对消费者提供商品或者服务有欺诈行为的，依照《消费者权益保护法》的规定承担民事责任。

（四）违约金

1. 违约金的概念

违约金是指当事人合同中约定的或者法律规定的，一方违约时应向对方支付一定数量的货币。

2. 违约金的性质

关于违约金的性质，历来存在争论。主要反映在两个方面：一是违约金是否是合同履行的担保方式;二是违约金除具有补偿性质外,是否具有惩罚性质。关于第一个问题,理论界有不同看法,但我国《合同法》明确将违约金作为承担违约责任的方式之一。关于第二个问题,根据原《经济合同法》的规定,是惩罚性违约金为主,补偿性违约金为辅。而《涉外经济合同法》和《技术合同法》则放弃了违约金的惩罚性质而确定了违约金的补偿性质。《合同法》借鉴了上述立法经验,明确规定,约定的违约金低于违约造成的损失的,当事人可以请求人民法院或者仲裁机构予以增加;约定的违约金过分高于违约造成的损失的,当事人可以请求人民法院或者仲裁机构均予以适当减少。可见,《合同法》规定的违约金基本上是补偿性质,只有在约定的违约金没有过分高于造成的损失时,违约金才具有一部分惩罚性质。

(五) 定金

定金作为一种担保形式,将在《担保法》一章中阐述。《合同法》规定,当事人既约定违约金又约定定金的,一方违约时对方可以选择适用违约金或者定金条款。

五、违约行为与侵权行为竞合

违约行为与侵权行为竞合是指当事人一方的同一行为既构成违约行为,又构成侵权行为。一般认为,此时受害方只能选择两者之中有利于自己的一种提起诉讼,而不能主张双重请求。《合同法》规定,当事人一方的违约行为,侵害对方人身、财产权益的,受损害方有权选择依照《合同法》要求其承担违约责任或者依照其他法律要求其承担侵权责任。

第八节 合同的法律适用和争议处理

一、合同的法律适用

(一) 特别法优于普通法

《合同法》是我国民事方面有关合同问题的基本法律,有关合同问题的基本内容在《合同法》中都作了规定。另外,我国其他法律也涉及一些合同种类,如《商标法》《专利法》《著作权法》《担保法》《保险法》《海商法》《中外合资经营企业法》《中外合作经营企业法》等法律中的相关合同,《合同法》中没有引入。对于这些合同,应当说原则上都可以适用《合同法》。但是,在法理上有特别法优于普通法的原则,所以《合同法》规定,其他法律对合同另有规定的,从其规定。只有在其他法律中没有规定的,才适用《合同法》。

(二) 无名合同的法律适用

列名合同是《合同法》分则和其他法律中规定的合同。无名合同是指《合同法》

和其他法律没有明文规定的合同。

在无名合同的法律适用上,《合同法》设定了两条原则。一是适用《合同法》总则的规定,即《合同法》总则中有关合同的原则、合同的订立和履行、变更、转让、违约责任等方面的规定,都可以适用于无名合同。这样对无名合同来说,就有了最基本的法律规范。二是可以参照《合同法》分则或者其他法律最相类似的规定,即在合同确定的具体内容或具体权利义务时,可以参照这些适用规定。

（三）涉外合同的法律适用

涉外合同的当事人可以选择处理合同争议所适用的法律,但法律另有规定的除外(如中国境内履行的中外合资经营企业合同、中外合作营企业合同、中外合作勘探开发自然资源合同,适用我国法律)。涉外合同的当事人没有选择的,适用与合同有最密切联系的国家的法律。

二、合同争议处理

当事人可以通过和解或者调解解决合同争议。当事人不愿和解、调解或者和解、调解不成的,可以根据仲裁协议向仲裁机关申请仲裁。涉外合同的当事人可以根据仲裁协议向中国仲裁机关或者其他仲裁机构申请仲裁。当事人没有订立仲裁协议或者仲裁协议无效的,可以向人民法院起诉。

参 考 文 献

1. 王利明：《合同法研究(第四卷)》(第二版),中国人民大学出版社,2017年。
2. 林琳、腾笛：《合同法若干基本问题研究》,中国铁道出版社,2016年。
3. 崔建远：《合同法总论(中卷)》,中国人民大学出版社,2016年。
4. 崔建远：《合同法》(第三版),北京大学出版社,2016年。
5. 王利明：《合同法》,中国人民大学出版社,2015年。
6. 法律出版社法规中心：《中华人民共和国合同法案例全解》(上下册),法律出版社,2015年。

第十一章 担保法律制度

[**本章概要**]

担保法律制度是为保证已经成立的合同得到履行从而确保债权人实现债权的法律制度。我国《担保法》规定了五种担保方式,即保证、抵押、质押、留置和定金。本章论述了担保的概念与特征;担保的主要形式;保证、抵押、质押、留置、定金的基本概念和法律规定。

第一节 担保法概述

一、担保的概念及其特征

(一)担保的概念

担保,是指法律为保证特定债权人利益的实现而特别规定的以第三人的信用或者以特定财产保障债务人履行义务、债权人实现权利的制度。债的担保的概念具有以下三方面的含义:第一,债的担保是保障特定债权人债权实现的法律制度。债的担保不同于债的保全。债的保全是担保全体债权人利益的,是债的一般担保;而债的担保是一种特殊担保,是担保特定债权人利益的,其目的也正是为了强化债务人的清偿能力和打破债权人平等的原则,使特定债权人能够从第三人那里得到受偿或者优先于其他债权人受偿。第二,债的担保是以第三人的信用或者特定财产来保障债权人债权实现的制度。在一般情况下,债以债务人的信用为基础,也就是说,债务人以自己的全部财产担保债权的实现,债务人的全部财产是其清偿全部债权的责任财产;而债的担保是以第三人的信用或者特定的财产来担保特定的债权实现。第三,债的担保是对债的效力的一种加强和补充,是对债务人信用的一种保证措施。债的效力之一,是债务人须以其全部财产承担债不履行的责任,但对于特定债权人来说,由于债务人责任的有限性和债权人地位的平等性,其债权并不一定有完全的保障。担保的设定,则使特定的债权人或得以第三人的财产受偿,或得从特定的财产价值中优先于其他债权人受偿。债权人所享有的担保上的权利为一种从权利,债权人的债权为主权利。

（二）担保的法律特征

担保一般具有从属性、可变性及自愿性的特点。

1. 从属性

担保是为保障债权而设立的，一般而言，担保从属于主债权。在合同关系中，担保合同是主合同的从合同，除担保合同另有规定外，主合同无效，担保合同也无效。当然，担保合同被确认无效后，债务人、担保人、债权人有过错的，应当根据其过错各自承担相应的民事责任。

2. 可变性

当事人约定的担保措施是否付诸实施，视主合同履行情况而定。当事人履行了主合同，约定的担保措施不必实施。当事人不履行主合同，约定的担保措施将付诸实施。

3. 自愿性

一般情况下，当事人在经济活动中是否约定担保、约定哪一种担保方式，根据当事人的自愿。

二、担保的适用范围和担保方式

（一）适用范围

根据《担保法》规定：在借贷、买卖、货物运输、加工承揽等经济活动中，债权人需要以担保方式保障其债权实现的，可以依照《担保法》规定设定担保。该项规定表明，我国《担保法》规定的担保适用于民商事领域的经济活动。其他领域如因身份关系而产生的权利义务关系、因政府和国家机关管理行为而发生的权利义务关系均不适用于《担保法》规定的担保。

（二）担保方式

我国《担保法》借鉴了国外的做法，总结了我国的实践经验，规定了五种担保方式，即保证、抵押、质押、留置和定金。

我国《担保法》规定：担保活动应当遵循平等、自愿、公平、诚实信用的原则；第三人为债务人向债权人担保时，可以要求债务人提供反担保。反担保适用《担保法》关于担保的规定；《海商法》等法律对担保有特别规定的，依照其规定。

第二节 保 证

一、保证和保证人

（一）保证及其特征

保证是指保证人和债权人约定，当债务人不履行债务时，保证人按照约定履行债务或者承担责任的行为。保证人承担保证责任后,有权向债务人追偿。保证具有以下3个法律特征。

(1) 保证属于人的担保范畴。保证不同于抵押、质押、留置、定金等物的担保方式,它不是用特定的财产提供担保的,而是以保证人的信誉和不特定财产为他人的债务提供担保的。

(2) 保证人必须是主合同以外的第三人。

(3) 保证人应当具有清偿债务的能力。

(二) 保证人的资格

根据《担保法》规定,具有代为清偿能力的法人、其他组织或者公民可以作保证人。下列主体在保证这种担保方式中将受到限制。

(1) 国家机关不得为保证人,但经国务院批准的为使用外国政府或者国际经济组织贷款进行转贷的除外。

(2) 学校、幼儿园、医院等以公益为目的的事业单位、社会团体不得为保证人。

(3) 企业法人的分支机构、职能部门不得为保证人。企业法人的分支机构有法人的书面授权的,可以在授权范围内提供保证。

(三) 共同保证

同一债务有两个以上保证人的,保证人应当按照保证合同约定的保证份额承担保证责任。没有约定保证份额的,保证人承担连带责任;债权人可以要求任何一个保证人承担全部保证责任;保证人都负有担保全部债权实现的义务。已经承担保证责任的保证人,有权向债务人追偿,并要求承担连带责任的其他保证人偿付其应当承担的份额。

二、保证合同和保证方式

(一) 保证合同的形式

保证人与债权人应当以书面形式订立保证合同。书面保证合同包括:保证人和债权人专门就保证事项单独订立的保证合同;债权人、债务人和保证人三方在主合同中共同订立的保证条款;保证人和债权人之间就保证事项达成协议的信函、传真等文字材料。

(二) 保证合同的内容

保证合同应当包括下列内容:(1) 被保证的主债权种类、数额;(2) 债务人履行债务的期限;(3) 保证方式;(4) 保证担保的范围;(5) 保证的期间;(6) 双方认为需要约定的其他事项。

保证合同不完全具备上述规定内容的,可以补充。

(三) 保证的方式

保证方式有两种:一是一般保证;二是连带责任保证。保证人在订立保证合同时可以进行选择,并承担相应的保证责任。

一般保证和连带责任保证的主要区别在于:一般保证的保证人享有先诉抗辩权,而连带责任的保证人则没有先诉抗辩权。在一般保证中,保证人只有在主合同纠纷经审判或者仲裁,并就债务人财产依法强制执行仍不能履行债务时,才承担保证责任。这时,债务人处于履行债务的第一顺序,保证人处于第二顺序,在债务人不能或者不完全能清偿债务时,保证人对债务的清偿承担补充责任。同时,《担保法》又规定,在下列情况下,一般保证的保证人不得行使先诉抗辩权:(1)债务人住所变更,致使债权人要求其履行债务发生重大困难的;(2)人民法院受理债务人破产案件,中止执行程序的;(3)保证人以书面形式放弃先诉抗辩权的。

在连带责任的担保中,只要债务人在债务清偿期满而没有履行债务,债权人即可以要求债务人清偿债务或者保证人承担保证责任,而无需过问债务人是否有清偿债务的能力。

根据《担保法》规定:当事人在保证合同中约定,债务人不能履行债务时,由保证人承担保证责任的,为一般保证。当事人在保证合同中约定保证人与债务人承担连带责任,或者对保证方式没有约定或者约定不明确的为连带责任保证。

(四)保证人的抗辩权

保证人的抗辩权是指债权人行使债权时,保证人根据法定事由,对抗债权人行使请求权的权利。这包括专属于保证人的抗辩权(如前述一般保证中的先诉抗辩权)和保证人享有的债务人的抗辩权,如债权人超过诉讼时效、债权人未履行相对应的义务等事由,债务人均可作为抗辩理由。债务人放弃抗辩权的,保证人仍然有权抗辩。

(五)单项保证和最高限额保证

保证人与债权人可以就单个主合同分别订立保证合同,也可以协议在最高债权限额内就一定期间连续发生的借款合同或者某项商品交易合同订立一个保证合同。例如,甲商场和一电视机厂订立供货合同,电视机厂每月向甲商场提供30台电视机,合同期限为1年,合同总标的额为100万元人民币。订立合同时,电视机厂要求甲商场提供担保,甲商场找到乙公司作保证人。如果乙公司为甲商场的每笔交易担保,显得有些繁琐,这时可以约定乙公司为最高限额100万元人民币的主合同担保。在实际履行中,甲商场要货在100万元之内,如果不能付款,乙公司应承担保证责任;甲商场要货超过100万元,乙公司对超出100万元的部分债务不承担保证责任。

三、保证责任

(一)保证人承担责任的范围

保证担保的范围包括主债权及利息、违约金、损害赔偿金和实现债权的费用。当事人对保证担保的范围没有约定或者约定不明确的,保证人应对全部债权承担责任。

保证合同另有约定的,保证人按照约定承担责任。

（二）保证人的责任

在保证期间,债权人依法将主债权转让给第三人,保证人在原保证范围内继续承担保证责任。在保证期间,债权人许可债务人转让债务的,应当取得保证人的书面同意,保证人对未经其同意转让的债务,不再承担保证责任。

债权人与债务人协议变更主合同的,应当取得保证人的书面同意。未经保证人书面同意的,保证人不再承担保证责任。

在上述情况下,如果在保证合同中另有约定的,按照约定承担责任。

（三）保证期间

一般保证的保证人与债权人未约定保证期间的,保证期间为主债务履行期届满之日起6个月。在合同约定的保证期间和上述期间内,债权人未对债务人提起诉讼或者申请仲裁的,保证人免除保证责任。债权人提起诉讼或者申请仲裁的,保证期间适用诉讼时效中断的规定。

连带责任保证的保证人与债权人未约定保证期限的,债权人有权自主债务履行期届满之日起6个月内要求保证人承担保证责任。在合同约定的保证期间和上述期间内,债权人未要求保证人承担保证责任的,保证人免除保证责任。

（四）关于保证责任的其他规定

保证人就连续发生的债权作保证而未约定保证期限的,保证人可以随时书面通知债权人终止保证合同。但保证人对通知到达债权人前所发生的债权,承担保证责任。

同一债权既有保证又有物的担保的,保证人对物的担保以外的债权承担保证责任。债权人放弃物的担保的,保证人在债权人放弃权利的范围内免除保证责任。

企业法人的分支机构未经法人的书面授权或者超出范围与债权人订立保证合同的,该合同无效或者超出授权范围的部分无效。债权人和企业法人有过错的,根据其过错各自承担相应的民事责任;债权人无过错的,由企业法人承担民事责任。

下列情形之一的,保证人不承担民事责任：(1)主合同当事人双方串通,骗取保证人提供保证的;(2)主合同债权人采取欺诈、胁迫等手段,使保证人在违背真实意思的情况下提供保证的。

第三节 抵 押

一、抵押的含义

抵押是指债务人或者第三人不转移某一特定财产的占有,将该财产作为债权的担保,债务人不履行债务时,债权人有权依照法律规定以该财产或者以拍卖该财产的价款优先受偿的方式。

抵押法律关系中的当事人为抵押人和抵押权人,客体为抵押物。抵押人指为担保债务的履行而提供抵押物的债务人或者第三人。抵押权人指接受担保的债权人。抵押物指抵押人提供的,用于担保债务履行的特定财产。

根据《担保法》的规定,下列财产可以抵押:(1)抵押人所有的房屋和其他地上定着物;(2)抵押人所有的机器、交通运输工具和其他财产;(3)抵押人依法有处分权的国有的土地使用权、房屋和其他地上定着物;(4)抵押人依法有权处分的国有机器、交通运输工具和其他财产;(5)抵押人依法承包并经发包方同意抵押的荒山、荒沟、荒丘、荒滩等荒地的土地使用权;(6)依法可以抵押的其他财产。

根据《担保法》的规定,下列财产不得抵押:(1)土地所有权;(2)耕地、宅基地、自留地、自留山等集体所有的土地使用权,但前述规定可以抵押的荒山、荒沟、荒丘、荒滩以及乡(镇)、村企业的厂房等建筑物为抵押物,其占用范围内的土地使用权同时抵押的情况除外;(3)学校、幼儿园、医院等以公益为目的的事业单位、社会团体的教育设施、医疗卫生设施和其他社会公益设施;(4)所有权、使用权不明或者有争议的财产;(5)依法被查封、扣押、监管的财产;(6)依法不得抵押的其他财产。

二、抵押合同的内容和抵押物登记

(一)抵押合同的内容

抵押人和抵押权人应当以书面形式订立抵押合同。抵押合同应当包括以下内容:(1)被担保的主债权种类、数额;(2)债务人履行债务的期限;(3)抵押物的名称、数量、质量、状况、所在地、所有权权属或者使用权权属;(4)担保的范围;(5)当事人认为需要约定的其他事项。

抵押合同不完全具备上述内容的,可以补正;抵押权人和抵押人不得在抵押合同中约定在债务履行期届满抵押权人未受清偿时,抵押物的所有权转移为债权人所有。

(二)抵押物登记

财产抵押是重要的民事法律行为,法律规定某些财产抵押要办理抵押登记,不经抵押物登记,抵押合同不发生法律效力。需办理登记的抵押物及登记的部门如下:(1)以无地上定着物的土地的使用权抵押的,为核发土地使用权证书的土地管理部门;(2)以城市房地产或者乡(镇)、村企业的厂房等建筑物抵押的,为产权管理部门或者证明登记部门;(3)以林木抵押的,为县级以上林木主管部门;(4)以航空器、船舶、车辆抵押的,为运输工具的登记部门;(5)以企业的设备和其他动产抵押的,为财产所在地的工商行政管理部门。上述抵押合同自登记之日起生效。

法定抵押权是否以登记为必需要件,立法上有不同规定。《德国民法典》第648条规定,行使法定抵押权,应有预告登记,并有定作人的同意或代替同意的判决及经登记。《日本民法典》第 337 条、第 338 条规定,法定抵押权依法律之规定,当然发生优先权(先取特权),然而为了保全需要,则以登记为必要。在《瑞士民法》中,法定的抵押权有两种:一种为公法性质的法定抵押权,无须登记(第 836 条),而且其效力优先于其他一切担保权;另一种为私法性质的法定抵押权,无须制定合同及公证文书,承揽人无须定作人承诺(第 837 条),可申请登记,然非登记不生效力。我国台湾地区《民法典》第 513 条规定,法定抵押权,依法律之规定发生效力,不以登记为必要,但是依第 759 条规定,与债权同一设质,则应解释为非先经登记,不得为之。

三、抵押权的实现

抵押担保的范围包括主债权及利息、违约金、损害赔偿金和实现抵押权的费用。抵押合同另有约定的,按照约定。

债务履行期届满抵押权人未受清偿的,可以与抵押人协议以抵押物折价或者拍卖、变卖该抵押物所得的价款受偿;协议不成的,抵押权人可以向人民法院提起诉讼。抵押物折价或者拍卖、变卖后,其价款超过债权数额的部分归抵押人所有,不足部分由债务人清偿。

同一财产向两个以上债权人抵押的,拍卖、变卖抵押物所得的价款按照以下规定清偿:(1)抵押合同以登记生效的,按照抵押权登记的先后顺序清偿;顺序相同的,按照债权比例清偿。(2)抵押合同自签订之日起生效的,该抵押物已登记的,按照(1)项规定清偿;未登记的,按照合同生效时间的先后清偿,顺序相同的,按照债权比例清偿。(3)抵押物已登记的先于未登记的受偿。

为债务人抵押担保的第三人,在抵押权人实现抵押权后,有权向债务人追偿。

第四节 质 押

一、质押概述

质押是指债务人或者第三人将其财产移交债权人占有,以该财产作为债权的担保,债务人不履行债务时,债权人有权以该财产卖得价款优先受偿的方式。其中,将出质物交给债权人作债权担保的人,称为出质人;接受并占有出质物的债权人,称为质权人。质押是担保的一种方式。按照质物的不同种类,可将质押分为动产质押和权利质押。

我国《民法通则》第 89 条规定了保证、抵押、定金、留置 4 种债的担保方式,其中抵押担保包括了质押担保。由于抵押和质押在是否转移占有上不同,抵押物不转移占有,而质押的财产必须转移占有,因而在管理上有很大差别。为了完善物的担保制度，借鉴国外经验，《担保法》将抵押和质押分开，对质押专门作了规定。

二、动产质押的主要规定

出质人和质权人应当以书面形式订立质押合同。质押合同自质物移交于质权人占有时生效。

质押合同应当包括以下内容：（1）被担保的主债权种类、数额；（2）质物的名称、数量、质量、状况；（3）债务人履行债务的期限；（4）质押担保的范围；（5）质物移交的时间；（6）当事人认为需要约定的其他事项。

质押合同不完全具备上述内容的，可以补正；出质人和质权人在合同中不得约定在债务履行期届满质权人未受清偿时，质物的所有权转移为质权人所有。

债务履行期届满债务人履行债务的，或者出质人提前清偿所担保的债权的，质权人应当返还质物。债务履行期届满质权人未受清偿的，可以与出质人协议以质物折价，也可以依法拍卖、变卖质物。质物折价或者拍卖、变卖后，其价款超过债权数额的部分为出质人所有，不足部分由债务人清偿。

质权人负有妥善保管质物的义务。因保管不善致使质物灭失或者毁损的，质权人应当承担民事责任。质权人不能妥善保管质物可能致使其灭失或者毁损的，出质人可以要求质权人将质物提存，或者要求提前清偿债权而返还质物。质物有损坏或者价值有明显减少的可能、足以危害质权人权利的，质权人可以要求出质人提供相应的担保。出质人不提供担保的，质权人可以拍卖或者变卖质物，并与出质人协议将拍卖或者变卖所得的价款用于提前清偿所担保的债权或者向与出质人约定的第三人提存。

三、权利质押的主要规定

权利质押是以所有权以外的可让与的财产权作为质权标的的担保方式。与动产质押转移质物不同，权利质押通常依债权证券的交付，或者以订立权利质押合同并进行登记的办法，发生对出质权利占有转移的效力。权利质押关于质物的占有，主要表现在质权人对于出质人行使已出质的权利的控制。

根据《担保法》规定，下列权利可以质押：（1）汇票、支票、本票、债券、存款单、仓单、提单；（2）依法可以转让的股份、股票；（3）依法可以转让的商标专用权、专利权、著作权中的财产权；（4）依法可以质押的其他权利。

权利质押除适用下列规定外，适用前述动产质押的规定。

（1）以汇票、支票、本票、债券、存款单、仓单、提单出质的，应当在合同约定的期限内将权利凭证交付质权人。质押合同自权利凭证交付之日起生效。

汇票、支票、本票、债券、存款单、仓单、提单兑现或者提货日期先于债务履行期的,质权人可以在债务履行届满前兑现或者提货,并与出质人协议将兑现的价款或者提取的货物用于提前清偿所担保的债权或者向与出质人约定的第三人提存。

(2) 以依法可以转让的股票出质的,出质人与质权人应当订立书面合同,并向证券登记机构办理出质登记。质押合同自登记之日起生效。

股票出质后,不得转让,但经出质人与质权人协商同意的可以转让。出质人转让股票所得的价款应当向质权人提前清偿所担保的债权或者向与质权人约定的第三人提存。以有限责任公司的股份出质的,适用《公司法》股份转让的有关规定。质押合同自股份出质记载于股东名册之日起生效。

(3) 以依法可以转让的商标专用权、专利权、著作权中的财产权出质的,出质人与质权人应当订立书面合同,并向其管理部门办理出质登记。质押合同自登记之日起生效。

上述权利出质后,出质人不得转让或者许可他人使用,但经出质人与质权人协商同意的,可以转让或者许可他人使用。出质人所得的转让费、许可费应当向质权人提前清偿所担保的债权或者向与质权人约定的第三人提存。

第五节 留 置

一、留置权及其特征

留置是指债权人因保管合同、运输合同、加工承揽合同等合同依法占有债务人的动产,债务人不按照约定的期限履行债务,债权人有权依照法律规定留置该财产,以留置财产折价或者拍卖、变卖该留置物,从所得价款中优先得到清偿的方式。留置权是指债权人对已合法占有的债务人的动产,在债权未能如期获得清偿前,留置该动产作为担保和实现债权的权利。留置权具有以下 4 个特征:

(1) 留置权是一种从权利,它以担保主债权实现、债务人履行其合同义务而设定;

(2) 留置权属于他物权,留置权人有从留置的债务人财产的价值中优先受偿的权利;

(3) 留置权是一种法定担保方式,可依法律规定而发生;

(4) 留置权的适用范围仅限于保管合同、运输合同、加工承揽合同等法律规定可以留置的其他合同。

二、留置权的实现

债权人与债务人应当在合同中约定,债权人留置财产后,债务人应当在不少于 2 个月的期限内履行债务。债权人与债务人在合同中未约定的,债权人留置债务人财产后,应当确定 2 个月以上的期限,通知债务人在该期限内履行债务。

债务人逾期仍不履行的,债权人可以与债务人协议以留置物折价,也可以依法拍卖、变卖留置物。留置物折价或者拍卖、变卖后,其价款超过债权数额的部分归债务人所有,不足部分由债务人清偿。依照我国《民法通则》和《担保法》的规定,留置权人变价留置物取偿主要有三种方法:(1)以留置物折价取偿;(2)拍卖留置物取偿;(3)以其他形式变卖留置物取偿。

三、留置权的其他规定

留置权人负有妥善保管留置物的义务。因保管不善致使留置物灭失或者毁损的,留置权人应当承担民事责任。

留置担保的范围包括主债权及利息、违约金、损害赔偿金、留置物保管费用和实现留置权的费用。

留置的财产为可分物的,留置物的价值应当相当于债务的金额。

留置权因下列原因消灭:(1)债权消灭的;(2)债务人另行提供担保并被债权人接受的。

第六节 定 金

一、定金的含义

定金是指为担保合同的履行,合同当事人一方,依据法律规定或双方当事人约定,在订立合同时,或合同订立后履行前,预先给付对方当事人的金钱。定金的性质,在《担保法》上是债的一种担保方式。根据其给付目的,定金可分为成约定金、证约定金、违约定金和立约定金。成约定金是指作为合同成立要件的定金;违约定金是指给付定金的一方当事人如不履行合同债务时,收受定金的另一方当事人可予以没收的定金;立约定金是指担保正式订立合同的定金。除非当事人另有约定,《担保法》规定的定金兼有证约定金与违约定金的性质。当事人可以约定一方向对方给付定金作为债权的担保。债务人履行债务后,定金应当抵作价款或者收回。给付定金的一方不履行约定的债务的,无权要求返还定金;收受定金的一方不履行约定的债务的,应当双倍返还定金。

二、定金合同的成立与生效

定金合同要求用书面形式。定金合同是实践性合同,定金合同自实际交付定金时生效。实际交付的定金数额多于或者少于约定数额,视为变更定金合同;收受定金一方提出异议并拒绝接受定金的,定金合同不生效。

定金数额不得超过主合同标的额的 20%。如果超过的,则超过 20% 的部分无效。

三、定金的法律效力

当合同履行时,定金应当返还或者作为给付的一部分,由于设立定金的目的在于担保合同的履行,一旦合同得以履行,定金存在的意义也就丧失了。在合同履行完毕时,定金应予返还。若定金与应为给付的种类相同,则可以作为给付的一部分。

当合同由于可归责于定金给付当事人的事由而陷入不能履行时,给付定金的一方无权要求返还定金。这是由于在该种情况下,给付定金的一方本应向对方当事人就其违约行为负损害赔偿责任,但既然双方当事人已约有定金,则守约方可以径直占有定金作为损害赔偿,而不必就其因对方违约而蒙受的损失负举证责任。而且,除非当事人另有约定,守约方不能再向给付定金的一方提出损害赔偿请求。

当合同由于可归责于收受定金当事人的事由而陷入不能履行时,收受定金的一方当事人应当双倍返还定金。在这种场合下,收受定金的一方当事人作为违约方理应向给付定金的对方当事人负损害赔偿责任。由于收受定金的当事人已经占有了守约方的定金,该笔定金既可作为定金给付方违约时对定金收受方的损害赔偿预定额,当然也可作为定金收受方违约时对定金给付方的损害赔偿预定额,故定金收受方应将其原收受的定金如数退还给付方。总之,由于作为违约方的定金收受方既应向定金给付方赔偿与定金数额相同的损失,又应向收受定金给付方返还其收受的定金,故作为违约方的定金收受方应向定金给付方双倍返还定金。

当合同由于不可归责于双方当事人的事由而陷入不能履行时,收受定金的当事人应当返还定金。若双方当事人对于主合同的履行不能均无过失时,其双方当事人均应免责,故不发生损害赔偿的问题。而且,原定合同既然已经终止,则定金给付方的定金也就丧失了给付原因,定金收受方自应予以返还。

当合同中既有定金条款,又有违约金条款时,当事人只能选择其中一个适用。但需要注意的是,如果收受定金的一方违约,而支付定金的一方选择适用违约金条款,则还可以要求返还定金。

参 考 文 献

1. 曹士兵:《中国担保制度与担保方法》(第四版),中国法制出版社,2017 年。
2. 郭明瑞、房绍坤、张平华:《担保法》(第五版),中国人民大学出版社,2017 年。
3. 孙鹏:《最高人民法院担保法司法解释精释精解》,中国法制出版社,2016 年。
4. 董学立:《担保法理论与实践》(第一辑),中国法制出版社,2016 年。
5. 梁慧星:《民法学说判例与立法研究》,法律出版社,2003 年。

第十二章 票据法律制度

[本章概要]

随着社会主义市场经济的发展,商业活动中票据的使用越来越广泛。为了规范票据行为,保障票据活动中当事人的合法权益,维护社会经济秩序,我国制定专门的《票据法》,对中华人民共和国境内的票据活动予以规制。本章主要就票据与票据法的基本原理,汇票、本票、支票中的各种票据行为、票据权利、票据抗辩以及涉外票据的法律适用等问题进行了阐述。

第一节 票据法概述

一、票据的概念和特征

（一）票据的概念

票据一词有广义和狭义之分。广义上的票据包括各种有价证券和凭证,如债券、股票、仓单、提单等。狭义上的票据是指《票据法》所规定的票据。从世界范围来看,各国票据法所规定的票据并不完全相同,如德国、法国、瑞士等国票据法仅包括汇票和本票,不包括支票。英国《汇票法》中同时规定了本票和支票,未使用票据这一概念。美国则将汇票、本票和支票以及存款单统称为"商业证券"。我国《票据法》上的票据是指出票人依法签发的、约定由自己或委托他人在见票时或者指定日期向收款人或持票人无条件支付一定金额的有价证券,具体包括汇票、本票、支票。

（二）票据的法律特征

1. 票据是一种设权证券

票据所反映的权利由票据行为所创设,票据所证明的权利是票据形成后新创设的权利,不是在票据形成前固有的权利。票据的这一特征将其与其他有价证券区别开来。与设权证券相对应的是证权证券,这种证券是用来证明已经存在的权利,如股票。

2. 票据是有价证券

票据即表示一定财产权利的文书。票据上所表示的权利是支付一定的金额给权利人的债权,票据所表示的权利与票据本身不可分离。票据权利体现在票据上,离开了票据,票据权利就无所依附。持票人拥有票据即拥有票据上的权利。行使票据权利必须持有票据。票据权利的转移,必须交付、转移票据。

3. 票据是无因证券

票据的作成或转让是有原因的,但票据一经作成,票据持有人在转移或者主张票据权利时,可以不必表明其取得票据的原因。谁占有票据,即为票据权利人。持票人只要是善意取得票据,向票据债务人主张票据权利时,不负其取得票据原因的举证责任。票据转让时,受让人也无须了解出让人取得票据的原因。票据债务人在履行票据债务、支付票据金额时,无须了解持票人取得票据的原因,也不负审查持票人取得票据原因的责任。但是,在票据关系直接当事人之间,票据债务人可以以票据原因关系违法等为由进行抗辩。

4. 票据是要式证券

票据是债权债务凭证,各种票据行为都必须严格遵守《票据法》的规定,具备法定形式才具有法律效力。《票据法》对票据上的应记载事项、任意记载事项、不得记载事项,均作了严格规定。不遵守《票据法》的规定,将影响票据的效力。

5. 票据是文义证券

票据上的权利义务必须以精确的文字来表述。一切票据行为的意思表示,均须依照票据上记载的文义为准,不得以票据以外的任何事由或者其他书面文件予以变更或者补充。如票据上记载的出票日与实际出票日不一致的,以票据上记载的日期为准。

6. 票据是流通证券

票据权利可以依票据的背书和交付而转让。票据的生命力在于流通。票据持有人可以按照自己的意愿自由转让票据。当然,票据转让必须遵守《票据法》的规定,才能发生票据权利转移的效力。

二、票据的作用和功能

(一) 支付功能

在现实经济生活中,资金支付经常发生。支付数额较少时,使用现金较为方便。支付数额较大时,现金的携带、保管、清点十分麻烦。用票据支付,既节省时间,又方便、安全、准确。用票据支付时,专门从事金融业务的银行为其提供中介服务,以表现为支付命令的票据替代现金支付,极大地方便了人们的支付、结算活动。

(二) 信用功能

当汇票、本票经背书转让而具有流通性的时候,实际上也就具备了社会信用工具的功能。延期付款中的远期票据,实际上是出票人信用的利用。如远期汇票,取得汇票的供货方如果在汇票到期前需用现款,可以把未到期的汇票到银行申请贴现取得现款;如果汇票取得人在汇票到期前需要履行其他债务,可以通过背书将票据转让给他人。

（三）结算功能

利用票据进行结算,手续简便,能确保交易安全。当事人相互持有对方签发的票据时,可以用票据进行债权债务的抵消。复杂的结算则可以通过现代的票据交换制度进行。

（四）融资功能

在现代金融活动中,票据贴现业务已经成为一项重要的业务。票据贴现的发展,票据融资功能日益突出。银行经营票据贴现业务实际上是向需要资金的企业提供资金。

三、票据法的含义和特征

（一）票据法的含义

票据法是调整票据在签发和流通过程中发生的票据法律关系的法律规范的总称。票据法的调整对象是票据关系。票据关系是票据当事人之间,基于票据行为而直接发生的权利义务关系。票据关系主体的一方为票据债权人,即票据持有人。只有票据持有人才能行使票据权利。票据关系主体的另一方为票据债务人。只有在票据上签名的人才负有票据债务。为了规范票据行为,保障票据活动中当事人的合法权益,维护社会经济秩序,促进我国社会主义市场经济的发展,第八届全国人民代表大会常务委员会第十三次会议于1995年5月10日通过、颁布《中华人民共和国票据法》(以下简称《票据法》),该法于1996年1月1日实施。2004年8月28日,第十届全国人大常委会第十一次会议对《中华人民共和国票据法》进行了修正。从广义上讲,票据法还包括其他各种法律中有关票据的规定,如刑法中关于票据欺诈罪的有关规定,民事诉讼法中有关票据诉讼、公示催告、除权判决的规定。

（二）国际统一票据法运动

票据立法自进入成文法时期以后,由于各国法律文化及政治、经济条件的差异,19世纪末世界各国票据立法形成了三大法系,分别为法国法系、德国法系和英美法系。各国票据法的不同导致票据的流通甚为不便。19世纪后半期,兴起了票据法国际统一运动。从1880年起,国际法学会提出过几次统一草案,还召开有关国际会议。因第一次世界大战发生,统一工作中断。1920年以后统一工作由国际联盟进行。直到1930年,国联召开统一票据法会议,参加国有31个,此次会议签署了三项公约,即《汇票本票统一公约》《解决汇票本票法律冲突公约》《汇票本票印花税公约》,1931年又签署了《统一支票法公约》《解决支票法律冲突公约》《支票印花税公约》。但因英国、美国等英美法系国家认为日内瓦公约的规定与英美法系国家的票据传统和实践相矛盾,而拒绝参加,因此在国际上形成了日内瓦统一票据法系与英美票据法系对峙的局面。20世纪70年代以后,联合国国际贸易法委员会为促使各国票据法的协调和统一,着手制定一项国际汇票与本票的统一法草案,最终于1988年12月经联合国第43次大会通过了《国际汇票本票公约》,并于1990年6月30日前开放各国签字。该公约至今尚未生效。

（三）票据法的特征

1. 强行性特征

票据法是强行法：首先,各国票据的种类是法定的,当事人不得任意创设；其次,票据是严格的要式证券,不得任意签发；再次,票据行为是严格的要式行为。这与民法中法律行为的种类、民事权利的创设、民事行为的履行等任意性规定很不相同,具有法律的强行性。

2. 技术性特征

票据是为便利商品交易和商业信用而创设的,票据法作为规范票据关系和票据行为的法律规范表现为一种纯技术性规范,本身并不表示善恶,这和具有明显道德伦理色彩的刑事、民事法律规范有很大不同。

3. 国际统一性特征

票据法虽是国内法,但有很强的国际统一性。因为,现代经济发展的趋势是全球一体化,任何国家的经济发展都不可能脱离国际经济的协作和国际经济环境的影响。各国间的经济、技术、贸易、文化交往越密切,作为国际支付工具和信用工具的票据应用也就越广泛。这就从客观上要求各国票据立法应遵循统一的票据规范,国际票据规范应广泛协调和趋同。

四、票据法律关系

票据法律关系,简称票据关系,是指票据当事人在票据的签发和流通转让过程中,依据相应的票据法律规范所形成的票据上的权利义务关系。当事人依据票据法实施票据行为,如出票、背书、承兑、付款、保证等时,在各当事人之间就形成了多种多样的票据法律关系。

票据法律关系和其他法律关系一样,也由主体、客体和内容三方面构成：

（一）票据法律关系的主体

票据法律关系的主体,是指票据法律关系的参加者,即在票据的签发和流通转让过程中,通过实施票据行为,取得一定权利、承担一定义务的当事人。票据法律关系的当事人必须通过实施票据行为,才能取得主体资格。票据法律关系的主体是特定的,一般包括出票人、收款人、付款人、持票人、承兑人、背书人、保证人、参加人(包括参加承兑人和参加付款人）。这些主体既可以是个人、法人，也可以是非法人组织，还可能是国家。

（二）票据法律关系的客体

票据法律关系的客体，是指参加票据法律关系的当事人的权利义务所共同指向的对象。由于票据是一种金钱证券，票据法律关系的客体就表现为一定数额的货币，而不是物品。当事人签发和转让票据的目的是为了完成结算过程，清偿一定的金钱债务。

（三）票据法律关系的内容

票据法律关系的内容，是指票据当事人因票据行为依法享有的票据权利和承担的票据义务。票据权利是票据权利人所享有的为实现票据债权而为一定行为或要求他人为一定行为的可能性，包括付款请求权和追索权。票据义务，又称票据责任，是指票据义务人为满足票据权利人的请求而依法为一定行为或不为一定行为的必要性，如付款人的付款义务、承兑人的承兑义务、保证人的担保义务等。

票据法律关系的内容依程序先后可分为两个层次：第一层次是付款请求权和付款义务；第二层次是追索权和偿付义务。

五、票据行为

（一）票据行为的含义

票据行为有广义和狭义之分。广义的票据行为是指以产生、变更和消灭票据上的权利义务关系为目的的法律行为。包括出票、背书、改写、涂销、付款、保证、承兑、参加承兑、参加付款、保付等。而狭义的票据行为仅指发生票据上的债务的法律行为，亦即以负担票据债务为目的而在票据上为意思表示的法律行为。这种法律行为包括出票、背书、保证、承兑、参加承兑和保付六种。本章所讲的票据行为是指狭义的票据行为。在此要指出的是，不同的票据所涉及的票据行为是不同的，有些票据行为是汇票、本票、支票共有的行为，如出票、背书、付款等，而有的只是某一种票据所独有的行为，如承兑是汇票所独有的行为，保付是支票所独有的行为。

（二）票据行为的特征

1. 要式性

票据行为是严格的要式行为，法律对每一种票据行为规定了必要的方式。必须根据法律规定的记载方式在票据上记载有关事项，并由票据行为人签名或者盖章。违背法律规定的方式，就不发生票据上的法律效力。

2. 抽象性

票据行为虽因原因关系而发生，但其内容与原因关系互不相干，其效力与原因关系相分离而独立存在。票据行为的成立和效力上均具有抽象性，只要具备法定方式，票据行为就发生法律效力。

3. 文义性

票据行为人的意思表示,完全以票据上的文义和内容记载为准,不得以票据以外的任何事由或者其他书面文件来变更、补充。票据行为人根据票据文义承担票据责任。

4. 独立性

票据上有数个票据行为时,只要各个票据行为具备法定方式,就各自独立发生法律效力,票据行为人承担相应的票据责任。

(三) 票据行为的要件

票据行为作为一种要式法律行为,除应当符合民事法律行为有效成立的要件外,还须具备票据法规定的特别要件,包括实质要件和形式要件。

1. 实质要件

票据行为人须具备票据能力,包括票据权利能力、行为能力和真实的意思表示等。依法成立的法人、具有完全行为能力的自然人可以成为票据法律关系的主体。不具备票据权利能力和行为能力的人,所为的票据行为无效。但是由于票据行为的独立性特征,即使某一票据行为人因不具备票据能力而使票据行为无效,也并不影响其他有票据能力人的票据行为的法律效力。

票据行为人作出票据行为必须真实、自愿,一方因欺诈、胁迫或乘人之危,使对方在违背真实意思的情况下所为的票据行为,在直接当事人之间可作为抗辩事由,主张票据行为无效。但由于票据行为具有抽象性和文义性特征,在具备法定要件的情况下,在票据上签名或者盖章的行为人必须依照票据上记载的文义承担票据责任。

2. 形式要件

票据行为人必须严格按照《票据法》的规定,以书面形式作成票据,在票据上记载各种必要事项,具备法定形式,并签名或盖章。票据记载事项有必须记载事项、可以记载事项和禁止记载事项之分。不具备法定形式,票据行为无效,这是由票据行为的要式性特点所决定的。

票据行为人依照法定方式记载完毕并签名或盖章后,须将票据交付与收款人,这时票据行为完成并发生法律效力。在票据交付之前发生被盗或遗失等情况,票据行为人对善意取得票据的持有人仍负票据责任。

(四) 票据行为的代理

票据行为是一种民事行为,民法上有关民事法律行为代理的规定,也适用于票据行为。民事法律行为的委托代理,可以用口头形式、书面形式,法律规定用书面形式的应当用书面形式。由于票据注重流通,需充分考虑保护持票人的利益,以维护市场交易安全。因此,各国票据上的代理均实行"严格的显名主义",即要求在票据上表明代理关系。如果没有在票据上表明代理关系,即使是真正的代理人,仍应自己承担票据上的责任。

我国《票据法》规定,票据当事人可以委托其代理人在票据上签章,并应当在票据上表明其代理关系。没有代理权而以代理人名义在票据上签章的,应当由签章人承担票据责任;代理人超越代理权限的,应当就其超越权限的部分承担票据责任。

(五) 票据的伪造、变造、更改、涂销

票据的伪造指假冒他人名义,以行使票据上的权利为目的而为票据行为的行为。票据伪造包括:(1)出票的伪造,即狭义的票据的伪造,是假冒他人名义而为出票行为签发票据;(2)出票行为以外的假冒他人签章而为票据行为,如假冒他人的名义签章为背书、承兑、保证等其他票据行为。票据的变造指依法没有更改权的人,在有效票据上变更除签章以外的其他记载事项,从而使票据上的权利义务内容发生变化的行为,如更改票据金额、付款地、到期日、利息或利率等。

我国《票据法》规定,票据上的记载事项应当真实,不得伪造、变造。变造、伪造票据上的签章和其他记载事项的,应当承担法律责任;票据上有伪造、变造的签章的,不影响票据上其他真实签章的效力;票据上其他记载事项被变造的,在变造之前签章的人,对原记载事项负责;在变造之后签章的人,对变造后的记载事项负责;不能辨认在变造之前或之后签章的,视同在变造之前签章。

票据的更改是指有合法更改权限的人,更改票据上记载事项的行为。票据金额、日期、收款人名称不得更改,更改的票据无效。对票据上的其他记载事项,原记载人可以更改,更改时应当由原记载人签章证明。

票据的涂销是指票据权利人故意将票据上的签名或其他记载事项予以涂抹或销除的行为。由于票据权利人对票据权利有处分权,故票据权利人故意涂销在票据上的签名或记载事项,即发生法律效力,被涂销部分的权利义务归于消灭。

六、票据权利

(一) 票据权利的含义和特征

票据权利,是指持票人向票据债务人请求支付票据金额的权利。根据我国《票据法》第4条第4款的规定,票据权利包括付款请求权和追索权两类。

1. 票据权利是证券性权利

由于票据行为的无因性、要式性和独立性,因此而产生的票据权利就成为一种比一般债权效力更强的权利,即证券性权利。该种权利一经产生,就同证券(票据)密不可分。只有取得证券,才能取得票据权利;也只有依据证券,才能行使票据权利。

2. 票据权利是单一性权利

由于票据权利与票据本身的不可分割性,不可能有两个以上的所有人同时占有同一张票据。因此,就同一票据来说,也就不可能同时存在两个以上的票据权利。故票据权利是一种单一性的权利。

3. 票据权利是二次性权利

票据权利虽属金钱债权,但又不同于一般的金钱债权。金钱债权通常仅为一次性权利,而票据债权则有可能成为二次性权利,即权利人可能对两个以上的不同债务人行使请求权。其应首先承担债务的债务人为主债务人,其他债务人则为从债务人(或称偿还债务人、次债务人)。权利人首先应向主债务人行使请求权,即付款请求权;如未获付款时,则可向从债务人行使追索权,亦即偿还请求权。

(二) 票据权利的取得

依票据权利取得的途径和方法不同,可以分为原始取得与继受取得。

1. 原始取得

出票人作成票据并将其交付于收款人,收款人成为基本票据关系人,原始取得票据权利。

2. 继受取得

这包括:(1) 从持有票据的人通过背书或者交付受让票据而取得票据权利;(2) 其他依法取得,如因公司的合并或者分立、税收、继承、赠与等情况的发生而受让票据,依法取得票据权利等。

应予注意,合法取得票据,才能取得票据权利。合法取得票据的条件是:(1) 依《票据法》规定的票据转让和背书的连续取得票据;(2) 在票据到期日之前取得票据;(3) 善意而非恶意或者有重大过失取得票据;(4) 给付对价取得票据。

我国《票据法》规定,票据的签发、取得和转让,应当遵循诚实信用的原则,具有真实的交易关系和债权债务关系;票据的取得,必须给付对价,即应当给付票据双方当事人认可的相对应的代价。因税收、继承、赠与可以依法无偿取得票据的,不受给付对价的限制,但是,所享有的票据权利不得优于其前手(指在票据签章人或持票人之前签章的其他票据债务人)的权利;以欺诈、偷盗或者胁迫等手段取得票据的,或者明知有该情形,出于恶意取得票据的,不得享有票据权利;持票人因重大过失取得不符合《票据法》规定的票据的,也不享有票据权利。

(三) 票据权利的行使和保全

票据权利的行使是指票据债权人向票据债务人提示票据,请求实现其票据权利的行为,包括两个方面,即持票人向主债务人请求付款而行使付款请求权和向次债务人追索票据金额行使追索权。《票据法》规定,持票人行使票据权利,应当依照法定程序在票据上签章,并出示票据。

票据上的签章,为签名、盖章或者签名加盖章。

票据权利的保全是指票据债权人为防止其票据权利的丧失,依《票据法》规定所作的行为。《票据法》规定,票据债权人在法定期限内向付款人提示承兑,当遭到拒绝时,可依法作成拒绝证书,行使追索权以保全其票据权利。票据债权人在法定期限内向主债务人提示付款,既是付款请求权的行使,又是票据权利的保全行为,当不获付款时,依法作成拒绝证书,即可行使追索权。

持票人对票据债务人行使票据权利,或者保全票据权利,应当在票据当事人的营业场所和营业时间内进行。票据当事人无营业场所的,应当在其住所进行。

(四)票据丧失和票据权利丧失的补救措施

1. 票据丧失的补救措施

票据丧失,失票人可及时通知票据的付款人挂失止付。但是,未记载付款人或无法确定付款人及其代理人的票据除外。

收到挂失止付通知的付款人,应当暂停支付。失票人应当在通知挂失止付后的3日内,也可以在票据丧失后,依法向人民法院申请公示催告,或者向人民法院提起诉讼。公示催告可以向票据支付地的基层人民法院申请。

人民法院决定受理申请,应当同时通知支付人停止支付,并在3日内发出公告,催促利害关系人申报权利。公示催告的期间,由人民法院根据情况决定,但不得少于60日。

利害关系人应当在公示催告期间向人民法院申报。人民法院收到利害关系人的申报后,应当裁定终结公示催告程序,并通知申请人和支付人。

没有人申报的,人民法院应当根据申请人的申请,作出判决,宣告票据无效。判决应当公告,并通知支付人。自判决公告之日起,申请人有权向支付人请求支付。

2. 票据权利丧失的补救措施

为了补救票据权利人因超过票据权利时效或因票据记载事项欠缺而丧失票据权利,我国《票据法》规定了"利益返还请求权"制度,即持票人因超过票据权利时效或因票据记载事项欠缺而丧失票据权利的,仍享有民事权利,可以请求出票人或承兑人返还其与未支付的票据金额相当的利益。

(五)票据权利的时效

票据权利的时效是票据权利存续的期间。我国《票据法》规定,票据权利在下列期限内不行使而消灭:

(1)持票人对票据的出票人和承兑人的权利,自票据到期日起2年,见票即付的汇票、本票,自出票之日起2年;

(2)持票人对支票出票人的权利,自出票之日起6个月;

(3)持票人对前手的追索权,自被拒绝承兑或被拒绝付款之日起6个月;

(4)持票人对前手的再追索权,自清偿日或被提起诉讼之日起3个月。

票据的出票日、到期日由票据当事人依法确定。

七、票据的抗辩

（一）票据抗辩的含义

票据抗辩是指票据债务人根据票据法的规定对票据债权人拒绝履行义务的行为。亦即票据债务人对票据债权人的请求，提出一定的合法事由予以对抗，并依此而拒绝履行票据义务的行为。这里的合法事由称为抗辩事由；提出抗辩，并依此而拒绝履行票据义务的权利称为抗辩权。

（二）票据抗辩的种类

在票据法理论上，票据抗辩分为物的抗辩和人的抗辩两种。

物的抗辩，又称绝对抗辩，主要是基于票据本身无效、票据债权已经消灭、票据时效届满或依票据记载，票据未到期、票据欠缺绝对必要记载事项（如票据金额等）等抗辩原因，对票据债权人所提出的抗辩。票据债务人对一般票据债权人都可以行使这种抗辩权。因为票据是要式证券，如果票据欠缺生效要件，就可以免除或者消灭票据债务人的票据债务。

人的抗辩，又称相对抗辩，是票据债务人基于其与票据债权人之间的法定原因或原因关系而发生的，对抗特定票据债权人的抗辩。这一抗辩权由于票据具有流通性的特点而受到一定的限制，具体表现为：票据债务人不得以自己与出票人之间的抗辩事由对抗持票人；票据债务人不得以自己与持票人的前手之间的抗辩事由对抗持票人。但是，票据债务人可以对不履行约定义务的与自己有直接债权债务关系的持票人，进行抗辩；票据债务人虽然不得以自己与出票人或持票人的前手之间的抗辩事由对抗持票人，但持票人明知存在抗辩事由而取得票据的除外。

另外，《票据法》规定，以欺诈、偷盗或者胁迫等手段取得票据的，或者明知有前列情形，出于恶意取得票据的，不得享有票据权利；持票人因重大过失取得不符合《票据法》规定的票据的，也不得享有票据权利。

第二节 汇 票

一、汇票及其种类

汇票是出票人签发的，委托付款人在见票时或在指定日期无条件支付确定的金额给收款人或持票人的票据。

关于汇票的种类，按汇票的性质、内容、方式等的不同，可作不同的分类。此处扼要介绍如下。

（1）按照信用不同，可分为商业汇票和银行汇票。商业汇票是因商业信用而签发的汇票,其出票人和付款人是具有法人资格的公司、企业。银行汇票是由银行因银行信用而签发,由银行付款的汇票。

(2)按照收款人记载方式不同,可分为记名式汇票、不记名式汇票和指示式汇票。记载收款人姓名的汇票是记名式汇票。未记载收款人姓名的为不记名式汇票,一般写"来人"字样,故又称来人式汇票。汇票上记明"某某人(收款人姓名)或其指定人"字样,可由收款人自主决定的,称指示式汇票。

(3)按照商业汇票承兑人不同,可分为商业承兑汇票和银行承兑汇票。商业汇票由公司、企业承兑的,为商业承兑汇票。由出票人或付款人与银行签订承兑协议,由银行承兑的商业汇票,称为银行承兑汇票。

(4)按照付款期限不同,可分为即期汇票和远期汇票。见票即付的汇票,称为即期汇票。出票人与付款人约定签发汇票后一定期限或特定日期付款的汇票,称为远期汇票。如出票后定期付款的汇票,见票后定期付款的汇票等。

(5)按照汇票是否附有各种交易凭证,可分为跟单汇票和光票。跟单汇票是随附有提货单、保险单等交易单证的汇票。光票是不随附任何交易单证的汇票。

二、出票

出票是指出票人签发票据并将其交付给收款人的票据行为。我国《票据法》规定,汇票必须记载下列事项:(1)表明"汇票"字样;(2)无条件支付的委托;(3)确定的金额;(4)付款人名称;(5)收款人名称;(6)出票日期;(7)出票人签章。汇票上未记载上述事项之一的,汇票无效;票据金额以中文大写和数码同时记载,两者必须一致,两者不一致的,票据无效。

汇票上记载付款日期、付款地、出票地等事项的,应当清楚、明确。汇票上未记载付款日期的,为见票即付;汇票上未记载付款地的,付款人的营业场所、住所或者经常居住地为付款地;汇票上未记载出票地的,出票人的营业场所、住所或者经常居住地为出票地。

付款日期可以按照下列形式之一记载:(1)见票即付;(2)定日付款;(3)出票后定期付款;(4)见票后定期付款。前述规定的付款日期为汇票到期日。

汇票的出票人必须与付款人具有真实的委托付款关系,并且具有支付汇票金额的可靠的资金来源。不得签发无对价的汇票用于骗取银行或其他票据当事人的资金。

出票人签发汇票后,即承担保证该汇票承兑和付款的责任。

三、背书

(一)背书的含义和种类

背书是在票据背面或粘单上记载有关事项并签章的票据行为。持票人有通过背书并交付汇票将汇票权利转让给他人或者将一定的汇票权利授予他人行使的权利。依背书转让汇票权利,不必通知债务人即可生效。

按背书目的、效力及方式等的不同,背书可作不同的分类。

1. 按照背书的目的不同,可分为转让背书和非转让背书

转让背书是以转让票据权利为目的的背书,非转让背书是具有转让票据权利以外的其他目的所作的背书。

2. 按照转让背书的权利转移和担保效力不同,可分为一般转让背书和特殊转让背书

一般转让背书是具有完全的权利转移效力和担保效力的背书。特殊转让背书是权利转移效力和担保效力受到一定限制的背书。

3. 按照一般转让背书的记载事项完全与否,可分为记名背书和空白背书

汇票让与人记明本人和受让人的姓名而作的一般转让背书是记名背书,又称正式背书、完全背书、特别背书。汇票让与人只在汇票背面签名或盖章,而不记明汇票受让人的姓名的是空白背书,又称无记名背书、不完全背书或略式背书。我国《票据法》规定,汇票以背书转让或者以背书将一定的汇票权利授予他人行使时,必须记载被背书人名称。

4. 按照特殊转让背书性质不同,可分为无担保背书、禁止背书的背书、回头背书和期后背书

无担保背书是汇票让与人以特约免除其担保责任所作的特殊转让背书。禁止背书的背书又称禁止转让背书,是汇票让与人附记"禁止转让"字句所作的特殊转让背书。回头背书,又称还原背书,是汇票让与人以其本人之前的票据债务人为汇票受让人所作的特殊转让背书。期后背书是指汇票让与人在汇票到期以后,或作成拒绝证书以后,或作成拒绝证书法定期限届满以后所作的特殊转让背书。

5. 按照非转让背书的目的不同,可分为设质背书和委任背书

设质背书是汇票持有人以票据权利设定质权所作的非转让背书。《票据法》规定,汇票可以设定质押;质押时应当以背书记载"质押"字样。被背书人依法实现其质权时,可以行使汇票权利。

委任背书是汇票持有人授予他人代理行使一定票据权利所作的非转让背书。如《票据法》规定,背书记载"委托收款"字样的,被背书人有权行使被委托的汇票权利。但是,被背书人不得再以背书转让票据权利。

(二) 一般转让背书的法律效力

1. 权利转移的效力

背书后,票据上所有的权利均由背书人转移给被背书人或持票人。

2. 权利担保的效力

背书人作成背书后,如没有依法特约免除其担保责任的记载时,应按照汇票的文

义,担保汇票的承兑和付款。当被背书人及其后手不获承兑或不获付款时,可向背书人行使追索权。所有在票据上背书的人都对最后持票人负保证付款的责任,最后持票人只要所持票据上背书具有连续性,就成为当然的票据权利人。

后手是指在票据签章人之后签章的其他票据债务人。

3. 权利证明的效力

以背书转让的汇票,背书应当连续。持票人以背书的连续,证明其汇票权利。在行使其票据权利时,无需证明实际的权利转移原因和过程。

所谓背书连续,是指在汇票转让中,转让汇票的背书人与受让汇票的被背书人在汇票上的签章前后衔接。以背书转让的汇票,后手应当对其直接前手的真实性负责。

(三) 背书的记载事项和方式

(1) 应记载在汇票背面。票据凭证不能满足背书人记载事项的需要,可以加附粘单,粘附于票据凭证上。粘单上的第一记载人,应当在汇票和粘单的粘接处签章。

(2) 可采用记名背书或空白背书。我国现行《票据法》规定必须记载被背书人。

(3) 背书不得附条件。背书附有条件的,所附条件不具有汇票上的效力,背书有效。

(4) 转让汇票金额的一部分的背书或将汇票金额分别转让给数人的背书无效。

(5) 背书的年、月、日。背书未记载日期的,视为在汇票到期日前背书。

(6) 背书人签章。

(四) 不得转让汇票背书和法定禁止背书

出票人在汇票上记载"不得转让"字样的,汇票不得背书转让。背书人在汇票上记载"不得转让"字样,其后手再背书转让的,原背书人对后手的被背书人不承担保证责任。

汇票被拒绝承兑、被拒绝付款或超过付款提示期限的,不得背书转让;背书转让的,背书人应当承担票据责任。

四、承兑

(一) 承兑的含义

承兑是指汇票付款人承诺在汇票到期日支付汇票金额的票据行为。汇票的承兑以汇票的出票为前提,承兑只能由汇票上记载的付款人进行。出票行为是出票人的单方法律行为,对付款人不产生约束力。只有当付款人承诺付款后,才承担到期付款的责任。

(二) 承兑的程序和方式

1. 提示承兑

提示承兑是指持票人向付款人出示汇票,并要求付款人承诺付款的行为。《票据法》规定,定日付款或出票后定期付款的汇票,持票人应当在汇票到期日前向付款人提示承兑。见票后定期付款的汇票,持票人应当自出票日起1个月内向付款人提示承兑。汇票未按规定期限提示承兑的,持票人丧失对其前手的追索权。见票即付的汇票无需提示承兑。

2. 承兑

《票据法》规定,付款人对向其提示承兑的汇票,应当自收到提示承兑的汇票之日起3日内承兑或拒绝承兑。付款人收到持票人提示承兑的汇票时,应当向持票人签发收到汇票的回单。回单上应当记明汇票提示承兑日期并签章。

付款人承兑汇票的,应在汇票正面记载"承兑"字样和承兑日期并签章,见票后定期付款的汇票,应当在承兑时记载付款日期。

付款人承兑汇票,不得附有条件;承兑附有条件的,视为拒绝承兑。

(三)承兑的法律效力

付款人承兑汇票后,应当承担到期付款的责任。具体来说,承兑人在完成承兑行为并将汇票交还承兑申请人之后,便产生三方面的法律效力:(1)对付款人的效力。付款人承兑汇票后,应当对所承兑的汇票承担到期付款的责任。而且承兑人是汇票上的第一债务人,他所承担的付款责任是一种绝对责任。(2)对持票人的效力。汇票一经承兑,持票人的付款请求权便从期待权变成了一种现实权,汇票到期后,持票人即可要求付款人支付票面金额。(3)对持票人前手的效力。汇票经承兑后,持票人在汇票到期前不能对其任何前手行使追索权。

五、保证

(一)汇票保证的含义

汇票保证指汇票债务人以外的人为担保汇票债务的履行,而在票据上作出记载的票据行为。当被保证人不能履行票据债务时,由保证人承担连带责任。

(二)汇票保证的格式

票据保证是一种要式行为,保证人必须在汇票或粘单上记载票据法规定的事项,包括:(1)绝对必要记载事项:表明"保证"字样;保证人的名称和住所;保证人签章。如果缺少上述记载事项,将不能构成票据保证。(2)相对必要记载事项。如果相对必要记载事项没有记载,将直接根据票据法规定进行推定。例如,未记载被保证人的,已承兑的汇票,承兑人为被保证人;未承兑的汇票,出票人为被保证人;未记载保证日期的,出票日期为保证日期。

另外,《票据法》规定,保证不得附有条件,附有条件的,不影响对汇票的保证责任。保证人对合法取得汇票的持票人所享有的汇票权利,承担保证责任。但被保证人的债务因汇票记载事项欠缺而无效的除外。

（三）汇票保证人的责任和权利

汇票保证人没有民法上保证人所享有的先诉抗辩权，汇票保证人和被保证人的责任顺序无先后之分。《票据法》规定，被保证的汇票，保证人应当与被保证人对持票人承担连带责任。汇票到期后得不到付款的，持票人有权向保证人请求付款，保证人应当足额付款。

保证人清偿汇票债务后，可以行使持票人对被保证人及其前手的追索权。

六、付款

（一）付款的含义

汇票上的付款，指付款人或担当付款人支付汇票金额以消灭票据关系的行为。

（二）付款程序

完整的付款程序包括提示付款与支付。

提示付款，指持票人或代理人出示票据请求付款的行为。支付是付款人或代理人支付汇票金额以消灭票据关系的行为。

（三）提示付款期限

持票人应当按照下列期限提示付款：

（1）见票即付的汇票，自出票日起1个月内向付款人提示付款。

（2）定日付款、出票后定期付款或见票后定期付款的汇票，自到期日起10日内向承兑人提示付款。

持票人未按照上述规定期限提示付款的，在作出说明后，承兑人或者付款人仍应当继续对持票人承担付款责任。

通过委托收款银行或者票据交换系统向付款人提示付款的，视同持票人提示付款。

（四）付款人和持票人的义务

持票人按《票据法》规定提示付款的，付款人必须在当日足额付款。持票人获得付款的，应当在汇票上签收，并将汇票交给付款人。持票人委托银行收款的，受委托的银行将代收的汇票金额转入持票人账户的，视同签收。

《票据法》要求付款人尽善良管理人的义务，付款人及其代理人付款时，应当审查汇票背书的连续，并审查提示付款人的合法身份证明或有效证件。付款人及其代理人以恶意或者重大过失付款的，应当自行承担责任；对定日付款、出票后定期付款或者见票后定期付款的汇票，付款人在到期日前付款的，由付款人自行承担责任。

七、追索权

（一）追索权的含义和特点

追索权是指汇票的持票人在法定期限内提示承兑或提示付款而遭拒绝，或者有其他法定事由时,向其前手请求偿还票据金额、利息及其他法定款项的一种票据权利。

追索权一般具有以下三个特点:(1)选择性,即持票人可以按照自己的判断,不按照汇票债务人的先后顺序,任意选择一个或者数个甚至全部前手,行使追索权;(2)多向性,即追索权的行使不受次数限制,持票人在向一部分票据债务人行使追索权后,如果权利没有得到实现,还可以向其他债务人行使;(3)更替性,即被追索人在清偿了票据债务之后,便取得票据权利,有权向其前手进行再追索,以此类推,一直可以追索到出票人。

(二)追索权发生的条件和追索对象

1. 追索权发生的实质条件

汇票到期被拒绝付款的,持票人可以对背书人、出票人以及汇票的其他债务人(如承兑人、保证人)行使追索权。

汇票到期日前,有下列情形之一的,持票人也可以行使追索权:汇票被拒绝承兑的;承兑人或付款人死亡或逃匿的;承兑人或付款人被依法宣告破产或违法被责令终止业务活动的。

2. 追索权行使的形式条件

持票人行使追索权时,应当提供被拒绝承兑或被拒绝付款的有关证明。

持票人提示承兑或者提示付款被拒绝的,承兑人或者付款人必须出具拒绝证明,或者出具退票理由书。未出具拒绝证明或者退票理由书的,应当承担由此产生的民事责任。

持票人因承兑人或者付款人死亡、逃匿或者其他原因,不能取得拒绝证明的,可以依法取得其他有关证明。

持票人不能出示拒绝证明、退票理由书或者未在规定期限内提供合法证明的,丧失对其前手的追索权。但是,承兑人或者付款人仍应当对持票人承担责任。

3. 追索对象

汇票的出票人、背书人、承兑人和保证人对持票人承担连带责任。持票人为出票人的,对其前手无追索权。持票人为背书人的,对其后手无追索权。

(三)追索程序

持票人应当自收到被拒绝承兑或者被拒绝付款的有关证明之日起3日内,将被拒绝事由书面通知其前手,其前手应当自收到通知之日起3日内书面通知其再前手。持票人也可以同时向各汇票债务人发出书面通知。

未按照上述规定期限通知的,持票人仍可以行使追索权。因延期通知给其前手或者出票人造成损失的,由没有按照规定期限通知的汇票当事人,承担对该损失的赔偿责任。但是所赔偿的金额以汇票金额为限。

在规定期限内将通知按照法定地址或者约定的地址邮寄的,视为已经发出通知。

（四）追索权的客体

追索权的客体即追索的金额一般由票据金额、法定利息和追索费用三部分组成。《票据法》规定,持票人行使追索权,可请求被追索人支付下列金额和费用：(1)被拒绝付款的汇票金额；(2)汇票金额自到期日或提示付款日起至清偿日止,按中国人民银行规定的利率计算的利息；(3)取得有关拒绝和发出通知书的费用。

被追索人清偿债务时,持票人应当交出汇票和有关拒绝证明,并出具所收到利息和费用的收据。

第三节 本 票

一、本票概述

（一）本票的含义

本票是出票人签发的,承诺自己在见票时无条件支付确定的金额给收款人或持票人的票据。

在本票基本关系中,当事人只有两个,即出票人和收款人。因出票人同时又是付款人,所以在出票人之外没有独立的付款人。出票人在完成出票行为之后,即承担到期无条件支付票据金额的责任。

（二）本票的种类

在理论上,本票依不同的标准可划分为记名本票、指示本票和无记名本票；即期本票和远期本票；商业本票和银行本票。我国《票据法》对本票作了很大的限制。第一,我国《票据法》所称本票是指银行本票,即由银行为出票人的本票；第二,我国的本票为即期本票,即出票人见票即付的本票。

二、本票的出票

本票的出票是指出票人签发本票并将其交付给收款人的票据行为。与汇票相同,本票出票包括作成票据和交付票据。但出票人必须是银行。本票的出票人必须具有支付本票金额的可靠资金来源,并保证支付。

本票必须记载的下列事项：(1)表明"本票"的字样；(2)无条件支付的承诺；(3)确定的金额；(4)收款人名称；(5)出票日期；(6)出票人签章。本票上未记载上述规定事项之一的,本票无效。

本票上未记载付款地的,出票人的营业地为付款地；本票上未记载出票地的,出票人的营业场地为出票地。

三、本票的见票即付

本票的出票人在持票人提示见票时,必须承担付款的责任。本票的付款期限,为自出票日起,最长不得超过 2 个月。本票的持票人未按规定期限提示见票的,丧失对出票人以外的前手的追索权。

四、本票对汇票有关规定的适用

《票据法》规定,本票的背书、保证、付款行为和追索权的行使,除本节所述规定外,适用汇票的有关规定;本票的出票行为,除本节所述规定外,适用有关汇票出票的规定。

第四节 支 票

一、支票的含义

支票是出票人签发的,委托办理支票存款业务的银行或其他金融机构在见票时无条件支付确定的金额给收款人或持票人的票据。

为强化支票的流通功能,确保交易安全,支票的付款人有资格限制,即限于准许办理支票存款业务的银行和其他金融机构。开立支票存款账户,申请人必须使用其本名,并提交证明其身份的合法证件;应当有可靠的资信,并存入一定资金;预留其本名的签名式样和印鉴。

支票可以支取现金,也可以转账,用于转账时,应当在支票正面注明。转账支票只能用于转账,不能支取现金。

二、支票的出票

《票据法》规定,支票必须记载下列事项:(1)表明"支票"的字样;(2)无条件支付的委托;(3)确定的金额;(4)付款人名称;(5)出票日期;(6)出票人签章。支票上未记载上述规定事项之一的,支票无效。

支票上的金额可以由出票人授权补记,未补记前的支票,不得使用;支票上未记载收款人名称的,经出票人授权可以补记;支票上未记载付款地的,付款人的营业场所为付款地;支票上未记载出票地的,出票人的营业场所、住所或经常居住地为出票地;出票人可以在支票上记载自己为收款人。

三、支票签发和付款的基本规定

支票的出票人所签发的支票金额不得超过其付款时在付款人处实有的存款金

额。出票人签发支票金额超过其付款时在付款人处实有的存款金额的,为空头支票。禁止签发空头支票。

支票的出票人不得签发与其预留本名的签名式样或印鉴不符的支票。出票人必须按签发的支票金额承担保证向该持票人付款的责任。支票限于见票即付,不得另行记载付款日期。另有记载付款日期的,该记载无效。

支票的持票人应当自出票日起10日内提示付款;异地使用支票,其提示付款的期限由中国人民银行另行规定。超过提示付款期限的,付款人可以不予付款;付款人不予付款的,出票人仍应当对持票人承担票据责任。

付款人依法支付支票金额的,对出票人不再承担委托付款的责任,对持票人不再承担付款的责任。但是,付款人以恶意或者重大过失付款的除外。

四、其他规定

支票的背书、付款行为和追索权的行使,以及支票的出票行为,除本节所述规定外,适用汇票中的相应规定。

第五节 涉外票据的法律适用

一、涉外票据的概念

按照我国《票据法》的规定,所谓涉外票据,是指出票、背书、承兑、保证、付款等行为中,既有发生在中华人民共和国境内又有发生在中华人民共和国境外的票据。

由于涉外票据具有涉外因素,涉及国际间票据法律适用的问题。因此,它与一般票据的法律适用有所不同。《票据法》基于这种不同性质,对涉外票据的法律适用问题,包括适用原则、票据当事人的行为能力、票据记载事项、票据丧失等行为的法律适用作了专章规定,以解决票据法的国际冲突。

二、涉外票据的法律适用

(一)涉外票据法律适用的原则

我国涉外票据法律适用的原则为:我国缔结或者参加的国际条约同我国票据法有不同规定的,适用国际条约的规定。但是,我国声明保留的条款除外。我国《票据法》和我国缔结或参加的国际条约没有规定的,可以适用国际惯例。

(二)票据债务人行为能力的法律适用

关于票据债务人行为能力的法律适用,各国票据法规定有三种情况,即本国法主义、行为地主义和折衷主义。我国《票据法》采折衷主义,规定:票据债务人的民事行为能力,适用其本国法律。但其民事行为能力,依照其本国法律为无民事行为能力或者为限制民事行为能力,而依照行为地法律为完全民事行为能力的,适用行为地所在国的法律。

（三）其他具体规定

（1）出票行为的法律适用。汇票、本票出票时的记载项目,适用出票地所在国的法律。支票出票时的记载事项,适用出票地所在国法律;但经当事人协议,也可以适用付款地法律。

（2）票据的背书、承兑、付款和保证行为,适用行为地法律。

（3）票据追索权的行使期限,适用出票地法律。

（4）票据的提示期限、有关拒绝证明方式、出具拒绝证明的期限,适用付款地法律。

（5）票据丧失时,失票人请求保全票据权利的程序,适用付款地法律。

第六节 违反《票据法》的法律责任

一、进行票据欺诈行为的法律责任

根据《票据法》的规定,有下列票据欺诈行为之一的,依法追究刑事责任:（1）伪造、变造票据的;（2）故意使用伪造、变造的票据的;（3）签发空头支票或者故意签发与其预留的本名签名式样或者印鉴不符的支票,骗取财物的;（4）签发无可靠资金来源的汇票、本票,骗取资金的;（5）汇票、本票的出票人在出票时作虚假记载,骗取财物的;（6）冒用他人的票据,或者故意使用过期或者作废的票据,骗取财物的;（7）付款人同出票人、持票人恶意串通,实施前六项行为之一的。有上述所列行为之一,情节轻微,不构成犯罪的,依照国家有关规定给予行政处罚。

二、金融机构工作人员的票据法律责任

金融机构工作人员在票据业务中玩忽职守,对违反《票据法》规定的票据予以承兑、付款、贴现或者保证的,给予处分;造成重大损失,构成犯罪的,依法追究刑事责任。由于金融机构工作人员因上述行为给当事人造成损失的,由该金融机构和直接责任人员依法承担赔偿责任。

三、票据付款人的法律责任

票据的付款人对见票即付或者到期的票据,故意压票,拖延支付的,由金融行政管理部门处以罚款,对直接责任人员给予处分。票据的付款人故意压票,拖延支付,

给持票人造成损失的,依法承担赔偿责任。

四、其他责任

依照《票据法》规定承担赔偿责任以外的其他违反《票据法》规定的行为,给他人造成损失的,应当依法承担民事责任。

参 考 文 献

1. 谢怀栻:《票据法概论》(增订二版),法律出版社,2017年。
2. 吕来明:《票据法学》(第二版),北京大学出版社,2017年。
3. 施天佑:《票据法新论》,法律出版社,2015年。
4. 胡德胜:《票据法基本原理及应用比较研究》,中国政法大学出版社,2015年。
5. 邱天利:《票据行为制度的反思与重构》,法律出版社,2015年。
6. 谢冬慧、张明霞:《票据法典型案例评析》,南京大学出版社,2014年。

第四编

市场秩序规制法律制度

第十三章 公平交易法律制度

[本章概要]

竞争法律制度以交易公平竞争为价值目标,是规范交易竞争行为和调整竞争关系的法律规范的总称。《反不正当竞争法》和《反垄断法》都以竞争行为或竞争关系为调整对象,被统称为竞争法。本章主要介绍反不正当竞争和反垄断领域的重要概念、原理、不正当竞争和垄断行为的具体表现及相关法律责任。

第一节 反不正当竞争法概述

一、竞争、公平竞争、不正当竞争和反不正当竞争法

市场经济是竞争经济,竞争是市场经济的核心。竞争是市场主体为取得市场优势地位而进行的活动。市场主体在竞争中优胜劣汰,优胜劣汰必须遵守一定的标准或准则,必须能够鼓励创新、促进社会进步和提升社会道德标准。符合鼓励创新、促进社会进步和提升社会道德标准的竞争是有序的正当竞争,正当有序的竞争是市场经济持续、健康发展的社会基础。正当竞争通过对不正当竞争的排斥得以确立。《反不正当竞争法》就是通过揭示不正当竞争行为,规定对不正当竞争行为的制裁,以此确立公平竞争标准或准则的重要法律。

(一)不正当竞争

《保护工业产权巴黎公约》最早对不正当竞争作了规定,该公约第 10 条之二规定,不正当竞争是指"在工商业活动中违反诚实惯例的任何竞争行为"。以后,该规定成为国际上关于不正当竞争的要义。1909 年德国通过了《反不正当竞争法》,这是世界上第一部反不正当竞争单行法,该法规定,在商业交易中,一切以竞争为目的而违背善良风俗的行为都是不正当竞争行为,行为人必须承担停止侵害和赔偿损失的法律责任。我国《反不正当竞争法》第 2 条规定:"经营者在生产经营活动中,应当遵循自愿、平等、公平、诚信的原则,遵守法律和商业道德。不正当竞争行为,是指经营者在生产经营活动中,违反本法规定,扰乱市场竞争秩序,损害其他经营者或者消费者的合法权益的行为。"

（二）不正当竞争法

市场经济条件下，要保持市场秩序良好，保证公平竞争，就要实施反不正当竞争。反不正当竞争法是调整市场竞争过程中规制因不正当竞争行为而产生的社会关系的法律规范的总称。广义的反不正当竞争法相当于"竞争法"。据此，反不正当竞争法规范的"不正当竞争"包括三类行为：一是"垄断行为"，主要是指经营者自己或者通过企业兼并等方式，形成对一定市场的独占或控制；二是"限制竞争行为"，主要是指经营者滥用经济优势或几个经营者通过协议等联合方式损害竞争对手的行为；三是"不正当竞争行为"，主要是指经营者采用欺骗、胁迫、利诱以及其他违背诚实信用和公平竞争商业惯例的手段从事市场交易。狭义的反不正当竞争法仅指广义的不正当竞争行为中的第三类"不正当竞争行为"，不包括"垄断"和"限制竞争"。我国现行《反不正当竞争法》采用综合调整模式，根据这种模式，我国的竞争立法结合我国现实的经济情况，先制定出一部《反不正当竞争法》，对经济生活中已经出现的不正当竞争行为，包括某些限制竞争行为，作综合的调整。因此，我国现行《反不正当竞争法》是在广义上理解"反不正当竞争法"，不是单纯地禁止不正当竞争的法律，而是一部包括反不正当竞争和反部分垄断行为的综合性竞争法。

世界公认的第一部现代意义上的竞争法始于美国。1890年，美国通过了《保护贸易和商业不受非法限制与垄断之害法》，又称《谢尔曼法》。该法把那些限制竞争行为和垄断、企图垄断行为确定为非法而加以制止。尔后，近百年间，美国还陆续制定了《克莱顿法》《联邦贸易委员会法》《商业秘密统一法》等一系列法律，构成了美国现代的竞争法律体系。德国于1923年制定的《经济权力滥用防止法》限制卡特尔行为和不正当竞争行为。日本于1947年也制定了反垄断和不正当竞争的法律。综观各国的竞争立法，较为系统的现代竞争法都包括了反垄断（含反限制竞争）和反不正当竞争两个方面，从两个不同的侧面、角度来规范经营者的市场竞争行为，有效地维护市场竞争秩序。

德国是现代反不正当竞争法的发源地。1896年5月27日，德国的《反不正当竞争法》颁布，标志着世界上第一部反不正当竞争单行法的正式诞生。《保护工业产权巴黎公约》1900年布鲁塞尔修订本第一次以国际公约的形式，对反不正当竞争作出了明确的规定。《保护工业产权巴黎公约》第10条之二第2款规定："在工商业活动中任何违反诚实惯例的竞争行为均构成不正当竞争。"第3款特别禁止商业混淆行为（"不论依什么方法，一切在性质上对竞争者的营业所、商品或工商业活动造成混淆的行为"）、诋毁商业信誉行为（"在商业交易中，性质上损害竞争者的营业所、商品或工商业活动信誉的虚伪陈述"）和虚假宣传行为（"在商业交易中使用可以使公众对商品的性质、制造方法、特点、用途或数量产生误解的表示或陈述"）。这些规定为日后反不正当竞争国际和国内立法奠定了基础。1934年，日本采用德国模式颁布了

《不正当竞争防止法》。1943年,瑞士颁布了《反不正当竞争法》。1986年,韩国颁布了《不正当竞争防止法》。

1993年9月2日,我国第八届全国人民代表大会常务委员会第三次会议审议、通过了《中华人民共和国反不正当竞争法》(以下简称《反不正当竞争法》),自1993年12月1日起施行。该法共五章33条,规定了立法目的和宗旨,列举了不正当竞争行为的各种表现形式,规定了管理机构、监督检查权限和程序、违反该法应承担的责任等内容。这部法律是国家确立市场规则,促进市场经济健康发展的重要法律。之后,国家工商行政管理(总)局又不断加以补充和完善,如1993年12月发布《关于禁止有奖销售活动中不正当竞争行为的若干规定》,1995年7月发布《关于禁止仿冒知名商品特有的名称、包装、装潢的不正当竞争行为的若干规定》,1995年11月发布《关于禁止侵犯商业秘密行为的若干规定》,1996年11月发布《关于禁止商业贿赂行为的暂行规定》,等等。此外,在其他法律法规中也涉及反不正当竞争行为的规定,如《商标法》《专利法》《著作权法》《广告法》《产品质量法》《价格法》以及《消费者权益保护法》等。另外,许多地方政府出台了适用于当地的反不正当竞争条例,如《上海市反不正当竞争条例》等。上述法律规范共同构成了我国统一的反不正当竞争法。然而,随着时间的推移,不正当竞争的方式发生了巨大变化,打"擦边球"的现象越来越多,互联网行业新型的不正当竞争行为不断出现,很多不正当竞争行为都找不到对应的法律,只能参考"诚实""信用"等原则,难以适应新的经济环境。中华人民共和国第十二届全国人民代表大会常务委员会第三十次会议于2017年11月4日修订通过了《中华人民共和国反不正当竞争法》,自2018年1月1日起施行,进一步明确了经营者不得对其商品的销售状况、用户评价刷单,做出引人误解的虚假宣传内容。

二、制定反不正当竞争法的目的

我国经济体制改革的目标是实行社会主义市场经济。竞争是市场经济的基本特征之一。建立市场竞争法律制度,维护公平竞争秩序,是社会主义市场经济进一步完善的迫切需要。《反不正当竞争法》第1条规定:"为促进社会主义市场经济健康发展,鼓励和保护公平竞争,制止不正当竞争行为,保护经营者和消费者的合法权益,制定本法。"

(一)保障社会主义市场经济健康发展

市场经济是竞争经济。竞争是市场经济最基本的运行机制,是市场经济条件下配置资源的基本手段。《反不正当竞争法》从维护市场公平竞争秩序的角度,保障市场机制有效运行。市场主体在激烈的市场竞争中,为谋求各自的经济利益,其经营行为受利益驱动而难以自律。仅依靠经营者自身,也难以克服各种不正当竞争行为。为维护公平竞争的市场秩序,必须由国家制定竞争规则,为市场经济的正常运行提供法律保障。国务院建立反不正当竞争工作协调机制,研究决定反不正当竞争重大政策,协调处理维护市场竞争秩序的重大问题。

（二）制止不正当竞争行为

制止不正当竞争行为是制定不正当竞争法的直接目的。市场竞争贯穿优胜劣汰的法则。一些市场主体在生死存亡的奋斗中,在利益驱动下,为谋取竞争优势,往往采用假冒、虚假宣传、商业贿赂等不正当竞争手段。反不正当竞争法的直接目的就是制止不正当竞争行为,规范市场行为,鼓励和保护公平竞争。

（三）保护和鼓励公平竞争,保护经营者和消费者合法权益

生产者、经营者有依法从事生产经营活动权利,消费者的合法权益不受非法侵害。不正当竞争行为,不仅损害竞争对手和其他经营者权益,而且也常常损害消费者权益。通过制止和打击不正当竞争行为,有利于保护和鼓励市场主体间展开公平竞争,从而促进市场机制的正常运行,促进社会主义市场经济的健康发展,这是制定《反不正当竞争法》的根本目的。

第二节　不正当竞争行为

世界各国、各地区对不正当竞争行为的规定各有不同,我国在各国立法经验的基础上,从本国市场经济发展的实际出发,规定了下列不正当竞争行为。

一、混淆行为

依照《反不正当竞争法》规定,经营者不得实施下列混淆行为,引人误认为是他人商品或者与他人存在特定联系：

（1）擅自使用与他人有一定影响的商品名称、包装、装潢等相同或者近似的标识；

（2）擅自使用他人有一定影响的域名主体部分、网站名称、网页等；

（3）擅自使用他人有一定影响的企业名称（包括简称、字号等）、社会组织名称（包括简称等）、姓名（包括笔名、艺名、译名等）；

（4）其他足以引人误认为是他人商品或者与他人存在特定联系的混淆行为。

二、商业贿赂

商业贿赂行为是指在商业交易活动中,经营者为了获得交易机会,特别是获得相对于竞争对手的优势,通过不正当手段向交易相对人的雇员、负责人、代理人或者其他对该交易作出决定有影响的人提供报酬或者其他好处的行为。商业贿赂常以"回扣、好处费、佣金、辛苦费、提成费、酬劳费"等名义出现。回扣,是指经营者销售商品

时在账外暗中以现金、实物或者其他方式退给对方单位或者个人的一定比例的商品价款。回扣的常见表现形式有：现金回扣、实物回扣、提供其他报酬或服务的回扣。折扣，即商品购销中的让利，是指经营者在销售商品时，以明示并如实入账的方式给予对方的价格优惠，包括支付价款时对价款总额按一定比例即时予以扣除和支付价款总额后再按一定比例予以退还两种形式。由于折扣具有公开、明示、双方如实入账等特征，故属于一种符合商业习惯的正当竞争行为。佣金，是指经营者在市场交易中给予为其提供服务的具有合法经营资格的中间人的劳务报酬。佣金是明示的和公开的。佣金具有劳务报酬的性质。

我国《反不正当竞争法》规定："经营者不得采用财物或者其他手段贿赂下列单位或者个人，以谋取交易机会或者竞争优势：交易相对方的工作人员；受交易相对方委托办理相关事务的单位或者个人；利用职权或者影响力影响交易的单位或者个人。"

经营者在交易活动中，可以以明示方式向交易相对方支付折扣，或者向中间人支付佣金。经营者向交易相对方支付折扣、向中间人支付佣金的，应当如实入账。接受折扣、佣金的经营者也应当如实入账。

经营者的工作人员进行贿赂的，应当认定为经营者的行为；但是，经营者有证据证明该工作人员的行为与为经营者谋取交易机会或者竞争优势无关的除外。

三、虚假或引人误解的商业宣传

虚假广告等引人误解的商业宣传是不正当经营者为占领市场而采用的欺诈手段，这既损害消费者的合法权益，也使正当经营者的经营活动和市场秩序受到损害。

为了制止这种行为，《反不正当竞争法》规定："经营者不得对其商品的性能、功能、质量、销售状况、用户评价、曾获荣誉等作虚假或者引人误解的商业宣传，欺骗、误导消费者。经营者不得通过组织虚假交易等方式，帮助其他经营者进行虚假或者引人误解的商业宣传。"

四、侵犯商业秘密

商业秘密是经营者参与市场竞争的利器，对于经营者的生存发展至关重要。WTO《与贸易有关的知识产权协议》(TRIPS)第39条规定保护"未披露的信息"即商业秘密。这里所称的商业秘密，是指不为公众所知悉、具有商业价值并经权利人采取相应保密措施的技术信息和经营信息。技术信息包括专有技术、工艺方法、技术配方、设计程序、管理技术等；经营信息包括经营决策、经营计划客户名单、产销策略、货源情报等。其中主要是技术秘密和经营秘密。技术秘密是有关生产或制造方面的信息，包括设计、公式、图样、程序、方法、产品配方、制作工艺、制作方法、技巧等方面的信息。经营秘密是有关经营、管理和决策方面的信息，涉及经营者的企业组织机构、财务、人事、经营等多个领域,包括资信状况、财务预测、资产购置计划、产销策略和计划、广告计划、管理诀窍、客户名单、货源情况、招投标中的标底及标书内容等信息。

我国《反不正当竞争法》第9条规定:"经营者不得实施下列侵犯商业秘密的行为:(1)以盗窃、贿赂、欺诈、胁迫或者其他不正当手段获取权利人的商业秘密;(2)披露、使用或者允许他人使用以前项手段获取的权利人的商业秘密;(3)违反约定或者违反权利人有关保守商业秘密的要求,披露、使用或者允许他人使用其所掌握的商业秘密。"

第三人明知或者应知商业秘密权利人的员工、前员工或者其他单位、个人实施前款所列违法行为,仍获取、披露、使用或者允许他人使用该商业秘密的,视为侵犯商业秘密。

五、违法有奖销售

有奖销售是指经营者销售商品或服务,附带性地向购买者提供物品、金钱或其他经济上利益的行为。对于有奖销售,我国从实际情况和维护市场秩序及消费者利益出发,允许一定范围内的有奖销售活动。同时,《反不正当竞争法》规定,经营者进行有奖销售不得存在下列情形:

(1)所设奖的种类、兑奖条件、奖金金额或者奖品等有奖销售信息不明确,影响兑奖;

(2)采用谎称有奖或者故意让内定人员中奖的欺骗方式进行有奖销售;

(3)抽奖式的有奖销售,最高奖的金额超过5万元。

六、诋毁他人商誉

诋毁他人商誉是指经营者为了竞争目的,故意捏造、散布虚伪事实,借以损害竞争对手的商业信誉的行为。经营者的商业声誉,是其名誉权与荣誉权的体现,与经营者的经济利益紧密相连。一旦商业声誉受到恶意诋毁、贬低,就有可能使经营者受到巨大损失。诋毁他人商誉不但损害了竞争对手的合法权益,而且扰乱了市场经济的正常秩序。《反不正当竞争法》规定,经营者不得编造、传播虚假信息或者误导性信息,损害竞争对手的商业信誉、商品声誉。诋毁商誉行为的表现主要有:经营者在公开场合,用散发公开信、召开新闻发布会、在新闻媒体上刊播广告等形式,捏造、散布虚伪事实,贬低竞争对手的商业信誉和商品声誉;经营者利用虚假广告或比较广告,对自己的商品进行不符合事实的宣传,以贬低竞争对手的商品声誉,抬高自己企业或商品的地位;经营者在经营过程中,向业务客户或消费者编造、散布虚伪事实,损害竞争对手的商业信誉和商品声誉;直接在商品的包装说明或其他说明书上,对竞争对手的同类商品进行贬低;唆使他人在公众中散布竞争对手的商品质量有问题等谎言,使该商品失去公众的信赖;假借消费者名义向经济监督管理部门或消费者保护组织或新闻媒介捏造或散布虚伪事实,作虚假投诉以贬损竞争对手的商誉。

七、破坏网络产品或者服务正常运行

经营者利用网络从事生产经营活动,应当遵守《反不正当竞争法》的各项规定。经营者不得利用技术手段,通过影响用户选择或者其他方式,实施下列妨碍、破坏其他经营者合法提供的网络产品或者服务正常运行的行为:

(1)未经其他经营者同意,在其合法提供的网络产品或者服务中,插入链接、强制进行目标跳转;

(2)误导、欺骗、强迫用户修改、关闭、卸载其他经营者合法提供的网络产品或者服务;

(3)恶意对其他经营者合法提供的网络产品或者服务实施不兼容;

(4)其他妨碍、破坏其他经营者合法提供的网络产品或者服务正常运行的行为。

第三节 对不正当竞争行为的监督检查

一、监督检查机关

《反不正当竞争法》规定,各级人民政府应当采取措施,制止不正当竞争行为,为公平竞争创造良好的环境和条件。县级以上人民政府履行工商行政管理职责的部门对不正当竞争行为进行查处;法律、行政法规规定由其他部门查处的,依照其规定。

二、监督检查机关的职权

监督检查部门调查涉嫌不正当竞争行为,可以采取下列措施:

(1)进入涉嫌不正当竞争行为的经营场所进行检查;

(2)询问被调查的经营者、利害关系人及其他有关单位、个人,要求其说明有关情况或者提供与被调查行为有关的其他资料;

(3)查询、复制与涉嫌不正当竞争行为有关的协议、账簿、单据、文件、记录、业务函电和其他资料;

(4)查封、扣押与涉嫌不正当竞争行为有关的财物;

(5)查询涉嫌不正当竞争行为的经营者的银行账户。

采取上述措施,应当向监督检查部门主要负责人书面报告,并经批准。采取前款第(4)项、第(5)项规定的措施,应当向设区的市级以上人民政府监督检查部门主要负责人书面报告,并经批准。

监督检查部门调查涉嫌不正当竞争行为,应当遵守《中华人民共和国行政强制法》和其他有关法律、行政法规的规定,并应当将查处结果及时向社会公开。

监督检查部门调查涉嫌不正当竞争行为,被调查的经营者、利害关系人及其他有关单位、个人应当如实提供有关资料或者情况。监督检查部门及其工作人员对调查过程中知悉的商业秘密负有保密义务。

对涉嫌不正当竞争行为,任何单位和个人有权向监督检查部门举报,监督检查部门接到举报后应当依法及时处理。监督检查部门应当向社会公开受理举报的电话、信箱或者电子邮件地址,并为举报人保密。对实名举报并提供相关事实和证据的,监督检查部门应当将处理结果告知举报人。

妨害监督检查部门依照本法履行职责,拒绝、阻碍调查的,由监督检查部门责令改正,对个人可以处5 000元以下的罚款,对单位可以处5万元以下的罚款,并可以由公安机关依法给予治安管理处罚。

第四节 违反《反不正当竞争法》的法律责任

我国反不正当竞争行为的法律责任,分为民事责任、行政责任和刑事责任三种。三种法律责任可以单处也可以并处。根据责任主体的不同,可分为以下三类。

一、经营者的法律责任

(一) 经营者的民事责任

经营者违反《反不正当竞争法》规定,给他人造成损害的,应当依法承担民事责任。

因不正当竞争行为受到损害的经营者的赔偿数额,按照其因被侵权所受到的实际损失确定;实际损失难以计算的,按照侵权人因侵权所获得的利益确定。赔偿数额还应当包括经营者为制止侵权行为所支付的合理开支。经营者如有混淆行为,引人误认为是他人商品或者与他人存在特定联系的、经营者实施侵犯商业秘密的行为的,权利人因被侵权所受到的实际损失、侵权人因侵权所获得的利益难以确定的,由人民法院根据侵权行为的情节判决给予权利人300万元以下的赔偿。

经营者的合法权益受到不正当竞争行为损害的,可以向人民法院提起诉讼。

(二) 经营者的行政责任和刑事责任

1. 混淆行为的法律责任

经营者实施混淆行为的,由监督检查部门责令停止违法行为,没收违法商品。违法经营额在5万元以上的,可以并处违法经营额5倍以下的罚款;没有违法经营额或者违法经营额不足5万元的,可以并处25万元以下的罚款。情节严重的,吊销营业执照。

经营者登记的企业名称违反《反不正当竞争法》第 6 条规定的,应当及时办理名称变更登记;名称变更前,由原企业登记机关以统一社会信用代码代替其名称。

2. 商业贿赂的法律责任

经营者违反《反不正当竞争法》第 7 条规定,经营者贿赂交易相对方的工作人员、受交易相对方委托办理相关事务的单位或者个人、利用职权或者影响力影响交易的单位或者个人以谋取交易机会或者竞争优势的,由监督检查部门没收违法所得,处 10 万元以上 300 万元以下的罚款。情节严重的,吊销营业执照。

3. 虚假或引人误解的商业宣传的法律责任

经营者违反《反不正当竞争法》第 8 条规定对其商品作虚假或者引人误解的商业宣传,或者通过组织虚假交易等方式帮助其他经营者进行虚假或者引人误解的商业宣传的,由监督检查部门责令停止违法行为,处 20 万元以上 100 万元以下的罚款;情节严重的,处 100 万元以上 200 万元以下的罚款,可以吊销营业执照。

经营者违反《反不正当竞争法》第 8 条规定,属于发布虚假广告的,依照《中华人民共和国广告法》的规定处罚。

4. 侵犯商业秘密的法律责任

侵犯商业秘密的,由监督检查部门责令停止违法行为,处 10 万元以上 50 万元以下的罚款;情节严重的,处 50 万元以上 300 万元以下的罚款。

5. 违法有奖销售的法律责任

经营者实施违法有奖销售行为的,由监督检查部门责令停止违法行为,处 5 万元以上 50 万元以下的罚款。

6. 诋毁他人商誉的法律责任

经营者损害竞争对手商业信誉、商品声誉的,由监督检查部门责令停止违法行为、消除影响,处 10 万元以上 50 万元以下的罚款;情节严重的,处 50 万元以上 300 万元以下的罚款。

7. 破坏网络产品或者服务正常运行的法律责任

经营者妨碍、破坏其他经营者合法提供的网络产品或者服务正常运行的,由监督检查部门责令停止违法行为,处 10 万元以上 50 万元以下的罚款;情节严重的,处 50 万元以上 300 万元以下的罚款。

经营者违反《反不正当竞争法》规定从事不正当竞争,有主动消除或者减轻违法行为危害后果等法定情形的,依法从轻或者减轻行政处罚;违法行为轻微并及时纠正,没有造成危害后果的,不予行政处罚。经营者违反《反不正当竞争法》规定从事不正当竞争,受到行政处罚的,由监督检查部门记入信用记录,并依照有关法律、行政法规的规定予以公示。经营者违反《反不正当竞争法》规定,应当承担民事责任、行政责任和刑事责任,其财产不足以支付的,优先用于承担民事责任。

二、政府部门及国家工作人员的法律责任

监督检查部门的工作人员滥用职权、玩忽职守、徇私舞弊或者泄露调查过程中知悉的商业秘密的,依法给予处分。违反《反不正当竞争法》规定,构成犯罪的,依法追究刑事责任。

三、当事人不服处罚的解决途径

当事人对监督检查部门作出的决定不服的,可以依法申请行政复议或者提起行政诉讼。

第五节 反垄断法

一、垄断的基本含义和分类

(一)垄断的基本含义

垄断的基本含义可以从经济学和法学两个方面来看。在经济学上,垄断是指少数大企业或经济组织之间为赚取高额利润,利用正当或不正当竞争手段,彼此达成协议独占某种商品的生产和销售。在法学上,垄断是指违反国家法律、法规、政策和社会公共利益,通过合谋协议、安排和协同行动,或者通过滥用经济优势地位,排斥或者控制其他经营者正当的经济活动,在某一领域内实质上限制竞争的行为。

垄断的特征主要有:

(1)垄断客观方面是垄断行为而非垄断结构;
(2)垄断的主体是经营者或者其利益代表者;
(3)垄断的主观方面是谋取超额利益;
(4)垄断的后果是排除或限制竞争。

(二)垄断的分类

垄断可以分为合法垄断与非法垄断。

1. 合法垄断

合法垄断是指国家为了保护整个国民经济的健康发展,在《反垄断法》中明确规定的不适用垄断禁止法律的垄断行为。合法垄断的范围和种类有:(1)特定的经济部门的垄断;(2)知识产权领域;(3)对外贸易领域;(4)协同组合行为。

2. 非法垄断

非法垄断是指反垄断法所禁止的垄断,具体是指违反法律、法规和社会公共利

益,通过合谋性协议、安排和协同行动,或者通过滥用经济优势地位,排斥或控制其他经营者正当的活动,在某一生产领域或流通领域实质上限制竞争的行为。非法垄断的主要形式有:(1) 独占;(2) 兼并;(3) 股份保有;(4) 董事的交叉任职;(5) 联合行为。

二、反垄断法的概念及其历史发展

反垄断法与反限制竞争法、反不正当竞争法同属于市场秩序规制法。

反垄断法是调整在国家规制垄断过程中所发生的社会关系的法律规范的总称。

反垄断法是现代经济法的重要组成部分,是市场经济发展到近代以后出现的旨在规制独占市场、限制和破坏市场竞争机制等情形的法律规范。反垄断法的精神在于维护公平竞争,保证市场发挥优化资源配置的作用。它保障企业公正的竞争能力和竞争机会的获得与行使,保障企业平等地进入市场的自由权利;它谴责、打击所有分裂市场,取消、扭曲市场的企业行为。正因为如此,反垄断法才被喻为"自由企业的大宪章"。

反垄断法目前在我国还是一种全新的法律制度。但美国早在一百多年前就已经颁布了该种法律。《保护贸易和商业不受非法限制和垄断之害法》(*Act to Protect Trade and Commerce Against Unlawful Restraints and Monopolies*,又称《谢尔曼法》)是石阶上最早的反垄断法,从而也被称为世界反垄断法之母。美国最高法院在其一个判决中指出了该法的意义,即"《谢尔曼法》依据的前提是,自由竞争将产生最经济的资源配置、最低的价格、最高的质量和最大的物质进步,同时创造一个有利于维护民主的政治和社会制度的环境"。

除美国在1914年颁布了《克莱顿法》和《联邦贸易委员会法》,作为对《谢尔曼法》的补充外,其他国家的反垄断立法几乎是空白。日本在1947年颁布了《禁止私人垄断和确保公正交易法》,德国于1957年颁布了《反对限制竞争法》。1958年生肖的《欧洲经济共同体条约》第85条至第90条是当时欧共体重要的竞争规则。此外,欧共体理事会1989年还颁布了《欧共体企业合并控制条例》,把控制企业合并作为欧共体竞争法的重要内容。意大利在1990年颁布了《反垄断法》,它是发达市场经济国家中颁布反垄断法最晚的国家。现在,经济合作与发展组织(OECD)的所有成员国都有反垄断法。

发展中国家反垄断立法的步伐比较缓慢。直到20世纪80年代后期颁布了反垄断法的国家仍然只有12个,它们包括亚洲的韩国、印度、巴基斯坦和斯里兰卡。

《反垄断法》是我国经济法体系中的基本法律之一。社会主义市场经济的大力发展,也不可避免地导致垄断和竞争矛盾的加剧。市场经济本身并不具备维护公平竞争的机制。在我国现阶段市场经济不很成熟和市场机制尚不完善的条件下,为了处理好垄断与竞争之间的矛盾,应从保护社会主义市场竞争和国家利益出发,从维护广大竞争者和消费者利益出发,促进竞争机制功能的充分发挥,打破地区封锁和条块垄断、行政性垄断,必须把国家管理市场经济活动、制止垄断现象的经济政策规范化、法律化。《反垄断法》则是保障这种经济管理手段和政策措施的法律工具。制定具有中国特色的反垄断法是完善我国经济法体系的重要任务。

我国于1994年由商务部负责反垄断法起草和调研工作,并将其列入第八届全国人民代表大会常务委员会立法规划,经过多年努力,2007年8月30日第十届全国人民代表大会第二十九次会议通过了《中华人民共和国反垄断法》,于2008年8月1日起开始施行。该法的制定和施行是我国社会主义市场经济体制和中国特色社会主义法律体系日趋完善的重要标志之一。

三、反垄断法的作用

反垄断法的精神在于:维护公平竞争,保护市场主体参与市场竞争的权利;保障企业平等地进入市场的自由权利;保护消费者的合法权益。正因如此,反垄断法才被喻为"自由企业的大宪章"并昌盛于世界法律之林。对于市场经济来说,反垄断法的积极作用是巨大的。

(一)保障企业自由

保障企业自由原则是指企业可以自主经营,为了追求利润,企业可以依法进入和退出某一个产业部门,自由从事商事活动,不受非法干扰和障碍。

(二)打击行政垄断

目前存在于我国的行政垄断主要有行业壁垒、地区壁垒和行政性公司。

1. 行业壁垒

行业壁垒是由国家通过政策手段设置于一些特殊行业的进入壁垒,阻碍企业自由开业并参与竞争。在我国存在着行业壁垒的典型行业是金融业和通讯业,通讯业在国内由于缺乏外部竞争,其服务质量和服务费用长期得不到改善,但它们的经营者和职员却比其他行业能获得更大、更稳定的收益。行业壁垒属于典型的国家垄断政策的体现,受歧视的只是市场众多主体中的一部分,主要是私营企业和集体企业。

2. 地区壁垒

地区壁垒实质为地方保护主义,是一道由地方政府设置的、用以保护本地区产品质量低劣的落后企业免遭受外来企业冲击的屏障。它如同经济地方割据,严重影响我国国内统一市场的形成。

3. 行政性公司

行政性公司是政企合一、官商不分的产物。虽然国家三令五申禁止党政机关办企业,但以党政机关为真正的企业发起人或幕后靠山的行政性公司却仍旧屡禁不止。

(三) 消灭企业差别待遇

因政府因素而妨碍企业自由的方式并非只有行政性垄断这一种，给企业进入市场附加不同的权利义务是妨碍企业自由的另一种方式。行政性垄断是直接阻碍企业进入市场，而给企业进入市场附加不同的权利义务，并实质性导致企业间竞争能力的差别，是排斥企业进入市场的间接手段，一般称之为差别待遇。

企业差别待遇的制度形成可以是行政措施，也可以是法律法规，实施者只能是政府。在现代，企业差别待遇主要存在于计划经济占统治地位或计划经济的因素还发挥着作用的国家。以我国为例，我国现有企业在性质上可以分为私营企业、集体企业、国有企业、三资企业，在进入市场时因性质不同各自享有不同的权利，承担不同的义务，各类型企业此后在市场竞争中便拥有不同的竞争能力。

四、我国《反垄断法》的基本内容

(一) 禁止垄断协议

垄断协议是指两个或两个以上的经营者以协议、决议或者其他方式实施的限制竞争行为。垄断协议的构成要件是协议或者协同行为由多个独立主体构成；经营者之间存在通谋或协同一致的行为。

亚当·斯密曾指出，生产同类产品的企业很少聚集在一起，如果他们聚集在一起，其目的便是商讨如何对付消费者。反垄断法把竞争者之间的限制竞争协议成为横向协议，或者"卡特尔"。卡特尔对市场竞争的损害是非常严重的。以价格卡特尔为例：因为被固定的价格一般会大大超过有效竞争条件下的价格水平，这种卡特尔自然严重损害消费者的利益。此外，在价格被固定的情况下，效益好的企业因为不能随意降价，不能根据市场的情况扩大自己的生产规模，他们从而也就不能扩大自己的市场份额。分割销售市场也是对竞争的严重损害。因为在这种情况下，参加卡特尔的企业各自在其地域都有着垄断地位，这一方面使消费者失去了选择的权利；另一方面使市场失去优胜劣汰的机制，即效益差的企业不能被淘汰、效益好的企业不能扩大生产规模，这就会严重损害企业的竞争力，使社会资源不能得到优化配置。

我国《反垄断法》第13条主要禁止下列横向协议：(1) 固定或者变更商品价格；(2) 限制商品的生产数量或者销售数量；(3) 分割销售市场或原材料采购市场；(4) 限制购买新技术、新设备或者限制开发新技术、新产品；(5) 联合抵制交易；(6) 国务院反垄断执法机构认定的其他垄断协议。

鉴于某些行业协会在市场竞争中发挥的负面作用，如协调本行业企业的产品价格，《反垄断法》第16条明确指出行业协会不得组织本行业的经营者从事法律禁止的横向协议垄断行为。行业协会如果违反上述规定，组织本行业的经营者达成垄断协议的，反垄断执法机构可以处50万元以下的罚款；情节严重的，社会团体登记管理机关可以依法撤销登记。

除了横向协议外,《反垄断法》第二章还对纵向即卖方和卖方之间的限制竞争协议作出两项禁止性规定：一是固定转售价格；二是限定最低转售价格。因为这些限制不仅严重损害销售商的定价权,而且会严重损害消费者的权益。

要指出的是,企业间订立限制竞争的协议有时对经济是有好处的。例如,统一产品规格或者型号的协议,适用统一的生产、交货以及支付条件的协议,中小企业间的合作协议,以及统一出口价格的协议。因为这些限制竞争有利于降低企业的生产成本,改善产品质量,提高企业的生产效率,他们一般被视为合理的限制,可以得到《反垄断法》的豁免。因此,我国《反垄断法》第15条规定,经营者能够证明所达成的协议属于下列情形之一的,不适用本法第13条、第14条的规定：(1) 为改进技术、研究开发新产品的；(2) 为提高产品质量、降低成本、增进效率,统一产品规格、标准或者实行专业化分工的；(3) 为提高中小经营者经营效率,增强中小经营者竞争力的；(4) 为实现节约能源、保护环境、救灾救助等社会公共利益的；(5) 因经济不景气,为缓解销售量严重下降或者生产明显过剩的；(6) 为保障对外贸易和对外经济合作中的正当利益的；(7) 法律和国务院规定的其他情形。

(二) 禁止滥用市场支配地位

滥用行为的主体是占市场支配地位的企业,故界定市场支配地位是界定滥用行为的前提。市场支配地位是指经营者在相关市场内具有能够控制商品价格、数量或者其他交易条件,或者能够阻碍、影响其他经营者进入相关市场能力的市场地位。

滥用行为,简言之,就是具有市场支配地位的企业不正当地利用自身优势,并实质性地限制或者排斥竞争,损害消费者利益的行为。

滥用是市场支配地位行为的社会危害性极大,它不仅破坏了竞争,不利于社会资源的最优化配置,而且还损害恶劣同业竞争和广大消费者的合法权益。纵观世界各国的反垄断立法实践,反垄断法均对市场支配地位滥用行为加以规制,禁止支配地位滥用行为成为各国反垄断法的核心内容。

为了防止和禁止具有市场支配地位的企业实施滥用市场支配地位的行为,我国《反垄断法》明确规定了滥用市场支配地位的行为。根据《反垄断法》第17条第1款的规定,滥用市场支配地位的行为主要包括：(1) 以不公平的高价销售商品或者不公平的低价购买商品；(2) 没有正当理由,以低于成本的价格销售商品；(3) 没有正当理由,拒绝与交易相对人进行交易；(4) 没有正当理由,限定交易相对人只能与其进行交易或者只能与其指定的经营者进行交易；(5) 没有正当理由搭售商品,或者在交易时附加其他不合理的交易条件；(6) 没有正当理由,对条件相同的交易相对人在交易价格等交易条件上实行差别待遇；(7) 国务院反垄断执法机构认定的其他滥用市场支配地位的行为。此外,《反垄断法》第55条还规定,经营者滥用知识产权,排除、限制竞争的行为,适用本法。

《反垄断法》第 18 条规定了认定经营者具有市场支配地位,应当依据下列因素,主要有:(1)该经营者在相关市场的市场份额,以及相关市场的竞争状况;(2)该经营者控制销售市场或者原材料采购市场的能力;(3)该经营者的财力和技术条件;(4)其他经营者对该经营者在交易上的依赖程度;(5)其他经营者进入相关市场的难易程度;(6)与认定该经营者市场支配地位有关的其他因素。

根据《反垄断法》第 17 条第 2 款,市场支配地位是指经营者在相关市场内具有能够控制商品价格、数量或者其他交易条件,或者能够阻碍、影响其他经营者进入相关市场能力的市场地位。为了使关于市场支配地位的定义具有可操作性,《反垄断法》第 18 条提出了认定市场支配地位的一系列因素,包括了经营者的市场份额、相关市场竞争状况等。为了提高法律稳定性和当事人的可预见性,我国《反垄断法》还借鉴德国的相关法律,在第 19 条规定了以下情况可以推定经营者具有市场支配地位:(1)一个经营者在相关市场的市场份额达到 1/2 的;(2)两个经营者在相关市场的市场份额合计达到 2/3 的;(3)三个经营者在相关市场的市场份额合计达到 3/4 的。但如果被推定具有市场支配地位的经营者,有证据证明不具有市场支配地位的,不应当认定其具有市场支配地位。

(三)控制经营者集中

经营者集中是指市场上存在的较大企业通过并购等方式导致市场上竞争者减少的行为。

根据《反垄断法》第 20 条的规定,经营者集中的方式包括经营者合并,取得股份或者资产,以合同方式或者其他方式取得对另一企业的控制权。控制经营者集中的制度主要是集中申报和审批制度。《反垄断法》规定,对经营者集中实施事前强制申报制度,具体的申报标准,由国务院制定。2008 年 8 月 4 日作为《反垄断法》配套法规之一的《国务院关于经营者集中申报标准的规定》(以下简称《规定》)颁布实施。《规定》对于经营者集中申报的标准,做出了明确规定,经营者集中是指以下三种情形:(1)经营者合并;(2)经营者通过取得股权或者资产的方式取得对其他经营者的控制权;(3)经营者通过合同等方式取得对其他经营者的控制权或者能够对其他经营者施加决定性影响。

该《规定》还指出,经营者集中达到下列标准之一的,首先应当向国务院商务主管部门申报,未申报的不得实施集中:(1)参与集中的所有经营者上一会计年度在全球范围内的营业额合计超过 100 亿元人民币,并且其中至少两个经营者上一会计年度在中国境内的营业额均超过 4 亿元人民币;(2)参与集中的所有经营者上一会计年度在中国境内的营业额合计超过 20 亿元人民币,并且其中至少两个经营者上一会计年度在中国境内的营业额均超过 4 亿元人民币。

根据《反垄断法》第 21 条,经营者集中达到国务院规定的申报标准的,应事先进行申报,未申报的不得实施集中。根据《反垄断法》第 25 条和第 26 条的规定,反垄断执法机关收到全面的申报材料之日起 30 日内,对申报的经营者集中进行初步审查。当事人在 30 日内未得到通告的,应视为得到了批准。如反垄断执法机构认为经营者集中有严重限制竞争的可能性,它必须通告当事人该申报进入第二审查阶段。第二审查阶段的时间是 90 天,特殊情况下可再延长 60 天。

根据《反垄断法》第 28 条的规定,经营者集中具有或者可能具有排除、限制竞争效果的,国务院反垄断执法机构应当作出禁止经营者集中的决定。然而,因为经济活动是非常复杂和活跃的,有些合并即便具有排除、限制竞争的负面影响,同时也可能有利于提高市场竞争强度或者企业的经济效益。因此,经营者能够证明该集中对竞争产生的有利影响明显大于不利影响,或者符合社会公共利益的,国务院反垄断执法机构可以作出对经营者集中不予禁止的决定。反垄断执法机构审查经营者集中时,主要考虑经营者在相关市场的份额及其市场支配力、相关市场集中度、经营者集中对市场进入和技术进步的影响、经营者集中对消费者和其他经营者的影响,此外,还有对国民经济发展的影响。根据《反垄断法》第 29 条,反垄断执法机构的批准决定中可以附加限制性条件,以减少对竞争的不利影响。

《反垄断法》还明确规定:"外资并购境内企业或者以其他方式参与经营者集中,涉及国家安全的,除依照本法规定进行经营者集中审查外,还应当按照国家有关规定进行国家安全审查。"从而保证上述并购行为接受经营者集中审查和国家安全审查等双重审查。

(四）禁止行政垄断

由于我国长期实行计划经济和高度国有化,在主要基础设施和公共服务部门形成的行政垄断,已经成为一个庞大的既得利益集团。其突出特征就是借助政治资源来进行经济资源的占有和分配,排斥其他利益集团参与竞争,妨碍生产要素自由流动,寻求本行业、本部门、本集团的利益最大化,而不是全社会财富或人民福利最大化。禁止行政垄断是反垄断法的核心之一。在中国经济发展的现阶段,禁止行政垄断是保持市场经济和谐、稳定发展的当务之急。

我国《反垄断法》第 8 条明确规定,行政机关和法律、法规授权的具有管理公共事务职能的组织不得滥用行政权力,排除、限制竞争。

与其他国家不同的是,我国《反垄断法》专设一章,对滥用行政权力排除和限制竞争作了一系列的规定。《反垄断法》第五章列举了滥用行政权力排除、限制竞争的行为。滥用行政权力排除、限制竞争是指行政机关和法律、法规授权的具有管理公共事务职能的组织滥用行政权力,限定或者变相限定单位或者个人经营、购买、使用其指定的经营者提供商品的行为。

滥用行政权力排除、限制竞争行为方式及其要件。

(1) 强制交易。行政机关和公共组织不得滥用行政权力,限定或者变相限定单位或者个人经营、购买、使用其制定的经营者的商品。

(2) 地区封锁。① 限制商品在地区间自由流通。主要有以下集中情形:对外地商品设定歧视性收费项目、实行歧视性收费标准,或者规定歧视性价格;对外地商品规定与本地同类商品不同的技术要求、检验标准,或者对外地商品采取重复检验、重复认证等歧视性技术措施,限制外地商品进入本地市场;采取专门针对外地商品的行政许可,限制外地商品进入本地市场;设置关卡或者采取其他手段,阻碍外地商品进入或者本地商品运出;妨碍商品在地区之间自由流通的其他行为。② 排斥或限制招标、投标。③ 排斥或限制外地企业在本地投资或设立分支机构。

(3) 强制经营者实施危害竞争的垄断行为。行政机关和公共组织不得滥用行政权力,强制经营者从事法律规定的垄断行为。

(4) 制定含有限制竞争内容的行政法规、行政命令等。

上述这些规定说明,滥用行政权力限制竞争的行为在本质上都是一种歧视行为,即对市场条件下本来应该有着平等地位的市场主体实施了不平等的待遇,其后果是扭曲竞争,妨碍建立统一、开放和竞争的大市场,使社会资源不能得到合理和有效的配置。因此,反行政垄断是我国《反垄断法》的一项重要任务。

按照法律的规定,国务院规定的承担反垄断执法职责的机构,负责反垄断工作。为加大反垄断工作力度,法律同时规定,国务院设立反垄断委员会,统一负责组织、协调和指导反垄断工作。

五、违反《反垄断法》的法律责任

(一) 违法经营者的法律责任

1. 垄断协议的法律责任

经营者达成并实施垄断协议的,由反垄断执法机构责令停止违法行为,没收违法所得,并处上一年度销售额1%以上10%以下的罚款;尚未实施所达成的垄断协议的,可以处50万元以下的罚款。经营者主动向反垄断执法机构报告达成垄断协议的有关情况并提供重要证据的,反垄断执法机构可以酌情减轻或者免除对该经营者的处罚。

2. 滥用市场支配地位的法律责任

经营者滥用市场支配地位的,由反垄断执法机构责令停止违法行为,没收违法所得,并处上一年度销售额1%以上10%以下的罚款。

3. 经营者集中的法律责任

经营者实施集中的,由国务院反垄断执法机构责令停止实施集中、限期处分股份或者资产、限期转让营业以及采取其他必要措施恢复到集中前的状态,可以处50万元以下的罚款。

此外,如果经营者实施垄断行为,给他人造成损失的,依法应当承担相应的民事责任。

(二) 行业协会的法律责任

行业协会组织本行业的经营者达成垄断协议的,反垄断执法机构可以处50万元以下的罚款;情节严重的,社会团体登记管理机关可以依法撤销登记。

(三) 对滥用行政权力的行政主体的处罚

行政机关和法律、法规授权的具有管理公共事务职能的组织滥用行政权力,实施排除、限制竞争行为的,由上级机关责令改正;对直接负责的主管人员和其他直接责任人员依法给予处分。反垄断执法机构可以向有关上级机关提出依法处理的建议。法律、行政法规对行政机关和法律、法规授权的具有管理公共事务职能的组织滥用行政权力实施排除、限制竞争行为的处理另有规定的,依照其规定。

(四) 对有关主体违反配合义务行为的处罚

对反垄断执法机构依法实施的审查和调查,拒绝提供有关材料、信息,或者提供虚假材料、信息,或者隐匿、销毁、转移证据,或者有其他拒绝、阻碍调查行为的,由反垄断执法机构责令改正,对个人可以处2万元以下的罚款,对单位可以处20万元以下的罚款;情节严重的,对个人处2万元以上10万元以下的罚款,对单位处20万元以上100万元以下的罚款;构成犯罪的,依法追究刑事责任。

(五) 对反垄断执法机构工作人员的处分

反垄断执法机构工作人员滥用职权、玩忽职守、徇私舞弊或者泄露执法过程中知悉的商业秘密,构成犯罪的,依法追究刑事责任;尚不构成犯罪的,依法给予处分。

参 考 文 献

1. 孟雁北:《反垄断法》(第二版),北京大学出版社,2017年。
2. 万江:《中国反垄断法:理论、实践与国际比较》(第二版),中国法制出版社,2017年。
3. 种明钊:《竞争法》(第三版),法律出版社,2016年。
4. 周昀:《反垄断法新论》(修订版),中国政法大学出版社,2016年。
5. 张永忠:《中国反垄断法典型案例研究》,法律出版社,2015年。
6. 博德维希:《全球反不正当竞争法指引》,黄武双、刘维、陈雅秋译,法律出版社,2015年。
7. 王先林:《竞争法学》(第二版),中国人民大学出版社,2015年。
8. 李华武:《竞争法》,武汉大学出版社,2015年。
9. 吕明瑜:《竞争法教程》(第二版),中国人民大学出版社,2015年。

10. 林文:《反不正当竞争法律制度与实务技能》,法律出版社,2014年。
11. 孔祥俊:《不正当竞争法的创新性适用》,中国法制出版社,2014年。
12. 中华人民共和国商务部反垄断局:《世界主要国家和地区反垄断法律汇编》,中国商务出版社,2013年。
13. 基斯·希尔顿:《反垄断法:经济学原理和普通法演进》,赵玲译,刘凯校,北京大学出版社,2009年。

第十四章　产品质量法律制度

[**本章概要**]

　　产品质量法是经济社会的一项重要法律制度。我国的产品质量法律制度已初步形成体系,在市场经济建设中发挥了重要作用。本章主要介绍产品质量法律制度中的一些基本问题,诸如产品的概念、产品质量监督管理、产品责任以及产品质量侵权后的损害赔偿等。

第一节　产品质量法概述

一、产品的概念

　　《中华人民共和国产品质量法》(以下简称《产品质量法》)第 2 条对产品的定义是:"本法所称的产品是指经过加工、制作,用于销售的产品。建设工程不适用本法规定;但是,建设工程使用的建筑材料、建筑构配件和设备属于产品定义范围的,适用本法规定。"第 73 条规定:"军工产品质量监督管理办法,由国务院、中央军事委员会另行制定。因核设施、核产品造成损害的赔偿责任,法律、行政法规另有规定的,依照其规定。"可见,我国《产品质量法》中的产品只是加工、制作的产品,是不含初级农产品等天然产品和不动产的;另外,这里的产品必须以销售为目的,不用于销售的物品则不是。军工产品、核设施、核产品等都不属于《产品质量法》所规制的对象。

　　与西方国家相比,我国《产品质量法》中产品概念的范围是比较狭窄的。美国《统一产品责任法》第 102 条规定:"产品是具有真正价值的、为进入市场而生产的、能够作为组装整件或者作为部件、零件交付的物品,但人体组织、器官、血液组成成分除外。"《欧洲经济共同体产品责任指令》第 2 条规定:"产品指除初级农产品和狩猎产品以外的所有动产,即使已被组合在另一不动产之内。初级农产品是指种植业、畜牧业、渔业产品,不包括经过加工的这类产品,产品包括电。"

　　随着消费者利益越来越多地得到重视和保护,也随着产品的日益多样化、丰富化,适当扩大法律上产品概念的外延,将更多的商品纳入产品质量法的体系,能起到促进消费者利益保护的作用。

二、产品质量法

产品质量是指产品在正常或规定条件下,满足或符合特定用途或需求所必须具备的性能的总和。产品质量既包括产品的结构、精度、纯度、机械物理指标和化学指标等内在质量,也包括产品的形状、色彩、光泽、手感等外观方面的质量。不同产品,用途各异,其性能也不同。

产品质量法是指调整在产品生产、销售和使用过程中的质量进行监督管理而发生的社会关系的法律规范的总称。

1993年2月22日,第七届全国人大常委会第三十次会议审议、通过了《中华人民共和国产品质量法》,该法于1993年9月1日起施行。2000年7月8日,第九届全国人大常委会第十六次会议通过了《关于修改产品质量法的决定》,修改后的《产品质量法》自2000年9月1日起施行。《产品质量法》的内容包括总则、产品质量的监督管理、生产者和销售者的产品质量责任和义务、损害赔偿、罚则、附则等。广义的产品质量法还包括其他法律、行政法规中有关产品质量的法律规范。

《产品质量法》的立法宗旨是保障并提高产品质量,维护消费者的合法权益,规范市场秩序。

(一)保障并提高产品质量

保障和提高产品质量是《产品质量法》的直接目的。企业在市场竞争中,优势地位的取得一般来说可通过提高产品质量降低产品成本等途径,而产品质量提高的所需条件如科学技术、管理等这些也需要企业本身的努力。但是在市场竞争中有些企业为了牟取利益,难免不惜以牺牲质量的做法,偷工减料,以次充好,这样的做法丧失了市场竞争应有的性质,也破坏了社会整体经济利益。市场经济是竞争经济、效益经济。市场经济要求生产者、经营者改善和加强企业经营管理,提高产品质量,以高质量的产品树立企业形象、拓展市场。

(二)维护消费者的合法权益

对消费者权益的维护在《消费者权益保护法》中也有所涉及,对消费者权益的保护有利于促进整个市场的顺利、有序运行。

(三)规范市场秩序

社会整体经济利益的价值追求离不开良好的社会竞争秩序,良好的社会竞争秩序是现代市场经济法制的中心内容,因此,围绕着市场竞争秩序制度的优化,现代市场经济法制的每一项立法都体现这一目标和使命,并把它细化在法律规范的设计中。《产品质量法》中的许多规定都是同反不正当竞争法律规范有密切联系的。可以说是从产品质量管理方面来维护公平的市场秩序。

我国的《产品质量法》一方面调整国家对企业产品质量的监督管理关系;另一方面调整生产者、销售者与消费者之间因产品不合格或者产品有缺陷而产生的产品质量责任关系。产品责任属于侵权责任,而产品质量监督管理则属于公法范畴,这种将公法和私法集于一身的立法体例,受到了一部分反对者的批判,他们认为这样势必导致法律规范本身的混乱,因而主张拆分《产品责任法》和《产品质量法》。但赞同者们认为,该立法体现和坚持了社会主义市场经济方向,体现了国家宏观调控和市场引导相结合的指导思想,顺应了主要市场经济国家将产品质量所导致的竞争问题、社会经济秩序维护问题、政府对产品的供应者的产品质量监督和管理纳入产品质量法律制度之中的发展趋势。

第二节 产品质量监督管理

随着市场竞争越来越激烈,产品质量成为我国社会经济生活中一个不容忽视的问题,有的商家利用违法手段生产、销售假冒伪劣产品以谋取非法暴利,侵害广大用户和消费者的合法权益。为了维护市场经济秩序,就必须加强对产品质量的监督管理工作。《产品质量法》把产品质量的监督管理作为一个重要组成部分。

产品质量监督管理是指国家产品质量管理机关依法对产品质量进行监督、检查、管理活动,社会各界对产品质量的监督活动,以及产品生产者、销售者按照《产品质量法》要求进行产品的生产和经营活动的总和。

一、产品质量监督管理主体

(一)国家产品质量监督管理机关

1. 产品质量监督主管机关

我国实行统一管理、分工负责的产品质量监督管理体制。

各级人民政府应当把提高产品质量纳入国民经济和社会发展规划,加强对产品质量工作的统筹规划和组织领导,引导、督促生产者、销售者加强产品质量管理,提高产品质量,组织各有关部门依法采取措施,制止产品生产、销售中违反《产品质量法》的行为,保障《产品质量法》的实施。

国务院产品质量监督管理部门(技术监督局)主管全国产品质量监督工作,县级以上地方各级人民政府管理产品质量工作的部门主管本行政区域内的产品质量监督管理工作。1998年,国务院进行机构改革,将国家质量技术监督局从国家经贸委划出,归入国务院管理,成为国务院管理全国标准化、计量、质量工作并行使执法监督职能的直属机构。1999年,国务院决定对全国省级以下质量技术监督机构实行垂直领导、统一管理体制。

2. 其他政府管理部门

《产品质量法》规定,县级以上地方各级人民政府有关部门在各自的职责范围内负责产品质量监督管理工作。一般来说,主要包括工商行政管理部门、食品药品监督管理部门、企业的主管部门、行业主管部门,有权在各自的职责范围内对企业产品质量进行监督管理。

(二) 社会对产品质量的监督

社会对产品质量的监督管理包括社会团体(如质量协会、企业管理协会、用户委员会等)、消费者(包括消费者协会)、新闻舆论等方面的监督。其中,从事产品质量检验、认证的社会中介机构必须依法设立,不得与行政机关和其他国家机关存在隶属关系或者其他利益关系。产品质量检验机构、认证机构必须依法按照有关标准,客观、公正地出具检验结果或者认证证明。

《产品质量法》规定:消费者有权就产品质量问题,向产品生产者、销售者查询;向产品质量监督管理部门、工商行政管理部门及有关部门申诉,接受申诉的部门应当负责处理;保护消费者权益的社会组织可以就消费者反映的产品质量问题建议有关部门负责处理,支持消费者对产品质量造成的损害向人民法院起诉。

任何单位和个人有权对违反《产品质量法》的行为向产品质量监督部门或者其他有关部门检举。产品质量监督部门和有关部门应当为检举人保密,并按照省级人民政府的规定给予奖励。

(三) 生产者、销售者的自律管理

生产者、销售者应当重视企业的产品质量,维护企业商业信誉。生产者、销售者应当建立健全内部产品质量管理制度,严格实施岗位质量规范、质量责任以及相应的考核办法。

生产者、销售者可以通过行业协会等自律性行业组织制定行业质量公约,维护行业产品质量声誉,维护行业竞争秩序。

二、产品质量监督管理制度

(一) 标准化管理制度

《产品质量法》规定,产品质量应当检验合格,不得以不合格产品冒充合格产品。可能危及人体健康和人身、财产安全的工业产品,必须符合保障人体健康、人身、财产安全的国家标准、行业标准;未规定国家标准、行业标准的,必须符合保障人体健康、人身、财产安全的要求。禁止生产、销售不符合保障人体健康和人身、财产安全的标准和要求的工业产品。

标准是对重复性事物和概念所作的统一规定。标准经法定机构以法定的形式发布,就成为生产、流通、科研等实践活动中共同遵守的准则和依据。标准化是指标准

的制定、发布、实施的全部活动。产品质量标准化管理是关于产品质量标准的制定、实施、监督、检查的各项规定的总和,是产品质量监督管理的依据和基础。1989年4月1日起施行的《中华人民共和国标准化法》(以下简称《标准化法》),对产品质量标准作出了明确的规定,我国标准化管理制度是由《标准化法》和一系列配套法规组成的。

依据《标准化法》规定,我国现行标准体系分为国际标准、国家标准、行业标准、地方标准和企业标准等。

1. 国际标准

国际标准包括国际标准化组织(ISO)、国际电工委员会(IEC)所制定的标准,以及ISO所出版的《国际标准题内关键词索引》(*KWIC Index*)中收录的其他国际组织制定的标准等。国外先进标准包括有影响的区域标准、工业发达国家的标准和国际公认有权威的团体标准和企业标准。

2. 国家标准

对需要在全国范围内统一的技术要求(如通用技术术语符号代码(含代码)、保障人体健康和人身、财产安全的技术要求等)应当制定国家标准。国家标准由国家标准化行政主管部门制定。

3. 行业标准

对没有国家标准而又需要在全国某个行业范围内统一技术要求的,可以制定行业标准。行业标准由国务院有关行政主管部门制定,并报国务院标准化行政主管部门和国务院有关行政主管部门备案。

4. 地方标准

对没有国家标准和行业标准而有需要在省、自治区、直辖市范围内统一工业产品的安全、卫生要求的,可以由省、自治区、直辖市标准化行政主管部门制定地方标准,并报国务院标准化行政主管部门和国务院有关行政主管部门备案。

5. 企业标准

企业的产品标准须报当地政府标准化行政主管部门和有关行政主管部门备案。已有国家标准或者行业标准的,国家鼓励企业制定严于国家标准或者行业标准的企业标准,在企业内部适用。

就标准的性质而言,又可分为强制性标准和推荐性标准。

1. 强制标准

保障人体健康、人身、财产安全的标准和法律、行政法规规定强制执行的标准是强制性标准;省、自治区、直辖市标准化行政主管部门制定的工业产品的安全、卫生要求的地方标准,在本行政区域内是强制性标准。

属于强制性标准的有:(1)药品标准、食品卫生标准及兽药标准;(2)产品及产品生产、储运和使用中的安全、卫生标准；(3)劳动安全、卫生标准；(4)运输安全标准；(5)工程建设的质量、安全、卫生标准及国家需要控制的其他工程建设标准；(6)环境保护的污染物排放标准和环境质量标准；(7)重要的设计技术衔接的通用术语、符号、代号(含代码)、文件格式和制图方法；(8)国家需要控制的通用的试验、检验方法标准；(9)互换配合标准；(10)国家需要控制的重要产品质量标准。

2. 推荐标准

强制性标准以外的其他标准是推荐性标准，推荐性标准不具有强制性。

(二) 企业质量体系认证制度

企业质量体系认证制度是一种对产品质量进行科学管理的制度。它通过一定的方法和程序，把企业的质量保证工作加以标准化和制度化，以达到保证产品质量的目的。质量保证体系由国际标准化组织提出，在国际上已被广泛接受，如国际标准化组织的 ISO9000 系列国际标准等，具有世界公认的通向国际市场的"通行证"性质。经认证，可以提高企业信誉，增强市场竞争力。

《产品质量法》规定，国家根据国际通行的质量管理标准，推行企业质量体系认证制度。企业可以向国务院产品质量监督管理部门或者国务院产品质量监督管理部门授权的部门认可的认证机构申请企业质量体系认证。经认证合格的，由认证机构颁发企业质量体系认证证书。

(三) 产品质量认证制度

产品质量认证制度是指用合格证书或合格标准证明某一产品或服务符合特定标准或其他技术规范的活动。

《产品质量法》规定，国家参照国际先进的产品标准和技术要求，推行产品质量认证制度。企业根据自愿原则，可以向国务院产品质量监督管理部门或者国务院产品质量监督管理部门授权的部门认可的认证机构申请产品质量认证。经认证合格的，由认证机构颁发产品质量体系认证证书。准许企业在产品或者其包装上使用产品质量认证标志。

(四) 产品质量监督的抽查制度

国家对产品质量实行以抽查为主要方式的监督检查制度，对可能危及人体健康和人身、财产安全的产品，影响国计民生的重要工业产品以及消费者、有关组织反映有质量问题的产品进行抽查。监督抽查工作由国务院产品质量监督管理部门规划和组织。县级以上地方产品质量监督部门在本行政区域内也可以组织监督抽查。国家监督抽查的产品，地方不得另行重复抽查；上级监督抽查的产品，下级不得另行重复抽查。对依法进行的产品质量监督检查，生产者、销售者不得拒绝。国务院和省、自治区、直辖市人民政府的产品质量监督检查部门应当定期发布其监督抽查的产品的质量状况公告。

抽查的样品应当在市场上或者企业成品仓库内的待销产品中随机抽取。根据监督抽查的需要,可以对产品进行检验。检验抽取样品的数量不得超过检验的合理需要,并不得向被检查人收取检验费用。

抽查的产品质量不合格的,由实施监督抽查的产品质量监督部门责令其生产者、销售者限期改正。逾期不改正的,由省级以上人民政府产品质量监督部门予以公告;公告后经复查仍不合格的,责令停业,限期整顿;整顿期满后经复查产品质量仍不合格的,吊销营业执照。

（五）国家优质产品的质量管理

国家设立国家优质产品奖,对达到国际先进水平的优质产品,经过国家质量奖审定委员会认定,颁发国家优质产品奖证书和标有"优"字标志的奖牌。国家优质产品奖证书和奖牌的有效期限为3—5年,具体期限由审定委员会确定,有效期满后,未经复查确认或者重新评选获奖,不得沿用国家优质产品的称号。

第三节 产品质量责任和义务

一、产品质量责任和义务的涵义

生产者、销售者的产品质量责任和义务,是指根据《产品质量法》规定,在产品生产和销售过程中应当履行的保证产品质量的法定责任和义务。这既是生产者、销售者实施产品质量自我(自律)管理的重要内容,也是产品质量监督管理的一个重要方面。

《产品质量法》对生产者、销售者的产品质量责任和义务规定主要有两类,即积极责任和消极责任,或者称作为义务和不作为义务,前者要求作出一定的行为,而后者则禁止特定的行为。由于许多产品质量问题源于产品设计、制造缺陷或者产品质量表示缺陷,因此,《产品质量法》对生产者、销售者的产品质量责任和义务作了具体规定。

二、生产者的产品质量责任和义务

（一）生产者应当对其生产的产品质量负责

（1）不存在危及人身安全、财产安全的不合理的危险,有保障人体健康以及人身、财产安全的国家标准、行业标准的,应当符合该标准。

（2）具备产品应当具备的使用性能,但是对产品存在使用性能的瑕疵作出说明的除外。

(3) 符合在产品或者其包装上注明采用的产品标准,符合以产品说明、实物样品等方式表明的质量状况。

(二) 产品或者其包装上的标识必须真实,并符合要求

(1) 有产品质量检验合格证明。

(2) 有中文标明的产品名称、生产厂厂名和厂址。

(3) 根据产品的特点和使用要求,需要标明产品规格、等级、所含主要成分的名称和含量的,用中文相应予以标明;需要事先让消费者知晓的,应当在外包装上标明,或者预先向消费者提供有关资料。

(4) 限期使用的产品,应当在显著位置清晰地标明生产日期和安全使用期或者失效日期。

(5) 使用不当,容易造成产品本身损坏或者可能危及人身、财产安全的产品,应当有警示标志或者中文警示说明。

(6) 易碎、易燃、易爆、有毒、有腐蚀性、有放射等危险物品以及储运中不能倒置和其他有特殊要求的产品,其包装质量必须符合相应的要求,依照国家有关规定作出警示标志或者中文警示说明,标明储运注意事项。

(三) 不得违反法律规定的禁止性规定

(1) 不得生产国家明令淘汰的产品。

(2) 不得伪造产地,伪造或者冒用他人的厂名、厂址。

(3) 不得伪造或者冒用认证标志、名优标志等质量标志。

(4) 生产产品,不得掺杂、掺假、以假充真、以次充好、以不合格产品冒充合格产品。

三、销售者的产品质量责任和义务

(一) 执行进货检查验收制度,保持销售产品的质量

销售者在进货的时候,应当对所进货物进行检查验收,验明产品的合格证明和其他标识。销售者应当采取措施,保持销售产品的质量。

(二) 执行产品质量标识制度

销售者销售的产品的标识应当符合本节前述二(二)项的规定。

(三) 不得违反法律规定的禁止性规定

(1) 不得销售国家明令淘汰并停止销售的产品和失效、变质的产品。

(2) 不得伪造产品、伪造或者冒用他人的厂名、厂址。

(3) 不得伪造或者冒用认证标志、名优标志等质量标志。

(4) 销售产品,不能掺杂、掺假,不得以假充真,不得以不合格产品冒充合格产品。

第四节 产品质量侵权的损害赔偿责任

一、产品质量侵权的构成要件

产品质量侵权损害赔偿的前提是生产者、销售者有产品质量侵权行为。我国《民法通则》将产品质量侵权列入特殊的侵权行为。《产品质量法》对此作了进一步规定。通常认为,产品质量侵权的损害赔偿需具备以下四个要件。

(一) 产品缺陷

对产品缺陷的认定,是产品质量损害赔偿中的一个关键环节。根据《产品质量法》的规定:"产品缺陷是指产品存在危及人身、他人财产安全的不合理的危险。"产品缺陷的存在,从其原因上分析,可以分为设计缺陷、制造缺陷和销售缺陷(如销售者没有对产品潜在的危险和正确使用方法在产品说明书中加以说明,或者缺少警示标识等)。

因产品缺陷造成损害,是发生产品责任的前提和基础。《产品质量法》第26条还规定了产品瑕疵,但未明确其定义。"产品缺陷"与"产品瑕疵"都以产品不符合产品的质量要求为前提,但是两者之间又存在差异。

首先,瑕疵是性状上的缺陷,主要指产品在物质性上存在与约定或法定的质量标准不符的质量问题;而产品缺陷则是在安全性上存在的质量问题。

其次,瑕疵是相对较轻的产品的质量问题,用户或消费者已经知道的瑕疵可以自行决定是否接受;而缺陷因为可能对人身财产造成主动侵害,故存在的质量问题较重,消费者不应接受。

最后,对于产品瑕疵,消费者直接向销售者索赔,销售者依约定或法律规定承担违约责任;对于缺陷,可以向生产者或销售者索赔,由生产者或销售者承担赔偿责任。

(二) 消费者或者使用者受到损害

这是指由于产品缺陷给消费者、使用者造成人身、财产损害。

(三) 产品缺陷与损害事实之间存在因果关系

消费者、使用者受到损害是由于产品缺陷所引起的。后者为原因,前者为结果。

(四) 不存在法定免责事由

根据产品质量法规定,生产者能够证明有下列情况之一的,不承担赔偿责任:

(1) 未将产品投入流通的;

(2) 产品投入流通时,引起损害的缺陷尚不存在的;

(3) 将产品投入流通时科学技术水平尚不能发现缺陷存在的。

二、损害赔偿责任主体

（一）销售者先行负责制

销售者售出的产品有下列情形之一，应当负责修理、更换、退货；给购买产品的用户、消费者造成损失的，应当赔偿损失：

（1）不具备产品应当具备的使用性能而事先未作说明的；

（2）不符合在产品或者其包装上注明采用的产品标准的；

（3）不符合以产品说明、实物样品等方式表明的质量状况的。

（二）销售者的追偿权

依照上述第（一）项，销售者在承担责任后，属于生产者的责任或者属于销售者提供产品的其他销售者（简称供货者）的责任的，销售者有权向生产者、供货者追偿。但是，如果生产者之间、销售者之间、生产者与销售者之间订立的产品买卖合同、加工合同、承揽合同有不同约定的，合同当事人按照合同约定执行；由于销售者的过错使产品存在缺陷，造成他人人身、财产损害的，销售者应当承担赔偿责任；销售者不能指明缺陷产品生产者并且也不能指明缺陷产品的供货者的，销售者应当承担赔偿责任。

（三）生产者的损害赔偿责任

因产品存在缺陷造成人身、缺陷产品以外的其他财产（简称他人财产）损害的，生产者应承担赔偿责任。但是，生产者能够证明存在法定免责事由的，不承担赔偿责任。

（四）受害人的请求权

因产品存在缺陷造成人身、他人财产损害的，受害人可以向产品的生产者要求赔偿，也可以向产品的销售者要求赔偿。属于产品的生产者的责任，产品的销售者赔偿的，产品的销售者有权向产品生产者追偿。属于产品的销售者的责任，产品的生产者赔偿的，产品的生产者有权向产品的销售者追偿。

三、损害赔偿的范围

我国《产品质量法》第44条第1款以列举的方式规定了人身伤害赔偿的范围：因产品存在缺陷造成受害人人身伤害的，侵害人应当赔偿医疗费、治疗期间的护理费、因误工减少的收入等费用；造成残疾的，还应当支付残废者生活自助具费、生活补助费、残疾赔偿金以及由其扶养的人的生活费等费用；造成受害人死亡的，并应当支付丧葬费、死亡赔偿金以及死者生前扶养的人所必需的生活费等费用。

《产品质量法》第44条第2款还规定了财产损害的赔偿范围：因产品缺陷造成受害人财产损失的，侵害人应当恢复原状或者折价赔偿；受害人因此遭受其他重大损失的，侵害人应当赔偿损失。

在司法实践中，产品责任受害人要求高额的损害赔偿或精神损害赔偿的问题已屡见不鲜。但对于因产品责任造成的损害赔偿,司法实践中应依循什么标准确定赔偿数额,目前我国的《产品质量法》对此未作规定,但在《消费者权益保护法》第55条作了明确规定,对经营者的欺诈行为规定了惩罚性赔偿原则,且规定:"增加赔偿的金额为消费者购买商品的价款或者接受服务的费用的3倍;增加赔偿的金额不足500元的,为500元。"

美国的《产品责任法》中虽未对赔偿限额做出规定,但是在司法实践中损害赔偿额尤其是精神损害赔偿额度相当大,甚至于令产品责任人不堪重负;欧盟则既规定了最高赔偿限额,也规定了损害赔偿的最低限额。

我国的司法实践中,普遍存在产品责任赔偿额较低的问题,一方面对受害者起不到相应的补偿作用,另一方面在一定程度上导致了假冒伪劣产品的泛滥。此外,我国加入WTO后,国际贸易往来大幅增加,与欧美国家的高额赔偿金制度相比,我国应力图实现产品赔偿责任的对等。因此,应完善产品责任赔偿制度,使惩罚性赔偿制度在司法实践中更具可操作性。

四、损害赔偿纠纷的处理

因产品质量发生民事纠纷时,当事人可以通过协商或者调解解决。当事人不愿通过协商、调解解决或者协商、调解不成的,可以根据当事人各方的协议向仲裁机构申请仲裁;当事人各方没有达成仲裁协议或者仲裁协议无效的,可以直接向人民法院起诉。

五、产品责任诉讼

产品责任诉讼是指法律和当事人在其他诉讼参与人的配合下为解决产品责任纠纷所进行的全部活动。

我国《产品质量法》对产品质量责任的诉讼时效作了具体的规定:(1)普通时效为2年。因产品存在缺陷造成损害要求赔偿的诉讼时效期间为2年,自当事人知道或者应当知道其权益受到损害时起计算;(2)因产品存在缺陷造成损害要求赔偿的请求权,在造成损害的缺陷产品交付最初用户、消费者满10年丧失;但是尚未超过明示的安全使用期的除外。

原告向法院提起诉讼,要求赔偿,有义务对自己请求赔偿的主张提供下列证据:(1)产品存在的缺陷在消费者购买之前已经存在;(2)消费者正确使用了该产品;(3)消费者因使用该产品而受到损害。

第五节 产品质量的行政和刑事责任

损害赔偿责任是由于产品存在缺陷,给用户或者消费者造成损害时在经济上的补偿。而行政和刑事责任是对生产者、销售者违反《产品质量法》有关规定的违法行为的法律制裁,与是否造成损害没有必然联系。

一、生产者、销售者的行政责任

根据《产品质量法》第五章"罚则"的有关规定,对生产者或销售者的违法行为给予行政处罚的具体情形有六种。

(1) 生产、销售不符合保障人体健康,人身、财产安全的国家标准和行业标准的产品,责令停止生产、销售,没收违法生产、销售的产品,并处违法生产、销售产品(包括已售出和未售出的产品,下同)货值金额等值以上3倍以下的罚款;有违法所得的,并处没收违法所得;情节严重的,吊销营业执照。

(2) 在产品中掺杂、掺假、以假充真、以次充好,或者以不合格产品冒充合格产品的,责令停止生产、销售,没收违法生产、销售的产品,并处违法生产、销售产品货值金额50%以上3倍以下的罚款;有违法所得的,并处没收违法所得;情节严重的,吊销营业执照。

(3) 生产国家明令淘汰的产品的,销售国家明令淘汰并停止销售的产品的,责令停止生产、销售,没收违法生产、销售的产品,并处以违法生产、销售产品货值金额等值以下的罚款;有违法所得的,并处没收违法所得;情节严重的,吊销营业执照。

(4) 销售失效、变质的产品的,责令停止销售,没收违法销售的产品,并处违法销售产品货值金额2倍以下的罚款;有违法所得,并处违法所得;情节严重的,吊销营业执照。

(5) 伪造产品的产地的,伪造或者冒用他人的厂名、厂址的,伪造或者冒用认证标志、名优标志等质量标志的,责令改正,没收违法生产、销售的产品,并处以违法生产、销售产品货值金额等值以下的罚款;有违法所得,并处违法所得;情节严重的,吊销营业执照。

(6) 产品标识不符合《产品质量法》第27条规定的,责令改正;有包装的产品标识不符合产品质量法规定,情节严重的,责令停止生产、销售,并处以违法生产、销售产品货值金额30%以下的罚款;有违法所得,并处违法所得。

根据《产品质量法》第70条的规定,吊销营业执照的行政处罚由工商行政管理部门决定,其他行政处罚由产品质量监督部门或者工商行政管理部门按照国务院规定的职权范围决定。法律和行政法规(如《药品管理法》《食品安全法》等)对行使行政处罚权另有规定的,依照有关法律、行政法规的规定执行。

二、生产者、销售者的刑事责任

《刑法》分则第三章第一节专门规定了"生产、销售伪劣商品罪",加强了对生产、销售假冒伪劣商品违法行为的处罚力度。根据该节规定,生产者、销售者承担产品质量刑事责任的情形有以下九种。

(1) 生产者、销售者在产品中掺杂、掺假,以假充真,以次充好或者以不合格产品冒充合格产品,销售金额5万元以上不满20万元的,处2年以下有期徒刑或者拘役,并处或者单处销售金额50%以上2倍以下罚金;销售金额20万元以上不满50万元的,处2年以上7年以下有期徒刑,并处销售金额50%以上2倍以下罚金;销售金额50万元以上不满200万元的,处7年以上有期徒刑,并处销售金额50%以上2倍以下罚金;销售金额200万元以上的,处15年有期徒刑或者无期徒刑,并处销售金额50%以上2倍以下罚金或者没收财产。

(2) 生产、销售假药,足以严重危害人体健康的,处3年以下有期徒刑或者拘役,并处或者单处销售金额50%以上2倍以下罚金;对人体健康造成严重危害的,处3年以上10年以下有期徒刑,并处销售金额50%以上2倍以下罚金;致人死亡或者对人体健康造成特别严重危害的,处10年以上有期徒刑、无期徒刑或者死刑,并处销售金额50%以上2倍以下罚金或者没收财产。

(3) 生产、销售劣药,对人体健康造成严重危害的,处3年以上10年以下有期徒刑,并处销售金额50%以上2倍以下罚金;后果特别严重的,处10年以上有期徒刑或者无期徒刑,并处销售金额50%以上2倍以下罚金或者没收财产。

(4) 生产、销售不符合食品安全标准的食品,足以造成严重食物中毒事故或者其他严重食源性疾病的,处3年以下有期徒刑或者拘役,并处罚金;对人体健康造成严重危害或者有其他严重情节的,处3年以上7年以下有期徒刑,并处罚金;后果特别严重的,处7年以上有期徒刑或者无期徒刑,并处罚金或者没收财产。

(5) 在生产、销售的食品中掺入有毒、有害的非食品原料的,或者销售明知掺有有毒、有害的非食品原料的食品的,处5年以下有期徒刑,并处罚金;对人体健康造成严重危害或者有其他严重情节的,处5年以上10年以下有期徒刑,并处罚金;致人死亡或者有其他特别严重情节的,依照《刑法》第114条的规定处罚。

(6) 生产不符合保障人体健康的国家标准、行业标准的医疗器械、医用卫生材料,或者销售明知是不符合保障人体健康的国家标准、行业标准的医疗器械、医用卫生材料,对人体健康造成严重危害的,处5年以下有期徒刑,并处销售金额50%以上2倍以下罚金;后果特别严重的,处5年以上10年以下有期徒刑,并处销售金额50%以上2倍以下罚金,其中情节特别恶劣的,处10年以上有期徒刑或者无期徒刑,并处销售金额50%以上2倍以下罚金或者没收财产。

(7) 生产不符合保障人身、财产安全的国家标准、行业标准的电器、压力容器、易燃易爆产品或者其他不符合保障人身、财产安全的国家标准、行业标准的产品,或者销售明知是以上不符合保障人身、财产安全的国家标准、行业标准的产品,造成严重后果的,处 5 年以下有期徒刑,并处销售金额 50% 以上 2 倍以下罚金;后果特别严重的,处 5 年以上有期徒刑,并处销售金额 50% 以上 2 倍以下罚金。

(8) 生产假农药、假兽药、假化肥,销售明知是假的或者失去使用效能的农药、兽药、化肥、种子,或者生产者、销售者以不合格的农药、兽药、化肥、种子冒充合格的农药、兽药、化肥、种子,使生产遭受较大损失的,处 3 年以下有期徒刑或者拘役,并处或者单处销售金额 50% 以上 2 倍以下罚金;使生产遭受重大损失的,处 3 年以上 7 年以下有期徒刑,并处销售金额 50% 以上 2 倍以下罚金;使生产遭受特别重大损失的,处 7 年以上有期徒刑或者无期徒刑,并处销售金额 50% 以上 2 倍以下罚金或者没收财产。

(9) 生产不符合卫生标准的化妆品,或者销售明知是不符合卫生标准的化妆品,造成严重后果的,处 3 年以下有期徒刑或者拘役,并处或者单处销售金额 50% 以上 2 倍以下罚金。

三、产品质量检验机构、认证机构和其他社会中介机构的法律责任

产品质量检验机构、认证机构伪造检验结果或者出具虚假证明的,责令改正,对单位处以 5 万元以上 10 万元以下的罚款,对直接责任人员处 1 万元以上 5 万元以下的罚款;有违法所得,没收违法所得;情节严重的,取消其检验资格、认证资格;构成犯罪的,依法追究刑事责任。

产品质量检验机构、认证机构出具的检验结果或者证明不实,造成损失的,应当承担相应的赔偿责任;造成重大损失的,撤销其检验、认证资格。

产品质量认证机构违反产品质量法规定,对不符合认证标准而使用认证标志的产品,未依法要求其改正或者取消其使用认证标志的,对因产品不符合认证标准给消费者造成损失的,与产品的生产者、销售者承担连带责任;情节严重的,撤销其认证资格。

社会团体、社会中介机构对产品质量作出承诺、保证,而该产品又不符合其承诺、保证的质量要求,给消费者造成损失的,与产品的生产者、销售者承担连带责任。

在广告中对产品质量做虚假宣传,欺骗和误导消费者的,依照《广告法》的规定追究法律责任。

四、国家工作人员和其他人员的法律责任

从事产品质量监督管理的国家工作人员滥用职权、玩忽职守、徇私舞弊,构成犯罪的,依法追究刑事责任;不构成犯罪的,给予行政处分。

各级人民政府工作人员和其他国家机关工作人员有下列情形之一的,依法给予行政处分;构成犯罪的,依法追究刑事责任:

（1）包庇、放纵产品生产、销售中违反产品质量法规定行为的；

（2）向从事违反《产品质量法》规定的生产、销售活动的当事人通风报信，帮助其逃避查处的；

（3）阻挠、干预产品质量监督部门或者工商行政管理部门依法对产品生产、销售中违反《产品质量法》的行为进行查处，造成严重后果的。

参 考 文 献

1. 国务院法制办公室：《中华人民共和国产品质量法典·注释法典》，中国法制出版社，2016年。
2. 张羽君：《产品质量法和食品安全法判例与制度研究》，法律出版社，2015年。
3. 国务院法制办公室：《中华人民共和国产品质量法典》，中国法制出版社，2014年。
4. 法律出版社专业出版编委：《产品质量、食品安全不可不知160问》，法律出版社，2014年。
5. 刘小红：《农产品质量法律规制研究》，中国政法大学出版社，2013年。
6. 刘慧萍：《农产品质量安全法律规制及保障机制构建研究》，中国农业出版社，2013年。
7. 王兴运：《产品质量安全法》，武汉大学出版社，2012年。
8. 李俊、许光红：《产品质量法案例评析》，对外经济贸易大学出版社，2012年。

第十五章　消费者权益保护法律制度

[本章概要]

消费者权益是消费者依法享有的权利以及该权利受到法律保护时给消费者带来的利益。本章主要介绍消费者权益保护法、消费者权益保护的基本法律规定和争议解决方式，以及如何运用法律手段解决消费者权益保护的一般问题。

第一节　消费者权益保护概述

一、消费者的含义与特征

《中华人民共和国消费者权益保护法》（以下简称《消费者权益保护法》）第2条规定："消费者为生活消费需要购买、使用商品或者接受服务，其权益受本法保护；本法未作规定的，受其他法律、法规保护。"第62条规定："农民购买、使用直接用于农业生产的生产资料，参照本法执行。"

依据上述规定，消费者具有以下三点特征。

（1）消费者的消费性质属于生活消费。消费包括生产消费和生活消费。《消费者权益保护法》规定的消费者的消费特指生活消费，而不包括生产消费。因生产消费已纳入其他法律进行调整，《消费者权益保护法》将消费者限定为生活消费者。

（2）生活消费的客体可以是商品也可以是服务，它们的共同特点是可以满足人们物质文化生活的需要。

（3）消费者进行消费的方式是多元的，包括购买、使用商品和接受服务等。

至于消费者的主体范围，理论界存在着不同的观点。大多数学者认为消费者应当限定于个体社会成员即自然人。也有一部分学者认为，在我国消费者既包括社会个体成员即自然人，也包括购买生活消费品的单位，虽然单位的消费大量的是生产消费，但生活消费也是存在的。在一般情况下，单位购买生活消费品最后由个人使用，有些情况下单位还专门为个人购买生活消费品。

虽然《消费者权益保护法》并没有把进行生活消费的单位排除在消费者的范围之外，但把消费者限于个别社会成员，却是国际上通行的做法。国际标准化组织

（ISO）消费者政策委员会在1978年首届年会上就将消费者界定为"以个人消费为目的而购买和使用商品和服务的个体社会成员"。我国国家标准局于1985年制定的《消费品使用说明总则》中也明确规定："消费者是指为了满足个人和家庭的需要而购买、使用商品或服务的个体社会成员。"考虑到生活消费的本来含义，消费者权益保护立法的主要目的在于保护作为弱者的个人，将消费者界定为个体社会成员即自然人比较妥当，单位在某些情况下购买生活消费品所应享有的权利可以通过《合同法》等其他法律、法规加以保护。

另外，应当注意，农民购买、使用直接用于农业生产的生产资料，虽不属于生活消费的范围，但《消费者权益保护法》将其作为一种特殊情况列入，也适用该法。

二、消费者运动

消费者在购买、使用商品或接受服务过程中，其权益为经营者所侵害而引发的一系列问题，不是从来就有的。当主要资本主义国家在19世纪末20世纪初陆续进入垄断资本主义阶段以后，由于垄断的发展及其弊端的显现，消费者的地位逐步恶化。随着生产力的迅速发展，生产对象越来越广泛，生产工艺越来越复杂，商品的不可测性增加，消费者所能掌握的信息越来越显得有限，消费者问题才逐渐成为一个普遍的社会问题。传统法律此时便暴露出很大的局限性，许多建立在自由资本主义基础上的法律规则如"购者当心""出门不换"等强调形式上的自由、公平，却明显不利于保护处于弱者地位的消费者权益。另一方面，随着生产力发展和买方市场在许多领域的形成，消费者在交易中也占据着比原来更为主动的地位，权利意识和自我保护意识也日渐觉醒，他们为了维护自身的权益，自发或有组织地掀起了与损害消费者权益的现象进行斗争的一场又一场消费者运动。

消费者运动发端于19世纪末的美国，1891年，在美国纽约成立全美第一个保护消费者权益的组织——纽约消费者协会。1898年，美国成立了世界上第一个全国性的消费者组织——消费者联盟，极大地推动了美国的消费者运动。1960年，美国、英国、荷兰、澳大利亚、比利时等五国在荷兰海牙成立了国际消费者组织联盟（IOCU）。1983年，国际消费者组织联盟（IOCU）将每年的3月15日定为"国际消费者权益保护日"。中国消费者协会于1987年成为该联盟的正式会员。

我国的消费者运动在20世纪80年代以后得到发展，在消费者运动早期，针对假冒伪劣商品泛滥的现状，"打假"是运动的主要任务。20世纪90年代以后，消费者运动所涉及的领域逐渐拓宽，除了继续"打假"以外，开始越来越关注消费品的安全、商品（服务）的价格、交易公平等问题。

消费者运动的发展促进了消费者保护立法的发展，也极大地唤醒了消费者的权利意识和自我保护意识。消费者运动还使经营者面临巨大的社会压力，在一定程度上遏制了经营者肆意侵害消费者权益的行为,减少了消费者的损失。

三、消费者合法权益的保护措施

(一) 国家对消费者合法权益的保护

国家在保护消费者合法权益方面担负着重要的职责,国家应当对消费领域加以适当的干预,切实保障消费者依法行使各项权利。国家对消费者合法权益的保护是通过各有关国家机关履行职责的活动得以实现的。

1. 立法保护

国家制定有关消费者权益的法律、法规和政策时,应当听取消费者的意见和要求,充分考虑消费者的弱者地位。

2. 行政保护

各级人民政府应当加强领导,组织、协调、督促有关行政部门做好消费者合法权益的保护工作。各级人民政府应当加强监督,预防危害消费者人身、财产安全行为的发生,及时制止危害消费者人身、财产安全的行为。各级人民政府中与保护消费者权益密切相关的工商、监督、卫生等行政管理部门应当依照法律、法规的规定,在各自的职责范围内采取措施,保护消费者的合法权益。有关行政部门应当听取消费者及其社会团体对经营者交易行为、商品和服务质量问题的意见,及时调查处理。

3. 司法保护

对违法犯罪行为有惩处权力的有关国家机关,应当依照法律、法规的规定,惩处经营者在提供商品和服务中侵害消费者合法权益的违法犯罪行为。

人民法院应当采取措施,方便消费者提起诉讼。对符合《民事诉讼法》起诉条件的消费者权益争议,必须受理,及时审理。

(二) 社会对消费者合法权益的保护

保护消费者合法权益是全社会的共同责任,国家鼓励、支持一切组织和个人对损害消费者合法权益的行为进行社会监督。大众传播媒介应当做好维护消费者合法权益的宣传,对损害消费者合法权益的行为进行舆论监督。

在保护消费者权益方面,消费者协会和其他消费者组织将发挥起应有的作用。《消费者权益保护法》第五章规定,消费者协会和其他消费者组织是依法成立的对商品和服务进行社会监督的保护消费者合法权益的社会组织。这些组织不得从事商品经营和营利性服务,不得以牟利为目的向社会推荐商品和服务。消费者协会依法履行职能,各级人民政府应当予以支持。消费者协会履行下列八项职能:(1) 向消费者提供消费信息和咨询服务,提高消费者维护自身合法权益的能力,引导文明、健康、节约资源和保护环境的消费方式;(2) 参与制定有关消费者权益的法律、法规、规章和强制性标准;(3) 参与有关行政部门对商品和服务的监督、检查;(4) 就有关消费者合法权益的问题,向有关部门反映、查询、提出建议;(5)受理消费者的投诉,并对投诉事项进行调查、调解;(6)投诉事项涉及商品和服务质量问题的,可以委托具备资格的鉴定人鉴定,鉴定人应当告知鉴定意见;(7)就损害消费者合法权益的行为,支持受损害的消费者提起诉讼或者依据《消费者权益保护法》提起诉讼;(8)对损害消费者合法权益的行为,通过大众传播媒介予以揭露、批评。

中国加入WTO之后,消费者权益的保护在我国有更长足的发展。上海市在2004年年初率先将消费者协会更名为"消费者权益保护委员会",更好地体现消费者权益保护运动的趋势,彰显其本质和职能,从形式上更加贴近了消费者。

第二节 消费者权益保护立法

一、《消费者权益保护法》

消费者权益保护法是调整在保护消费者权益过程中发生的经济关系的法律规范的总称。

1993年10月31日,第八届全国人民代表大会常务委员会第四次会议审议通过的《消费者权益保护法》,是一部保护消费者合法权益的专门法律。它属于维护市场秩序方面的法律,主要调整经营者与消费者之间的市场行为。它的颁布,对于保护消费者的合法权益、规范经营者的经营行为、维护市场经济秩序、促进社会主义市场经济健康发展,都具有十分重要意义。随着经济社会不断发展,我国消费方式、消费结构和消费理念发生很大变化,在消费者权益保护领域出现了不少新情况新问题,2013年10月25日第十二届全国人民代表大会常务委员会第五次会议通过了《关于修改〈中华人民共和国消费者权益保护法〉的决定》,对《消费者权益保护法》进行修正,以完善消费者权益保护法律制度,修正案自2014年3月15日起施行。

二、消费者权益保护立法的价值取向

《消费者权益保护法》是维护消费者利益,保护消费者合法权益的基本法律。该法在价值取向上也是从这一点出发的,体现出了消费者权益保护法的基本精神,其主要包括安全价值、公平交易价值、福利价值。

(一)安全价值

这是消费者追求的最基本的价值目标,包括人身安全及财产安全等多个领域,安全权是消费者所享有的最基本的权利。通过交易能否满足当事人的利益,主要强调交易的结果,通过事后的救济手段如赔偿损失使消费者权利受到保障,其基本内容:(1)强调消费者不受不合理危险的侵害;(2)不受不卫生因素侵害;(3)人身安全

不受侵害。

安全价值取向是消费者权益保护法最基本的价值取向,通过明确安全权,来对消费者进行保护,安全权受到侵犯时,主要是通过赔偿机制的事后救济手段来予以弥补。

(二) 公平交易价值

公平交易价值强调消费者与经营者交易过程中应当获得平等的待遇,消费者购买的消费品与其交付的货币价值相当,其基本内容包括:

(1) 消费者与经营者建立消费关系,应当由消费者自主决定,不得强迫交易;

(2) 消费者的消费行为应当在充分了解交易条件的基础上自愿作出;

(3) 在交易过程当中,消费者的自由意志应当得到充分尊重;

(4) 消费交易对消费者公平,消费者支付的货币与其所获得的消费品价值相当。

(三) 福利价值

福利价值是社会公共福利的重要组成部分,消费者主权也是在此基础上产生的,其基本内容包括:

(1) 对消费需求的满足,从量的角度来要求有能够满足消费需求的消费品存在;

(2) 对消费需求的满足,从质的角度要求消费资料和消费服务能够最大限度满足消费者的需求。

安全价值、公平交易价值、福利价值是《消费者权益保护法》所体现出的基本价值,在价值取向中都是以消费者利益为第一位的。通过其价值追求可以看出,《消费者权益保护法》本身就是消费者的法律,是维护消费者利益的切实保障,其所反映出的基本精神是维护消费者利益,保护消费者合法权益。

除了《消费者权益保护法》以外,我国制定了一系列具有保护消费者内容的法律,如《反不正当竞争法》《食品安全法》《药品管理法》《产品质量法》《计量法》《标准化法》《价格法》等,这些法律与《消费者权益保护法》相辅相成,构成了我国消费者保护的基本法律体系。

第三节 消费者的权利

对消费者合法权益的保护,需要国家机关和社会各方面强化有关措施,以及广大消费者增强自我保护意识。为此,必须明确消费者享有哪些权利。《消费者权益保护法》借鉴了国内外相关立法的经验,结合我国的实际情况,规定了消费者享有的九项权利。

一、安全权

保障安全是消费者最基本的权利。它是指消费者在购买、使用商品和接受服务时,享有人身、财产安全不受损害的权利。安全权存在于整个消费过程,消费者有权要求经营者提供的商品和服务符合保障人身、财产安全的要求。

二、知情权

消费者享有知悉其购买、使用的商品或者接受的服务的真实情况的权利,简称为知情权。了解有关商品、服务的信息是引导消费者正确消费,从而满足消费生活需要的重要前提。《消费者权益保护法》规定:消费者有权要求经营者提供商品的价格、产地、生产者、用途、性能、规格、等级、主要成分、生产日期、有效期限、检验合格证明、使用方法说明书、售后服务以及服务的内容、规格、费用等情况。

三、选择权

选择权是消费者享有的自主选择商品或者服务的权利。《消费者权益保护法》规定了消费者可以自主选择提供商品或服务的经营者,有权自主选择商品品种或服务方式,有权自主决定购买或不购买任何一种商品、接受或者不接受任何一项服务。消费者在自主选择商品或服务时,还有权进行比较、鉴别和挑选。

四、公平交易权

公平交易权是消费者在购买或者接受服务时享有的获得公平交易条件的权利。根据《消费者权益保护法》的规定,公平交易条件包括:第一,质量保障,经营者向消费者提供的商品或者服务必须符合法定或者约定的质量要求;第二,价格合理,经营者对商品或者服务的价格必须与其实际价值大致相当,不得牟取暴利;第三,计量准确,经营者不得弄虚作假,短斤缺两。此外,公平交易权还意味着消费者有权拒绝经营者的强制交易行为。

五、获得赔偿权

获得赔偿权是消费者在购买、使用商品或接受服务过程中受到人身、财产损害时,所享有的依法获得赔偿的权利。获得赔偿权是法律赋予消费者的一种救济权,遭受损害的消费者可以通过行使这一权利使自己的损失得到适当的赔偿。在特殊情况下,为了鼓励消费者积极维护自己的合法权益和惩罚不法经营者,消费者可以依据《消费者权益保护法》第49条的规定要求有欺诈行为的经营者增加赔偿其受到的损失,增加赔偿的数额为消费者购买商品或者接受服务的费用的一倍。

六、依法结社权

消费者享有依法成立维护自身合法权益的社会组织的权利。国家对合法的消费者组织予以支持。在制定有关消费者权益方面的政策和法律时,应当征求消费者组织的意见,以求更好地保护消费者权益。消费者的依法结社权,可使分散、弱小的消费者,通过社会组织的力量,与实力雄厚的经营者相抗衡。因此,对消费者的依法结社权必须予以保障。

七、获得有关知识权

消费者享有获得有关消费和消费者权益保护方面的知识的权利。它是从知情权中引申出来的一项权利。保障这一权利的目的是使消费者更好地掌握所需商品、服务的知识和使用技能,使消费者正确使用商品,提高自我保护意识。可以说,获得有关知识,提高自我保护能力,既是消费者的权利,也是消费者的义务。

八、受尊重和个人信息得到保护权

受尊重和个人信息得到保护权包括人格尊严权以及消费者个人信息得到保护的权利。

人格尊严不受侵犯是我国每一个公民依据《宪法》而享有的神圣权利。在消费活动中,消费者作为公民的人格尊严理应受到尊重,经营者不得以任何理由对消费者进行侮辱、诽谤、搜身、拘禁等侵犯消费者人格权的行为。此外,我国是一个多民族的国家,少数民族同胞的风俗习惯在消费过程中也应当受到充分的尊重。

个人信息一般是指能够单独识别或者与其他信息一起能够识别出特定主体的所有信息,可以表现为文字、图像等任何形式。《消费者权益保护法》规定经营者及其工作人员对于收集到的个人信息必须严格保密,不得泄露更不能出售或者非法向他人提供,还应当采取必要的技术和其他的措施,确保信息的安全,防止消费者个人信息的泄露和丢失。

九、监督权

消费者享有对商品和服务以及保护消费者权益工作进行监督的权利。消费者有权检举、控告侵害消费者权益的行为和国家机关及其工作人员在保护消费者权益工作中的违法失职行为,有权对保护消费者权益工作提出批评、建议。

第四节 经营者的义务

由于经营者是为消费者提供其生产、销售的商品或提供服务的市场主体,是与消费者进行市场交易的另一方,所以明确经营者的义务对于保护消费者权益至为重要。《消费者权益保护法》第三章规定,在保护消费者权益方面,经营者负有下列十二项义务。

一、遵守法律,恪守社会公德,履行合同

经营者向消费者提供商品或服务,应当依照《消费者权益保护法》和其他有关法律、法规的规定履行义务。经营者和消费者有约定的,应当按照约定履行义务,但双方的约定不得违背法律、法规的规定。

经营者向消费者提供商品或者服务,应当恪守社会公德,诚信经营,保障消费者的合法权益;不得设定不公平、不合理的交易条件,不得强制交易。

二、听取意见,接受监督

经营者应当听取消费者对其提供的商品或服务的意见,接受消费者的监督。这是与消费者的监督权相对应的经营者的义务,对此加以法律规定,有利于改善消费者的地位。

三、保障人身和财产安全

这是与消费者的安全权相对应的经营者的义务。经营者应当保证其提供的商品或服务符合保障人身、财产安全的要求。对可能危及人身、财产安全的商品和服务,应当向消费者作出真实的说明和明确的警示,并说明和标明正确使用商品或接受服务的方法以及防止危害发生的方法。

此外,宾馆、商场、餐馆、银行、机场、车站、港口、影剧院等经营场所的经营者,应当对消费者尽到安全保障义务保障消费者的人身和财产安全。

四、缺陷商品或者服务的补救

为了有效保护消费者人身财产安全、促进消费,经营者发现其提供的商品或者服务存在缺陷的,有危及人身、财产安全危险的,《消费者权益保护法》规定经营者应当立即向有关行政部门报告和告知消费者,并采取停止销售、警示、召回、无害化处理、销毁、停止生产或者服务等措施。采取召回措施的,经营者应当承担消费者因商品被召回支出的必要费用,这极大提升了消费者维权收益,降低消费者维权成本。

五、提供真实信息

经营者向消费者提供有关商品或者服务的质量、性能、用途、有效期限等信息,应当真实、全面,不得作虚假或者引人误解的宣传。经营者对消费者就其提供的商品或者服务的质量和使用方法等问题提出的询问,应当作出真实、明确的答复。经营者提供商品或者服务应当明码标价。

如果经营者采用网络、电视、电话、邮购等方式提供商品或者服务的,以及提供证券、保险、银行等金融服务的,应当向消费者提供经营地址、联系方式、商品或者服务的数量和质量、价款或者费用、履行期限和方式、安全注意事项和风险警示、售后服务、民事责任等信息。

六、出具购物凭证或服务单据

经营者提供商品或者服务,应当按照国家有关规定或者商业惯例向消费者出具发票等购货凭证或者服务单据;消费者索要发票等购货凭证或者服务单据的,经营者必须出具。

七、标明真实名称和标记

前面已经提及消费者有知情权,本规定与消费者的知情权相对应。其内容主要包括:经营者不得使用未经核准登记的企业名称;不得擅自改动经核准的企业名称;不得假冒他人企业名称和他人持有的营业标记,不得使用与他人企业名称或营业标记相近似、足以造成消费者误认的企业名称和营业标记等。近年来,租赁柜台或场地经营中因不明真实名称而侵害消费者权益的行为屡见不鲜,《消费者权益保护法》规定:租赁他人柜台或场地的经营者,应当标明其真实名称和标记。

八、保证商品或服务的质量

经营者应当保证在正常使用商品或者接受服务的情况下其提供的商品或者服务应当具有的质量、性能、用途和有效期限;但消费者在购买该商品或者接受该服务前已经知道其存在瑕疵,且存在该瑕疵不违反法律强制性规定的除外。经营者以广告、产品说明、实物样品或者其他方式表明商品或者服务的质量状况的,应当保证其提供的商品或者服务的实际质量与表明的质量状况相符。

九、按规定或约定承担"三包"责任或其他责任

经营者提供的商品或者服务不符合质量要求的,消费者可以依照国家规定、当事人约定退货,或者要求经营者履行更换、修理等义务。没有国家规定和当事人约定的,消费者可以自收到商品之日起 7 日内退货;7 日后符合法定解除合同条件的,消费者可以及时退货,不符合法定解除合同条件的,可以要求经营者履行更换、修理等义务。

经营者如果采用网络、电视、电话、邮购等方式销售商品,消费者有权自收到商品之日起 7 日内退货,且无需说明理由,但消费者定作的、鲜活易腐的、在线下载或者消费者拆封的音像制品、计算机软件等数字化商品、交付的报纸、期刊不得退货。消费者退货的商品应当完好。经营者应当自收到退回商品之日起 7 日内返还消费者支付

的商品价款。退回商品的运费由消费者承担;经营者和消费者另有约定的,按照约定。

十、不得以格式合同等方式作出对消费者不公平、不合理的规定

在日常生活中,格式合同在方便交易等方面有积极作用,但使用不当会产生弊病。为了保障消费者的公平交易权,《消费者权益保护法》规定:经营者在经营活动中使用格式条款的,应当以显著方式提请消费者注意商品或者服务的数量和质量、价款或者费用、履行期限和方式、安全注意事项和风险警示、售后服务、民事责任等与消费者有重大利害关系的内容,并按照消费者的要求予以说明。经营者不得以格式条款、通知、声明、店堂告示等方式,作出排除或者限制消费者权利、减轻或者免除经营者责任、加重消费者责任等对消费者不公平、不合理的规定,不得利用格式条款并借助技术手段强制交易。格式条款、通知、声明、店堂告示等含有前述所列内容的,其内容无效。

十一、不得侵犯消费者的人身权

人格尊严和人身自由是宪法赋予每个公民的基本权利,消费者在购买商品,接受服务的过程中,其人格尊严和人身自由理应受到经营者的尊重,经营者不得以任何理由加以侵犯。

十二、不得滥用消费者个人信息

经营者收集、使用消费者个人信息,应当遵循合法、正当、必要的原则,明示收集、使用信息的目的、方式和范围,并经消费者同意。经营者收集、使用消费者个人信息,应当公开其收集、使用规则,不得违反法律、法规的规定和双方的约定收集、使用信息。

经营者及其工作人员对收集的消费者个人信息必须严格保密,不得泄露、出售或者非法向他人提供。经营者应当采取技术措施和其他必要措施,确保信息安全,防止消费者个人信息泄露、丢失。在发生或者可能发生信息泄露、丢失的情况时,应当立即采取补救措施。

经营者未经消费者同意或者请求,或者消费者明确表示拒绝的,不得向其发送商业性信息。

第五节 争议解决和法律责任

一、解决争议的途径

消费者和经营者发生消费者权益争议的,可以通过下列途径解决:

(1) 与经营者协商和解；
(2) 请求消费者协会或者依法成立的其他调解组织调解；
(3) 向工商、技术监督、卫生、食品药品监督等有关行政部门投诉；
(4) 根据与经营者达成的仲裁协议提请仲裁机构仲裁；
(5) 向人民法院起诉。

二、责任主体

由于商品从生产到消费需经过若干中间环节，即商品需通过生产者、销售者，最后才能到达消费领域。为了防止和避免生产者和销售者之间相互推诿，保证消费者合法权益得到保护，《消费者权益保护法》对损害赔偿责任主体确定作出了较为详细的规定。

（一）损害赔偿责任主体确定的一般规定

消费者在购买、使用商品时，其合法权益受到损害，可以向销售者提出赔偿。销售者赔偿以后，属于生产者责任或属于向销售者提供商品的其他销售者的责任的，销售者有权向生产者或其他销售者追偿。

消费者或其他受害人因商品缺陷造成人身、财产损失的，可以向销售者要求赔偿，也可以向生产者要求赔偿。属于生产者责任的，销售者赔偿后，有权向生产者追偿。属于销售者责任的，生产者赔偿后，有权向销售者追偿。

消费者在接受服务时，其合法权益受到损害的，可以向服务者要求赔偿。

（二）损害赔偿责任主体确定的特殊规定

消费者在购买、使用商品或接受服务时，其合法权益受到损害。如果原销售商品或提供服务的企业分立、合并的，可以向变更后承受其权利义务的企业要求赔偿。

使用他人营业执照的违法经营者提供商品或服务，损害消费者合法权益的，消费者可向其要求赔偿，也可向执照的持有人要求赔偿。

消费者在展销会、租赁柜台购买商品或接受服务，其合法权益受到损害的，可以向销售者或服务者要求赔偿。展销会结束或柜台租赁期满后，也可向展销会举办者、柜台的出租者要求赔偿。展销会的举办者、柜台的出租者赔偿后，有权向销售者或服务者追偿。

消费者通过网络交易平台购买商品或者接受服务，其合法权益受到损害的，可以向销售者或者服务者要求赔偿。网络交易平台提供者不能提供销售者或者服务者的真实名称、地址和有效联系方式的，消费者也可以向网络交易平台提供者要求赔偿；网络交易平台提供者作出更有利于消费者的承诺的，应当履行承诺。网络交易平台提供者赔偿后，有权向销售者或者服务者追偿。网络交易平台提供者明知或者应知销售者或者服务者利用其平台侵害消费者合法权益，未采取必要措施的，依法与该销售者或者服务者承担连带责任。

消费者因经营者利用虚假广告或者其他虚假宣传方式提供商品或者服务,其合法权益受到损害的,可以向经营者要求赔偿。广告经营者、发布者发布虚假广告的,消费者可以请求行政主管部门予以惩处。广告经营者、发布者不能提供经营者的真实名称、地址和有效联系方式的,应当承担赔偿责任。广告经营者、发布者设计、制作、发布关系消费者生命健康商品或者服务的虚假广告,造成消费者损害的,应当与提供该商品或者服务的经营者承担连带责任。社会团体或者其他组织、个人在关系消费者生命健康商品或者服务的虚假广告或者其他虚假宣传中向消费者推荐商品或者服务,造成消费者损害的,应当与提供该商品或者服务的经营者承担连带责任。

三、责任形式

（一）民事责任

经营者提供商品或服务有下列情形之一的,应当依照《消费者权益保护法》《产品质量法》和其他有关法律、法规的规定,承担民事责任:(1)商品或者服务存在缺陷的;(2)不具备商品应当具备的使用性能而出售者未作说明的;(3)不符合在商品或者其包装上注明采用的商品标准的;(4)不符合商品说明和实物样品等方式表明的质量状况的;(5)生产国家明令淘汰的商品或销售失效、变质的商品的;(6)销售数量不足的;(7)服务的内容和费用违反约定的;(8)对消费者提出的修理、重作、更换、退货、补足商品数量、退还货款和服务费用或赔偿损失的要求,故意拖延或无理拒绝的;(9)对消费者未尽到安全保障义务,造成消费者损害的;(10)应当承担侵权责任法律、法规规定的其他损害消费者权益的情形。

1. 侵犯消费者人身权的民事责任

（1）经营者提供商品或者服务,造成消费者或者其他受害人人身伤害的,应当赔偿医疗费、护理费、交通费等为治疗和康复支出的合理费用,以及因误工减少的收入。造成残疾的,还应当赔偿残疾生活辅助具费和残疾赔偿金。造成死亡的,还应当赔偿丧葬费和死亡赔偿金。

（2）经营者侵害消费者的人格尊严、侵犯消费者人身自由或者侵害消费者个人信息依法得到保护的权利的,应当停止侵害、恢复名誉、消除影响、赔礼道歉,并赔偿损失。

（3）经营者有侮辱诽谤、搜查身体、侵犯人身自由等侵害消费者或者其他受害人人身权益的行为,造成严重精神损害的,受害人可以要求精神损害赔偿。

2. 侵犯消费者财产权的民事责任

（1）经营者提供商品或者服务,造成消费者财产损害的,应当依照法律规定或者当事人约定承担修理、重作、更换、退货、补足商品数量、退还货款和服务费用或者赔偿损失等民事责任。

（2）经营者以邮购方式提供商品的，应当按照约定提供。未按照约定提供的，应当按照消费者的要求履行约定或退还货款，并应当承担消费者必须支付的合理费用。

（3）经营者以预收款方式提供商品或服务的，应当按照约定提供。未按照约定提供的，应当按照消费者的要求履行约定或退回款项，并应当承担预付款的利息、消费者必须支付的合理费用。

（4）依法经有关行政部门认定为不合格的商品，消费者要求退货的，经营者应当负责退货。

3. 惩罚性赔偿责任

根据《消费者权益保护法》第 55 条的规定，经营者提供商品或者服务有欺诈行为的，应当按照消费者的要求增加赔偿其受到的损失，增加赔偿的金额为消费者购买商品的价款或者接受服务的费用的 3 倍；增加赔偿的金额不足 500 元的，为 500 元。如果经营者明知商品或者服务存在缺陷，仍然向消费者提供，造成消费者或者其他受害人死亡或者健康严重损害的，受害人有权要求经营者依照《消费者权益保护法》第 49 条、第 51 条等法律规定赔偿损失，并有权要求所受损失 2 倍以下的惩罚性赔偿。

惩罚性赔偿责任对于惩罚不法经营者，鼓励消费者积极维护自身合法权益具有重要意义。

（二）行政责任

经营者有下列情形之一，除承担相应的民事责任外，其他有关法律、法规对处罚机关和处罚方式有规定的，依照法律、法规的规定执行；法律、法规未作规定的，由工商行政管理部门或者其他有关行政部门责令改正，可以根据情节单处或者并处警告、没收违法所得、处以违法所得 1 倍以上 10 倍以下的罚款，没有违法所得的，处以 50 万元以下的罚款；情节严重的，责令停业整顿、吊销营业执照。这些情形包括：（1）提供的商品或服务不符合保障人身、财产安全要求的；（2）在商品中掺杂、掺假，以假充真，以次充好，或者以不合格商品冒充合格商品的；（3）生产国家明令淘汰的商品或者销售失效、变质的商品的；（4）伪造商品的产地，伪造或者冒用他人的厂名、厂址，篡改生产日期，伪造或者冒用认证标志等质量标志的；（5）销售的商品应当检验、检疫而未检验、检疫或者伪造检验、检疫结果的；（6）对商品或者服务作虚假或者引人误解的宣传的；（7）拒绝或者拖延有关行政部门责令对缺陷商品或者服务采取停止销售、警示、召回、无害化处理、销毁、停止生产或者服务等措施的；（8）对消费者提出的修理、重作、更换、退货、补足商品数量、退还货款和服务费用或者赔偿损失的要求，故意拖延或者无理拒绝的；（9）侵害消费者人格尊严、侵犯消费者人身自由或者侵害消费者个人信息依法得到保护的权利的；（10）法律、法规规定的对损害消费者权益应当予以处罚的其他情形。

经营者对行政处罚不服的,经营者对行政处罚决定不服的,可以依法申请行政复议或者提起行政诉讼。

(三) 刑事责任

根据我国《消费者权益保护法》的有关规定,追究刑事责任的情况主要有:

(1) 经营者提供商品或服务,造成消费者或其他受害人人身伤害、构成犯罪的,依法追究刑事责任;造成消费者或其他受害人死亡、构成犯罪的,依法追究刑事责任。

(2) 以暴力、威胁等方法阻碍有关行政部门工作人员依法执行职务的,依法追究刑事责任;拒绝、阻碍有关行政部门工作人员依法执行职务,未使用暴力、威胁方法的,由公安机关依照《中华人民共和国治安管理处罚法》的规定处罚。

(3) 国家机关工作人员有玩忽职守或包庇经营者侵害消费者合法权益的行为的,由其所在单位或上级机关给予行政处分;情节严重、构成犯罪的,依法追究刑事责任。

参 考 文 献

1. 中国消费者权益保护法学研究会:《消费者权益保护法学》,中国社会出版社,2017年。
2. 杜万华:《最高人民法院消费民事公益诉讼司法解释理解与适用》,人民法院出版社,2016年。
3. 王兴运:《消费者权益保护法》,北京大学出版社,2015年。
4. 李昌麒、许明月:《消费者保护法》(第四版),法律出版社,2014年。
5. 吴景明:《你必须知道的最新消费者权益保护法100个热点问题》,中国法制出版社,2014年。
6. 孔慧:《案例导读:消费者权益保护法及配套规定适用与解析》,法律出版社,2014年。
7. 刘建民、段宝玫:《消费者权益保护法》,知识产权出版社,2014年。
8. 李适时:《中华人民共和国消费者权益保护法释义》(最新修正版),法律出版社,2013年。
9. 全国人大常委会法制工作委员会民法室:《消费者权益保护法立法背景与观点全集》,法律出版社,2013年。

第十六章 证券法律制度

[本章概要]

证券法是调整证券发行、交易和证券监管过程中发生的各种社会关系的法律规范的总称。本章论述了证券与证券法的基本原理,依据《中华人民共和国证券法》,重点阐述了证券发行、证券交易、上市公司收购、证券机构等法律规定及相关法律责任。

第一节 证券法概述

一、证券的概念和种类

(一)证券的概念

对证券可以从不同的角度加以理解。证券有广义和狭义之分。广义的证券是证明持券人享有一定的经济权益的书面凭证,包括资本证券、货币证券和商品证券。狭义的证券专指资本证券,即证明持券人享有一定所有权和债权的书面凭证,以表明持券人对一定的本金带来的收益享有请求权,如股票、债券等。根据我国《证券法》的规定,股票、公司债券和国务院依法认定的债券为证券。因此,本章所指"证券"指狭义的证券,即股票和债券。

证券法上的证券,除应具有有价证券的一般特征外,还具有其他五个特征:(1)证券是资本证券;(2)证券是流通性证券;(3)证券是设权证券;(4)证券是要式证券;(5)证券是要因证券。

(二)证券的种类

证券法上的证券按不同的标准可以分为不同的种类。

1. 按发行主体的不同,可以将证券分为政府证券、金融证券和公司证券

政府证券是政府为了筹集财政资金和建设资金,凭其信誉,采用信用方式,按照一定程序向社会公众投资者出具的债权债务凭证,即政府债券。政府债券又分为中央政府债券(国债)和地方政府债券。政府债券的发行和交易由法律、法规另行规定,不适用《证券法》。金融证券是指由商业银行或非银行金融机构为筹集信贷资金

而向投资者发行的,承诺到期还本付息的有价证券,主要包括金融债券和大额可转让定期存单。公司证券是指公司为筹集生产所需资金而发行的有价证券,包括股票、公司债券、其他企业债券等。

2. 按照证券是否上市,可以将证券分为上市证券和非上市证券

上市证券又称为挂牌证券,指经证券监管机关的审查批准,在证券交易所办理注册登记后,获得资格在交易所内进行公开买卖的有价证券。非上市证券,也称为非挂牌证券、场外证券,指未在证券交易所挂牌交易并允许公司在场外自行发行转让的证券。

3. 按照证券的功能,可以将证券分为股票、债券和投资基金凭证

股票是股份有限公司公开发行的、表示股票购买者享有的股东身份和权益,并据以获得股息和红利的可转让书面凭证。债券是一种表明债权债务关系的凭证。它是发行人向投资人出具的,在一定时期内按约定的条件支付利息和到期归还本金的书面证明。投资基金凭证是指投资者投资于基金并按投资份额享受权利和承担义务的收益凭证。

债券与股票是两种最基本的有价证券,两者的相同点都是筹资工具,也是投资工具;都具有一定的流动性;都是虚拟资本等。但是,两者也存在明显的差异,主要表现在:(1)性质不同。股票是一种所有权证书,所筹资金构成公司资本;债券是一种借款凭证,所筹资金构成公司债。前者的购买人是股东;后者的购买人则是债权人。(2)风险与收益不同。债券一般有偿还义务,到期收回本金,债息一般固定;而股票一般不退还本金,故股票风险与收益均高于债券。(3)发行主体范围不同。股票发行一般只限于股份有限公司,而债券可由国家政府、金融机构及各类企业、公司发行,范围较广。

二、证券法的概念及作用

证券法有广义和狭义之分。广义的证券法指调整证券发行、交易和证券监管过程中发生的各种社会关系的法律规范的总称。狭义的证券法仅仅指由国家立法机关依照法定程序制定的、只调整证券和证券行为的规则。本书所称的证券法是指广义的证券法,证券法体系大体上由以下三部分组成。

(一) 狭义的证券法

狭义的证券法是国家重要的法律之一,是证券交易法律体系的核心,是证券交易管理的基本法律规范。为了规范证券发行和交易行为,保护投资者的合法权益,维护社会经济秩序和社会公共利益,促进社会主义市场经济的发展,我国于1998年12月29日由第九届全国人民代表大会常务委员会第六次会议通过、颁布了《中华人民共和国证券法》(以下简称《证券法》)。中华人民共和国第十届全国人民代表大会常务委员会第十八次会议于2005年10月27日修订、通过了新的《中华人民共和国证券

法》,修订后的《证券法》自 2006 年 1 月 1 日起施行。2014 年全国人大常委会作出了修订《证券法》的决定,2014 年证券法的此次最新修订幅度较小,主要修改了五处,把向证监机构报送改为了公告制度,同时取消了与此相关的一些行政审批手续。

（二）证券规则

这是根据证券交易法而制定的有关法规、规则。这些法规、规则对证券交易法的基本规定进行了具体的补充,具有实用性和可操作性,也是进行证券管理的重要法律文件。因此,从保护资本提供者（包括股东、债权人等）的利益出发,在客观上就要求借助一种机制来确保提供者原始财产的安全、保值、增值并说明其实际运用情况。

（三）与证券交易法相关的其他法律

这主要包括国家的基本法、某些部门法和其他法律文件。它们的内容与证券交易法有密切关系,如《刑法》中有关打击证券犯罪的规定;《公司法》中关于设立股份有限公司及发行股票和公司债券的规定,等等。

《证券法》是调整证券关系的法律。《证券法》调整的证券关系包括：其一,证券发行关系。这是指证券发行人因证券募集、发售有价证券而与投资人及其相对人之间形成的一种权利义务关系。其二,证券交易关系。这是证券持有人在证券市场转让证券,与其他证券买受人所发生的权利义务关系。其三,证券监督管理关系。证券监督管理关系是国家证券监管机构与证券发行人、证券投资人、证券商和证券交易所以及其他关系人之间,因证券管理而发生的权利义务关系。

三、证券法的基本原则

证券法的基本原则是具有普遍指导意义的,贯穿于证券法律关系始终的,构成证券法基础的法律原则。

（一）公开、公正、公平原则

公开原则也称信息披露原则,是指证券的发行和交易,必须由证券发行人向公众披露有关信息资料,即证券发行人应及时、真实、准确、充分、完整地向社会公开能够影响投资者作出投资决定的一切信息资料。我国《证券法》总则第 3 条明文指出："证券的发行、交易活动,必须实行公开、公平、公正的原则。""公开、公平、公正"是我国《证券法》的基本原则。

《证券法》的公开原则：（1）发行人初次发行证券时,应将相关信息按照《证券法》的规定给予披露；（2）证券发行后,发行人对募集资金的情况、公司经营情况和财务情况给予持续性披露；（3）发行人以外的有关人员和机构的信息公开,如内部持有股份的人员持股情况的变动等。《证券法》将公开性原则渗透至证券的发行、上市、交易和管理等各个环节,具体而明确地规定了发行人、大股东信息及有关业务机构和监管机构的信息公开义务,并要求这些信息必须真实、准确、完整,不得有虚假、误导性陈述和存在重大遗漏。特别在证券交易的环节,《证券法》作出了一系列必须保持信息公开的规定。同时,还规定了证券管理机构的某些管理信息的公开化,以促进有效监管。

公正原则就是指在证券发行和交易中,应制定和遵守公正的规则,按照同一规则对所有的当事人进行证券的发行和交易,在同一次证券发行和交易中,对所有的投资者的条件、机会都是相同的,不得因人而异。公正原则的实质在于使不同的证券投资者获得公正的对待,禁止任何人在证券发行或交易中以其特权或优势获得不公正利益,使对方当事人蒙受不公正的损害。

公平原则是指在证券发行和交易活动中双方当事人的法律地位是平等的,双方当事人要按照平等、自愿、公平、有偿的原则进行证券发行和交易,即平等地享有民事权利、履行民事义务,公平地开展竞争。无论是机构投资者还是个人投资者、大户还是小户,都要公平合理,不允许一方利用其优势压制对方,损害对方利益。

(二) 平等、自愿、有偿、诚实信用原则

证券的发行、交易活动的当事人具有平等的法律地位,应当遵守自愿、有偿、诚实信用原则。在证券的发行、交易活动中,必须遵守法律、行政法规,禁止欺诈、内幕交易和操纵证券交易市场的行为。

(三) 政府监管与自律管理相结合原则

政府监管是指国家通过立法对证券市场业务和从事证券业的机构或个人的监管。根据我国证券立法的规定,政府对证券市场的监管主要是从证券业务的资格审查、证券信息的公开(包括初次公开和持续公开)、证券交易管理(包括场外市场管理)等方面进行监管。但是作为证券市场主体的每一个公司和每一个证券经营机构,都应通过其自律管理以配合政府的管理。

第二节 证券的发行

证券发行是指经批准符合条件的证券发行人,按照一定程序将有关证券发售给投资者的行为。由于新发行的证券是初次面市,所以有时也将证券发行市场称为"一级市场",与此相对应,证券流通市场被称为"二级市场"。

一、证券发行概述

(一) 证券发行的种类

1. 依发行目的分为设立发行和增资发行

设立发行是发行人为设立股份有限公司,而向社会投资者发行股票的行为。设立发行的法律结果为成立股份有限公司。增资发行是对已成立股份有限公司因生产经营需要,追加资本而发行股份的发行。

2. 根据证券发行的对象,可分为公开发行和非公开发行

公开发行是指发行人面向社会公众即不特定的社会投资者而为证券发行。公开发行必须严格遵循证券法规有关信息披露等规定。非公开发行,是指向少数特定的投资人进行的证券发行。

3. 根据发行方式,可分为直接发行和间接发行

直接发行又称自办发行,是证券发行人不通过证券承销机构,自行承担风险,办理发行事宜的发行方式。其优点在于可以降低证券发行的手续费,减少筹集资金的成本。证券的间接发行是指证券发行人委托证券承销机构发行证券,并由证券承销机构办理证券发行事宜,承担证券发行风险的行为。

4. 根据证券发行条件的确定方式,可分为议价发行和招标发行

议价发行是由发行人与承销人通过协商发行条件,向公众投资者或股东发行证券的方式。协议内容包括发行数量、金额、价格、申请办理发行手续、发行起止日期及对发行人限制等。招标发行指证券发行人与证券承销商之间以公开招标方式确定发行条件的发行方式。采用招标方式确定证券发行价格及其报酬率,常见于国债发行。

5. 依发行价格与票面金额或贴现金额的关系可以分为平价发行(面值发行)和时价发行、中间价发行和折价发行

时价发行价格是依据某一时间市场价格确定发行价,其价格通常高于证券票面值或贴现金额,故又称为溢价发行。股票溢价发行所得溢价款,应列入公积金,系股东权益。而低于票面金额或贴现金额的折价发行为我国法律所禁止。

(二) 证券发行申请、审核制度

1. 证券发行申请

公开发行证券,必须符合法律、行政法规规定的条件,并依法报经国务院证券监督管理机构或者国务院授权的部门核准;未经依法核准,任何单位和个人不得公开发行证券。

发行人必须向国务院授权的部门提交公司法规定的申请文件和国务院授权的部门规定的有关文件。发行人向国务院证券监督管理机构或者国务院授权的部门报送的证券发行申请文件,必须真实、准确、完整。为证券发行出具有关文件的证券服务机构和人员,必须严格履行法定职责,保证其所出具文件的真实性、准确性和完整性。为证券发行出具有关文件的专业机构和人员,必须严格履行法定职责,保证其所出具文件的真实性、准确性和完整性。

2. 审核、批准

国务院证券监督管理机构设发行审核委员会,依法审核股票发行申请。发行审核委员会由国务院证券监督管理机构的专业人员和所聘请的该机构外的有关专家组

成,以投票方式对股票发行申请进行表决,提出审核意见。国务院证券监督管理机构依照法定条件负责核准股票发行申请。核准程序应当公开,依法接受监督。

国务院证券监督管理机构或者国务院授权的部门应当自受理证券发行申请文件之日起3个月内,依照法定条件和法定程序作出予以核准或者不予核准的决定,发行人根据要求补充、修改发行申请文件的时间不计算在内;不予核准的,应当说明理由。国务院证券监督管理机构或者国务院授权的部门对已作出的核准证券发行的决定,发现不符合法定条件或者法定程序,尚未发行证券的,应当予以撤销,停止发行。已经发行尚未上市的,撤销发行核准决定,发行人应当按照发行价并加算银行同期存款利息返还证券持有人;保荐人应当与发行人承担连带责任,但是能够证明自己没有过错的除外;发行人的控股股东、实际控制人有过错的,应当与发行人承担连带责任。

(三)证券发行市场

通过证券发行而建立起来的市场称为证券发行市场,又称一级市场。它一般由发行人、承销机构和投资人构成。

根据我国《证券法》的规定,证券承销机构应当由综合类证券公司担任,经纪类证券公司不得从事证券承销业务。证券承销业务采取代销或者包销方式。

《证券法》规定,证券的代销、包销期最长不得超过90日。公开发行证券的发行人有权依法自主选择承销的证券公司。证券公司不得以不正当竞争手段招揽证券承销业务。

证券公司承销证券,应当同发行人签订代销或者包销协议;应当对公开发行募集文件的真实性、准确性、完整性进行核查;发现含有虚假记载、误导性陈述或者重大遗漏的,不得进行销售活动;已经销售的,必须立即停止销售活动,并采取纠正措施;向不特定对象发行的证券票面总值超过人民币5 000万元的,应当由承销团承销。承销团应当由主承销和参与承销的证券公司组成。

证券公司在代销、包销期内,对所代销、包销的证券应当保证先行出售给认购人,证券公司不得为本公司事先预留所代销的证券和预先购入并留存所包销的证券。

二、股票的发行

股票发行是指符合股票发行条件的股份有限公司以筹集资金为直接目的,依照法律规定的条件和程序,向社会投资人要约出售代表一定股东权利的股票的行为。股票的发行必须依据我国《公司法》《证券法》的有关规定进行,即须符合股票发行的条件。

股票发行按不同的标准有不同的分类:根据股票发行的目的不同,股票发行分为设立发行(或称初次发行)、增资发行和配股发行。按股票发行时间的不同可分为设立发行和新股发行。设立发行又可分为发起设立方式中的发行和募集设立方式中的发行;新股发行又可分为公开发行新股、配股和送股。

境内企业直接或者间接到境外发行证券或者将其证券在境外上市交易,必须经国务院证券监督管理机构批准。

上市公司发行新股,应当符合《公司法》有关发行新股的条件,可以向社会公开募集,也可以向原股东配售。公司对公开发行股票所募集的资金,必须按照招股说明书所列资金用途使用。改变招股说明书所列资金用途,必须经股东大会作出决议。擅自改变用途而未作纠正的,或者未经股东大会认可的,不得公开发行新股,上市公司也不得非公开发行新股。

股票依法发行后,发行人经营与收益的变化,由发行人自行负责;由此变化引致的投资风险,由投资者自行负责。

关于股票的发行价格,我国《证券法》规定,股票发行采取溢价发行的,其发行价格由发行人与承销的证券公司协商确定。

三、债券的发行

债券发行是发行人以借贷资金为目的,依照法律规定的程序向投资者要约发行代表一定债权和兑付条件的债券的法律行为。根据不同的债券种类,债券发行可以分为公司债券发行、企业债券发行、金融债券发行及国债发行等。

(一) 公司债券的发行

公司债券是公司依照法律所规定的条件和程序发行的约定在一定期限内还本付息的有价证券。根据我国法律的有关规定,股份有限公司、国有独资公司和两个以上的国有企业或者其他两个以上的国有投资主体设立的有限责任公司,基于筹集资金、调节负债规模、实现最佳资本结构和维持对企业的控制等目的,可以依照《公司法》的规定发行公司债券。除此之外的其他企业、有限公司均不得发行公司债券,但是可以依照企业债券条例的有关规定,发行企业债券。

1. 公司债券发行的条件

公司债券发行必须具备我国《公司法》和《证券法》规定的条件。具体包括:股份有限公司的净资产不得低于人民币3 000万元;有限责任公司的净资产不得低于人民币6 000万元;累计债券总额不超过净资产额的40%;最近3年平均可支配利润足以支付公司债券1年的利润;筹集资金的投资方向符合国家的产业政策;债券的利率不得超过国务院规定的利率水平;债券发行所筹集的资金必须用于审批机关批准的用途,不得用于弥补亏损和非生产性支出;国务院规定的其他条件;发行主体合格。

2. 公司可转换债券的发行条件

可转换公司债券是指可以在特定的时间、按照特定的条件转换成普通股票的特殊公司债券。可转换公司债券同时具有债券和股票的双重特点,因而它既有公司债券的特点,如债权性,也具有股票的特点,如股权性,同时还具有可转换性的特点。根据我国《公司法》和《证券法》的有关规定,上市公司发行可转换为股票的公司债券,除应当符合公司债券发行的条件外,还应当符合《证券法》关于公开发行股票的条件,并报国务院证券监督管理机构核准。

（二）企业债券的发行

企业债券是除可以发行公司债券的企业以外的其他具有法人资格的企业,为筹措资金、扩大生产规模或兼并其他企业等目的,而按照企业债券发行条件和程序而发行的一种债券。1993年8月2日公布的《企业债券管理条例》第2条规定:"本条例适用于中华人民共和国境内具有法人资格的企业在境内发行的债券。"因此,企业债券发行主体只能是在中国境内具有法人资格的企业。

根据《企业债券管理条例》第12条规定,发行债券的企业必须符合下列要求：企业规模达到国家规定的要求;企业财务会计制度符合国家规定;具有偿债能力;企业经济效益良好,发行企业债券前连续3年盈利;所筹资金符合国家产业政策。只有符合这些条件的企业,报请国家有关部门审批后,才可在审批的数额内发行企业债券。

第三节 证券交易

一、证券交易的一般规定

（一）证券交易和证券交易市场

1. 证券交易的概念

证券交易又称证券买卖,是指已经发行的证券在不同的证券投资者之间再次进行交换的行为。

证券交易当事人依法买卖的证券,必须是依法发行并交付的证券。非依法发行的证券,不得买卖。依法发行的股票、公司债券及其他证券,法律对其转让期限有限制性规定的,在限定的期限内,不得买卖。

2. 证券交易市场

依据证券交易场所的不同,证券交易可分为证券交易所交易和非集中竞价交易。前者又称场内交易,后者又称场外交易。《证券法》规定,依法公开发行的股票、公司债券及其他证券,应当在依法设立的证券交易所上市交易或者在国务院批准的其他证券交易场所转让。证券在证券交易所上市交易,应当采用公开的集中交易方式或者国务院证券监督管理机构批准的其他方式。

3. 证券交易一般规则

如前所述，证券在证券交易所上市交易，应当采用公开的集中交易方式或者国务院证券监督管理机构批准的其他方式。证券交易当事人买卖的证券可以采用书面形式或者国务院证券监督管理机构规定的其他形式。为了抑制过度的投机行为，《证券法》规定，证券公司接受委托或者自营，当日买入的证券，不得在当日再行卖出。证券交易所、证券公司、证券登记结算机构必须依法为客户所开立的账户保密。证券交易以现货和国务院规定的其他方式进行交易。

（二）禁止性规定

（1）禁止证券交易内幕信息的知情人和非法获取内幕信息的人利用内幕信息从事证券交易活动。

（2）证券交易所、证券公司、证券登记结算机构从业人员、证券监督管理机构工作人员和法律、行政法规禁止参与股票交易的其他人员，在任期或者法定限期内，不得直接或者以化名、借他人名义持有、买卖股票，也不得收受他人赠送的股票。而且任何原先不具有上述身份的人在成为前列人员时，其原已持有的股票，必须依法转让。

（3）为股票发行出具审计报告、资产评估报告或者法律意见书等文件的专业机构和人员，在该股票承销期内和期满后6个月内，不得买卖该种股票。此外，为上市公司出具审计报告、资产评估报告或者法律意见书等文件的专业机构和人员，自接受上市公司委托之日起至上述文件公开后5日内，不得买卖该种股票。

（三）持股申报

上市公司董事、监事、高级管理人员、持有上市公司股份5%以上的股东，将其持有的该公司的股票在买入后6个月内卖出，或者在卖出后六个月内又买入，由此所得收益归该公司所有，公司董事会应当收回其所得收益。但是，证券公司因包销购入售后剩余股票而持有5%以上股份的，卖出该股票不受6个月时间限制。公司董事会不按照前述规定执行的，股东有权要求董事会在30日内执行。公司董事会未在上述期限内执行的，股东有权为了公司的利益以自己的名义直接向人民法院提起诉讼。如果公司董事会不按照前述规定执行的，负有责任的董事依法承担连带责任。

二、证券上市

（一）股票上市

申请证券上市交易，应当向证券交易所提出申请，由证券交易所依法审核同意，并由双方签订上市协议。证券交易所根据国务院授权的部门的决定安排政府债券上市交易。

股份有限公司申请股票上市，应当符合下列条件：（1）股票经国务院证券监督管理机构核准已公开发行；（2）公司股本总额不少于人民币3 000万元；（3）公开发行的股份达到公司股份总数的25%以上;公司股本总额超过人民币4亿元的,公开发行股份的比例为10%以上;(4)公司最近三年无重大违法行为,财务会计报告无虚假记载。证券交易所可以规定高于前款规定的上市条件,并报国务院证券监督管理机构批准。

上市公司有下列情形之一的,由证券交易所决定暂停其股票上市交易:公司股本总额、股权分布等发生变化不再具备上市条件;公司不按照规定公开其财务状况,或者对财务会计报告作虚假记载,可能误导投资者;公司有重大违法行为;公司最近三年连续亏损;证券交易所上市规则规定的其他情形。

另外,上市公司有下列情形之一的,由证券交易所决定终止其股票上市交易:公司股本总额、股权分布等发生变化不再具备上市条件,在证券交易所规定的期限内仍不能达到上市条件;公司不按照规定公开其财务状况,或者对财务会计报告作虚假记载,且拒绝纠正;公司最近三年连续亏损,在其后一个年度内未能恢复盈利;公司解散或者被宣告破产;证券交易所上市规则规定的其他情形。

(二) 债券上市

公司申请其发行的公司债券上市交易,应当向证券交易所提出申请,由证券交易所依法审核同意,并由双方签订上市协议。

公司申请公司债券上市交易,应当符合下列条件:(1)公司债券的期限为1年以上;(2)公司债券实际发行额不少于人民币5 000万元;(3)公司申请债券上市时仍符合法定的公司债券发行条件。

公司债券上市交易后,公司有下列情形之一的,由证券交易所决定暂停其公司债券上市交易:公司有重大违法行为;公司情况发生重大变化不符合公司债券上市条件;公司债券所募集资金不按照核准的用途使用;未按照公司债券募集办法履行义务;公司最近两年连续亏损。

三、持续信息公开

持续信息公开的具体制度即信息披露制度。

(一) 发行和上市信息披露制度

发行人、上市公司依法披露的信息,必须真实、准确、完整,不得有虚假记载、误导性陈述或者重大遗漏。

经国务院证券监督管理机构核准依法公开发行股票,或者经国务院授权的部门核准依法公开发行公司债券,应当公告招股说明书、公司债券募集办法。依法公开发行新股或者公司债券的,还应当公告财务会计报告。

(二) 定期信息披露制度,其中又包括中期报告和年度报告

上市公司和公司债券上市交易的公司,应当在每一会计年度的上半年结束之日

起2个月内,向国务院证券监督管理机构和证券交易所报送记载以下内容的中期报告,并予公告:公司财务会计报告和经营情况;涉及公司的重大诉讼事项;已发行的股票、公司债券变动情况;提交股东大会审议的重要事项;国务院证券监督管理机构规定的其他事项。

上市公司和公司债券上市交易的公司,应当在每一会计年度结束之日起4个月内,向国务院证券监督管理机构和证券交易所报送记载以下内容的年度报告,并予公告:公司概况;公司财务会计报告和经营情况;董事、监事、高级管理人员简介及其持股情况;已发行的股票、公司债券情况,包括持有公司股份最多的前十名股东名单和持股数额;公司的实际控制人;国务院证券监督管理机构规定的其他事项。

(三) 临时信息披露制度

发生可能对上市公司股票交易价格产生较大影响的重大事件,投资者尚未得知时,上市公司应当立即将有关该重大事件的情况向国务院证券监督管理机构和证券交易所报送临时报告,并予公告,说明事件的起因、目前的状态和可能产生的法律后果。

下列情况为重大事件:公司的经营方针和经营范围的重大变化;公司的重大投资行为和重大的购置财产的决定;公司订立重要合同,可能对公司的资产、负债、权益和经营成果产生重要影响;公司发生重大债务和未能清偿到期重大债务的违约情况;公司发生重大亏损或者重大损失;公司生产经营的外部条件发生的重大变化;公司的董事、1/3以上监事或者经理发生变动;持有公司5%以上股份的股东或者实际控制人,其持有股份或者控制公司的情况发生较大变化;公司减资、合并、分立、解散及申请破产的决定;涉及公司的重大诉讼,股东大会、董事会决议被依法撤销或者宣告无效;公司涉嫌犯罪被司法机关立案调查,公司董事、监事、高级管理人员涉嫌犯罪被司法机关采取强制措施;以及国务院证券监督管理机构规定的其他事项。

(四) 法律监督和法律责任

新的《证券法》加重了对上市公司董事、高级管理人员的责任。根据规定,上市公司董事、高级管理人员应当对公司定期报告签署书面确认意见。上市公司监事会应当对董事会编制的公司定期报告进行审核并提出书面审核意见。上市公司董事、监事、高级管理人员应当保证上市公司所披露的信息真实、准确、完整。

发行人、上市公司公告的招股说明书、公司债券募集办法、财务会计报告、上市报告文件、年度报告、中期报告、临时报告以及其他信息披露资料,有虚假记载、误导性陈述或者重大遗漏,致使投资者在证券交易中遭受损失的,发行人、上市公司应当承担赔偿责任;发行人、上市公司的董事、监事、高级管理人员和其他直接责任人员以及保荐人、承销的证券公司,应当与发行人、上市公司承担连带赔偿责任,但是能够证明自己没有过错的除外;发行人、上市公司的控股股东、实际控制人有过错的,应当与发行人、上市公司承担连带赔偿责任。

国务院证券监督管理机构对上市公司年度报告、中期报告、临时报告以及公告的情况进行监督,对上市公司分派或者配售新股的情况进行监督,对上市公司控股股东及其他信息披露义务人的行为进行监督。

四、禁止的证券交易行为

证券发行、交易活动,必须遵守法律、行政法规;禁止欺诈、内幕交易和操纵证券交易市场的行为。这些被禁止的证券交易行为,不仅侵害正当的证券投资者的利益,破坏正常的证券市场秩序,而且严重的还会影响国民经济的发展和社会秩序的稳定。

根据《证券法》的规定,禁止的证券交易违法行为主要有以下四种。

(一)内幕交易

内幕交易是指内幕人员和以不正当手段获取内幕信息的其他人员违反法律规定,泄露内幕信息、根据内幕信息买卖股票或者建议他人买卖股票的行为。《证券法》规定,禁止证券交易内幕信息的知情人和非法获取内幕信息的人利用内幕信息从事证券交易活动。

下列人员为知悉证券交易内幕信息的知情人员:(1)发行人的董事、监事、高级管理人员;(2)持有公司5%以上股份的股东及其董事、监事、高级管理人员,公司的实际控制人及其董事、监事、高级管理人员;(3)发行人控股的公司及其董事、监事、高级管理人员;(4)由于所任公司职务可以获取公司有关内幕信息的人员;(5)证券监督管理机构工作人员以及由于法定职责对证券的发行、交易进行管理的其他人员;(6)保荐人、承销的证券公司、证券交易所、证券登记结算机构、证券服务机构的有关人员;(7)国务院证券监督管理机构规定的其他人。

证券交易活动中,涉及公司的经营、财务或者对该公司证券的市场价格有重大影响的尚未公开的信息,为内幕信息。根据法律规定,下列信息皆属内幕信息:(1)证券法第67条第2款所列重大事件(共12项);(2)公司分配股利或者增资的计划;(3)公司股权结构的重大变化;(4)公司债务担保的重大变更;(5)公司营业用主要资产的抵押、出售或者报废一次超过该资产的30%;(6)公司的董事、监事、高级管理人员的行为可能依法承担重大损害赔偿责任;(7)上市公司收购的有关方案;(8)国务院证券监督管理机构认定的对证券交易价格有显著影响的其他重要信息。

证券交易内幕信息的知情人和非法获取内幕信息的人,在内幕信息公开前,不得买卖该公司的证券,或者泄露该信息,或者建议他人买卖该证券。持有或者通过协议、其他安排与他人共同持有公司5%以上股份的自然人、法人、其他组织收购上市公司的股份,《证券法》另有规定的,适用其规定。内幕交易行为给投资者造成损失的,行为人应当依法承担赔偿责任。

（二）操纵市场

操纵市场是指单位或个人以获取利益或者减少损失为目的，利用手中掌握的资金、信息等优势或者滥用职权影响证券市场价格，制造证券市场假象，诱导或者致使投资者在不了解事实真相的情况下作出证券投资决定，扰乱证券市场秩序的行为。

《证券法》规定，禁止任何人以下列手段获取不正当利益或者转嫁风险：（1）单独或者通过合谋，集中资金优势、持股优势或者利用信息优势联合或者连续买卖，操纵证券交易价格或者证券交易量；（2）与他人串通，以事先约定的时间、价格和方式相互进行证券交易，影响证券交易价格或者证券交易量；（3）在自己实际控制的账户之间进行证券交易，影响证券交易价格或者证券交易量；（4）以其他手段操纵证券市场。操纵证券市场行为给投资者造成损失的，行为人应当依法承担赔偿责任。

（三）虚假信息误导

虚假信息误导是指任何单位或者个人对证券发行、交易及其相关活动的事实、性质、前景、法律等事项作出不实、严重误导或者含有重大遗漏的和其他任何形式的虚假陈述或者诱导，致使投资者在不了解事实真相的情况下作出证券投资决定的行为。

《证券法》规定，禁止国家工作人员、传播媒介从业人员和有关人员编造、传播虚假信息，扰乱证券市场。禁止证券交易所、证券公司、证券登记结算机构、证券服务机构及其从业人员，证券业协会、证券监督管理机构及其工作人员，在证券交易活动中作出虚假陈述或者信息误导。

（四）欺诈客户

在证券交易中，禁止证券公司及其从业人员从事下列损害客户利益的欺诈行为：（1）违背客户的委托为其买卖证券；（2）不在规定时间内向客户提供交易的书面确认文件；（3）挪用客户所委托买卖的证券或者客户账户上的资金；（4）未经客户的委托，擅自为客户买卖证券，或者假借客户的名义买卖证券；（5）为牟取佣金收入，诱使客户进行不必要的证券买卖；（6）利用传播媒介或者通过其他方式提供、传播虚假或者误导投资者的信息；（7）其他违背客户真实意思表示，损害客户利益的行为。

欺诈客户行为给客户造成损失的，行为人应当依法承担赔偿责任。

第四节　上市公司收购

一、上市公司收购概述

上市公司收购，是指投资者为获得对上市公司控制权，而依法购买上市公司股份的行为。《证券法》的规定，投资者可以采取要约收购、协议收购及其他合法方式收购上市公司。要约收购，是指收购方通过向被收购方的股东发出收购的意思表示的方式进行的收购;协议收购,是收购方同被收购公司的股票持有人以协议方式进行的收购。《证券法》允许以其他合法方式收购上市公司,为我国资本市场的未来发展提供了空间。

通过证券交易所的证券交易,投资者持有一个上市公司已发行的股份的5%时,应当在该事实发生之日起3日内,向国务院证券监督管理机构、证券交易所作出书面报告,通知该上市公司,并予以公告;在上述规定的期限内,不得再行买卖该上市公司的股票。

投资者持有一个上市公司已发行的股份的5%后,通过证券交易所的证券交易,其所持该上市公司已发行的股份比例每增加或者减少5%,应当依照前款规定进行报告和公告。在报告期限内和作出报告、公告后2日内,不得再行买卖该上市公司的股票。

收购上市公司的行为结束后,收购人应当在15日内将收购情况报告国务院证券监督管理机构和证券交易所,并予公告。在上市公司收购中,收购人对所持有的被收购的上市公司的股票,在收购行为完成后的12个月内不得转让。

应予注意,上市公司收购中涉及国家授权投资机构持有的股份,应当按照国务院的规定,经有关主管部门批准。

二、要约收购

通过证券交易所的证券交易,投资者持有一个上市公司已发行的股份的30%时,继续进行收购的,应当依法向该上市公司所有股东发出收购要约。但经国务院证券监督管理机构免除发出要约的除外。

收购人还应当将规定的公司收购报告书同时提交证券交易所。收购人在依照以上规定报送上市公司收购报告书之日起15日后,公告其收购要约。收购要约的期限不得少于30日,并不得超过60日。

在收购要约的有效期限内,收购人不得撤回其收购要约。在收购要约的有效期限内,收购人需要变更收购要约中事项的,必须事先向国务院证券监督管理机构及证券交易所提出报告,经获准后,予以公告。

采取要约收购方式的,收购人在收购要约期限内,不得采取要约规定以外的形式和超出要约的条件买卖被收购公司的股票。收购要约中提出的各项收购条件,适用于被收购公司的所有股东。

收购要约的期限届满,收购人持有的被收购公司的股份数达到该公司已发行的股份总数的75%以上的,该上市公司的股票应当在证券交易所终止上市交易。收购要约的期限届满,收购人持有的被收购公司的股份数达到该公司已发行的股份总数的90%以上的,其余仍持有被收购公司股票的股东,有权向收购人以收购要约的同等条件出售其股票,收购人应当收购。

收购行为完成后,被收购公司不再具有《公司法》规定的条件的,应当依法变更其企业形式。

三、协议收购

采取协议收购方式的,收购人可以按照法律、行政法规的规定同被收购公司的股东以协议方式进行股权转让。

以协议方式收购上市公司时,达成协议后,收购人必须在3日内将该收购协议向国务院证券监督管理机构及证券交易所作出书面报告,并予公告。在未作出公告前不得履行收购协议。

采取协议收购方式的,协议双方可以临时委托证券登记结算机构保管协议转让的股票,并将资金存放于指定的银行。

第五节 证券机构

证券市场的主体主要由投资者、证券交易场所、证券公司、证券登记结算机构、证券交易服务机构构成。

一、证券交易场所

证券交易所是提供证券交易的场所。在国际上,证券交易所有公司制交易所和会员制交易所之分。前者是以营利为目的的,而后者不以营利为目的。根据我国《证券法》的规定,证券交易所是为证券集中交易提供场所和设施,组织和监督证券交易,实行自律管理的法人。

在我国,证券交易所的设立和解散,由国务院决定。证券交易所章程的制定和修改,必须经国务院证券监督管理机构批准。其他任何单位或者个人不得使用证券交易所或者近似的名称。

证券交易所应当为组织公平的集中竞价交易提供保障,即时公布证券交易行情,并按交易日制作证券市场行情表,予以公布。证券公司接受委托或者自营,当日买入的证券,不得在当日再行卖出。证券交易所对在交易所进行的证券交易实行实时监控,并按照国务院证券监督管理机构的要求,对异常的交易情况提出报告。证券交易所应当对上市公司披露信息进行监督,督促上市公司依法及时、准确地披露信息。

证券交易所按照法律、行政法规的规定,办理股票、公司债券的暂停上市、恢复上市或者终止上市的事务。因突发性事件而影响证券交易的正常进行时,证券交易所可以采取技术性停牌的措施;因不可抗力的突发性事件或者为维护证券交易的正常秩序,证券交易所可以决定临时停市。证券交易所采取技术性停牌或者决定临时停市,必须及时报告国务院证券监督管理机构。

二、证券公司

证券公司是指依照公司法规定设立的并经国务院证券监督管理机构审查批准可以从事证券经营业务的有限责任公司或股份有限公司。设立证券公司,必须经过国务院证券监督管理机构审查批准。未经国务院证券监督管理机构批准,不得经营证券业务。

经国务院证券监督管理机构批准,证券公司可以经营下列部分或者全部业务:(1)证券经纪;(2)证券投资咨询;(3)与证券交易、证券投资活动有关的财务顾问;(4)证券承销与保荐;(5)证券自营;(6)证券资产管理;(7)其他证券业务。

根据《证券法》的规定,国家设立证券投资者保护基金。证券投资者保护基金由证券公司缴纳的资金及其他依法筹集的资金组成,其筹集、管理和使用的具体办法由国务院规定。

证券公司应当建立健全内部控制制度,采取有效隔离措施,防范公司与客户之间、不同客户之间的利益冲突。证券公司必须将其证券经纪业务、证券承销业务、证券自营业务和证券资产管理业务分开办理,不得混合操作。

证券公司的自营业务必须以自己的名义进行,不得假借他人名义或者以个人名义进行。证券公司的自营业务必须使用自有资金和依法筹集的资金。证券公司不得将其自营账户借给他人使用。证券公司依法享有自主经营的权利,其合法经营不受干涉。

证券公司接受证券买卖的委托,应当根据委托书载明的证券名称、买卖数量、出价方式、价格幅度等,按照交易规则代理买卖证券,如实进行交易记录;买卖成交后,应当按照规定制作买卖成交报告单交付客户。证券交易中确认交易行为及其交易结果的对账单必须真实,并由交易经办人员以外的审核人员逐笔审核,保证账面证券余额与实际持有的证券相一致。

证券公司办理经纪业务,不得接受客户的全权委托而决定证券买卖、选择证券种类、决定买卖数量或者买卖价格。

三、证券登记结算机构

证券登记结算机构是指经国务院证券监督管理机构批准设立的,为证券交易提供集中的登记、托管与结算服务的机构,是不以营利为目的的法人。

证券持有人所持有的证券上市交易前,应当全部托管在证券登记结算机构。证券登记结算采取全国集中统一的运营方式。

证券登记结算机构应当向证券发行人提供证券持有人名册及其有关资料。证券登记结算机构应当根据证券登记结算的结果,确认证券持有人持有证券的事实,提供证券持有人登记资料。证券登记结算机构应当保证证券持有人名册和登记过户记录真实、准确、完整,不得伪造、篡改、毁坏。证券登记结算机构应当妥善保存登记、托管和结算的原始凭证。重要的原始凭证保存期不少于20年。

四、证券交易服务机构

根据证券投资和证券交易业务的需要,可以设立证券交易服务机构。投资咨询机构、财务顾问机构、资信评级机构、资产评估机构、会计师事务所从事证券服务业务,必须经国务院证券监督管理机构和有关主管部门批准。

为了强化对证券交易服务机构的管理和保护投资者的合法权益,《证券法》规定,证券服务机构为证券的发行、上市、交易等证券业务活动制作、出具审计报告、资产评估报告、财务顾问报告、资信评级报告或者法律意见书等文件,应当勤勉尽责,对所制作、出具的文件内容的真实性、准确性、完整性进行核查和验证。其制作、出具的文件有虚假记载、误导性陈述或者重大遗漏,给他人造成损失的,应当与发行人、上市公司承担连带赔偿责任,但是能够证明自己没有过错的除外。

第六节 法律责任

关于违反《证券法》的法律责任,《证券法》作了较为详尽的规定,本节择要介绍如下。

一、违反证券发行规定的法律责任

未经法定机关核准,擅自公开或者变相公开发行证券的,责令停止发行,退还所募资金并加算银行同期存款利息,处以非法所募资金金额1%以上5%以下的罚款;对擅自公开或者变相公开发行证券设立的公司,由依法履行监督管理职责的机构或者部门会同县级以上地方人民政府予以取缔。对直接负责的主管人员和其他直接责任人员给予警告,并处以3万元以上30万元以下的罚款。

发行人、上市公司或者其他信息披露义务人未按照规定披露信息,或者所披露的信息有虚假记载、误导性陈述或者重大遗漏的,由证券监督管理机构责令改正,给予警告,处以30万元以上60万元以下的罚款。对直接负责的主管人员和其他直接责任人员给予警告,并处以3万元以上30万元以下的罚款。发行人、上市公司或者其他信息披露义务人未按照规定报送有关报告,或者报送的报告有虚假记载、误导性陈述或者重大遗漏的,由证券监督管理机构责令改正,处以30万元以上60万元以下的罚款。对直接负责的主管人员和其他直接责任人员给予警告,并处以3万元以上30万元以下的罚款。发行人、上市公司或者其他信息披露义务人的控股股东、实际控制人指使从事前两款违法行为的,依照前述规定处罚。

二、证券机构违法的法律责任

证券交易所、证券公司、证券登记结算机构、证券交易服务机构的从业人员、证券业协会或者证券监督管理机构的工作人员,故意提供虚假资料,伪造、变造或者销毁交易记录,诱骗投资者买卖证券的,取消从业资格,并处以3万元以上5万元以下的罚款;属于国家工作人员的,还应当依法给予行政处分。构成犯罪的,依法追究刑事责任。

证券交易所、证券公司、证券登记结算机构、证券交易服务机构、社会中介机构及其从业人员、证券业协会、证券监督管理机构及其工作人员,在证券交易活动中不得作出虚假陈述或者信息误导。编造并且传播影响证券交易的虚假信息,扰乱证券交易市场的,处以3万元以上20万元以下的罚款。构成犯罪的,依法追究刑事责任。

《证券法》完善了有关证券公司的法律责任的规定。根据规定,证券公司违反《证券法》规定,超出业务许可范围经营证券业务的,责令改正,没收违法所得,并处以违法所得1倍以上5倍以下的罚款;没有违法所得或者违法所得不足30万元的,处以30万元以上60万元以下罚款;情节严重的,责令关闭。对直接负责的主管人员和其他直接责任人员给予警告,撤销任职资格或者证券从业资格,并处以3万元以上10万元以下的罚款。另外,证券公司对其证券经纪业务、证券承销业务、证券自营业务、证券资产管理业务,不依法分开办理,混合操作的,责令改正,没收违法所得,并处以30万元以上60万元以下的罚款;情节严重的,撤销相关业务许可。对直接负责的主管人员和其他直接责任人员给予警告,并处以3万元以上10万元以下的罚款;情节严重的,撤销任职资格或者证券从业资格。证券公司或者其股东、实际控制人违反规定,拒不向证券监督管理机构报送或者提供经营管理信息和资料,或者报送、提供的经营管理信息和资料有虚假记载、误导性陈述或者重大遗漏的,责令改正,给予警告,并处以3万元以上30万元以下的罚款,可以暂停或者撤销证券公司相关业务许可。对直接负责的主管人员和其他直接责任人员,给予警告,并处以3万元以下的罚款,可以撤销任职资格或者证券从业资格。证券公司为其股东或者股东的关联人提供融资或者担保的,责令改正,给予警告,并处以10万元以上30万元以下的罚款。对直接负责的主管人员和其他直接责任人员,处以3万元以上10万元以下的罚款。股东有过错的,在按照要求改正前,国务院证券监督管理机构可以限制其股东权利;拒不改正的,可以责令其转让所持证券公司股权。

针对目前证券投资咨询业比较混乱,有的证券咨询公司故意发布虚假信息,操纵股市、误导投资者的情况,《证券法》规定,投资咨询机构及其从业人员从事证券服务业务不得有下列行为:代理委托人从事证券投资;与委托人约定分享证券投资收益或者分担证券投资损失;买卖本咨询机构提供服务的上市公司股票;利用传播媒介或者通过其他方式提供、传播虚假或者误导投资者的信息;法律、行政法规禁止的其他行为。有上述所列行为之一,给投资者造成损失的,依法承担赔偿责任。

三、违反证券交易规定的法律责任

证券交易内幕信息的知情人或者非法获取内幕信息的人,在涉及证券的发行、交易或者其他对证券的价格有重大影响的信息公开前,买卖该证券,或者泄露该信息,或者建议他人买卖该证券的,责令依法处理非法持有的证券,没收违法所得,并处以违法所得1倍以上5倍以下的罚款;没有违法所得或者违法所得不足3万元的,处以3万元以上60万元以下的罚款。单位从事内幕交易的,还应当对直接负责的主管人员和其他直接责任人员给予警告,并处以3万元以上30万元以下的罚款。证券监督管理机构工作人员进行内幕交易的,从重处罚。

任何人违反规定,操纵证券市场的,责令依法处理其非法持有的证券,没收违法所得,并处以违法所得1倍以上5倍以下的罚款;没有违法所得或者违法所得不足30万元的,处以30万元以上300万元以下的罚款。单位操纵证券市场的,还应当对直接负责的主管人员和其他直接责任人员给予警告,并处以10万元以上60万元以下的罚款。

四、监管机构及其人员的法律责任

《证券法》加强了对监管机构及其人员的制约,对证券监督管理机构及其人员行使权力作出了必要约束,严格规定其执行权力的程序。

国务院证券监督管理机构依法履行职责,进行监督检查或者调查,其监督检查、调查的人员不得少于2人,并应当出示合法证件和监督检查、调查通知书。监督检查、调查的人员少于2人或者未出示合法证件和监督检查、调查通知书的,被检查、调查的单位有权拒绝。

国务院证券监督管理机构或者国务院授权的部门有下列情形之一的,对直接负责的主管人员和其他直接责任人员,依法给予行政处分:对不符合《证券法》规定的发行证券、设立证券公司等申请予以核准、批准的;违反规定采取《证券法》第180条规定的现场检查、调查取证、查询、冻结或者查封等措施的;违反规定对有关机构和人员实施行政处罚的;其他不依法履行职责的行为。同时,规定证券监督管理机构的工作人员和发行审核委员会的组成人员,不履行《证券法》规定的职责,滥用职权、玩忽职守、利用职务便利牟取不正当利益,或者泄露所知悉的有关单位和个人的商业秘密的,依法追究法律责任。

证券监督管理机构的工作人员和发行审核委员会的组成人员,不履行证券法规定的职责,滥用职权、玩忽职守,利用职务便利牟取不正当利益,或者泄露所知悉的有关单位和个人的商业秘密的,依法追究法律责任。

参 考 文 献

1. 缪因知:《中国证券法律实施机制研究》,北京大学出版社,2016年。
2. 杨紫烜、徐杰:《经济法》(第七版),北京大学出版社,2015年。
3. 冯果:《证券法》,武汉大学出版社,2014年。
4. 罗普曼:《公司法基础》(第二版),北京大学出版社,2013年。
5. 范健、王建文:《证券法》(第二版),北京大学出版社,2010年。
6. 莱瑞·索德奎斯特:《美国证券法解读》,胡轩之、张云辉译,法律出版社,2004年。

第五编 宏观经济调控与可持续性发展保障法律制度

第十七章 预算法律制度

[本章概要]

本章从预算及其特点入手,介绍了预算管理的法律规定;重点阐述了分税制和预算收支范围;介绍了现行预算编制、审批、执行及决算的相关规定;最后对预决算的监督管理以及违反预算的法律责任作了归纳和总结。

第一节 预算法概述

一、预算

(一)预算的概念和特点

预算也称国家预算,是指国家对预算年度内的收入和支出的预先计算,也是依照法定程序编制和批准的国家一定时期内预定的财政收支计划。预算活动是整个国家财政活动的重要组成部分。国家预算能否顺利进行,同国家经济各个方面有着密切的联系,其内容和执行过程反映并决定了国家经济建设的规模和速度。它的最终目标是为实现国家在一定时期的政治经济目标提供财力保证。

国家预算具有如下特点。

(1)法定性。预算是由法定的国家机关,按照法定的程序制定的,具有法律效力的文件。

(2)期限性。预算以一个完整的预算年度为限,通常为一年。各国对预算年度的起止时间有不同要求,有的采用历年制,从公历1月1日至12月31日。有的采用非历年制,如美国从当年7月1日起至次年6月30日止。我国采用的是历年制。

(3)计划性。预算是对将来一定时期国家财政收入和财政支出的预先估计,是国家在大量信息和资料的基础上,对未来事务的超前预测。

(二)预算的原则

预算的原则是指国家选择预算形式和体系应遵循的指导思想,也是制定政府财政收支计划的方针。

为世界大多数国家所接受主要有如下五个原则。

（1）完整性原则。要求编制的预算必须包括全部的财政收支，反映政府的全部财政活动。不允许有预算外的财政收支，不允许有预算管辖之外的财政活动。

（2）统一性原则。要求各级政府的预算收支按照统一的口径、程序来计算和填列，任何机构的收支要以总额列入预算，而不应只列入收支相抵后的净额。

（3）公开性原则。要求全部财政收支必须经过立法机关的审议，而且要采取一定的形式向社会公布。

（4）可靠性原则。要求收支项目的数字必须运用科学的计算方法，依据充分，资料确实，不得假定、估算，更不能任意编造。

（5）年度性原则。要求预算必须按年度编制，反映全年的财政收支活动，同时不允许将不属于本年度财政收支的内容列入本年度的国家预算中。

我国《预算法》第12条确立统筹兼顾、勤俭节约、量力而行、讲求绩效和收支平衡等为我国预算制度的基本原则。

（1）统筹兼顾。统筹兼顾要求各级一般公共预算支出的编制，在保证基本公共服务合理需要的前提下，优先安排国家确定的重点支出。

（2）勤俭节约。在预算编制环节，法律要求各级预算支出的编制，应当贯彻勤俭节约的原则，严格控制各部门、各单位的机关运行经费和楼堂馆所等基本建设支出。在预算执行环节，法律要求各级政府、各部门、各单位"不得虚假列支"。

（3）量力而行。量力而行要求不要超越力所能及的范围勉强去做某事情。《预算法》的量力而行则要求重点支出一般不同财政收支增幅挂钩的要求，强调在统筹兼顾的原则下优先安排国家确定的重点支出。

（4）讲求绩效。绩效包含有成绩和效益的意思。一般指投入与产出之间的比例，要求投入需要有好的产出。预算绩效是指预算资金所达到的产出和结果。《关于推进预算绩效管理的指导意见》（财预〔2011〕416号）中指出，预算绩效管理是政府绩效管理的重要组成部分，是一种以支出结果为导向的预算管理模式。它强化政府预算为民服务的理念，强调预算支出的责任和效率，要求在预算编制、执行、监督的全过程中更加关注预算资金的产出和结果，要求政府部门不断改进服务水平和质量，花尽量少的资金、办尽量多的实事，向社会公众提供更多、更好的公共产品和公共服务，使政府行为更加务实、高效。推进预算绩效管理，有利于提升预算管理水平、增强单位支出责任、提高公共服务质量、优化公共资源配置、节约公共支出成本。

（5）收支平衡。收支平衡是指在一个预算年度里，预算收入和预算支出在总量上基本相等、结构上合理协调。保持预算收支平衡，严格控制财政赤字是保证国民经济供求总量平衡的内在要求，是保证国民经济持续、协调、稳定发展的前提条件。《预算法》第35条要求，地方各级预算按照量入为出、收支平衡的原则编制，除该法另有规定外，不列赤字。

二、预算法

预算法作为财政法的重要组成部分,是调整在国家进行预算资金的筹集、分配、使用和管理过程中所发生的预算关系的法律规范的总称。预算关系包括预算收支关系、预算管理关系以及预算的编制、审批、执行程序关系。这是对预算法的广义理解。

狭义的预算法是指第八届全国人民代表大会第二次会议于 1994 年 3 月 22 日通过的《中华人民共和国预算法》(以下简称《预算法》)。该法于 1995 年 1 月 1 日起施行,根据 2014 年 8 月 31 日第十二届全国人民代表大会常务委员会第十次会议《全国人民代表大会常务委员会关于修改〈中华人民共和国预算法〉的决定》修正,自 2015 年 1 月 1 日起施行。该法共分 11 章,共有 101 条,它全面规定了预算管理的基本内容。制定该法的目的是为了规范政府收支行为,强化预算约束,加强对预算的管理和监督,建立健全全面规范、公开透明的预算制度,保障经济社会的健康发展。目前,《预算法》是国家组织预算收支、管理预算工作的主要法律依据,是我国规范预算活动的基本法。

第二节 预算管理的法律规定

预算管理或预算管理体制是财政管理体制的主要方面,是划分各级预算机关在预算管理方面职责权限的基本制度。通过预算管理体制的法律规定,规范各级预算机关在预算管理过程中的行为,理顺国家预算在资金筹集和分配上的集权和分权关系,从制度建设上保证预算的严肃性、规范性和科学性。

一、国家权力机关的职责权限

预算规定并反映着政府活动的内容和方向,一般都是由国家权力机关(全国人民代表大会和地方各级人民代表大会)批准并监督执行的。

(一)全国人民代表大会及其常务委员会的职责权限

1. 全国人民代表大会的职责权限

全国人民代表大会是我国最高权力机关,它在预算管理方面的职责权限主要有:

(1)审查中央和地方预算草案及中央和地方预算执行情况的报告;

(2)批准中央预算和中央预算执行情况的报告;

(3)改变或者撤销全国人民代表大会常务委员会关于预算、决算的不适当的决议。

2. 全国人民代表大会常务委员会的职责权限

全国人民代表大会常务委员会是全国人民代表大会的常设机关,它在预算管理方面的职责权限主要有：

（1）监督中央和地方预算的执行；

（2）审查和批准中央预算的调整方案；

（3）审查和批准中央决算；

（4）撤销国务院制定的同宪法、法律相抵触的关于预算、决算的行政法规、决定和命令；

（5）撤销省、自治区、直辖市人民代表大会及其常务委员会制定的同《宪法》、法律和行政法规相抵触的关于预算、决算的地方性法规和决议。

（二）县级以上地方各级人民代表大会及其常务委员会的职责权限

1. 地方各级人民代表大会的职责权限

地方各级人民代表大会是地方的国家权力机关，它在预算管理方面的职责权限主要有：

（1）审查本级总预算草案及本级总预算执行情况的报告；

（2）批准本级预算和本级预算执行情况的报告；

（3）改变或者撤销本级人民代表大会常务委员会关于预算、决算的不适当的决议；

（4）撤销本级政府关于预算、决算的不适当的决定和命令。

2. 地方各级人民代表大会常务委员会的职责权限

县级以上地方各级人民代表大会设立常务委员会，作为本级人民代表大会的常设机关，在预算管理方面的职责权限主要有：

（1）监督本级总预算的执行；

（2）审查和批准本级预算的调整方案；

（3）审查和批准本级决算；

（4）撤销本级政府和下一级人民代表大会及其常务委员会关于预算、决算的不适当的决定、命令和决议。

3. 乡、民族乡、镇的人民代表大会的职责权限

（1）审查和批准本级预算和本级预算执行情况的报告；

（2）监督本级预算的执行；

（3）审查和批准本级预算的调整方案；

（4）审查和批准本级决算；

（5）撤销本级政府关于预算、决算的不适当的决定和命令。

二、国家行政机关的职责权限

（一）国务院的职责权限

国务院是国家最高行政机关，其在预算管理方面的职责权限主要有：

(1) 国务院编制中央预算、决算草案；

(2) 向全国人民代表大会作关于中央和地方预算草案的报告；

(3) 将省、自治区、直辖市政府报送备案的预算汇总后报全国人民代表大会常务委员会备案；

(4) 组织中央和地方预算的执行；

(5) 决定中央预算预备费的动用；

(6) 编制中央预算调整方案；

(7) 监督中央各部门和地方政府的预算执行；

(8) 改变或者撤销中央各部门和地方政府关于预算、决算的不适当的决定、命令；

(9) 向全国人民代表大会、全国人民代表大会常务委员会报告中央和地方预算的执行情况。

(二) 县级以上地方人民政府的职责权限

县级以上地方人民政府在预算管理方面的职责权限主要有：

(1) 编制本级预算、决算草案；

(2) 向本级人民代表大会作关于本级总预算草案的报告；

(3) 将下一级政府报送备案的预算汇总后报本级人民代表大会常务委员会备案；

(4) 组织本级总预算的执行；

(5) 决定本级预算预备费的动用；

(6) 编制本级预算的调整方案；

(7) 监督本级各部门和下级政府的预算执行；

(8) 改变或者撤销本级各部门和下级政府关于预算、决算的不适当的决定、命令；

(9) 向本级人民代表大会、本级人民代表大会常务委员会报告本级总预算的执行情况。

(三) 乡级人民政府的职责权限

乡级人民政府在预算理方面的职责有：

(1) 编制本级预算、决算草案；

(2) 向本级人民代表大会作关于本级预算草案的报告；

(3) 组织本级预算的执行；

(4) 决定本级预算预备费的动用；

(5) 编制本级预算的调整方案；

(6) 向本级人民代表大会报告本级预算的执行情况。

（四）财政部门的职责权限

财政部是国务院的职能部门。它在预算管理方面的职责权限主要有：

(1) 具体编制中央预算、决算草案；

(2) 具体组织中央和地方预算的执行；

(3) 提出中央预算预备费动用方案；

(4) 具体编制中央预算的调整方案；

(5) 定期向国务院报告中央和地方预算的执行情况。

地方各级政府财政部门的职责权限：

(1) 具体编制本级预算、决算草案；

(2) 具体组织本级总预算的执行；

(3) 提出本级预算预备费动用方案；

(4) 具体编制本级预算的调整方案；

(5) 定期向本级政府和上一级政府财政部门报告本级总预算的执行情况。

（五）其他政府部门的职责权限

政府各部门是政府各个方面的主管机关，在预算管理方面的职责权限主要有：

(1) 编制本部门预算、决算草案；

(2) 组织和监督本部门所属各单位预算的执行；

(3) 定期向本级政府财政部门报告预算的执行情况。

三、各单位的职责权限

这里所说的各单位是指与国家有领拨款关系、上缴利润关系的单位，主要是国有企业、事业单位和社会团体。他们在国家预算管理方面的职责权限主要有：

(1) 编制本单位预算、决算草案；

(2) 按照国家规定上缴预算收入，安排预算支出，并接受国家有关部门的监督。

第三节 分税制和预算收支范围的法律规定

一、分税制

（一）分税制的含义

分税制是指按税种划分中央和地方财政预算收入，合理确定中央与地方财政分配关系的一种分级预算管理体制。

国务院于1993年12月15日颁布《关于实行分税制财政体制的决定》，决定在我国实行分税制改革。其主要原则和主要内容是：按照中央与地方政府的事权划分，合理确定各级财政的支出范围;根据事权与财政相结合的原则,将税种统一划分为中央税、地方税和中央地方共享税;建立中央税收和地方税收体系;分设中央与地方两套税务机构分别征收管理;科学核定地方支出数,逐步实行比较规范的中央对地方的税收返还和转移支付制度;建立和健全分级预算制度,强化各级预算约束。

（二）分税制的具体内容

1. 中央与地方的支出划分

根据目前中央政府与地方政府事权的划分,中央财政主要承担国家安全、外交和中央国家机关运转所必需的经费,调整国民经济结构、协调地区发展、实施宏观调控所需的支出,以及由中央直接管理的事业发展支出。地方财政主要承担本地区政权机关运转所需的支出以及本地区经济、事业发展所需的支出。

2. 中央与地方的收入划分

根据事权与财权相结合的原则,按税种划分中央与地方的收入。其划分原则是:将维护国家权益、实施宏观调控所必需的税种划分为中央与地方共享税;将适合地方征管的税种划分为地方税,并充实地方税税种,增加地方税收收入。

二、预算收支范围

预算收入、预算支出的范围是预算管理和预算立法的实体内容,与预算管理职权关系密切。预算收支范围的划分是预算主体的实体权限的具体化。

根据我国现行的分税制财政管理体制和"财权与事权结合"的原则要求,《预算法》明确了预算收入和预算支出的范围。

（一）法定的预算收入项目

（1）税收收入,是指国家按照预定标准,向经济组织和居民无偿地征收实物或货币所取得的一种财政收入,是国家预算资金的重要来源。

（2）行政事业性收费收入,是指国家机关、事业单位、依法行使政府职能的社会团体及其他组织根据法律、法规规定,依照国务院及本省、自治区、直辖市政府规定程序批准,在实施社会公共管理,以及在向自然人、法人和其他组织提供特定公共服务过程中,向规定对象按规定标准收取费用形成的收入。

（3）国有资源(资产)有偿使用收入包括矿藏、水流、海域、无居民海岛以及法律规定属于国家所有的森林、草原等国有资源有偿使用收入,专用储备物资等国有资产处置收入,保障性住房配租配售收入等非经营性国有资产收入,纳入一般公共预算管理的经营性国有资产收入等。

（4）转移性收入包括上级税收返还、转移支付,下级上解收入,调入资金,以及按照财政部规定列入转移性收入的无隶属关系政府的无偿资助。

（5）其他收入,是指除上述各项收入以外的纳入预算管理的收入,包括罚没收入、捐赠收入等。

其中,税收是历史上最早出现的财政范畴,也是目前世界各个国家财政收入的主要来源。税收按其性质划分,可分为流转课税、所得课税、资源、财产和行为课税。

(二) 法定的预算支出项目

(1) 经济建设支出。它是预算支出的主要部分,是国家通过投资引导经济活动,获得投资收益,壮大国有资产的主要支出形式。

(2) 教育、科学、文化、卫生、体育等事业发展支出。这部分支出是社会繁荣发展的表现,它体现了社会的文明进步。

(3) 管理费用支出,包括国家权力机关、行政机关和司法机关的行政管理费支出等。

(4) 国防支出,包括国防费、国防科研事业费、民兵建设费等。

(5) 专项补贴支出,包括粮油补贴、农业生产资料差价补贴等。

(6) 其他支出,包括外援支出、财政贴息支出、国家储备支出等。

预算支出可分为中央预算支出和地方预算支出。中央预算支出主要包括中央本级支出和中央返还或者补贴地方的支出,主要用于有关国家安全、外交和主要国家机关运转所需经费及调整国民经济结构、协调地区发展、实施宏观调控所需支出及中央直接管理的事业发展支出。地方支出包括地方本级支出和地方按规定上缴中央的支出,包括本地区政权机关运转所需支出及本地区经济、事业发展支出。

第四节 预算编制、审批、执行及决算的法律规定

一、预算编制

(一) 编制预算的原则

预算编制是预算程序的主要环节。预算编制应当按照预算管理职权和收支范围的规定,在参考上年度预算执行情况和下一年度收支预测的基础上进行编制。在编制过程中,应遵守以下原则:

(1) 各级政府、各部门、各单位应当按照国务院规定的时间编制预算草案;

(2) 编制预算必须真实、客观;

(3) 要保持预算收支平衡,与经济社会发展水平相适应,与财政政策相衔接;

(4) 应贯彻厉行节约、勤俭建国的方针。统筹兼顾,保证重点。

(二) 编制预算的程序

我国预算的编制程序可简单概括为由上而下,再由下而上这样一个过程。由

上而下,即国务院先下达关于编制下一年预算草案的指示,财政部依国务院指示具体部署编制工作,中央各部门及各地方、各单位逐级部署编制预算工作;自下而上,是指各单位、各部门收支预算草案应逐级上报、审核、汇总,并由财政部审核汇总并编制出中央预算草案上报国务院审查。其中,国务院财政部门应当在每年全国人民代表大会会议举行的 45 日前,将中央预算草案的初步方案提交全国人民代表大会财政经济委员会进行初步审查;省、自治区、直辖市政府财政部门应当在本级人民代表大会会议举行的 30 日前,将本级预算草案的初步方案提交本级人民代表大会有关专门委员会进行初步审查;设区的市、自治州政府财政部门应当在本级人民代表大会会议举行的 30 日前,将本级预算草案的初步方案提交本级人民代表大会有关专门委员会进行初步审查,或者送交本级人民代表大会常务委员会有关工作机构征求意见;县、自治县、不设区的市、市辖区政府应当在本级人民代表大会会议举行的 30 日前,将本级预算草案的初步方案提交本级人民代表大会常务委员会进行初步审查。

二、预算的审批

预算的审批是指国家各级权力机关对同级政府所提出的预算草案进行审查和批准的活动。预算的审批权归各级权力机关。中央预算由全国人民代表大会审查批准,地方各级预算由本级人民代表大会审查批准。预算草案经人大代表审议、表决通过后,即具有法律效力,任何单位和个人必须遵守,不得随意变更。

地方各级人民政府应当将本级人大批准的本级预算,以及下一级政府报送备案的预算汇总,报上一级人民政府备案。接到备案的人民政府除应依照前述规定报上级人民政府备案外,还应将下级政府报来的备案预算,报同级人大常委会备案。国务院和县级以上地方人民政府对下一级政府报送备案的预算,认为同法律、行政法规相抵触或者有其他不当之处,需要撤销批准预算的决议的,应当提请本级人民代表大会常务委员会审议决定。

三、预算的执行

各级预算由本级政府组织执行,具体工作由本级政府财政部门负责。各部门、各单位是本部门、本单位的预算执行主体,负责本部门、本单位的预算执行,并对执行结果负责。

预算收入征收部门和单位,必须依照法律、行政法规的规定,及时、足额征收应征的预算收入。不得违反法律、行政法规规定多征、提前征收或者减征、免征、缓征应征的预算收入,不得截留、占用或者挪用预算收入。政府的全部收入应当上缴国家金库(以下简称国库),任何部门、单位和个人不得截留、占用、挪用或者拖欠。对于法律有明确规定或者经国务院批准的特定专用资金,可以依照国务院的规定设立财政专户。

四、预算的调整

预算调整是指经全国人大批准的中央预算和地方各级人大批准的本级预算,在执行中因特殊情况需要增加支出或者减少收入,使原批准的收支平衡的预算的总支出超过总收入,或者是原批准的预算中举借债务的数额增加的部分变更。

中央预算的调整方案应当提请全国人民代表大会常务委员会审查和批准。县级以上地方各级预算的调整方案应当提请本级人民代表大会常务委员会审查和批准;乡、民族乡、镇预算的调整方案应当提请本级人民代表大会审查和批准。未经批准,不得调整预算。

五、决算

决算是国家预算执行情况的总结,也是国家经济活动和文化建设事业成果在财政上的反映。决算包括中央决算和地方决算。中央决算由中央各部门(含直辖单位)决算组成。地方决算由各省、各自治区、直辖市总决算组成。地方总决算由本级政府决算和汇总的下一级总决算组成。地方政府决算由本级各部门(含直辖单位)的决算组成。各部门决算由本部门所属单位决算组成。

编制决算,既是对预算年度内预算工作的总结,也是国家权力机关对政府预算的监督过程。同时,决算所反映的资料、情况,也是进行宏观决策的重要依据。

决算必须依照法定程序编制、审批。根据《预算法》,应遵守下列规定:

(1)编制决算草案,必须符合法律、行政法规规定,做到收支数额准确、内容完整、报送及时。

(2)决算草案由各级政府、各部门、各单位在每一预算年度终了后按国务院规定的时间编制。具体事项由财政部部署。

(3)地方各级人民政府财政部门编制的决算草案,经本级人民政府审定后,报同级人大常委会审查、批准(乡、镇政府的决算草案提请本级人大审查、批准)。批准后,按规定将本级决算报上一级政府备案。

第五节 对预算、决算监督的法律规定

预算和决算监督是预算管理的重要组成部分,包括国家权力机关的监督、上级政府对下级政府的监督、财政部门的监督、审计机关的监督、公众的监督等,其中最重要的是国家权力机关的监督。

一、权力机关的监督

根据我国《宪法》和《预算法》的规定,国家权力机关对预算的全过程和全方位进行监督。权力机关的监督主要是对预算的合法性和有效性进行监督。一方面,政府编制的预算草案要报经权力机关审查、批准;在预算执行中应当向权力机关汇报,在每个预算年度内至少汇报两次;预算年度终了,应将预算的执行情况编制成决算,报权力机关审核、批准。另一方面,各级人民代表大会及其常务委员会有权就预算、决算中的重大事项或者特定问题组织调查,有关的政府部门、单位和个人应如实反映情况。各级人民代表大会及其常务委员会举行会议时,人大代表有权依法定程序就预算、决算中的有关问题提出询问或者质询,受询问或者质询的有关部门必须及时给予答复。

根据法律规定,国务院和县级以上地方各级政府应当在每年6—9月向本级人民代表大会常务委员会报告预算执行情况。

二、上级政府对下级政府的监督

上级政府可以对下级政府的预算执行进行监督,监督下级政府是否按照设定的预算执行,下级政府应当按照规定定期向上一级政府报告预算的执行情况,便于上一级政府对于下一级政府的监督。

三、各级政府财政部门的监督

各级政府财政部门负责监督检查本级各部门及其所属各单位预算的编制、执行,并向本级政府和上一级政府财政部门报告预算执行情况。

四、各级政府审计部门的监督

审计部门对预算的监督是宪法和法律赋予的职责。审计部门依法独立行使审计监督权,不受其他行政机关、社会团体、个人的干涉。审计部门对预算收支的真实、合法和效益进行审计,对违法的财政收支、财务收支行为,有权予以制止。

五、各级政府部门对内的监督

政府各部门负责监督检查所属各单位的预算执行,及时向本级政府财政部门反映本部门预算执行情况,依法纠正违反预算的行为。

六、公众的监督

公民、法人或者其他组织发现有违反《预算法》的行为,可以依法向有关国家机关进行检举、控告。

接受检举、控告的国家机关应当依法进行处理,并为检举人、控告人保密。任何单位或者个人不得压制和打击报复检举人、控告人。

第六节 违反《预算法》的法律责任

违反《预算法》的法律责任,又称预算法律责任,是指《预算法》主体违反《预算法》规定的义务所应承担的法律后果。

一、预算法律责任的构成

不同的法律责任构成要件有差别,一般情况下,行政责任的构成要件包括:

(1)预算主体行为的违法性,表现为预算主体的不作为行为或违反禁止性规定的行为。

(2)行为主体主观上有过错,行为主体在从事违法行为时主观上有故意或过失心态。

(3)有因果关系存在。由主体实施的违法行为直接导致损害后果的产生,在预算法上表现为出现财政赤字、国家债务增加、预算资金流失和使用不当等。

如果行为人的行为触犯《刑法》,构成《刑法》上的罪责,需要承担刑事责任。犯罪的构成要件一般包括主体、客体、主观方面和客观方面。

二、预算法对预算法律责任的规定

根据《预算法》第十章的规定,违反《预算法》需要承担行政责任和刑事责任。

(一)行政责任

行政责任即《预算法》规定的各级各类预算单位及其工作人员违反了《预算法》的相关规定且尚未构成犯罪的而需要承担的法律责任。

各级各类预算单位有违反《预算法》规定的行为,有权机关对预算单位作出责令改正的行政决定,对负有直接责任的主管人员和其他直接责任人员可以根据《公务员法》《行政机关公务员处分条例》作出行政处分决定。

(二)刑事责任

根据《预算法》第96条的规定,如果行为人的行为违反《预算法》的规定,构成犯罪的,依法追究刑事责任。预算单位的工作人员违反法律规定,大多数构成职务犯罪,如贪污受贿、滥用职权、玩忽职守等。

参 考 文 献

1. 《经济法学》编写组:《经济法学》,高等教育出版社,2016年。
2. 王宏、高玉琢:《预算法治及其廉政功能》,北京大学出版社,2015年。
3. 姚彤:《新〈预算法〉解读》,东南大学出版社,2015年。
4. 朱大旗:《中华人民共和国预算法释义》,中国法制出版社,2015年。
5. 贺绍奇:《〈预算法〉修改研究》,中国财富出版社,2014年。

第十八章 税收法律制度

[本章概要]

本章从税收的概念和特征入手,阐述了税法的概念和构成要素;介绍了我国税收的分类和主要税种,重点阐述了增值税、消费税、营业税、企业所得税和个人所得税;在此基础上,围绕税务管理、税款征收和税务检查等内容阐述了税收征管的基本法律制度;最后对税收责任制度作了全面的归纳和总结,以便使学生对税收和税收征管的理论和实践有较全面的了解。

第一节 税法概述

一、税收的概念和特征

税收是人们享受国家提供的公共产品或公共服务而支付的价格费用。国家提供公共产品或公共服务,由社会成员私人消费和享受,国家由此而支付的费用必须有社会成员通过纳税来补偿。私人为了得到公共产品或公共服务而支付的费用的现象,正是市场经济等价交换行为在公共财政活动中的反映。税收是国家对国民经济进行宏观调控的重要手段。

税收的上述概念表明,税收所体现的是一种特殊的分配关系;税收的取得凭借的是政治权力;税收的征收主体是国家;征收目的是满足公共需要,实现公共职能;税收的实现必须依法进行,具有强制性。

税收活动不仅是国家参与社会产品分配和再分配的重要手段,而且更是对整体经济运行进行调控的重要工具,是国家财政的主要来源。没有税收,国家机器就不能有效运转,公共物品就无法有效供给,公共需求也就无法满足,国家的职能也就无法实现,国家也将难以存续。因此,税收是国家存在发展的物质基础。

税收是国家财政收入的主要形式,具有区别于其他收入形式的特征。对税收的特征,一般概括为强制性、无偿性、固定性。这种概括在相当程度上反映了税收的特征,在此基础上,税收还应当有以下四个方面的特征:

(1) 税收征收、管理上的国家主体性。在税收关系中,国家始终是主体之一,行使专属的征税权；

（2）税收目的的公共性。税收是提供公共物品的主要资金来源，是满足公共欲望的物质保障，是国家实现职能的物质基础；

（3）权力依据性。税收的实现和获得，直接凭借的是国家权力。国家权力是税收实现和获得的依据，具有强制性；

（4）单方意志性。在税收的征纳过程中，国家意志始终处于主导地位，而无须考虑纳税主体的意识表示。

税收的上述特征，是在税收概念即"三性"特征基础上的进一步深化。两方面的结合可以更加全面地揭示税收的本质属性，这对理解税收和税法的规定有基础性作用。

二、税法的概念及其构成要素

税法是调整国家与纳税人之间在征收和缴纳税款关系的法律规范的总称，是国家向一切纳税义务人征收税款的法律依据。我国目前税收法律制度的基本指导思想是"统一税法，公平税负，简化税制，合理分配，理顺分配关系，保障财政收入"。

税法作为经济法中国家宏观调控法的组成部分，其规范的社会关系是税收征纳关系，即税收征收机关代表国家行使征税权时与一切负有纳税义务的单位和个人因征税、纳税而发生的社会关系。具体包含以下三类关系：（1）税收管理关系；（2）税收征纳实体关系；（3）税收征纳程序关系。

税法构成要素是指构成税收制度的基本要素，是税法的具体表现，税法构成要素一般包括征税主体与纳税主体、征税客体（又称征税对象）、税目、计税依据、税率、纳税环节、纳税期限和纳税地点、减免税与加征、违法处理。

（一）征税主体与纳税主体

征税主体，是指代表国家行使征税权的税务机关，地方财政局和海关。

纳税主体又称纳税人，是指税法规定的直接负有纳税义务的社会组织和个人。每一种税都有它的纳税人。为防止税收流失，税收还实行税源扣缴，规定有扣缴义务人，即税法规定负有代扣代缴税款义务的社会组织和个人。

纳税义务人与税款的实际负担人有时是一致的，纳税义务人就是税款的实际负担人；有时是不一致的，如某些情况下纳税义务人是生产和销售产品的企业，而实际赋税人是商品的最终消费者，这种税负转移现象通常成为税负转嫁。

（二）征税对象

征税对象是指对什么东西征税。它是区分不同税种的主要标志，每种税都有明确的征税对象。例如，流转税的征税对象是流转额，所得税的征税对象是所得额。

（三）税目

税目是税法中规定征税对象的具体项目，反映具体的征税范围，代表征税的广度。有些税的征税对象简单、明确,例如土地增值税、固定资产投资方向调节税等。当然,没有另行规定税目的必要。但是,大多数税种的一般征税对象都比较复杂,在征税时对这些税的征税对象需要作进一步的划分,并作出具体的界限规定,这个规定的界限范围,就是税目。税目的作用在于明确征税对象的范围,制定高低不同的税率,体现国家的鼓励或限制政策。

(四)计税依据

计税依据是计算应纳税额的依据。不同的税种,其计税依据不同,如营业税的计税依据为营业额。计税依据还有计税金额与计税数量之分,即采用从价计征和从量计征方法计税。如原油的资源税是按原油的产量以吨定额计税,即从量计征。

(五)税率

税率是应征税额与征税对象之间的比例,是计算应征税额的标准,是税收制度的中心环节。税率的高低,体现着征税的深度,反映着国家在一定时期内的税收政策和经济政策,直接关系到国家的财政收入和纳税人的税收负担。我国现行税率分为三种。

1. 比例税率

这种税率不分征收对象的数额大小,都按同一种比例征税,计算简便,税负相同,它一般适用于对流转额的征税,如营业税、增值税等都是按比例税率征收。

2. 累进税率

这种税率是按照征税对象数额的大小,规定不同等级的税率,征收对象数额越大,税率越高,体现量能负担原则,多的多征,少的少征,如个人所得税。我国《税法》现采用了两种累进税率,即超额累进税率和超率累进税率。前者是依据征税对象数额的不同等级部分,按规定的每个等级的适用税率计征,一般采用"速算扣除数"方法计算应纳税额;后者是对纳税人的全部利润,按不同的销售利润划分若干等级,分别适用不同税率,如土地增值税。

3. 定额税率

这种税率又称固定税率,按征税对象直接规定税额,而不采用百分比的形式。这是税率的一种特殊形式,它一般适用于从量定额征收的税种,如车船使用税、城镇土地使用税等。

(六)纳税环节

纳税环节,是指在商品流转过程中按照《税法》规定应当缴纳税款的环节。它确定一种税在哪个或哪几个环节征收,如生产环节、批发环节、零售环节等。

(七)纳税期限和纳税地点

纳税期限是指纳税人依税法规定缴纳税款的期限。各种税收都明确规定缴纳税款的期限,这是由税收的及时性所决定的。《税法》规定按日、月、季度或纳税年度纳税,有的按次纳税,即按从事应税行为的次数纳税。

纳税地点是征税的地方，一般以纳税人所在地、征税对象所在地和应税行为发生地所在的税务机关为纳税地点。

（八）减免税与加征

减税、免税是对某些纳税人和征税对象给予鼓励或照顾的一种特殊规定。减税是对应纳税额少征一部分税款；免税是对应纳税额全部免征。除《税法》列举的免征项目外，一般减税、免税都属于定期减免性质，规定有具体的减免期限，到期就应当恢复征收。与减免税有关的还有起征点和免征额。起征点是征税对象达到征税数额开始征税的界限。征税对象的数额未达到起征点的不征税。免征额是在征税对象总额中免于征税的金额。它是按照一定标准从征税对象总额中预先减除的数额。免征额部分不征税，只对超过免征额的部分征税。

加征是指按规定税率计算出税款后，再加征一定成数。

（九）违法处理

违法处理，指对纳税人违反《税法》的行为所采取的处罚措施。

《税法》的构成要素十分重要，它涉及《税法》的完善和税制的合理，充分体现着国家的经济政策，通过规定合理完善的税法构成，才能充分发挥税收杠杆的作用。

第二节　我国税收的分类和主要税种

一、我国税收的分类

我国税收种类繁多，按不同的标准，可进行以下分类：

（1）按征税对象不同，可分为流转税、收益税、资源税、行为税和财产税等。

（2）按税收形态不同，可分为劳役税、实物税、货币税三类。

（3）按税收管辖权限划分，可分为中央税（也交国家税）、地方税、中央与地方共享税三类。

（4）按税负方式不同，可分为直接税和间接税两类。直接税是指由纳税人直接负担的各种税，由于这种税不能转嫁负担，纳税人就是负税人，所以称作直接税。如个人所得税、遗产税、赠予税、社会保障税等。间接税是指纳税人能够将税收转嫁给他人负担的各种税，这种税的纳税人与税款的实际负担人不一样，纳税人不是负税人，税务负担发生了转嫁，因而称为间接税，如对商品流通开征的增值税、消费税、营业税、关税等。

二、我国现行主要税种简介

（一）增值税

增值税是以商品生产流通和劳务服务在各个流转环节的增值额为征收对象的一

种税,具有以下特征:征税对象是法定的增值额;税负公平;通通征税;税不重征。

根据1993年12月13日国务院发布的《中华人民共和国增值税暂行条例》的规定,增值税的基本内容有以下四个方面。

1. 增值税的纳税人

增值税的纳税人为销售货物或者提供加工、修理、修配劳务的单位和个人以及报关进口货物入境的单位和个人,包括所有应税行为的企业、单位和个人。分一般纳税人和小规模纳税人。

2. 增值税的征收范围

增值税征收范围为在我国境内销售货物或提供加工、修理修配劳务以及进口货物。

3. 增值税的税率

(1) 一般货物、应税劳务的税率均为基本税率17%;

(2) 粮食、食用油,公用事业的水、气、煤,书报、杂志,农药、农机、化肥、饲料等适用低税率13%;

(3) 报关出口货物的税率为零;

(4) 小规模纳税人销售货物或应税劳务的征收率为6%。

4. 增值税的减免税规定

增值税的减免由国务院规定,任何地区、部门均不得规定减免项目。免征增值税的项目:农业生产者销售的自产农业产品;直接用于科学研究、科学试验和教学的进口仪器、设备来料加工、来料装配和补偿贸易所需进口的设备;避孕药品和用具;古旧图书;外国政府、国际组织无偿援助的进口物资和设备;由残疾人直接进口供残疾人专用的物品;销售已使用过的物品;供残疾人专用的假肢、轮椅、矫形器等。

(二) 营业税

营业税是对我国境内提供营业税条例规定的劳务、转让无形资产或销售不动产的营业收入征收的一种税。营业税具有征收范围广,税目税率按行业设置,以及税负低而均衡的特点。根据1993年12月13日国务院颁布的《中华人民共和国营业税暂行条例》的规定,营业税的基本内容如下。

1. 纳税人

凡在我国境内提供应税劳务转让无形资产或者销售不动产的单位和个人均为营业税的纳税义务人。

2. 营业税的征收范围

营业税征收范围可以概括为提供劳务、转让无形资产和销售不动产的经营行为,具体包括交通运输业、建筑业、金融保险业、邮电通信业、文化体育业、娱乐业、服务业、转让无形资产、销售不动产共9个税目。

3. 营业税的税率

营业税税率实行比例税率。金融保险业、服务业、转让无形资产、销售不动产4个税目的税率为5%；交通运输业、建筑业、邮电通信业、文化体育业4个税目的税率为3%；娱乐业的税率为5%—20%，具体由各省、自治区、直辖市人民政府在规定的幅度内确定。

4. 减免税规定

营业税的减免由国务院规定。以下项目免征营业税：托儿所、幼儿园、养老院、残疾人福利机构提供的育养服务、婚姻介绍、殡葬服务；残疾人个人提供的劳务；医院、诊所和其他医疗机构提供的医疗服务学校和其他教育机构提供的教育劳务，学生勤工俭学提供的劳务；等等。

（三）消费税

消费税是以特定的消费品或消费行为的流转额为征税对象的一种税。消费税具有以下特征：征税范围具有选择性；税负具有转嫁性；征收环节多具单一性。

根据1993年12月13日国务院发布的《中华人民共和国消费税暂行条例》的规定，消费税的基本内容如下。

1. 纳税人

凡在我国境内生产、委托加工和进口应税消费品的单位和个人为消费税纳税人。

2. 征税范围

消费税应税产品采取列举法列举，共分5类：（1）对人类健康、社会秩序、生态环境等方面有害的特殊消费品，如烟、酒、鞭炮等；（2）奢侈品和非生活必需品，如贵重首饰、化妆品；（3）高能耗及高档消费品，如小汽车；（4）不能再生和不可替代的石油类消费品；（5）具有财政意义的消费品，如汽车轮胎。

3. 税率

消费税采取比例税率和定额税率。比例税率从3%—45%不等，定额税率如黄酒每吨240元。

4. 免税规定

对纳税人出口消费品的，免征消费税。

经国务院批准，财政部、国家税务总局联合自2006年4月1日起，对我国现行消费税的税目、税率及相关政策进行了调整，主要突出了两个重点：一是突出了促进环境保护和节约资源的重点；二是突出了合理引导消费和间接调节收入分配的重点。这一制度性调整对于进一步增强消费税调节功能，促进环境保护和资源节约，更好地引导有关产品的生产和消费具有重要意义。

调整的主要内容如下。

（1）新增高尔夫球及球具、高档手表、游艇、木制一次性筷子、实木地板等税目。增列成品油税目，原汽油、柴油税目作为该税目的两个子目，同时新增石脑油、溶剂油、润滑油、燃料油、航空煤油5个子目。

（2）取消"护肤护发品"税目。

（3）调整部分税目税率。现行11个税目中，涉及税率调整的有白酒、小汽车、摩托车、汽车轮胎等税目。

（四）企业所得税

企业所得税是对我国境内的企业，除外商投资企业和外国企业外，对其生产经营所得和其他所得而征收的一种税。根据1993年12月13日国务院颁布的《中华人民共和国企业所得税暂行条例》的规定，基本内容如下。

1. 企业所得税的纳税人

企业所得税的纳税人指实行独立经济核算的企业，包括国有企业、集体企业、私营企业、联营企业、股份制企业、有生产、经营所得和其他所得的其他组织。

2. 企业所得税的征收范围和税率

企业所得税的征收范围包括从事工业、交通运输、建筑安装等的所有内资企业。

企业所得税的税率采用比例税率，税率为33%。

3. 企业所得税的计税依据

企业所得税的计税依据为应纳税所得额。纳税人每一纳税年度的收入总额减去国家准予扣除项目后的余额为应纳税所得额。应纳税所得额的计算，依照国家税收法规执行。

纳税人在计算应纳税所得额时，准予扣除的项目是指与取得收入有关的各项成本、费用和损失。

（五）外商投资企业和外国企业所得税

根据1991年4月9日第七届全国人民代表大会第四次会议通过的《中华人民共和国外商投资企业和外国企业所得税法》的规定，基本内容如下。

1. 纳税人

纳税人是指在中国境内设立的中外合资经营企业、中外合作经营企业和外商独资企业以及在中国境内设立机构、场所，从事生产经营或虽未设立机构场所但有来源于中国境内所得的外国组织。

2. 征税范围

征税范围指来源于境内外的生产、经营所得和其他所得（未在境内设立机构的外国企业不包括境外所得）。

3. 税率

税率为30%，地方所得税税率为应纳税的所得额的3%。

4. 减免税规定

(1) 外国投资者从外商投资企业取得的利润,免征所得税;(2) 国际金融组织贷款给我国政府的利息所得,免征所得税。

(六) 个人所得税

个人所得税是对我国境内的中国公民、外籍人员和个体工商户的个人所得而征收的一种税。《中华人民共和国个人所得税法》于1980年9月10日由第五届全国人民代表大会第三次会议通过,历经1993年10月、1999年8月、2005年10月三次修订,修改后的个人所得税法自2006年1月1日起施行。《中华人民共和国个人所得税法》的规定,基本内容如下。

1. 个人所得税的纳税人

个人所得税的纳税人有两类:一类是在境内有住所或无住所但居住境内满1年的个人,有来自境内外的所得的;另一类是在境内无住所又不居住或居住不满1年的个人,有来自境内所得的。

2. 个人所得税的征税对象

(1) 工资、薪金所得;

(2) 个体工商户的生产、经营所得;

(3) 对企事业单位承包经营、承租经营所得;

(4) 劳务报酬所得;

(5) 稿酬所得;

(6) 特许权使用费所得;

(7) 利息、股息、红利所得;

(8) 财产租赁所得;

(9) 财产转让所得;

(10) 偶然所得;

(11) 经国务院财政部门确定征税的其他所得。

3. 个人所得税的税率

(1) 工资、薪金所得,适用超额累进税率,税率为5%—45%。

(2) 个体工商户的生产、经营所得和对企事业单位的承包经营、承租经营所得,适用5%—35%的超额累进税率。

(3) 稿酬所得,适用20%比例税率,并按应纳税额减征30%。

(4) 劳务报酬所得,适用20%比例税率,一次收入畸高的,可实行加成征收。

(5) 特许权使用费所得,利息、股息、红利所得,财产租赁、财产转让所得,偶然所得和其他所得,适用20%比例税率。

自2006年1月1日起施行的新的《个人所得税法》,较之既有规定,主要修改之处为：(1)工资、薪金所得，以每月收入额减除费用1 600元后的余额，为应纳税所得额；(2)个人所得税，以所得人为纳税义务人，以支付所得的单位或者个人为扣缴义务人。个人所得超过国务院规定数额的，在两处以上取得工资、薪金所得或者没有扣缴义务人的，以及具有国务院规定的其他情形的，纳税义务人应当按照国家规定办理纳税申报。扣缴义务人应当按照国家规定办理全员全额扣缴申报。

第三节 税收征收管理

征收管理是指国家税务机关依据税法规定，指导纳税人正确履行纳税义务，并对征税、纳税过程进行组织、管理、监督、检查等一系列工作的总称，是国家税务机关代表国家贯彻执行税收法律和政策，组织国家税收收入的一种行政管理活动。

税收征收管理法是我国税收管理的主要法规，它是规范税收征纳过程中发生的税收关系的法律规范的总称。通过对征税与纳税活动的规范，明确税务机关与纳税人的权利与义务，以建立和维护正常的税收管理秩序。税收征收管理法在税法体系中属于程序法，它与确定税种、税率以及征税对象的税收是提法相辅相成，是税法体系中不可分割的组成部分。1992年9月4日，第七届全国人民代表大会常务委员会第二十七次会议审议通过了《中华人民共和国税收征收管理法》，1995年2月28日第八届全国人民代表大会常务委员会第十二次会议对该法作了个别修订，2001年4月28日第九届全国人民代表大会常务委员会第二十一次会议通过了《关于修改〈中华人民共和国税收征收管理法〉的决定》，对《税收征管法》作了较多的修改。根据2015年4月24日第十二届全国人民代表大会常务委员会第十四次会议《关于修改〈中华人民共和国港口法〉等七部法律的决定》第三次修正。经过修改的《税收征收管理法》，制度更加规范，更具可操作性。

一、税收征收管理机关

（一）税收主管机关

财政部和国家税务总局为税务主管部门，在各自权限内，主管全国税收管理工作。

（二）税务机关

税务机关指国家税务局和地方税务局。

（三）地方财政局

地方财政局主要负责农、牧业税，耕地占用税，契税的征收和管理。

（四）海关

海关主要负责关税的征收和管理。

二、税务管理

税务管理是税收征收管理的主要内容,也称税收基础管理,它是指税务机关在税收征收管理中对具体征纳过程实施的组织、指挥,及其形成的相关管理制度。它是税款征收和缴纳的前提,它对于搞好税款征收和税务检查具有重要意义。税务管理主要有以下三项内容。

(一)税务登记

税务登记是指纳税人在开业、歇业前以及经营期间发生较大变动时,或根据有关规定的特殊要求,向当地税务机关办理法定书面登记的一项制度。所有从事生产、经营的单位和个人,自领取营业执照之日起 30 日向地方税务机关办理税务登记。纳税人税务登记内容发生变化的,也应于 30 日内申报办理变更登记或重新登记或注销登记手续。

(二)账簿、票证管理

从事生产、经营的纳税人、扣缴义务人必须建立合法健全的会计账簿,个体工商户确实不能设置账簿的,经税务机关批准,可以不设账簿,但是应当完整保存有关票证、缴款书和完税凭证。

根据 1993 年 12 月 23 日财政部发布施行的《中华人民共和国发票管理办法》规定,发票是指在购销商品、提供或者接受服务以及从事其他经营活动中,开具、收取的收付款凭证。现行发票分两大类,一类是专用发票,这是大量的、普遍使用的发票,如增值税发票;另一类是特种发票,这是特殊行业使用的专门发票,如银行销售金银饰品使用的特殊发票。鉴于增值税发票的特殊性,又将发票分为普通发票和增值税专用发票。对发票的管理主要有以下五点:(1)发票的印制;(2)发票的领购;(3)发票的开具和保管;(4)发票的检查;(5)对违反发票管理法规行为的处罚。

为加强税务机关代开增值税专用发票的管理工作,2004 年 12 月 22 日国家税务总局发布施行《税务机关代开增值税专用发票管理办法(试行)》,该办法规定:代开专用发票是指主管税务机关为所辖范围内的增值税纳税人代开专用发票,其他单位和个人不得代开。增值税纳税人发生增值税应税行为、需要开具专用发票时,可向其主管税务机关申请代开。主管税务机关应设立代开专用发票岗位和税款征收岗位,并分别确定专人负责代开专用发票和税款征收工作。该办法自 2005 年 1 月 1 日起实施。

(三)纳税申报

纳税申报是纳税人为正确履行纳税义务,就纳税事项向税务机关提出书面申报,供税务机关审核征税的一项法定手续。它是税务机关办理征收业务,核算应征税额,填写纳税凭证的主要依据。

三、税款征收

税款征收是税务机关将纳税人依照税法应向国家缴纳的税款及时足额的收缴国库的一系列管理活动的总称。

(一) 税款征收方式

税款征收方式是指税收机关对纳税人应纳的税款,从稽核计算到缴库所实行的具体方式。一般来说,有查账征收、查定征收、定期定额征收、代扣代缴和代征代缴等征收方式。

(二) 延期纳税

纳税人因有特殊困难,不能按期交纳税款的,经县以上税务局(分局)批准,可以延期缴纳税款,但最长不能超过3个月。经税务机关批准延期缴纳税款的,在批准的期限内不加收滞纳金。

(三) 滞纳金

纳税人未按照前款规定期限缴纳税款的,扣缴义务人未按照前款规定期限解缴税款的,税务机关除责令期限缴纳外,从滞纳税款之日起,按日加收滞纳税款万分之五的滞纳金。

(四) 税收保全措施

税务机关有根据认为从事生产、经营的纳税人有逃避纳税义务行为的,可以在规定的纳税期之前,责令限期缴纳应纳税款;在限期内发现纳税人有明显的转移、隐匿其应纳税的商品、货物以及其他财产或者应纳税的收入的迹象的,税务机关可以责成纳税人提供纳税担保。如果纳税人不能提供纳税担保,经县以上税务局(分局)局长批准,税务机关可以采取下列税收保全措施:

(1) 书面通知纳税人开户银行或者其他金融机构冻结纳税人的金额相当于应纳税款的存款;

(2) 扣押、查封纳税人的价值相当于应纳税款的商品、货物或者其他财产。

纳税人在前款规定的限期内缴纳税款的,税务机关必须立即解除税收保全措施;限期期满仍未缴纳税款的,经县以上税务局(分局)局长批准,税务机关可以书面通知纳税人开户银行或者其他金融机构从其冻结的存款中扣缴税款,或者依法拍卖或者变卖所扣押、查封的商品、货物或者其他财产,以拍卖或者变卖所得抵缴税款。

个人及其所扶养家属维持生活必需的住房和用品,不在税收保全措施的范围之内。

(五) 强制执行措施

对逾期仍未履行纳税义务的,税务机关可依法采取强制执行措施。对欲出境纳税人,未结清税款,又不提供担保的,税务机关可以通知出境管理机关阻止出境。

强制执行措施:(1)书面通知纳税人、扣缴义务人或纳税担保人的开户银行或其他金融机构从其存款中扣缴税款;(2)扣押、查封、拍卖纳税人、扣缴义务人或纳税担保人的价值相当于应纳税款的商品货物或其他财产,以拍卖所得抵缴税款。

四、税务纠纷与违反税法的法律责任

(一)税务纠纷及其处理程序

税务纠纷指税务机关与纳税义务人之间在价格核定、税率适用、成本计算、费用提摊、财务处理以及税收减免等方面发生不同意见而引起的争议。税务纠纷因税务机关的行政行为引起的,因而通过行政程序来解决纠纷,以平息矛盾,维护征收管理制度的严肃性。在处理税务纠纷时,应遵守先行缴纳税款,再申请行政复议的原则,以免税款流失。

处理税务纠纷必须先申请复议,然后再提请行政诉讼。具体程序分为:首先,由纳税人缴纳税款及滞纳金,在收到税务机关填发的缴款凭证之日起60日内向上级税务机关申请复议;其次,上一级税务机关自接到复议申请之日起60日内作出复议决定;再次,纳税人对复议决定不服可在接到复议决定之日起15日内向人民法院起诉。

当事人对税务机关的处罚决定、强制执行措施或者税收保全措施不服,可在接到处罚通知之日起或者税务机关采取强制执行措施、税收保全措施之日起15日内向作出处罚决定或者采取强制执行措施、税收保全措施的机关的上一级机关申请复议;对复议决定不服可在接到复议决定之日起15日内向人民法院起诉。复议和诉讼期间强制执行和税收保全措施不停止执行。

当事人对税务机关的处罚决定逾期不申请复议也不向人民法院起诉又不履行的,作出处罚决定的税务机关可以申请人民法院强制执行。

(二)违反税法的行为及其法律责任

违反税法的行为是指当事人由于主观上的故意,违反了国家税法的规定,损害了国家利益和企业、个人合法权益,破坏了税收征收管理秩序的行为。这种行为客观上具有违法性、损害性、破坏性三个特征,主观上有明显的故意,其结果是造成税款流失和征收管理的破坏。

《中华人民共和国税收征收管理法》对违反税法规定应承担的法律责任主要规定如下:

(1)纳税人有下列行为之一的,由税务机关责令限期改正,可以处2 000元以下的罚款;情节严重的,处2 000元以上1万元以下的罚款:

① 未按照规定的期限申报办理税务登记、变更或者注销登记的;

② 未按照规定设置、保管账簿或者保管记账凭证和有关资料的;

③ 未按照规定将财务制度、会计制度或者财务会计处理办法和会计核算软件报

送税务机关备查的；

④未按照规定将其全部银行账号向税务机关报告的；

⑤未按照规定安装、使用税控装置，或者损毁或者擅自改动税控装置的。

纳税人不办理税务登记的，由税务机关责令限期改正；逾期不改正的，经税务机关提请，由工商行政管理机关吊销其营业执照。

纳税人未按照规定使用税务登记证件，或者转借、涂改、损毁、买卖、伪造税务登记证件的，处2000元以上1万元以下的罚款；情节严重的，处1万元以上5万元以下的罚款。

（2）扣缴义务人未按照规定设置、保管代扣代缴、代收代缴税款账簿或者保管代扣代缴、代收代缴税款记账凭证及有关资料的，由税务机关责令限期改正，可以处2000元以下的罚款；情节严重的，处2000元以上5000元以下的罚款。

（3）纳税人未按照规定的期限办理纳税申报和报送纳税资料的，或者扣缴义务人未按照规定的期限向税务机关报送代扣代缴、代收代缴税款报告表和有关资料的，由税务机关责令限期改正，可以处2000元以下的罚款；情节严重的，可以处2000元以上1万元以下的罚款。

（4）纳税人伪造、变造、隐匿、擅自销毁账簿、记账凭证，或者在账簿上多列支出或者不列、少列收入，或者经税务机关通知申报而拒不申报或者进行虚假的纳税申报，不缴或者少缴应纳税款的，是偷税。对纳税人偷税的，由税务机关追缴其不缴或者少缴的税款、滞纳金，并处不缴或者少缴的税款50%以上5倍以下的罚款；构成犯罪的，依法追究刑事责任。

（5）扣缴义务人采取前款所列手段，不缴或者少缴已扣、已收税款，由税务机关追缴其不缴或者少缴的税款、滞纳金，并处不缴或者少缴的税款50%以上5倍以下的罚款；构成犯罪的，依法追究刑事责任。

（6）纳税人、扣缴义务人编造虚假计税依据的，由税务机关责令限期改正，并处5万元以下的罚款。

纳税人不进行纳税申报，不缴或者少缴应纳税款的，由税务机关追缴其不缴或者少缴的税款、滞纳金，并处不缴或者少缴的税款50%以上5倍以下的罚款。

纳税人欠缴应纳税款，采取转移或者隐匿财产的手段，妨碍税务机关追缴欠缴的税款的，由税务机关追缴欠缴的税款、滞纳金，并处欠缴税款50%以上5倍以下的罚款；构成犯罪的，依法追究刑事责任。

（7）以假报出口或者其他欺骗手段，骗取国家出口退税款的，由税务机关追缴其骗取的退税款，并处骗取税款1倍以上5倍以下的罚款；构成犯罪的，依法追究刑事责任。

对骗取国家出口退税款的，税务机关可以在规定期间内停止为其办理出口退税。

（8）以暴力、威胁方法拒不缴纳税款的，是抗税，除由税务机关追缴其拒缴的税款、滞纳金外，依法追究刑事责任。情节轻微，未构成犯罪的，由税务机关追缴其拒缴的税款、滞纳金，并处拒缴税款1倍以上5倍以下的罚款。

（9）纳税人、扣缴义务人在规定期限内不缴或者少缴应纳或者应解缴的税款，经税务机关责令限期缴纳，逾期仍未缴纳的，税务机关除依照《税收征收管理法》第40条的规定采取强制执行措施追缴其不缴或者少缴的税款外，可以处不缴或者少缴的税款50%以上5倍以下的罚款。

（10）扣缴义务人应扣未扣、应收而不收税款的，由税务机关向纳税人追缴税款，对扣缴义务人处应扣未扣、应收未收税款50%以上3倍以下的罚款。

（11）纳税人、扣缴义务人逃避、拒绝或者以其他方式阻挠税务机关检查的，由税务机关责令改正，可以处1万元以下的罚款；情节严重的，处1万元以上5万元以下的罚款。

（12）非法印制发票的，由税务机关销毁非法印制的发票，没收违法所得和作案工具，并处1万元以上5万元以下的罚款；构成犯罪的，依法追究刑事责任。

（13）从事生产、经营的纳税人、扣缴义务人有《税收征收管理法》规定的税收违法行为，拒不接受税务机关处理的，税务机关可以收缴其发票或者停止向其发售发票。

（14）纳税人、扣缴义务人的开户银行或者其他金融机构拒绝接受税务机关依法检查纳税人、扣缴义务人存款账户，或者拒绝执行税务机关作出的冻结存款或者扣缴税款的决定，或者在接到税务机关的书面通知后帮助纳税人、扣缴义务人转移存款，造成税款流失的，由税务机关处10万元以上50万元以下的罚款，对直接负责的主管人员和其他直接责任人员处1 000元以上1万元以下的罚款。

纳税人、扣缴义务人、纳税担保人同税务机关在纳税上发生争议时，必须先依照税务机关的纳税决定缴纳或者解缴税款及滞纳金或者提供相应的担保，然后可以依法申请行政复议；对行政复议决定不服的，可以依法向人民法院起诉。

当事人对税务机关的处罚决定、强制执行措施或者税收保全措施不服的，可以依法申请行政复议，也可以依法向人民法院起诉。

当事人对税务机关的处罚决定逾期不申请行政复议也不向人民法院起诉、又不履行的，作出处罚决定的税务机关可以采取强制执行措施，或者申请人民法院强制执行。

参 考 文 献

1. 国务院法制办公室:《中华人民共和国税法典·注释法典》(新三版),中国法制出版社,2016年。
2. 徐孟州、徐阳光:《税法》(第五版),中国人民大学出版社,2015年。
3. 王红云:《税法》(第二版),中国人民大学出版社,2013年。
4. 张守文:《税法原理》(第六版),北京大学出版社,2012年。
5. 蔡报纯、任高飞:《税法实务与案例》(第二版),东北财经大学出版社,2012年。

第十九章　银行法律制度

[本章概要]

本章介绍了银行和银行法产生的起源,银行、银行法的功能和作用;我国现行银行法律制度的主要内容以及我国银行法律的基本规范。

第一节　银行法概述

一、银行和银行法

银行是经营存款、贷款、汇兑、结算等业务,起信用和支付媒介作用的金融机构。银行是商品经济发展最早产生的金融组织,在现代金融体系中居中心地位。1694年,英国以股份制形式建立的英格兰银行被认为是现代银行的始创。英格兰银行的建立标志着新兴的资本主义银行制度的诞生。

现代银行在世界范围内的蓬勃兴起,信用工具的创造性和流通性极大地促进了资本主义商品经济的发展。但是,没有制度的约束又缺乏制衡的银行业,虽发展迅速却处于无序状态,实践要求设立一个银行统一管理信用货币——银行券的发行权等以有效地控制银行的经营风险,保护存款人的利益以及金融市场的机构或组织。于是,中央银行应运而生。我国自1995年公布《中国人民银行法》和《商业银行法》后,正式确立了中央银行领导下的商业银行和政策性银行并存的银行金融体制。

银行法指确立银行的地位和职责,调整其组织和活动所发生的社会关系的法律规范的总称。中国人民银行是在合并解放区的华北银行、西北农民银行和北海银行的基础上,于1948年12月1日在石家庄正式成立的。1995年3月18日,第八届全国人民代表大会第三次会议通过《中华人民共和国中国人民银行法》;同年5月10日,第八届全国人民代表大会常务委员会第十三次会议通过《中华人民共和国商业银行法》;2003年12月27日,第十届全国人民代表大会常委第六次会议通过《中华人民共和国银行业监督管理法》构成与市场经济体制相适应的我国银行法律制度的基本框架。

二、中央银行法

（一）中央银行和中央银行法

中央银行在一国金融体制中居于核心地位，依法制定和执行国家货币金融政策，实施金融调控与监管的特殊金融机关。现代社会，中央银行起到发行银行、银行的银行、政府的银行等重要职能。中国人民银行为我国的中央银行，中国人民银行为政府和金融机构办理银行业务与提供服务，发行货币，对政府办理国库业务，代理发行国库券业务。1995年3月18日第八届全国人民代表大会三次会议通过的《中华人民共和国中国人民银行法》，共51条，分为总则、组织机构、人民币、业务、金融监督管理、财务会计、法律责任和附则8章。2003年第十届全国人民代表大会常务委员会第六次会议对银行法进行了修改，它的颁布和修订，为完善我国中央银行制度，强化中央银行职能，奠定了坚实的法律基础。

（二）中央银行的职能和法律地位

《中华人民共和国中国人民银行法》第4条第1款明确规定了中国人民银行的各项职责，即依法制定和执行货币政策；发行人民币，管理人民币流通；按照规定审批、监督管理金融机构；按照规定监督管理金融市场；发布有关金融监督管理和业务的命令和规章；持有、管理、经营国家外汇储备、黄金储备；经理国库；维护支付、清算系统的正常运行；负责金融业的统计、调查、分析和预测；作为国家的中央银行，从事有关的国际金融活动；以及国务院规定的其他职责。因此，我国中央银行主要担负发行货币的银行、银行的银行、政府的银行、金融调控和金融监管的银行四大职能。

同时，在现代市场经济条件下，各国中央银行均具有国家机关的性质，并作为特殊的金融机构，对政府保持相对的独立性，形成其独特的法律地位。

（三）中央银行的金融监督管理

为了维护金融业的合法、稳健运行，依法对金融机构及其业务活动实施监督管理，是中央银行的基本任务之一。

中国人民银行是国务院的金融职能管理部门，是国家最高的金融监管机关，中国人民银行的金融监督管理，可通过下列方式和途径进行：第一，规章和命令的发布权，即中国人民银行有权发布有关金融监督管理和业务的规章和命令；第二，金融机构的设置及其业务范围的审批权。中国人民银行有权按照规定审批金融机构的设立、变更、终止及其业务范围；第三，信息获取权。中国人民银行有权要求金融机构按照规定报送资产负债表、损益表以及其他财务会计报表和资料；第四，稽核检查权。中国人民银行有权对金融机构的存款、贷款、结算、呆账等情况随时进行稽核和检查监督；第五，行政处罚权。对违法违规的金融机构，中国人民银行有权视情节轻重，给予撤销、停业整顿、罚款等行政处罚,并对有责任人员予以处分。

三、银行业监督管理法

银行监管是金融监督管理的重要组成部分,是银行监管当局依据法律、法规对银行活动进行直接限制和约束一系列行为的总称。2003年12月27日,我国第十届全国人民代表大会常委第六次会议通过的《中华人民共和国银行业监督管理法》,对银行业监督管理的对象、机构、职责、措施和法律责任作了规定,该法于第十届全国人民代表大会常务委员会第二十四次会议作了部分修改。

该法规定,银行业监管的目标是促进银行业的合法、稳健运行,维护公众对银行业的信心。国务院银行业监督管理机构负责对全国银行业金融机构及其业务活动监督管理工作。国家审计、监察等机关,应当依照法律规定对国务院银行业监督管理机构的活动进行监督。

四、商业银行法

(一)商业银行和商业银行法

商业银行是指依我国《商业银行法》和《公司法》设立的吸收公众存款、发放贷款、办理结算等业务的企业法人。商业银行法是规范商业银行的法人资格、业务范围、经营原则,银行的设立、变更和终止,清算和解散的条件、程序,银行业务的监督和管理以及银行的法律责任的法律规范。《中华人民共和国商业银行法》于1995年5月10日第八届全国人民代表大会常务委员会第十三次会议通过,共计9章91条,自1995年7月1日起施行。2003年12月27日第十届全国人民代表大会常务委员会第六次会议对该法进行了第一次修正,2015年8月29日第十二届全国人民代表大会常务委员会第十六次会议进行了第二次修正。

《商业银行法》适用于在我国境内设立的所有商业银行,包括国有商业银行、外资银行、中外合作银行、中外合资银行、外国银行分行和其他商业银行。

(二)商业银行的设立和组织机构

1. 商业银行的设立

设立商业银行,必须具备下列条件:(1)有符合《商业银行法》和《公司法》的章程;(2)有符合规定的注册资本最低限额;(3)有具备任职专业知识和业务工作经验的董事、高级管理人员;(4)有健全的组织机构和管理制度;(5)有符合要求的营业场所、安全防范设备和其他设施。

商业银行符合上述条件,在筹建就绪时,应向国务院银行业监督管理机构提出开业申请,并提交如下文件、资料:依照《中华人民共和国公司法》的规定拟订的章程草案;拟任职的董事、高级管理人员的资格证明;法定验资机构出具的验资证明;股东名册及其出资额、股份;持有注册资本5%以上的股东的资信证明和有关资料;经营方针和计划;营业场所、安全防范设备和其他设施的有关资料;国务院银行业监督管理机构规定其他文件、资料。经批准设立的商业银行,由国务院银行业监督管理机构颁发经营许可证,并凭该许可证向工商行政管理部门办理登记,领取营业执照。

设立商业银行的注册资本最低限额为10亿元人民币;城市合作商业银行的注册资本最低限额为1亿元;农村合作商业银行的注册资本最低限额为5 000万元。国务院银行业监督管理机构根据经济发展可以调整设立商业银行的注册资本最低限额。

2. 商业银行的组织结构

商业银行是经营货币和资金业务的金融企业,一般采用有限责任公司或股份有限公司的组织形式。有限责任公司形式的银行为我国大型专业(商业)银行的组织形式,如中国银行、中国工商银行、农业银行、建设银行等,依照我国《公司法》,它们属于有限责任公司中的国有独资公司;另外,我国的中外合资银行也采取有限责任公司的形式。

商业银行在国内设立分支机构,必须经中国人民银行审查批准。对设立的分支机构,商业银行应当按照规定向其拨付与其经营规模相适应的营运资金。其总和不得超过总行资本金额的60%。商业银行对其分支机构实行统一核算,统一调度资金,分级管理的财务制度。商业银行的分支机构不具有法人资格,在总行授权范围内依法开展业务,其民事责任由总行承担。

(三) 商业银行的业务

《商业银行法》规定,商业银行实行自主经营,自担风险,自负盈亏,自我约束。商业银行依法开展业务,不受任何单位和个人的干涉。自主经营是商业银行最具有特点的方针,主要是按照商业银行自己的意愿进行经营,不受任何单位和个人的干涉。商业银行必须依法开展业务。商业银行的"自担风险"和"自负盈亏"表明商业银行独自承担风险,以其全部法人财产承担民事责任。商业银行的自我约束主要指银行公会和银行内部的规章制度的约束。

《商业银行法》规定,商业银行可以经营下列部分或者全部业务:(1)吸收公众存款;(2)发放短期、中期和长期贷款;(3)办理国内外结算;(4)办理票据贴现;(5)发行金融债券;(6)代理发行、代理兑付、承销政府债券;(7)买卖政府债券;(8)从事同业拆借;(9)买卖、代理买卖外汇;(10)从事银行卡业务;(11)提供信用证服务及担保;(12)代理收付款项及代理保险业务;(13)提供保管箱服务;(14)经国务院银行业监督管理机构批准的其他业务。

经营范围由商业银行章程规定,报国务院银行业监督管理机构批准。商业银行经中国人民银行批准,可以经营结汇、售汇业务。

第二节 货币发行、现金管理法律制度

我国的法定货币是人民币。人民币由中国人民银行统一印制和发行。人民币的发行、流通管理,是我国人民银行的重要职责和业务,是人民银行"发行的银行"的重要标志。现金管理,则作为货币流通管理的一个重要方面,对中央银行货币政策的操作、对金融市场的稳定,有非常直接的作用。我国《中国人民银行法》《现金管理暂行条例》《人民币管理条例》等法律、法规,规定了货币发行、现金管理法律制度。

一、人民币的发行与保护

《中国人民银行法》第15条规定:"中华人民共和国的法定货币是人民币,以人民币支付中华人民共和国境内的一切公共的和私人的债务,任何单位和个人不得拒收。"

人民币作为我国的法定货币,一方面具有无限清偿能力,以人民币支付中国境内的一切公共的和私人的债务,任何单位和个人不得拒收;另一方面,又是我国唯一的合法货币,任何单位和个人不得印制、发售代币票券,以代替人民币在市场上流通。

(一)人民币发行

《中国人民银行法》规定,人民银行是我国唯一的货币发行机关。该法第15条明确规定:"人民币由中国人民银行统一印制、发行。中国人民银行发行新版人民币,应将发行的时间、面额、图案、式样、规格予以公告。"这在法律上确定了人民银行作为我国唯一货币发行机关的法律地位。

我国人民币的发行历来坚持以下三大发行原则:(1)集中统一发行原则。集中是指人民币的发行权集中于代表国家的中央政府——国务院。统一是指国家授权人民银行统一垄断货币发行;(2)计划发行原则,是指由人民银行总行提出货币发行计划,报国务院批准后组织实施;(3)经济发行原则,或称信用发行原则,是指根据国民经济发展情况,按照商品流通的实际需要而进行货币发行。

(二)人民币的法律保护

人民币的法律保护主要体现在两个方面:一是对残损人民币的兑换、收回和销毁作出规定,以维护人民币的信誉;二是对各种危害人民币的行为予以禁止和惩处。《中国人民银行法》规定:"残缺、污损的人民币,按照中国人民银行的规定兑换,并由中国人民银行负责收回;禁止伪造、变造人民币。禁止出售、购买伪造、变造的人民币。禁止运输、持有、使用伪造、变造的人民币;禁止故意毁损人民币;禁止在宣传品、出版物或者其他商品上非法使用人民币图样。"

二、现金管理

（一）现金管理概述

现金管理是指国家授权银行及其他金融机构依法对开户单位的现金收支及库存进行的监督和管理，是货币流通管理的重要内容之一。其意义在于通过监管，达到抑制通货膨胀、稳定物价、稳定人民币市场的目标。

1988年8月国务院颁布了《现金管理暂行条例》，同年9月，人民银行据此发布了《现金管理暂行条例实施细则》，对现金管理的对象、现金的使用、现金收支等作出了具体规定。为严格控制大额提现，防止金融犯罪，1997年4月9日，人民银行发布《大额现金支付登记备案规定》，建立了我国的大额现金交易报告制度。同年8月发布了《关于大额现金支付管理的通知》，10月又发布了新的《现金收支统计制度》，自1998年1月1日起施行，从而建立了我国较为完善的现金管理法律制度。

（二）现金管理的具体内容

开户单位之间的经济往来，应通过银行进行转账结算。《现金管理暂行条例》规定，开户单位只能在下列范围内使用现金：

（1）职工工资和各种工资性津贴；
（2）个人劳务报酬；
（3）根据国家规定颁发给个人的各种科学技术、文化艺术、体育等各种奖金；
（4）各种劳保、福利费用及国家规定的对个人的其他现金支出；
（5）收购单位向个人收购农副产品和其他物资支付的价款；
（6）出差人员必须随身携带的差旅费；
（7）结算起点以下的零星支出；
（8）中国人民银行确定需要现金支付的其他支出。

结算起点为1 000元。除上述第（5）项、第（6）项外，开户单位支付给个人的款项中，支付现金每人一次不得超过1 000元，超过限额部分，根据提款人的要求在指定的银行转为储蓄存款或以支票、银行本票支付；确需全额支付现金的，应经开户银行审查后予以全额支付。

三、工资基金管理

（一）工资基金管理的概念及其意义

工资基金管理是指银行根据国家的授权，依照统一批准的工资基金计划和有关规定，对各开户单位的工资支付进行管理和监督。工资基金是国家在一定时期内按照劳动工资计划支付给企、事业单位、社会团体和机关，用作支付职工劳动报酬的货币资金。1985年国务院正式发布了《工资基金暂行管理办法》,该办法共计21条,就工资基金管理的机构、对象、范围、依据、执行和处罚等内容作了规定。

(二) 工资基金管理的机构和对象

工资基金管理机构是各开户银行。管理对象是全民所有制企业、事业、机关、团体等单位。城镇集体所有制单位的工资基金管理办法,由省级人民政府依照国家规定,自行制定办法。

(三) 工资基金管理范围和计划的执行

凡发给职工个人的劳动报酬和按国家规定发放的津贴、补贴等,不论其资金来源如何,属于国家规定的工资总额组成范围的,都属于工资基金管理的范围。接受工资基金管理的单位,必须在银行开立工资基金专户。凡属工资总额组成支出,不论现金或转账,只能通过开户银行从工资基金专户中列支。

(四) 违反工资基金管理制度的法律责任

开户单位违反工资基金管理制度规定的,由当地人民政府或主管部门视情节轻重,给予主要负责人或当事人以行政处分,并责令限期退回违反规定多发的现金和实物。情节严重,构成犯罪的,由司法机关追究刑事责任。

第三节　存款与贷款法律制度

存款与贷款是银行的基本业务,存、贷款法律制度成为银行的基础性法律制度。吸收存款是银行等金融机构最主要、最基本的负债业务,是组织银行资金来源的业务,对银行资产等业务的开展具有基础性作用。我国相应的存款管理法主要是《储蓄管理条例》和《人民币单位存款管理办法》。发放贷款是商业银行等金融机构最主要的资产业务,是其获得收益的重要来源。我国关于贷款发放最全面、最系统的金融规章是人民银行发布的《贷款通则》,以下作简要介绍。

一、存款的概念和分类

(一) 存款的概念和存款法律关系

存款是商业银行等具有存款业务经营资格的金融机构(以下简称银行)接受客户存入资金,并在存款人支取存款时支付存款本息的一种信用业务。它是银行最主要、最基本的负债业务,在存款关系中,存款人是债权人,依法享有存款资金本息的请求权;银行是债务人,负有依法按期支付存款本金及利息的义务。

存款人和银行之间的存款关系是通过存款合同确定的。存款合同是实践合同,须由存款人将款项交付银行,经银行确认并出具存款凭证后才能成立。其形式为银行发给的存单(存折)、进账单、银行卡等。

（二）存款的分类

1. 按存款主体不同,可分为单位存款和个人存款

前者是指企业、事业、机关、部队和社会团体等单位的存款,这类存款具有强制性;后者是指城乡个人将自己所有或合法持有的货币资金为积蓄和收益的目的存入储蓄机构的存款。其特征是自愿性和有偿性。

2. 按存期的不同,可分为活期存款和定期存款

前者是指存款人可以随时提取的存款,最典型的是支票存款;后者是指银行和存款人对存款的期限和提取方式事先加以约定的存款。

3. 按存款币种的不同,分为人民币存款(本币存款)和外币存款。

二、储蓄存款法律制度

（一）储蓄存款的概念和原则

储蓄是指个人将属于其所有的人民币或外币存入储蓄机构,储蓄机构开具存折或者存单等作为凭证,个人凭以支取存款本息的活动。

根据《人民银行法》《商业银行法》和《储蓄管理条例》的规定,储蓄机构办理个人储蓄业务应遵循的原则是"存款自愿、取款自由、存款有息、为储户保密"原则。

（二）储蓄机构的设立及业务范围

1. 设立

储蓄机构是指经人民银行或其分支机构批准,具有储蓄业务经营资格的金融机构,包括各商业银行、信用合作社及邮政企业办理储蓄业务的机构。设立储蓄机构必须经人民银行批准,并领取《金融机构营业许可证》,储蓄机构不具有法人资格。

2. 业务范围

《储蓄管理条例》规定,储蓄机构可经营的人民币业务:（1）活期储蓄存款;（2）定期储蓄存款,含整存整取、零存整取、存本取息、整存零取四种;（3）定活两便储蓄存款;（4）华侨(人民币)定期储蓄存款;（5）其他存款,如大额可转让定期存单等。

（三）储蓄业务基本制度

1. 储蓄存款利率及计息制度

储蓄存款利率由人民银行拟定,经国务院批准后公布,或者由国务院授权人民银行制定、公布。储蓄机构必须挂牌公告储蓄存款利率,不得擅自变动。

2. 提前支取和挂失制度

未到期的定期储蓄存款,储户提前支取的,必须持存单和存款人的身份证明办理;代储户支取的,代支取人还必须持本人身份证明。储蓄机构在确认该笔存款未被支取的前提下,可受理挂失手续。受理挂失前该储蓄存款已被他人支取的,储蓄机构

不负赔偿责任。

3. 查询、冻结、扣划个人储蓄存款以及存款过户与支取制度

储蓄机构及其工作人员对储户的储蓄情况负有保密责任。储蓄机构不代任何单位和个人查询、冻结或者扣划个人储蓄存款,但法律另有规定的除外。

4. 储蓄业务禁止规定

(1)禁止公款私存。《商业银行法》和《储蓄管理条例》都明确规定:任何单位和个人不得将公款以个人名义开立储户存储。公款的范围包括:凡列在国家机关、企事业单位会计科目的任何款项;各保险机构、企事业单位吸收的保险金款项;属于财政性存款范围的款项;国家机关和企事业单位的库存现金等。

(2)禁止使用不正当手段吸收储蓄存款。"不正当手段"是指:以散发有价馈赠品为条件吸收储蓄存款;发放各种名目的揽储费;利用不确切的广告宣传;利用汇款、贷款或其他业务手段强迫储户存款;利用各种名目多付利息、奖品或其他费用。

5. 个人存款实名制

个人存款实名制是指个人在金融机构开立账户时出具实名证件,使用法定身份证件上的姓名;金融机构按规定审核,并登记身份证件上的姓名和号码,以保证个人存款账户的真实性,维护存款人合法权益的制度。

三、贷款主要法律制度

(一)贷款的概念和原则

贷款是银行等金融机构对借款人提供的并按约定的利率和期限还本付息的货币资金。贷款人和借款人之间形成借贷债权债务关系。贷款是银行的主要资产业务。

贷款应遵守效益性、安全性和流动性的原则。贷款要以取得良好的经济效益为目的,避免借贷风险,保证贷款资金安全,保持借贷资金合理的流动。

(二)贷款主体

贷款主体,即借款合同主体,是指借款人和贷款人。《贷款通则》规定了借贷双方的资格、条件及其权利义务。

1. 借款人的资格、条件

借款人是指从经营贷款业务的中资金融机构取得贷款的法人、其他经济组织、个体工商户和自然人。

2. 对借款人的限制

借款人不得在一个贷款人同一辖区内的两个或两个以上同级分支机构取得贷款;不得向贷款人提供虚假的或者隐瞒重要事实的资产负债表、损益表等;不得用贷款从事股本权益性投资,国家另有规定的除外;不得用贷款在有价证券、期货等方面从事投机经营。除依法取得经营房地产资格的借款人以外,不得用贷款经营房地产

业务;依法取得经营房地产资格的借款人,不得用贷款从事房地产投机;不得套取贷款用于借贷牟取非法收入;不得违反国家外汇管理规定使用外币贷款;不得采取欺诈手段骗取贷款。

3. 贷款人的资格、条件

贷款人是指在中国境内依法设立的经营贷款业务的中资金融机构,不包括国家政策性银行、外资金融机构(含外资、中外合资、外国金融机构的分支机构等)。

贷款人必须经人民银行批准,持有人民银行颁发的《金融机构法人许可证》或《金融机构营业许可证》,并经工商行政管理部门核准登记。

(三) 贷款期限和利率

贷款期限根据借款人的生产经营周期、还款能力和贷款人的资金供给能力由借贷双方协商确定,并在借款合同中载明。贷款人应按照人民银行规定的贷款利率的上下限,确定每笔贷款利率,并在借款合同中载明。

(四) 不良贷款的监管

贷款人应当建立和完善贷款的质量监管制度,对不良贷款进行分类、登记、考核和催收。《贷款通则》中规定的不良贷款包括:呆账贷款,指按财政部有关规定列为呆账的贷款;呆滞贷款,指按财政部有关规定,逾期(含展期后到期)超过规定年限以上仍未归还的贷款,或虽未逾期或逾期不满规定年限但生产经营已终止、项目已停建的贷款(不含呆账贷款);逾期贷款,指借款合同约定到期(含展期后到期)未归还的贷款(不含呆滞贷款和呆账贷款)。

四、违反信贷管理规定的法律责任

(一) 违反存款法律规定的责任

对擅自设置存款机构开办存款业务或开办存款新种类,擅自停业或缩短营业时间,以不正当手段吸收存款,泄露存款秘密,未经法定程序查询、冻结、扣划存款的,应责令其纠正,并视情节轻重处以罚款、停止整顿、吊销《经营金融业务许可证》,直到追究刑事责任。

金融机构工作人员利用职务之便,冒用储户名义偷支存款,以贪污行为论处。金融机构运用、转移财政性存款,或不按规定期限、比例交存存款准备金的。人民银行应扣回同额存款,并按贷款利息加收罚息,追究责任人员的行政责任。

(二) 违反贷款法律规定的责任

强令金融机构发放贷款,造成贷款损失的,应对直接责任人员追究经济和行政责任。

借款方使用贷款造成浪费或利用贷款进行违法活动的,除追回贷款本息外,对其责任人员应根据情节轻重,分别追究经济、行政或刑事责任。贷款方工作人员,因失职行为造成贷款损失浪费或利用贷款进行违法活动的,也应分别承担经济、行政、刑事责任。

(三) 违反利率管理法律规定的责任

对擅自提高存款和债券利率者,按其多支利息额处以同额罚款,并将非法吸收的存款以专户存入人民银行,直至该存款到期。对擅自降低或者提高贷款利率者,按其少收或多收利息额处以同额罚款,责令其将多收利息退还借款人。

对拒不接受人民银行处罚或拒不改正者,人民银行可从其账户中强制扣款,同时通报其上级机构,情节严重的可责令其停业,直至吊销《经营金融业务许可证》。

第四节 结算管理法律制度

一、结算的概念

结算又称清偿,是交易双方因商品交易、劳务供应、资金调拨等产生的债权债务通过某种方式进行清偿,是对债权债务的清结。直接使用现金进行货币收付的称现金结算,通过银行等金融机构进行的清偿叫非现金结算,又名支付结算。支付结算是银行的主要中间业务之一,对支付结算的管理是中央银行货币流通管理的重要方面。

二、支付结算管理制度

支付结算是指单位、个人在社会经济活动中使用票据、信用卡和汇兑、托收承付、委托收款等结算方式进行货币给付及资金清算的行为。其具有法律的效应,是一种法律行为。支付结算必须通过中国人民银行批准的金融机构进行。支付结算实行统一和分级管理相结合的管理体制。

三、非票据结算方式

非票据结算是除了票据之外的结算制度,主要指银行卡、汇兑、托收承付、委托收款等结算方式进行的货币给付和资金清算行为。

(一) 银行卡结算

根据《银行卡业务管理办法》,银行卡是由商业银行向社会发行的具有消费信用、转账结算、存取现金等全部或部分功能的信用支付工具。银行卡主要分为借记卡和信用卡。

(二) 汇兑结算

汇兑是汇款人委托银行将其款项支付给收款人的结算方式。汇兑分为信兑和电兑两种。汇出银行受理汇兑凭证,经审查无误后,应及时向汇入银行办理汇款,并向汇款人签发汇款回单。

（三）托收承付

托收承付是根据购销合同由收款人发货后委托银行向异地付款人收取款项、由付款人向银行承认付款的结算方式。办理托收承付结算的款项，必须是商品交易，以及因商品交易而生产的劳务供应的款项。托收承付结算必须有购销合同，并在合同上注明以托收承付。

（四）委托收款

委托收款是收款人委托银行向付款人收取款项的结算方式。单位和个人凭已承兑商业汇票、债券、存单等付款人债务证明办理款项的结算，均可以使用委托收款结算方式。

（五）信用证结算

信用证是银行应买方的请求，开给卖方的一种保证付款的支付凭证。一般是开证申请人（买方）先向其开户银行提出开证申请，由银行开出信用证交给受益人所在地（卖方地）银行，卖方地银行收到信用证后，通知卖方按信用证条款发货并准备好相应单据，卖方将全部单据连同信用证一并交给卖方地指定银行，该银行根据信用证条款逐项审核单据无误后，将货款扣除议付利息后交给卖方。卖方地指定银行再将全部单据寄交给开证银行，开证银行经审核无误后偿付货款，并通知买方付款赎单，买方拿已付款的银行单据到货运公司提取货物。信用证结算程序可概括为开证与通知、议付、付款、单据审核等。

（六）第三方支付

第三方支付是指具备实力和信誉保障的独立机构，采取与银行签约的方式，通过与银行支付结算系统接口对接而促成交易双方进行交易的一种互联网支付模式。在第三方支付模式中，买方选购商品或服务后，使用第三方平台提供的账户进行价款支付，并由第三方通知卖家价款到账、要求发货或提供服务；买方收到货物或接受服务且进行确认后，再通知第三方付款；第三方再将款项转至卖家账户。为了规范第三方支付平台，中国人民银行制定了《非金融机构支付服务管理办法》，自2010年9月1日起施行。为了保障第三方支付客户的权益，中国人民银行办公厅于2017年1月13日发布了《中国人民银行办公厅关于实施支付机构客户备付金集中存管有关事项的通知》，要求支付机构应将客户备付金按照一定比例交存至指定机构专用存款账户，以确保客户备付金不被滥用。

四、违反结算管理规定的法律责任

银行办理结算因工作差错发生延误，影响结算当事人和其他银行资金使用的，应按存贷款利率计付赔偿金，因违反结算制度，发生延压、挪用、截留结算资金，影响当事人和其他银行资金使用的,应按结算金额支付赔偿金;因错付被冒领的,应及时查处,对结算当事人的损失应予赔偿。因邮电部门传递银行结算凭证和电报差错等造成的延误,影响结算当事人和银行资金使用或造成资金损失的,邮电部门赔偿。

结算当事人签发空头支款凭证的,银行除退票外另按票面金额外给以罚款。对当事人其他违反结算制度的行为,分别给予警告、通报批评、加收罚息、停止使用某种结算方式或停办结算业务的处罚。对窃取结算凭证骗取财物、套取现金的、伪造有价结算凭证的,分别按《刑法》规定的诈骗、伪造票据犯罪的刑罚处罚。

第五节 外汇管理法律制度

一、外汇与外汇管理法

外汇是指下列以外币表示的可以用作国际清偿的支付手段和资产。外国货币,包括纸币、铸币;外币支付凭证,包括票据、银行存款凭证、邮政储蓄凭证等;外币有价证券,包括政府债券、公司债券、股票等;特别提款权、欧洲货币单位;其他外汇资产。

2008年8月5日国务院修订了发布的《中华人民共和国外汇管理条例》,是我国目前外汇管理的基本法律。该法规定了我国外汇管理的原则和制度。此外,《银行办理结售汇业务管理办法》《银行办理结售汇业务管理办法实施细则》《个人外汇管理办法》《银行外汇业务管理规定》《境内外汇账户管理规定》《境内机构外币现钞收付管理办法》等组成我国外汇管理的主要法律规范。

二、外汇管理和我国的外汇管制

外汇管理,又称"外汇管制",是指一国依法对所辖境内的外汇收支、买卖、借贷、转移以及国际间结算、外汇汇率和外汇市场所实施的行政限制性措施。作为对外经济贸易管理的重要组成部分,外汇管理的作用在于:(1)稳定本国货币的对外汇率;(2)防范外汇风险,保护国内市场,促进经济发展;(3)平衡本国国际收支。

目前,世界各国都实行外汇管理,但在管理的程度上有所不同,约可分为三种类型:一种是实行比较全面的外汇管理,即对经常项目和资本项目都实行管制,这类国家通常经济比较落后,外汇资金短缺,市场机制不发达,希望通过集中分配和使用外汇来达到促进经济的目的;第二种是实行部分外汇管制,即对经常项目的外汇交易不实行或基本不实行外汇管制,但对资本项目的外汇交易则进行一定的限制;第三种是基本不实行外汇管制,即对经常项目和资本项目的外汇交易不实行普遍和经常性的限制。

我国目前的外汇管理体制基本上属于部分外汇管制。表现为:(1)对经常项目实行可兑换,对资本项目实行比较严格的管制;(2)对金融机构的外汇业务实行监督管理;(3)禁止外币在境内计价流通;(4)对保税区和边境地区实行有区别的外汇管理。

三、我国外汇管制主要内容

外汇管理的对象是境内机构、个人、驻华机构、来华人员的外汇收支或者经营活动。其中,境内机构是指中国境内的企事业单位、国家机关、社会团体、部队等,包括外商投资企业;个人是指中国公民和在中国居住满1年的外国人;驻华机构是指外国驻华机构、领事机构、国际组织驻华代表机构、外国驻华商务机构和国外民间组织驻华业务机构;来华人员是指驻华机构的常驻人员、短期入境的外国人、应聘在境内机构工作的外国人以及外国留学生等。

(一)经常项目外汇管理

经常项目是指国际收支中经常发生的交易项目,包括贸易收支、劳务收支、单方面转移等。经常项目外汇管理主要包括以下三方面的内容。

1. 经常项目可兑换(银行售汇制)

这是指对属于经常项目下的各类交易,包括进口货物、支付运输费、保险费、劳务服务、出境旅游、投资利润、借债利息、股息、红利等,在向银行购汇或从银行外汇账户上支付时不受限制。国家对经常性国际支付和转移一般不予限制。

2. 银行结汇制

这是指我国对经常性项目下的外汇收入采取的一种管理措施,即境内机构对于其经常项下收入的外汇收入,除有特殊规定外,必须按规定结售给外汇指定银行的制度。

3. 出口收汇和进口付汇核销制度

境内机构的出口收汇和进口付汇,应当按照国家关于出口收汇核销管理和进口付汇核销管理的规定办理核销手续。出口收汇核销是指货物出口后,对相应的收汇进行核销。进口付汇核销是指进口货款付出后,对相应的到货进行核销。

(二)资本项目外汇管理

资本项目外汇是指国际收支中因资本输出和输入而产生的资产与负债的增减项目资本,包括直接投资、各类贷款、证券投资等项目。我国资本项目外汇收支管理的基本原则是在放松经常项目汇兑限制的同时,完善资本项目管理。

(三)金融机构外汇业务管理

金融机构须经外汇管理机关批准,领取《经营外汇业务许可证》,才能经营外汇业务,并且不得超范围经营外汇业务。未经批准的任何单位和个人不得经营外汇业务。

(四)人民币汇率和外汇市场的管理

汇率是一国货币同他国货币之间的兑换比率,即一国货币用另一国货币表示的价格。自1994年汇率并轨后,我国人民币实行以市场供求为基础的、单一的、有管理的浮动汇率制度,由人民银行根据银行间外汇市场形成的价格,每日公布人民币对主要外币的汇率。

外汇市场是进行外汇交易的场所,通常是无形市场。我国的外汇市场是全国统一的银行间外汇交易市场。市场交易主体是外汇指定银行和其他经批准经营外汇业务的金融机构。

四、违反外汇管理法的法律责任

违反外汇管理法的行为主要有逃汇、非法套汇、扰乱金融秩序三大类,对这三大类违法行为所应承担相应的法律责任。

逃汇系指境内机构或个人逃避外汇管理,将应该结售给国家的外汇私自保存、转移、买卖、使用、存放境外,或将外汇、外汇资产私自携带、托带或邮寄出境的行为。所谓非法套汇,系指境内机构或个人,采取各种方式私自向第二者或第三者用人民币或物资换取外汇或外汇收益,套取国家外汇的行为。扰乱外汇管理秩序,是指境内机构、外汇指定银行等违反《外汇管理条例》的规定,非法从事外汇业务及违反操作规则影响正常金融秩序的行为。对有上述行为者给予行政处罚;构成犯罪的,依法追究刑事责任。

参 考 文 献

1. 李昌麒:《经济法学》(第三版),法律出版社,2016年。
2. 杨紫烜:《经济法学》(第五版),北京大学出版社、高等教育出版社,2014年。
3. 朱崇实、刘志云:《银行法学》,厦门大学出版社,2013年。
4. 王卫国:《银行法学》,法律出版社,2011年。
5. 姚旭:《商业银行公司治理法律问题研究》,法律出版社,2011年。
6. 刘隆亨:《银行金融法学》(第六版),北京大学出版社,2010年。
7. 王煜宇等:《金融法学》,武汉大学出版社,2010年。

第二十章 会计、审计、统计法律制度

[本章概要]

健全的会计、审计制度和统计制度能完善我国金融法律制度体系,加强金融业的监督管理,完善金融监督管理制度。本章就会计法、审计法、统计法的概念、特征、内容;会计核算、会计监督、会计机构和会计人员以及违反会计法的法律责任;审计法的内部审计和社会审计、审计程序和法律责任;统计机构和统计人员、法律责任等进行了阐述。

第一节 会 计 法

一、会计法概述

(一) 会计和会计法

会计是以货币为主要的计量单位,通过记账、算账、报账等手段,对经济信息进行加工、处理、核算,监督企事业等单位的资金及其运动的一种管理活动。会计的基本职能是进行核算和实行监督。其主要方法是对单位的经济活动进行全面的、系统的、连续的、综合的记录,并在其基础上进行分析、预测、控制、决策、考核。现代会计可分为财务会计和管理会计两大分支。

会计法是调整会计关系的法律规范的总称。会计关系是会计机构、会计人员在办理会计事务过程中以及国家在管理会计工作过程中形成的社会关系。

关于会计法的概念,从狭义上理解,是指《中华人民共和国会计法》(以下简称《会计法》)。1985年1月21日第六届全国人民代表大会常务委员会第九次会议通过了《中华人民共和国会计法》,1993年12月29日第八届全国人民代表大会第五次会议作出了《关于修改〈中华人民共和国会计法〉的决定》,对会计法进行了修正。随着经济体制改革和社会主义市场经济的发展,为适应形势发展的需要,为了进一步规范会计行为,提高会计信息质量,1999年10月31日第九届全国人民代表大会常务委员会第十二次会议又对此法作了修订,修订后的《中华人民共和国会计法》于2000年7月1日起施行。修订后的会计法对原会计法作了全面修改。从广义上理解,会计法是调整国家协调、干预会计工作以及会计机构、会计人员在办理会计事务过程中发生的经济关系的法律规范的总称。《企业会计准则》、《会计专业职务实行条例》、《总会计师条例》、《会计人员工作规则》、《会计档案管理办法》、《会计电算化管理办法》等均是会计法的组成部分。

（二）会计法的特征

1. 强制性

会计法由国家强制力保障并贯彻实施。会计机构、会计人员办理会计事务须符合《会计法》规定，违反《会计法》将承担相应的法律责任。《会计法》规定，国家机关、社会团体、公司、企业、事业单位和其他组织（以下统称单位）必须依照本法办理会计事务。各单位必须依法设置会计账簿，保证其真实、完整。

2. 约束性

《会计法》有明确的评价会计行为的标准，对于违反规范的行为，根据情节施以相应的法律制裁。

3. 普遍性

《会计法》适用于一切有经济活动、资金往来关系的国家机关、企业、事业单位和其他单位。

（三）会计法的立法宗旨和适用范围

我国会计法的立法宗旨是规范会计行为，保证会计资料真实、完整，加强经济管理和财务管理，提高经济效益，维护社会主义市场经济秩序。

《会计法》明确规定了适用范围："国家机关、社会团体、公司、企业、事业单位和其他单位（以下统称单位）必须依照本法办理会计事务。"

二、会计的内容

（一）会计对象

会计对象是会计工作的内容，也是会计反映和控制的内容，是社会再生产过程中的经营资金的运动。会计对象包括产品制造企业的资金运动和商品流通企业的资金活动。

（二）会计职能

财务会计的基本职能是核算与监督，财务会计的对象是会计核算与监督的内容。财务会计的基本职能包括核算职能、监督职能。另外，还具有预测经营前景、参与经营决策、评价经营业绩的延伸职能。

（三）会计目标

财务会计的目标是财务会计所要达到的目的和要求。它包括提供什么信息、满足哪些人的需要两个方面。财务会计对会计主体的经济活动进行核算，提供反映会计主体经济活动的信息，以满足与企业有利益关系的各方面的需要。一般来说，财务会计提供的信息只能满足各方面需要的公共信息,而不是满足其特殊需求的信息。财务会计提供的公共信息主要指会计主体的经营成果、会计主体的财务状况、会计主体的现金流量等。

会计目标可具体划分为三个层次:
(1) 满足政府宏观调控的需要;
(2) 为企业外部各有关方面了解其财务状况和经营成果提供信息;
(3) 满足企业自身经营管理的需要。

三、会计工作管理的法律规定

我国会计工作管理,主要包括三个方面的问题:一是会计工作的管理体制;二是制定会计制度的权限;三是会计机构和会计人员的管理。

(一)会计工作管理体制

我国会计工作实行统一领导,分级管理的管理体制。在管理层次上可分为以下三个层次:
(1) 国务院财政部门主管全国的会计工作;
(2) 县级以上地方各级人民政府财政部门管理本行政区域内的会计工作;
(3) 各单位负责人对本单位的会计工作和会计资料的真实性、完整性负责。

(二)制定会计制度的权限

国家实行统一的会计制度。国家统一的会计制度由国务院财政部门根据《会计法》制定并公布;对于有特殊要求的行业、系统,《会计法》在第8条第2、3款规定:"国务院有关部门可以依照本法和国家统一的会计制度制定对会计核算和会计监督有特殊要求的行业实施国家统一的会计制度的具体办法或者补充规定,报国务院财政部门审核;中国人民解放军总后勤部可以依照本法和国家统一的会计制度制定军队实施国家统一的会计制度的具体办法,报国务院财政部门备案。"

(三)会计机构和会计人员

1. 会计机构和会计人员的设置

《会计法》第21条规定:"各单位根据会计业务的需要设置会计机构,或者在有关机构中设置会计人员并指定会计主管人员。"不具备条件的单位,应当委托经批准设立从事会计代理记账业务的中介机构代理记账。国有的和国有资产占控股地位或者主导地位的大中型企业必须设置总会计师。

会计机构内部应建立稽核制度。出纳人员负责现金、银行存款的日常记录工作,不得兼任稽核、会计档案保管和收入、费用、债权债务账目的登记工作。

2. 会计人员的条件

从事会计工作的人员,必须取得会计从业资格证书。担任会计机构负责人或会计主管人员的,还应当具备会计师以上专业技术职务资格或者从事会计工作 3 年以上经历。

会计人员从业资格管理办法由国务院财政部门规定。

3. 会计机构和会计人员的主要职责

会计机构和会计人员的职责主要有:(1)依法进行会计核算;(2)依法进行会计监督;(3)拟订本单位办理会计事务的具体办法;(4)参与拟订经济计划、业务计划,考核、分析预算、财务计划的执行情况;(5)办理其他会计事务。

会计人员应当遵守职业道德,提高业务素质。会计机构、会计人员依法进行会计核算,实行会计监督。因有提供虚假财务会计报告,做假账,隐匿或者故意销毁会计凭证、会计账簿、财务会计报告,贪污,挪用公款,职务侵占等与会计职务有关的违法行为被依法追究刑事责任的人员,不得取得或者重新取得会计从业资格;因违法违纪行为被吊销会计从业资格证书的人员,自被吊销会计从业资格证书之日起 5 年内,不得重新取得会计从业资格证书。

四、会计核算

会计核算,是指以货币为主要计量单位,通过专门的程序和方法,对企业、事业、机关等单位发生的经济活动进行连续、系统、全面、综合的记录、计算和分析的全部活动。它是会计工作的基本任务之一,也是《会计法》的核心内容之一,具有非常重要的地位。

(一)会计核算的内容

会计核算的内容指一个会计主体在生产经营或者执行业务过程中所发生的一切可以用货币计价反映的经济活动。《会计法》规定以下经济业务事项,应当进行会计核算:(1)款项和有价证券的收付;(2)财物的收发、增减和使用;(3)债权债务的发生和结算;(4)资本、基金的增减;(5)收入、支出、费用、成本的计算;(6)财务成果的计算和处理;(7)需要办理会计手续、进行会计核算的其他事项。

(二)会计年度和记账货币单位

会计核算期间也称会计年度。我国采用公历年度为会计年度,即自公历 1 月 1 日起至 12 月 31 日止为一个会计年度。

记账货币单位指在会计事项发生时所使用的货币,即日常进行账簿记录和编制会计报表所使用的计量货币。我国会计核算以人民币为记账货币单位。但是,从对外开放以来,同外国的经济往来不断增多,有些单位发生用外币计算的经济业务,为了使会计核算能够进行全国统一汇总,《会计法》规定,以外国货币计算的,应当折合人民币记账,同时为了反映外币业务的实际情况,除了登记人民币金额以外,还要登记外国货币金额和外汇折合率。

（三）会计核算的程序和方法

《会计法》原则规定了会计核算的程序和方法。根据规定,各单位必须根据实际发生的经济业务事项进行会计核算,填制会计凭证,登记会计账簿,编制财务会计报告。

1. 填制、审核原始凭证

凡发生会计事项必须填制或者取得原始凭证,并及时送交会计机构;会计机构、会计人员必须按照国家统一的会计制度的规定对原始凭证进行审核,对不真实、不合法的原始凭证有权不予接受,并向单位负责人报告;对记载不准确、不完整的原始凭证予以退回,并要求按照国家统一的会计制度的规定更正、补充。记账凭证应当根据经过审核的原始凭证编制。各单位不得以虚假的经济业务事项或者资料进行会计核算。

2. 登记会计账簿

会计账簿登记必须以经过审核的会计凭证为依据,并符合法律、行政法规和国家统一的会计制度规定的规定。会计账簿包括总账、明细账、日记账和其他辅助账。

各单位发生的各项经济业务事项应当在依法设置的会计账簿上统一登记、核算,不得违反《会计法》和国家统一的会计制度的规定私设会计账簿登记、核算。

3. 编制财务会计报告

会计凭证、会计账簿、会计报表和其他会计资料必须符合国家统一的会计制度的规定。使用电子计算机进行会计核算的,其软件及其生成的会计凭证、会计账簿、财务会计报告和其他会计资料必须符合国家统一的会计制度的规定。任何单位和个人不得伪造、变造会计凭证、会计账簿及其他会计资料,不得提供虚假的财务会计报告。

财务会计报告由会计报表、会计报表附注和财务情况说明组成。财务会计报告应当由单位负责人和主管会计工作的负责人、会计机构负责人(会计主管人员)签名并盖章;设置总会计师的单位,还须由总会计师签名并盖章。单位负责人应当保证财务会计报告真实、完整。

4. 会计档案

各单位对会计凭证、会计账簿、会计报表和其他会计资料,应当建立档案,妥善保管;会计档案保管期限和销毁办法,由国务院财政部门会同有关部门制定。

五、会计监督的法律规定

会计监督是《会计法》规定的会计工作的又一项基本职能。所谓会计监督是指会计机构和会计人员等依照法律规定,通过办理会计手续对经济活动的合法性、合理性和效益性所进行的一种监督。会计监督分为内部监督、外部监督和社会监督。

（一）内部监督

内部监督是本单位设置的会计机构、会计人员对本单位的经营中应记录的会计事项所进行的监督。

单位内部监督制度应当符合下列要求：

（1）记账人员与经济业务事项和会计事项的审批人员、经办人员、财物保管人员的职责权限应当明确，并相互分离、相互制约；

（2）重大对外投资、资产处理、资金调度和其他经济业务事项的决策和执行的相互监督、相互制约应当明确；

（3）财产清查的范围、期限和组织程序应当明确；

（4）对会计资料定期进行内部审计的办法和程序应当明确。

（二）外部监督

外部监督是指本单位以外的包括国家有关经济监督部门如审计机关、财政机关和税务机关以及社会中介机构如会计师事务所、审计师事务所依法对各单位记载的会计事项所进行的监督。

财政部门对各单位的下列情况实施监督：（1）是否依法设置会计账簿；（2）会计凭证、会计账簿、财务会计报告和其他会计资料是否真实、完整；（3）会计核算是否符合《会计法》和国家统一的会计制度的规定；（4）从事会计工作的人员是否具备从业资格。

财政、审计、税务、人民银行、证券监管、保险监管等部门应当依照有关法律、行政法规规定的职责，对有关单位的会计资料实施监督检查。有关监督检查部门已经作出的检查结论能够满足其他监督检查部门履行本部门职责需要的，其他监督检查部门应当加以利用，避免重复查账。

各单位必须依照有关法律、行政法规的规定，接受有关监督检查部门的监督检查，如实提供会计凭证、会计账簿、财务会计报告和其他会计资料，不得拒绝、隐匿、谎报。

任何单位和个人对违反《会计法》和国家统一的会计制度规定的行为，有权检举。收到检举的部门有权处理的，应当依法按照职责分工及时处理；无权处理的，应当及时移送有权处理的部门处理。收到检举的部门、负责处理的部门应当为检举人保密，不得将检举人姓名和检举材料转给被检举单位和被检举人个人。

（三）社会监督

社会监督是指会计师事务所受有关单位的委托，对其财务状况、经营成果实施的审计监督。根据《会计法》第31条规定：有关法律、行政法规规定，须经注册会计师进行审计的单位，应当向受委托的会计师事务所如实提供会计凭证、会计账簿、财务会计报告和其他会计资料以及有关情况。任何单位或者个人不得以任何方式要求或者示意注册会计师及其所在的会计师事务所出具不实或者不当的审计报告。财政部门有权对会计师事务所出具审计报告的程序和内容进行监督。

六、法律责任

（一）违反会计核算与监督的行政责任

违反《会计法》规定，有下列行为之一的，由县级以上人民政府财政部门责令限期改正，可以对单位并处 3 000 元以上至 5 万元以下的罚款；对直接负责的主管人员和其他直接责任人，可以处 2 000 元以上 2 万元以下罚款；属于国家工作人员的，还应当由其所在单位或者有关单位依法给予行政处分：

（1）单位行政领导人、会计人员违反《会计法》关于会计核算的规定，情节严重的；

（2）单位行政领导人、会计人员和其他人员伪造、变造、故意毁灭会计凭证、会计账簿，情节尚不严重的；

（3）会计人员对明知不真实、不合法的原始凭证予以受理，或者对明知是违反国家统一的财政制度、财务制度规定的收支予以办理，单位行政领导人、上级主管单位行政领导人对明知是违反国家统一的财政制度、财务制度规定的收支决定办理或者坚持办理，情节严重的；

（4）上级主管单位行政领导人接到会计人员按照《会计法》第 19 条第 2 款规定提出的书面报告，无正当理由逾期不作出处理决定，造成严重后果的；

（5）单位行政领导人和其他人员对依照《会计法》履行职责的会计人员进行打击报复的。

（二）刑事责任

刑事责任是指行为人严重违反《会计法》的规定，并已触犯刑律，依法应受刑事处罚的法律后果。需要追究刑事责任的有三种情况：

（1）单位行政领导人、会计人员和其他人员伪造、变造、故意毁灭会计凭证、会计账簿，情节严重的；

（2）会计人员对明知不真实、不合法的原始凭证予以受理，或者对明知是违反国家统一的财政制度、财务制度规定的收支予以受理；单位行政领导人、上级主管单位行政领导人对明知是违反国家统一的财政制度、财务制度规定的收支决定办理或者坚持办理，给国家造成重大经济损失的；

（3）单位行政领导人和其他人员，对依照《会计法》履行职责的会计人员进行打击报复，情节严重的。

对行为人追究刑事责任，由司法机关按《刑事诉讼法》规定的程序进行。刑事处罚包括管制、拘役、有期徒刑、无期徒刑、死刑等主刑和罚金、剥夺政治权利、没收财产等附加刑。司法机关既要依法惩处严重违反《会计法》触犯刑律的犯罪分子,又要注意保护无罪的会计人员和其他人员不受刑事追究。

在《会计法》的法律责任中,刑事责任与行政责任界限不清。对于提供虚假财务会计报告的行为,法律规定有关责任人要承担相应的刑事责任或行政责任,但追究的是刑事责任还是行政责任,违规行为在什么情况下构成犯罪并被追究刑事责任,《会计法》都还没有设定一个可操作的量化标准。而且,单位负责人的会计责任难以落实,被追究责任的个人是"直接负责的主管人员和其他直接责任人员"。一般单位内部主管会计工作的是总会计师或其他负责人,单位负责人作为单位会计工作的责任主体,其责任落实就缺乏了相应的法律依据。

第二节　审　计　法

一、审计和审计法

审计法所称审计,是指审计机关依法独立检查被审计单位的会计凭证、会计账簿、财务会计报告以及其他与财政收支、财务收支有关的资料和资产,监督财政收支、财务收支真实、合法和效益的行为。根据审计监督的主体不同,审计可分为国家审计、内部审计和社会审计。

我国按《宪法》规定于 1983 年成立国家审计署,1983 年 8 月国务院批准了审计署《关于开展审计工作几个问题的请示》;1985 年 8 月,国务院发布《关于审计工作的暂行规定》;1988 年 11 月 30 日,国务院又发布《中华人民共和国审计条例》;1995 年 1 月 1 日起施行《审计法》,以取代该条例。2006 年 2 月 28 日第十届全国人民代表大会常务委员会第二十次会议通过了对《审计法》的修改。《审计法》是一部具有中国特色的审计法律,它在我国社会主义市场经济法律体系中发挥着重要作用,是国家审计法制建设的重要里程碑。2010 年 2 月 2 日国务院第 100 次常务会议修订通过了《中华人民共和国审计法实施条例》,自 2010 年 5 月 1 日起施行。新《审计条例》对财政资金运用实行跟踪审计的范围、专项审计调查的具体范围等 52 项内容作出了增加和修改,进一步规范了审计机关的审计监督,使审计工作更加规范有效。

二、审计机关和审计人员

(一)审计机关

审计机关是代表国家行使审计监督权的国家行政机关。国务院设审计署,即中华人民共和国审计署,在国务院总理领导下,主管全国的审计工作。审计长是审计署的行政首长。地方各级审计机关在本级人民政府行政首长和上一级审计机关的领导下,负责本行政区域的审计工作,履行法律、法规和本级人民政府规定的职责。省、自治区人民政府设有派出机关的,派出机关的审计机关对派出机关和省、自治区人民政府审计机关负责并报告工作,审计业务以省、自治区人民政府审计机关领导为主。

（二）审计人员

审计人员实行审计专业技术资格制度,具体按照国家有关规定执行。审计机关根据工作需要,可以聘请具有与审计事项相关专业知识的人员参加审计工作。

三、审计机关的范围、内容及职责

（一）审计范围

审计范围,是指《审计条例》对各级审计机关行使审计监督权限的划分。审计范围实际上是指各级审计机关的审计事项的管辖范围,即级别管辖范围。

审计机关对本级人民政府财政部门具体组织本级预算执行的情况,本级预算收入征收部门征收预算收入的情况,与本级人民政府财政部门直接发生预算缴款、拨款关系的部门、单位的预算执行情况和决算,下级人民政府的预算执行情况和决算,以及其他财政收支情况,依法进行审计监督。经本级人民政府批准,审计机关对其他取得财政资金的单位和项目接受、运用财政资金的真实、合法和效益情况,依法进行审计监督。

（二）审计内容

审计机关对本级预算收入和支出的执行情况进行审计监督的内容包括：

（1）财政部门按照本级人民代表大会批准的本级预算向本级各部门(含直属单位)批复预算的情况、本级预算执行中调整情况和预算收支变化情况；

（2）预算收入征收部门依照法律、行政法规的规定和国家其他有关规定征收预算收入情况；

（3）财政部门按照批准的年度预算、用款计划,以及规定的预算级次和程序,拨付本级预算支出资金情况；

（4）财政部门依照法律、行政法规的规定和财政管理体制,拨付和管理政府间财政转移支付资金情况以及办理结算、结转情况；

（5）国库按照国家有关规定办理预算收入的收纳、划分、留解情况和预算支出资金的拨付情况；

（6）本级各部门(含直属单位)执行年度预算情况；

（7）依照国家有关规定实行专项管理的预算资金收支情况；

（8）法律、法规规定的其他预算执行情况。

（三）审计机关的职责

审计机关的职责主要包括：

（1）对国家财政收支进行审计监督。审计机关对本级各部门（含直属单位）和下级政府预算的执行情况和决算，以及预算外资金的管理和使用进行审计监督。

（2）对中央银行的财务收支和国有金融机构的资产、负债、损益，进行审计监督。

（3）对国家事业组织的财务收支，进行审计监督。

（4）对国有企业的资产、负债、损益进行审计监督；对国家资产占控股地位或者主导地位的企业进行审计监督。

（5）对国家建设项目的预算执行情况和决算，进行审计监督。

（6）对政府部门管理的和社会团体受政府委托管理的社会保障基金、社会捐赠资金及其他有关基金、资金的财务收支，进行审计监督。

（7）对国际组织和外国政府援助、贷款项目的财务收支，进行审计监督。

（8）审计机关按照国家有关规定，对国家机关和依法属于审计机关审计监督对象的其他单位的主要负责人，在任职期间对本地区、本部门或者本单位的财政收支、财务收支以及有关经济活动应负经济责任的履行情况，进行审计监督。

（9）对其他法律、行政法规规定应当由审计机关进行审计的事项，依照《审计法》和有关法律、行政法规的规定，进行审计监督。

（10）审计机关有权对与国家财政收支有关的特定事项，向有关地方、部门、单位进行专项审计调查，并向本级人民政府和上一级审计机关报告审计调查结果。审计机关根据被审计单位的财政、财务隶属关系或者国有资产监督管理关系，确定审计管辖范围。

（四）审计机关的权限

审计机关依法进行审计监督时，被审计单位应当依照《审计法》第31条规定，向审计机关提供与财政收支、财务收支有关的资料。被审计单位负责人应当对本单位提供资料的真实性和完整性作出书面承诺。审计机关的权限包括三个方面：检查权、处理权、移送和提请处罚权。

1. 检查权

检查权是指审计机关在审计活动中有权查看有关报告、报表等资料，有权进行必要的调查。

（1）审计机关有权要求被审计单位按照审计机关的规定提供预算或者财务收支计划、预算执行情况、决算、财务会计报告，运用电子计算机储存、处理的财政收支、财务收支电子数据和必要的电子计算机技术文档，在金融机构开立账户的情况。社会审计机构出具的审计报告，以及其他与财政收支或者财务收支有关的资料，被审计单位不得拒绝、拖延、谎报。被审计单位负责人对本单位提供的财务会计资料的真实性和完整性负责。这一权限是按照进一步加强审计监督工作要求，在充实审计监督手段、进一步规范审计监督程序等方面，作出的新规定。

（2）审计机关进行审计时,有权检查被审计单位的会计凭证、会计账簿、会计报表以及其他与财政收支或者财务收支有关的资料,被审计单位不得拒绝。

（3）审计机关进行审计时,有权就审计事项的有关问题向有关单位和个人进行调查,并取得有关证明材料。有关单位和个人应当支持、协助审计机关工作,如实向审计机关反映情况,提供有关证明材料。

（4）审计机关进行审计时,被审计单位不得转移、隐匿、篡改、毁弃会计凭证、会计账簿、会计报表以及其他与财政收支或者财务收支有关的资料,不得转移、隐匿所持有的违反国家规定取得的财产。

2. 处理权

处理权是指审计机关有权对被审计单位违纪违法行为及时制止或者作出一定处分的权力。

（1）审计机关对审计单位正在进行的违反国家规定的财政收支、财务收支行为,有权予以制止;制止无效的,经县级以上审计机关负责人批准,通知财务部门和有关主管部门暂停拨付与违反国家规定的财政收支、财务收支行为直接有关的款项,已经拨付的,暂停使用。

（2）审计机关认为被审计单位所执行的上级主管部门有关财政收支、财务收支的规定与法律、行政法规相抵触的,有权建议有关主管部门纠正;有关主管部门不予纠正的,审计机关应当提请有权处理的机关依法处理。

（3）审计机关可以向政府有关部门通报或者向社会公布审计结果。审计机关通报或者公布审计结果,应当依法保守国家秘密和被审计单位的商业秘密,遵守国务院的有关规定。

3. 移送和提请处罚权

移送提请处罚权是指审计机关不能进行处罚,但是依法有权将在审计监督检查过程中发现的问题,移送或者提请有权处罚的部门、机关予以处罚。

对于违反财经法规的被审计单位的直接责任人员和单位负责人,审计机关有权作出以下决定：

（1）移送有关部门处理。审计机关认为应当给予行政处分的,则移送监察或者有关部门处理。

（2）提请司法机关追究刑事责任。审计机关认为情节严重,构成犯罪的,则提请司法机关依法追究刑事责任。

被审计对象可以对审计组提出的审计报告提出书面意见;审计组在向审计机关报送审计组的审计报告时,应当将被审计对象提出的书面意见一并报送审计机关;审计机关在审议审计组的审计报告时,应当对被审计对象提出的意见一并进行研究后,提出审计机关的审计报告,作出相应的审计决定。被审计对象对审计机关作出的审计决定不服的,可以依法申请行政复议、提起行政诉讼或者提请本级人民政府裁决。

四、审计程序

审计程序是指审计机关进行审计监督的必要步骤。《审计法》作了如下具体规定。

(1) 审计机关应当根据法律、法规和国家其他有关规定,按照本级人民政府和上级审计机关的要求,确定年度审计工作重点,编制年度审计项目计划。

(2) 审计机关在年度审计项目计划中确定对国有资本占控股地位或者主导地位的企业、金融机构进行审计的,应当自确定之日起7日内告知列入年度审计项目计划的企业、金融机构。

(3) 审计机关应当根据年度审计项目计划,组成审计组,调查了解被审计单位的有关情况,编制审计方案,并在实施审计3日前,向被审计单位送达审计通知书。

(4) 审计人员实施审计时,应当按照下列规定办理:

① 通过检查、查询、监督盘点、发函询证等方法实施审计;

② 通过收集原件、原物或者复制、拍照等方法取得证明材料;

③ 对与审计事项有关的会议和谈话内容作出记录,或者要求被审计单位提供会议记录材料;

④ 记录审计实施过程和查证结果。

审计人员向有关单位和个人进行调查时,应当出示审计人员的工作证和审计通知书副本。

提出审计报告和出具审计意见书。审计组对审计事项实施审计后,应当向审计机关提出审计报告。审计报告报送审计机关前,应当征求被审计单位的意见。被审计单位应当自接到审计报告之日起10日内,将其书面意见送交审计小组或审计机关。

审计机关审定审计报告,对审计事项作出评价,出具审计意见书;对违反国家规定的财政收支、财务收支行为,需要依法给予处理、处罚的,在法定职权范围内作出审计决定或者向有关主管机关提出处理、处罚意见。

审计机关送达审计文书,可以直接送达,也可以邮寄送达或者以其他方式送达。直接送达的,以被审计单位在送达回证上注明的签收日期或者见证人证明的收件日期为送达日期;邮寄送达的,以邮政回执上注明的收件日期为送达日期;以其他方式送达的,以签收或者收件日期为送达日期。

五、内部审计和社会审计

(一) 内部审计

国务院各部门和地方人民政府各部门、国有的金融机构和企业事业组织,应当按照国家有关规定设立内部审计机构。审计业务较少的单位,可以设立内部专职审计人员。

1. 内部审计的主要任务

内部审计机构或审计人员的主要任务是对本单位及本单位下属单位的下列事项进行审计监督:

(1) 财务计划或者单位预算的执行和决算;

(2) 与财务收支有关的经济活动及其经济效益;

(3) 内部控制制度的健全、有效程度;

(4) 国家和单位资产的管理情况;

(5) 专项资金的提取、使用;

(6) 国家财经法规的执行情况;

(7) 本单位领导交办的其他审计事项。

此外,内部审计机构或者审计人员对本单位与境内、外经济组织兴办合资、合作经营企业以及合作项目所投入资金、财产的使用及其效益,进行内部审计。

2. 内部审计机构的主要职权

内部审计机构的主要职权有:检查凭证、账表、决算、资金和财产,查阅有关文件和资料;参加有关会议;对审计中的有关事项进行调查并索取证明材料;对正在进行的严重违反财经法纪、严重浪费行为,作出临时的制止决定;对阻挠、破坏审计工作以及拒绝提供有关资料的,经单位领导人批准,可以采取必要的临时措施,并提出追究有关人员的责任的建议;提出改进管理、提高效益的建议,以及纠正、处理违反财经法纪行为的建议;对严重违反财经法纪和造成严重损失浪费的人员,提出追究责任的建议;对审计工作中的重大事项,向对其进行指导的上级内部审计机构和审计机关反映。

此外,内部审计机构或者审计人员所在单位可以在管理权限内,授予内部审计机构经济处理、处罚的权限。

(二) 社会审计

1. 社会审计机构的设立

社会审计是指社会审计组织根据国家审计机关或部门、单位的委托所进行的审计工作。它与国家审计、内部审计相配合,共同实现对社会经济的审计监督任务。

我国社会审计工作的机构主要是会计师事务所和审计师事务所。会计师事务所是指经国家主管财政部门批准,注册登记,依法独立承办查账验证业务和会计咨询业务的事业单位。会计师事务所实行自收自支、独立核算、依法纳税,具有法人资格。

审计师事务所指经国家主管财政部门批准,工商行政管理部门登记,依法独立承办审计查证和咨询服务的社会审计组织。根据审计署的规定,审计师事务所也是实行有偿服务、自收自支、独立核算、依法纳税的事业单位。

设立会计师事务所、审计师事务所应当具备下列条件:有章程;有办公场所;有符合要求的自有资金;有与业务规模相适应的具有审计师、注册会计师以上资格执业审计师、注册会计师和法定代表人。

2. 社会审计组织的业务范围

社会审计组织的任务是接受国家机关、全民所有制企业事业单位、城乡集体经济组织和个人委托承办有关审计业务以及提供咨询服务和培训人员。具体包括下列业务：财务收支、经济效益、经济责任的审计查证事项；经济案件的鉴定事项；注册资金的验证和年检；基建工程预决算的验证；建立账簿，建立财务会计制度以及提供会计、财务、税务和经济管理咨询服务；培训审计、财务、会计人员和其他经济管理人员；担任审计、会计咨询顾问。

社会审计组织应按委托方要求开展业务，业务办理完毕时，应按双方约定，向委托方提交审计、查证、鉴定、验资报告，并对报告内容的正确性和合法性负责。

六、法律责任

（一）违反《审计法》的法律责任

承担这种法律责任的主体有被审计单位及其有关责任人员、审计人员。被审计单位违反《审计法》和《审计条例》的规定，拒绝、拖延提供与审计事项有关的资料，或者提供的资料不真实、不完整，或者拒绝、阻碍检查的，由审计机关责令改正，可以通报批评，给予警告；拒不改正的，对被审计单位可以处5万元以下的罚款，对直接负责的主管人员和其他直接责任人员，可以处2万元以下的罚款，审计机关认为应当给予处分的，向有关主管机关、单位提出给予处分的建议；构成犯罪的，依法追究刑事责任。

（二）违反国家规定的财政收支、财务收支行为的责任

对被审计单位违反国家规定的财务收支行为，审计机关在法定职权范围内，区别情况采取《审计法》第45条规定的处理措施，可以通报批评，给予警告；有违法所得的，没收违法所得，并处违法所得1倍以上5倍以下的罚款；没有违法所得的，可以处5万元以下的罚款；对直接负责的主管人员和其他直接责任人员，可以处2万元以下的罚款，审计机关认为应当给予处分的，向有关主管机关、单位提出给予处分的建议；构成犯罪的，依法追究刑事责任。

法律、行政法规对被审计单位违反国家规定的财务收支行为处理、处罚另有规定的，从其规定。

第三节 统 计 法

一、统计法概述

统计是指运用各种统计方法对国民经济和社会发展情况进行统计调查、统计分

析,提供统计资料和统计咨询意见,实行统计监督等活动的总称。

统计法是调整统计关系的法律规范的总称,是国家管理统计活动和有关部门进行统计活动必须遵循的法律规范。

为了有效地、科学地组织统计工作,保障统计资料的准确性和及时性,发挥统计在了解国情国力、指导国民经济和社会发展中的重要作用,促进我国社会主义现代化建设事业的发展,1983年12月8日,第六届全国人大常委会第三次会议通过了《中华人民共和国统计法》,自1984年1月1日起施行。这是我国第一部比较完整的、系统的统计法。1987年2月15日,国家统计局发布了《统计法实施细则》。1996年5月、2000年6月经过两次修订。虽经过修改,但《统计法》带有明显的计划经济色彩,相关条款已不适应市场经济条件下的政府统计工作的需要。近年来,很多领导人追求"政绩",对统计数字进行干预。不少企事业单位从自身的经济利益出发"按需报数",或者按照政府和主管部门的意图报数。在统计上弄虚作假,直接影响了数据质量。统计体制不完善,致使统计制度方法、统计调查管理和资料发布不规范。2005年12月16日国务院作出《国务院关于修改〈中华人民共和国统计法实施细则〉的决定》的重要修订,自2006年2月1日起施行。针对社会各界反映强烈的虚报、瞒报、伪造、篡改统计资料等"造假"现象,2009年6月27日第十一届人大九次会议修订了《统计法》,自2010年1月1日起施行,该法的公布和实施在新中国的统计立法史上具有里程碑的意义。修订后的《统计法》分为7章共50条,包括总则、统计调查管理、统计资料的管理和公布、统计机构和统计人员、监督检查、法律责任和附则等方面内容,增加了监督检查一章。2017年4月12日国务院第168次常务会议通过《中华人民共和国统计法实施条例》,自2017年8月1日起施行。该《统计条例》共8章55条,在总结实践经验的基础上,针对突出问题,对《统计法》作了细化和补充,完善了不少行之有效的规范:一是从源头上规范了统计调查活动;二是加强了统计调查的组织实施;三是明确了统计资料公布的主体、权限及要求;四是强化了对统计违法行为的责任追究。

二、统计机构和统计人员

(一)统计机构和统计人员的设置

国家建立集中统一的统计系统,实行统一领导、分级负责的统计管理体制。政府统计机构是我国的官方统计机构,也是统计活动的主管部门。《统计法》规定,国务院设立国家统计局负责组织、领导和协调全国统计工作。县级以上地方人民政府统计机构受本级人民政府和上级人民政府统计机构的双重领导,在统计业务上以上级人民政府统计机构的领导为主。

县级以上地方人民政府设立独立的统计机构,乡、镇人民政府应当设置统计工作岗位,配备专职或者兼职统计人员,履行统计职责,在统计业务上受上级人民政府统计机构领导。乡、镇统计人员的调动,应当征得县级人民政府统计机构的同意。

统计人员应当具备与其从事的统计工作相适应的专业知识和业务能力。国家实行统计专业技术职务资格考试、评聘制度,提高统计人员的专业素质,保障统计队伍的稳定性。

(二) 统计机构的主要职责

国家统计局和地方各级人民政府统计机构的主要职责:(1)制定统计调查计划,部署和检查全国或者本行政区域内的统计工作;(2)组织国家统计调查、地方统计调查,搜集、整理、提供全国或者本行政区域内的统计资料;(3)对国民经济和社会发展情况进行统计分析,实行统计监督;(4)管理和协调各部门制定的统计调查表和统计标准;(5)国家统计局管理国家的统计信息自动化系统和统计数据体系;乡、镇统计员会同有关人员负责农村基层统计工作,完成国家统计调查和地方统计调查任务。

国务院和地方各级人民政府的各部门的统计机构或者统计负责人的主要职责:(1)组织、协调本部门职能机构的统计工作,完成国家统计调查和地方统计调查任务,制定和实施本部门的统计调查计划,搜集、整理和提供统计资料;(2)对本部门和管辖系统内的企业事业组织的计划执行情况,进行统计分析,实行统计监督;(3)组织、协调本部门管辖系统内的企业事业组织的统计工作,管理本部门的统计调查表。

企业事业组织的统计机构或者统计负责人的主要职责:(1)组织、协调本单位的统计工作,完成国家统计调查、部门统计调查和地方统计调查任务,搜集、整理、提供统计资料;(2)设置、管理本单位的统计调查表,建立、健全统计台账制度和原始记录制度,建立、健全统计资料的审核、交接和档案等管理制度。

(三) 统计机构和统计人员的职权

统计人员进行统计调查时,有权就与统计有关的问题询问有关人员,要求其如实提供有关情况、资料并改正不真实、不准确的资料。

统计人员应当坚持实事求是,恪守职业道德,对其负责搜集、审核、录入的统计资料与统计调查对象报送的统计资料的一致性负责。

统计机构、统计人员应当依法履行职责,如实搜集、报送统计资料,不得伪造、篡改统计资料,不得以任何方式要求任何单位和个人提供不真实的统计资料,不得有其他违反《统计法》规定的行为。

统计人员进行统计调查时,应当出示县级以上人民政府统计机构或者有关部门颁发的工作证件;未出示的,统计调查对象有权拒绝调查。

三、统计制度

(一) 统计调查项目

统计调查项目包括国家统计调查项目、部门统计调查项目、地方统计调查项目和临时统计调查项目。《统计法》规定：(1) 国家统计调查项目，由国家统计局拟订，或者由国家统计局和国家有关部门共同拟订，报国务院审批；(2) 部门统计调查项目，调查对象属于本部门管辖系统内的，由该部门拟订，报国家统计局或者同级地方人民政府统计机构备案；调查对象超出本部门管辖系统的，由该部门拟订，报国家统计局或者同级地方人民政府统计机构审批，其中重要的，报国务院或者同级地方人民政府审批；(3) 地方统计调查项目，由县级以上地方各级人民政府统计机构拟订，或者由县级以上地方各级人民政府统计机构和有关部门共同拟订，报同级地方人民政府审批；(4) 发生重大灾情或者其他不可预料的情况，县级以上地方各级人民政府可以决定在原定计划外进行临时性调查。

部门统计调查项目、地方统计调查项目的主要内容不得与国家统计调查项目的内容重复、矛盾。

制订统计调查项目计划，必须同时制订相应的统计调查表，报国家统计局或者同级地方人民政府统计机构审查或者备案。国家统计调查、部门统计调查、地方统计调查必须明确分工，互相衔接，不得重复。

(二) 统计制度

1. 统计调查方法

统计调查依照统计学的规律，以特有的方法进行。在《统计法》修订以前，我国的统计调查方法主要是依靠全面统计报表采集统计信息。这种方法投入大、效益差。修订后的《统计法》规定："搜集、整理统计资料，应当以周期性普查为基础，以经常性抽样调查为主体，综合运用全面调查、重点调查等方法，并充分利用行政记录等资料。"重大国情国力普查由国务院统一领导，国务院和地方人民政府组织统计机构和有关部门共同实施。

2. 统计标准

统计标准是统计口径的规范形式。为了保持统计资料的准确性、客观性，《统计法》规定，国家制订统一的统计标准，以保障统计调查中采用的指标涵义、计算方法、分类目录、调查表式和统计编码等方面的标准化。

国家统计标准由国家统计局制定，或者由国家统计局和国务院标准化管理部门共同制定。国务院部门可以制订补充性的部门统计标准。部门统计标准不得与国家统计标准相抵触。

3. 统计资料的管理和公布

(1) 统计资料的管理。国家统计调查和地方统计调查范围内的统计资料，分别由国家统计局、县级以上地方各级人民政府统计机构或者乡、镇统计员统一管理。部门统计调查范围内的统计资料，由主管部门的统计机构或者统计负责人统一管理。企业事业组织的统计资料，由企业事业组织的统计机构或者统计负责人统一管理。

县级以上人民政府统计机构和有关部门以及乡、镇人民政府,应当按照国家有关规定建立统计资料的保存、管理制度,建立健全统计信息共享机制。统计调查中取得的统计调查对象的原始资料,应当至少保存2年。汇总性统计资料应当至少保存10年,重要的汇总性统计资料应当永久保存。法律法规另有规定的,从其规定。统计调查对象按照国家有关规定设置的原始记录和统计台账,应当至少保存2年。

(2)统计资料的公布。国家统计局统计调查取得的全国性统计数据和分省、自治区、直辖市统计数据,由国家统计局公布或者由国家统计局授权其派出的调查机构或者省级人民政府统计机构公布。国务院有关部门统计调查取得的统计数据,由国务院有关部门按照国家有关规定和已批准或者备案的统计调查制度公布。县级以上人民政府统计机构和有关部门应当及时公布主要统计指标涵义、调查范围、调查方法、计算方法、抽样调查样本量等信息,对统计数据进行解释说明。已公布的统计数据按照国家有关规定需要进行修订的,县级以上人民政府统计机构和有关部门应当及时公布修订后的数据,并就修订依据和情况作出说明。县级以上人民政府统计机构和有关部门统计调查取得的统计资料,除依法应当保密的外,应当及时公开,供社会公众查询。

(三)统计调查的组织实施

统计机构、统计人员组织实施统计调查,应当就统计调查对象的法定填报义务、主要指标涵义和有关填报要求等,向统计调查对象作出说明。

国家机关、企业事业单位或者其他组织等统计调查对象提供统计资料,应当由填报人员和单位负责人签字,并加盖公章。个人作为统计调查对象提供统计资料,应当由本人签字。统计调查制度规定不需要签字、加盖公章的除外。

县级以上人民政府统计机构、有关部门和乡、镇统计人员,应当对统计调查对象提供的统计资料进行审核。统计资料不完整或者存在明显错误的,应当由统计调查对象依法予以补充或者改正。县级以上人民政府统计机构、有关部门推广使用网络报送统计资料,应当采取有效的网络安全保障措施。

四、法律责任

(一)追究领导人责任

地方人民政府、政府统计机构或者有关部门、单位的负责人有下列行为之一的,由任免机关或者监察机关依法给予处分,并由县级以上人民政府统计机构予以通报:(1)自行修改统计资料、编造虚假统计数据的;(2)要求统计机构、统计人员或者其他机构、人员伪造、篡改统计资料的;(3)对依法履行职责或者拒绝、抵制统计违法行为的统计人员打击报复的;(4)对本地方、本部门、本单位发生的严重统计违法行为失察的;(5)大面积发生或者连续发生统计造假、弄虚作假;(6)统计数据严重失实应当发现而未发现;(7)发现统计数据严重失实不予纠正的。

(二)追究统计调查对象违法责任

作为统计调查对象的国家机关、企业事业单位或者其他组织有下列行为之一的,由县级以上人民政府统计机构责令改正,给予警告,可以予以通报;其直接负责的主管人员和其他直接责任人员属于国家工作人员的,由任免机关或者监察机关依法给予处分:(1)拒绝提供统计资料或者经催报后仍未按时提供统计资料的;(2)提供不真实或者不完整的统计资料的;(3)拒绝答复或者不如实答复统计检查查询书的;(4)拒绝、阻碍统计调查、统计检查的;(5)转移、隐匿、篡改、毁弃或者拒绝提供原始记录和凭证、统计台账、统计调查表及其他相关证明和资料的。

作为统计调查对象的国家机关、企业事业单位或者其他组织迟报统计资料,或者未按照国家有关规定设置原始记录、统计台账的,由县级以上人民政府统计机构责令改正,给予警告;企业事业单位或者其他组织有前款所列行为之一的,可以并处1万元以下的罚款;个体工商户迟报统计资料的,由县级以上人民政府统计机构责令改正,给予警告,可以并处1 000元以下的罚款;个人在重大国情国力普查活动中拒绝、阻碍统计调查,或者提供不真实或者不完整的普查资料的,由县级以上人民政府统计机构责令改正,予以批评教育。

企业事业单位或者其他组织有所列行为之一的,可以并处5万元以下的罚款;情节严重的,并处5万元以上20万元以下的罚款。

个体工商户有第(1)款所列行为之一的,由县级以上人民政府统计机构责令改正,给予警告,可以并处1万元以下的罚款。

侵犯统计机构、统计人员独立行使统计调查、统计报告、统计监督职权,或者采用下发文件、会议布置以及其他方式授意、指使、强令统计调查对象或者其他单位、人员编造虚假统计资料的,责令改正,予以通报;对直接负责的主管人员和其他直接责任人员,由任免机关或者监察机关依法给予处分。

(三)追究组织实施统计调查者的违法责任

县级以上人民政府统计机构或者有关部门在组织实施统计调查活动中有下列行为之一的,由本级人民政府、上级人民政府统计机构或者本级人民政府统计机构责令改正,予以通报;对直接负责的主管人员和其他直接责任人员,由任免机关或者监察机关依法给予处分:(1)未经批准擅自组织实施统计调查的;(2)未经批准擅自变更统计调查制度的内容的;(3)伪造、篡改统计资料的;(4)要求统计调查对象或者其他机构、人员提供不真实的统计资料的;(5)未按照统计调查制度的规定报送有关资料的;(6)县级以上人民政府统计机构或者有关部门组织实施营利性统计调查的,由本级人民政府、上级人民政府统计机构或者本级人民政府统计机构责令改正,予以通报;有违法所得的,没收违法所得。

（四）追究统计机构及其工作人员的违法责任

统计机构及其工作人员有下列行为之一的，由本级人民政府或者上级人民政府统计机构责令改正，予以通报：

（1）拒绝、阻碍对统计工作的监督检查和对统计违法行为的查处工作；（2）包庇、纵容统计违法行为；（3）向有统计违法行为的单位或者个人通风报信，帮助其逃避查处；（4）未依法受理、核实、处理对统计违法行为的举报；（5）泄露对统计违法行为的举报情况。

县级以上人民政府统计机构或者有关部门有下列行为之一的，对直接负责的主管人员和其他直接责任人员由任免机关或者监察机关依法给予处分：（1）违法公布统计资料的；（2）泄露统计调查对象的商业秘密、个人信息或者提供、泄露在统计调查中获得的能够识别或者推断单个统计调查对象身份的资料的；（3）违反国家有关规定，造成统计资料毁损、灭失的。统计人员有所列行为之一的，依法给予处分。

统计机构、统计人员泄露国家秘密的，依法追究法律责任。

参 考 文 献

1. 荣振华、刘怡琳：《经济法概论》，清华大学出版社，2017年。
2. 法律出版社法规中心：《中华人民共和国会计法注释本》，法律出版社，2012年。
3. 中国法制出版社：《中华人民共和国审计法实施条例（最新修订）》，中国法制出版社，2010年。
4. 全国人大常委会法制工作委员会：《中华人民共和国统计法释义》，法律出版社，2009年。

第二十一章 土地管理法律制度

[本章概要]

本章探讨了我国的土地管理法律制度。我国实行土地的社会主义公有制,即全民所有制和劳动群众集体所有制,城市的土地属于国家所有。农村和城市郊区的土地,除由法律规定属于国家所有的以外,属于集体所有;宅基地和自留地、自留山,也属于集体所有。任何组织或者个人不得侵占、买卖或者以其他形式非法转让土地。土地的使用权可以依照法律的规定转让。为了合理利用土地,我国制定了一系列的土地管理法律制度。本章重点阐述了土地管理法的基本原则、土地的所有权和使用权、耕地保护、建设用地管理。

第一节 土地管理法律制度及其基本原则

一、概述

土地是国家最重要的资源之一。我国《宪法》第 10 条对我国的土地管理法律制度作了最基本的规定:"城市的土地属于国家所有。农村和城市郊区的土地,除由法律规定属于国家所有的以外,属于集体所有;宅基地和自留地、自留山,也属于集体所有。国家为了公共利益的需要,可以依照法律规定对土地实行征收或者征用并给予补偿。任何组织或者个人不得侵占、买卖或者以其他形式非法转让土地。土地的使用权可以依照法律的规定转让。一切使用土地的组织和个人必须合理地利用土地。"这确立了我国土地法律制度的基本原则。

我国于 1986 年制定了《中华人民共和国土地管理法》,并于 1988 年、1998 年和 2004 年先后进行了三次修订。2004 年 8 月 28 日第十届全国人民代表大会常务委员会第十一次会议对《中华人民共和国土地管理法》所作的修订,主要涉及内容是贯彻《宪法》中规定的"国家为了公共利益的需要,可以依照法律规定对土地实行征收或者征用并给予补偿"这一原则。

我国土地管理法律制度正在不断完善之中。目前,国务院有关部门正在进行《土地管理法》修订草案的起草工作,国土资源部等部门正在抓紧研究制订《土地征用和征收条例》《集体建设用地流转管理条例》等法规。

二、土地管理法律制度的基本原则

我国土地管理法律制度的基本原则主要体现在以下七个方面。

（一）土地的社会主义公有制原则

我国实行土地的社会主义公有制，即全民所有制和劳动群众集体所有制。全民所有，即国家所有土地的所有权由国务院代表国家行使。城市市区的土地属于国家所有。农村和城市郊区的土地，除由法律规定属于国家所有的以外，属于农民集体所有；宅基地和自留地、自留山，属于农民集体所有。

（二）土地所有权和使用权可分离原则

国有土地和农民集体所有的土地，可以依法确定给单位或者个人使用。使用土地的单位和个人，有保护、管理和合理利用土地的义务。

（三）登记原则

国家依法实行土地登记发证制度。依法登记的土地所有权和土地使用权受法律保护，任何单位和个人不得侵犯。土地登记内容和土地权属证书式样由国务院土地行政主管部门统一规定。土地登记资料可以公开查询。

（四）国有土地有偿使用原则

国家依法实行国有土地有偿使用制度。但是，国家在法律规定的范围内划拨国有土地使用权的除外。

（五）土地使用权可以依法转让原则

任何单位和个人不得侵占、买卖或者以其他形式非法转让土地。土地使用权可以依法转让。

（六）土地用途管理原则

土地按用途分为农业用地、建设用地和未利用地。严格限制农用地转化为建设用地，控制建设用地总量，对耕地实行特殊保护，建立农用地转用审批手续。

（七）土地的征收或征用给予补偿原则

国家为了公共利益的需要，可以依照法律规定对土地实行征收或者征用并给予补偿。

第二节 土地所有权和使用权

一、土地所有权

（一）国家土地所有权

国家土地所有权是以国家为所有权人，由其代表代为行使的对国有土地的支配性权利。

国家土地所有权的客体包括：(1) 城市市区的土地；(2) 农村和城市郊区中已经由国家依法没收、征收、征购为国有的土地；(3) 国家依法征用的原集体所有的土地；(4) 依法不属于集体所有的林地、草地、荒地、滩涂及其他土地；(5) 农村集体经济组织全部成员转为城镇居民的原属于其成员集体所有的土地；(6) 因国家组织移民、自然灾害等原因，农民成建制地集体迁移后不再使用的原属于迁移农民集体所有的土地。

国家土地所有权具有以下特征：(1) 国家土地所有权主体不能亲自行使所有权，而只能由主体代表代为行使所有权；(2) 国家土地所有权主体代表不能亲自行使土地所有权的全部四项权能；(3) 国有土地所有者代表对土地保有最终的处分权。

（二）集体土地所有权

所谓集体土地所有权，是指符合法律规定的农村集体经济组织的农民集体对归其所有的土地所享有的受法律限制的支配性权利。

我国农村集体土地所有权可分为三级主体，其经营管理主体也相应有所不同：

(1) 村农民集体所有，由村集体经济组织或者村民委员会作为所有者代表经营、管理；

(2) 村内农村集体经济组织农民集体所有（如小组农民集体所有），由村内各该农村集体经济组织或村民小组经营、管理；

(3) 乡（镇）农民集体所有，由乡（镇）农村集体经济组织经营、管理。

可以明确的是，农民集体所有的土地由农村集体经济组织、村民小组或者村民委员会（以下简称管理人）经营、管理。但是关于这种经营管理权是否也意味着所有权，有不同观点。有的学者主张农民集体所有实际应是这些管理人所有，有学者认为这些管理人享有的只是经营权、管理权而非所有权。

二、土地使用权

单位和个人依法使用的国有土地，由土地使用者向土地所在地的县级以上人民政府土地行政主管部门提出土地登记申请，由县级以上人民政府登记造册，核发国有土地使用权证书，确认使用权。其中，中央国家机关使用的国有土地的登记发证，由国务院土地行政主管部门负责，具体登记证办法由国务院土地行政主管部门会同国务院机关事务管理局等有关部门制定。

国有土地使用权可分为国有土地出让使用权、国有土地划拨使用权。集体土地使用权又可分为土地承包经营权、宅基地使用权、非农经营用地使用权、非农公益用地使用权四种。

(一) 国有土地使用权

1. 国有土地出让使用权

出让土地使用权是土地使用者以向国有土地所有者代表支付出让金为对价而原始取得的有期限限制的国有土地使用权。

在主体上,境内外法人、非法人组织和公民个人可依法取得出让土地使用权。但是,外商投资开发经营成片土地,应依法设立中外合资经营企业、中外合作经营企业、外商独资企业,享有该项权利。

出让土地使用权的合法取得方式为拍卖、招标、协议。《城市房地产管理法》规定,商业、旅游、娱乐和豪华住宅用地,应当采取拍卖、招标方式出让土地使用权。没有条件,不能采取拍卖、招标方式的,可以采取协议方式出让土地使用权。采取协议方式出让土地使用权的,出让金不得低于按国家规定所确定的最低价。

出让土地使用权具有一定的年限。根据国务院的现行规定,城镇国有土地使用权出让的最高年限,按土地用途分为以下五种情况:(1)居住用地70年;(2)工业用地50年;(3)教育、科技、文化、卫生、体育用地50年;(4)商业、旅游、娱乐用地40年;(5)综合或者其他用地50年。此外,开发国有荒山、荒地、荒滩从事广义的农业生产的,使用期限最长不得超过50年。国有土地所有者代表与用地者可在不超过最高出让年限的前提下,在出让合同中约定出让年限。

出让土地使用权人在出让使用期限内依法对土地享有占有权、使用权、收益权和部分处分权。出让土地使用权人对其使用土地上的地上建筑物、其他附着物享有所有权。

土地使用者需要改变土地使用权出让合同约定的土地用途的,必须取得出让方和市、县人民政府城市规划行政主管部门的同意,签订土地使用权出让合同变更协定或者重新签订土地使用权出让合同,相应调整土地使用权出让金。土地使用者必须依土地使用权出让合同的约定开发、利用土地。土地使用者转让土地使用权必须符合法定条件。

2. 国有土地划拨使用权

划拨土地使用权是土地使用者经县级以上人民政府依法批准,在缴纳补偿、安置等费用后所取得的或者无偿取得的没有使用期限限制的国有土地使用权。

划拨土地使用权的取得具有严格的范围限制。下列用地的土地使用者可以依法取得划拨土地使用权:(1)国家机关用地和军事用地;(2)城市基础设施用地和公益事业用地;(3)国家重点扶持的能源、交通、水利等项目用地;(4)法律、行政法规规定的其他用地。

划拨土地使用权的取得虽然不需要土地使用权出让金,但用地者申请取得划拨土地使用权需征用集体土地或占用其他用地者正在使用的国有土地的,申请用地者应向集体土地所有者或原国有土地使用者支付土地补偿安置费。所以在一般情况下,划拨使用权也并非是无偿取得。当申请用地者取得划拨土地使用权的土地为国有荒地、空地时,经依法批准后,可无偿取得。

划拨土地使用权人对划拨土地享有占有权、使用权和部分收益权。划拨土地使用权人占有、使用划拨土地所获收益归其享有,依法经批准处分土地所获收益按有关规定上缴国家后,余额归其享有。划拨土地使用权人对其投资建造的地上建筑物、其他附着物享有所有权。划拨土地使用权人不得擅自改变土地用途,转让、出租和抵押其权利须符合法定条件并履行法定手续。

3. 国有土地使用权的收回

有下列情形之一的,经过有关人民政府土地行政主管部门报经原批准用地的人民政府或者有批准权的人民政府批准,可以收回国有土地使用权:(1)为公共利益需要使用土地的;(2)为实施城市规划进行旧城区改建,需要调整使用土地的;(3)土地出让等有偿使用合同约定的使用期限届满,土地使用者未申请续期或者申请续期未获批准的;(4)因单位撤销、迁移等原因,停止使用原划拨的国有土地的;(5)公路、铁路、机场、矿场等经核准报废的。

由于公共利益需要使用土地以及为实施城市规划进行旧城区改建需要调整使用土地而收回国有土地使用权的,对土地使用权人应当给予适当补偿。

(二)集体土地使用权

1. 集体土地承包经营权

土地承包经营权是农村集体经济组织成员或者其他单位、个人依法以家庭承包或者其他方式承包取得的,用于农、林、牧、渔等生产经营活动的有期限限制的集体土地使用权。集体土地承包经营权实际上是一种独立的用益物权,通过承发包双方订立承包合同而成立。

农村集体经济组织成员通过承包方式取得农用地使用权,从事种植业、林业、畜牧业、渔业生产的,土地承包经营期限为30年。发包方和承包方应当订立承包合同,约定双方的权利和义务。承包经营土地的农民有保护和按照承包合同约定的用途合理利用土地的义务。农民的土地承包经营权受法律保护。

土地承包经营权可由本农村集体经济组织成员依法取得,也可由本农村集体经济组织以外的单位和个人依法取得。

土地承包经营权人在承包期限内,对土地享有占有权、使用权、收益权。土地承包经营权人可将其享有的土地权利转包、出租、互换、转让或以其他方式流转。土地承包经营权人不得擅自改变权利取得时确定的农业土地用途,不得擅自将农用地转变为非农用地。农、林、牧、渔业用地之间用途的转变,依有关法律规定,并不得违反承包合同的约定。

承包期内,发包方一般不得收回承包地。依法收回承包地的,承包方对其在承包地上的投入而提高土地生产能力的,有权获得相应的补偿。当承包地被依法征用、占用时,土地承包经营权人有权依法获得相应的补偿。

2. 宅基地使用权

宅基地使用权是依法经审批由农村集体经济组织分配给其内部成员用于建造住宅的,没有使用期限限制的集体土地使用权。宅基地使用权是我国民法上的一类独立的用益物权制度。

农村集体经济组织内部成员符合建房申请宅基地条件的,依法享有宅基地使用权。非农村集体经济组织内部成员,不得申请取得宅基地使用权。

农村村民申请住宅用地,应经依法审批。经依法审批后,农村集体经济组织向宅基地申请者无偿提供宅基地使用权。

农村村民一户只能拥有一处宅基地,其宅基地的面积不得超过省、自治区、直辖市规定的标准。农村村民不得单独出卖、出租宅基地,但可以出卖、出租住房。此时,依物权法上的"房地一体主义",住房所占用的宅基地使用权亦随房而转让和出租。在此情况下出卖人或出租人再申请宅基地的,不予批准。

3. 非农经营用地使用权

非农经营用地使用权是经审批由农村集体经济组织通过投资的方式向符合条件的从事非农生产经营性活动的用地者提供的集体土地使用权。

农村集体经济组织可设立独资经营的企业,将符合乡(镇)土地利用总体规划的非农经营用地提供给企业从事生产经营活动,土地使用权由该集体经济组织或企业享有。农村集体经济组织可通过以符合乡(镇)土地利用总体规划的非农经营用地使用权作价入股或出资及联营的形式与其他单位。个人设立公司、合伙等企业,土地使用权由该企业享有。但属于非法人联营企业的,土地使用权仍由该集体经济组织享有。

4. 非农公益用地使用权

非农公益用地使用权是依法经审批由农村集体经济组织或者其依法设立的公益性组织,对用于集体经济组织内部公益事业的非农用地所享有的集体土地使用权。

农村集体经济组织可依法对用于本集体经济组织公益性活动的非农用地享有土地使用权。农村集体经济组织依法设立的学校等公益性组织也可对其用于从事公益性活动的非农用地享有土地使用权。

乡(镇)村公共设施、公益事业建设,需要使用集体所有土地的,应经依法审批。依法审批后,经农村集体经济组织拨付,用地申请人取得非农公益性用地使用权。用地申请人为农村集体经济组织的,不经拨付径自取得非农公益用地使用权。

非农公益用地使用权人对土地享有占有权和使用权。非农公益用地使用权人不得擅自改变土地用途,不得擅自将土地用于经营活动,不得将土地使用权转让、出租或抵押。

第三节 耕地保护和建设用地管理

一、土地利用总体规划

土地利用总体规划作为政府调控土地资源配置的主要手段,是政府加强用地管理、促进土地资源合理、高效利用的基础和保证。我国实行土地利用总体规划制度。各级人民政府依据国民经济和社会发展规划、国土整治和资源环境保护的要求、土地供给能力以及各项建设对土地的需求,组织编制土地利用总体规划。

土地利用总体规划按照下列原则编制:(1)严格保护基本农田,控制非农业建设占用农用地;(2)提高土地利用率;(3)统筹安排各类、各区域用地;(4)保护和改善生态环境,保障土地的可持续利用;(5)占用耕地与开发复垦耕地相平衡。

下级土地利用总体规划应当依据上一级土地利用总体规划编制。地方各级人民政府编制的土地利用总体规划中的建设用地总量不得超过上一级土地利用总体规划确定的控制指标,耕地保有量不得低于上一级土地利用总体规划确定的控制指标。省、自治区、直辖市人民政府编制的土地利用总体规划,应当确保本行政区域内耕地总量不减少。

土地利用总体规划实行分级审批。土地利用总体规划一经批准,必须严格执行。

二、耕地保护

从耕地保护的目的是保护耕地的生产力的角度来讲,耕地是指种植各种农作物的土地,包括种植粮食、油料、棉花、蔬菜等一年生农作物的土地,也包括利用原来的耕地栽种果树、林木、花卉等多年生作物的土地;耕地还包括原耕地用来养鱼、养猪、养鸡等养殖业,但没有进行地面固化,可以复垦的土地。耕地保护是我国的一项基本策略。我国《土地管理法》确立了一系列的法律制度保护耕地,严格控制耕地转化为非耕地。

首先,国家实行占用耕地补偿制度。占用耕地的单位应当按照"占多少,垦多少"的原则开垦耕地。省级人民政府应当制定开垦耕地计划,监督占用耕地的单位按照计划开垦耕地或者按照计划组织开垦耕地,并进行验收。

其次,国家实行基本农田保护制度。所谓基本农田是指:(1)经国务院有关主管部门或者县级以上地方人民政府批准确定的粮、棉、油生产基地内的耕地;(2)有良好的水利与水土保持设施的耕地,正在实施改造计划以及可以改造的中、低产田;

(3)蔬菜生产基地；(4)农业科研、教学试验田；(5)国务院规定应当划入基本农田保护区的其他耕地。上述五类耕地应当根据土地利用总体规划划入基本农田保护区，严格管理。各省、自治区、直辖市划定的基本农田应当占本行政区域内耕地的80%以上。

再次，国家实行优先保护耕地原则。非农业建设必须节约使用土地，可以利用荒地的，不得占用耕地；可以利用劣地的，不得占用好地。禁止占用耕地建窑、建坟或者擅自在耕地上建房、挖砂、采石、采矿、取土等。禁止占用基本农田发展林果业和挖塘养鱼。

另外，我国法律明文禁止任何单位和个人闲置、荒芜耕地。已经办理审批手续的非农业建设占用耕地，一年内不用而又可以耕种并收获的，应当由原耕种该幅耕地的集体或者个人恢复耕种，也可以由用地单位组织耕种；一年以上未动工建设的，应当按照省、自治区、直辖市的规定缴纳闲置费；连续两年未使用的，经原批准机关批准，由县级以上人民政府无偿收回用地单位的土地使用权；该幅土地原为农民集体所有的，应当交由原村集体经济组织恢复耕种。承包经营耕地的单位或者个人连续两年弃耕抛荒的，原发包单位应当终止承包合同，收回发包的耕地。

三、建设用地管理

建设用地是指用于建造建筑物或构筑物的土地，包括国家建设用地和乡(镇)、村建设用地以及临时用地。

(一)国家建设用地

国家建设用地是国家为进行各种经济、文化、国防建设以及兴办各种公益事业所需占用的土地。国家建设用地的来源包括三个方面：(1)征用农民集体所有的土地；(2)使用国有荒山荒地；(3)收回他人土地使用权的国有土地。

国家建设用地的审批权限的划分为：(1)由国务院批准的包括：基本农田；基本农田以外的耕地超过35公顷的；其他土地超过70公顷的；(2)征用上述土地以外的土地，由省、自治区、直辖市人民政府批准，报国务院备案。

征用耕地，用地者须支付、交纳下列费用：(1)土地补偿费，为该耕地被征用前3年平均产值的6—10倍；(2)安置补助费，每一需要安置的农业人口安置补偿费为该耕地被征用前3年平均年产值的4—6倍，最高不得超过被征用前3年平均年产值的15倍；(3)开发建设基金，占用城市郊区的菜地，用地单位应当按国家有关规定交纳新菜地开发建设基金；被征用土地上的附着物和青苗补偿费，其标准由省级人民政府规定。土地补偿费和安置补助费的总和，不得超过土地被征用前3年平均年产值的30倍。

(二)乡(镇)、村建设用地

乡(镇)、村建设用地是指农村集体经济组织兴办企业、公益事业或农民建设住宅所需占用的农村集体土地。其审批权限分为以下三种情况。

（1）办企业需要用地的，应向县级以上地方人民政府土地管理部门提出申请，由县级以上人民政府批准。占用农用地的，应依法办理农用地转用审批手续。

（2）建设公用设施、公益事业用地的，先经乡（镇）人民政府审核，再按兴办企业的程序审批。

（3）村民宅基用地，经乡（镇）人民政府审核，由县级人民政府审批。

我国对乡（镇）村建设用地实行控制原则。乡（镇）村兴办企业的建设用地，严格控制，其用地面积不得超过省、自治区、直辖市按照乡镇企业的不同行业和经营规模分别规定的控制标准。农村村民一户只能拥有一处宅基地，其宅基地的面积不得超过省、自治区、直辖市规定的控制标准。

（三）临时建设用地

临时建设用地是指因建设项目施工和地质勘查等需用临时使用国有土地或者集体土地。对临时建设用地有以下限制：临时用地者应当根据土地权属，与有关土地行政主管部门或者农村集体经济组织、村民委员会签订临时使用土地合同，并按照临时使用土地合同的约定的用途使用土地并支付费用，不得修建永久性建筑，临时使用土地的期限一般不得超过2年。

土地使用者应当根据土地权属，与有关土地行政主管部门或者农村集体经济组织、村民委员会签订临时使用土地合同，并按照合同的约定支付临时使用土地补偿费。

第四节 土地法律责任与纠纷处理

一、监督管理

《土地管理法》在1998年第二次修订时增设了"监督管理"一章，从法律上确立了县级以上人民政府土地行政主管部门对违反土地管理法律、法规的行为有权进行监督检查这一制度。县级以上人民政府土地行政主管部门履行监督检查职责时，有权采取调查、勘测和责令非法占用土地的单位或者个人停止违反土地管理法律、法规的行为的措施。县级以上人民政府土地行政主管部门在监督检查工作中发现土地违法行为构成犯罪的，应当将案件移送有关机关，依法追究刑事责任；不构成犯罪的，应当依法给予行政处罚。

二、违反《土地管理法》的法律责任

《土地管理法》第七章详细规定了违反土地管理法的法律责任，此处仅择要述之。

（一）非法土地交易的法律责任

非法土地交易主要是指以买卖和其他非法形式转让土地的行为。在我国，只有土地使用权是允许交易的，土地所有权绝对不允许交易。土地使用权的交易也必须遵循法定的程序，否则应该承担相应的法律责任。根据《土地管理法》规定：买卖或者以其他形式非法转让土地的，由县级以上人民政府土地行政主管部门没收违法所得；对违反土地利用总体规划擅自将农用地改为建设用地的，限期拆除在非法转让的土地上新建的建筑物和其他设施，恢复土地原状，对符合土地利用总体规划的，没收在非法转让的土地上新建的建筑物和其他设施；可以并处罚款；对直接负责的主管人员和其他直接责任人员，依法给予行政处分；构成犯罪的，依法追究刑事责任。

（二）非法占用土地的法律责任

非法占用土地主要是指未经过批准或采取欺骗手段骗取批准，非法占用土地或超过批准的数量占用土地的行为。《土地管理法》第76条和第77条对此作出了规定。未经批准或者采取欺骗手段骗取批准，非法占用土地的，由县级以上人民政府土地行政主管部门责令退还非法占用的土地，对违反土地利用总体规划擅自将农用地改为建设用地的，限期拆除在非法占用的土地上新建的建筑物和其他设施，恢复土地原状，对符合土地利用总体规划的，没收在非法占用的土地上新建的建筑物和其他设施，可以并处罚款；对非法占用土地单位的直接负责的主管人员和其他直接责任人员，依法给予行政处分；构成犯罪的，依法追究刑事责任。超过批准的数量占用土地，多占的土地以非法占用土地论处。另外，农村村民未经批准或者采取欺骗手段骗取批准，非法占用土地建住宅的，由县级以上人民政府土地行政主管部门责令退还非法占用的土地，限期拆除在非法占用的土地上新建的房屋。超过省、自治区、直辖市规定的标准，多占的土地以非法占用土地论处。

（三）非法批准征用、使用土地的法律责任

主要包括以下四类行为：（1）无权批准征用、使用土地的单位或者个人非法批准征用、使用土地的；（2）超越批准权限批准征用、使用土地的；（3）不按照土地利用总体规划确定的用途批准征用、使用土地的；（4）违反法律规定的程序批准征用、使用土地的。对此四类行为《土地管理法》第78条规定其批准文件无效，对非法批准征收、使用土地的直接负责的主管人员和其他直接责任人员，依法给予行政处分；构成犯罪的，依法追究刑事责任。非法批准、使用的土地应当收回，有关当事人拒不归还，以非法占用土地论处。

三、土地纠纷及其解决途径

对于土地所有权和使用权归属或界线等问题引起的确权争议，由当事人协商解决；协商不成的，由人民政府处理。争议主体不同，处理争议的行政机关是不同的。

单位之间的争议,由县级以上人民政府处理;个人之间、个人与单位之间的争议,由乡级人民政府或者县级以上人民政府处理。

当事人对有关人民政府的处理决定不服的,可以自接到处理决定通知之日起30日内,向人民法院起诉。也就是说,当事人不服人民政府的处理决定,可以直接提起行政诉讼。

上述规定只适用于因为土地所有权和使用权归属或界线等问题引起的确权争议。有关土地的争议还有民事侵权争议或合同争议、其他土地行政争议。对于前者按民事纠纷解决,对于后者按一般行政复议及行政诉讼程序处理。即认为行政机关具体行为侵犯其所有权或使用权的,应先申请行政复议,不服复议决定,可向人民法院起诉。也就是说,对此类争议实行的是复议前置。应注意到各类纠纷在解决程序上的不同规定。

为了确保纠纷顺利解决,法律规定在土地所有权和使用权争议解决前,任何一方不得改变土地利用现状。

参 考 文 献

1. 高圣平:《中国土地法制的现代化:以土地管理法的修改为中心》,法律出版社,2014年。
2. 中国法制出版社:《中华人民共和国土地管理法配套解读与案例注释》,中国法制出版社,2013年。
3. 杨阔炜:《案例导读:土地管理法及配套规定适用与解析》,法律出版社,2013年。
4. 中国法制出版社:《中华人民共和国土地管理法(案例注释版)》(第二版),中国法制出版社,2013年。
5. 王小莹:《我国农村土地流转法律制度研究》,法律出版社,2012年。
6. 李显冬:《李显冬解读土地管理法》,中国社会出版社,2011年。
7. 丁关良:《土地承包经营权流转法律制度研究》,中国人民大学出版社,2011年。

第二十二章 环境资源法律制度

[本章概要]

环境资源法是法学中一门新兴的边缘性学科,它不仅涉及传统的部门法学学科,而且还涉及环境科学等其他自然科学和社会科学学科。本章通过阐述环境资源法的概念、环境资源法的调整对象,进一步阐明环境资源法的内涵;论述了环境资源法体系的有关知识,以及环境保护基本法律制度、环境污染防治法、污染物质污染防治法、环境污染法律责任。

第一节 环境资源法概述

一、环境的概念和体系

环境是以人类为主体的外部世界,即人类赖以生存和发展的物质条件的整体,包括自然环境和社会环境。《中华人民共和国环境保护法》第2条明确指出:"本法所称环境,是指影响人类社会生存和发展的各种天然的和经过人工改造的自然因素总体,包括大气、水、海洋、土地、矿藏、森林、草原、野生动物、自然古迹、人文遗迹、自然保护区、风景名胜区、城市和乡村等。"

目前,我国环境资源法律体系大致由宪法性规定、综合性环境基本法、环境保护单行法、其他部门法中的环境保护规范、环境保护行政法规、环境保护地方性法规和行政规章以及国际法中的环境保护规范组成。环境保护单行法主要分为环境污染防治法和自然资源保护法,限于篇幅,本章主要阐述环境污染的防治法部分。

二、环境资源法的概念及特征

环境资源法,又称为环境保护法,是调整因开发、利用、保护和改善人类环境而产生的社会关系的法律规范的总称。1979年9月全国人大常委会通过了我国的第一部环境保护法《中华人民共和国环境保护法(试行)》,并在1989年重新颁布了全面修订后的《中华人民共和国环境保护法》。随着经济社会的发展,全社会对改善环境质量的呼声日益提高,另一方面环境保护与治理的速度却赶不上污染和破坏的速度,同时,作为近年来广受关注的社会热点问题,环境环境保护面临的压力正不断加重。为保护和改善环境,防治污染和其他公害,保障公众健康,推进生态文明建设,促进经济社会可持续发展,2014年4月24日,第十二届全国人大常委会第八次会议表决通过了修订后的《环境保护法》,修订后的《环境保护法》于2015年1月1日施行。修订后的法律共7章70条。修订后的《环境保护法》亮点首次将环境保护置于优先位置,是环保理念上的一次突破,为政策环评打开了大门,同时将每年的6月5日定为环境日。新的《环境保护法》在总则中进一步强化环境保护的战略地位,依照《国务院关于落实科学发展观加强环境保护决定》以及《国务院关于加强环境保护重点工作的意见》确定的总体要求,将环境保护融入经济社会发展。

这次修法明确了《环境保护法》是环境领域的基础性法律,规定的是基本的环境制度。针对该领域的其他单行法,与《环境保护法》不一致的要适用《环境保护法》,《环境保护法》没有规定的,适用其他法律的规定。

环境资源法的特征如下。

(一) 调整对象的生态性和复杂性

环境资源法的调整对象是"生态性经济社会关系"。"生态"是整个经济社会的基础,任何事物不可能脱离生态环境而存在,因此,环境资源法所调整的经济社会关系也是涉及面很广的。环境资源法既要维护良好的社会秩序,又要维持良好的生态环境、自然秩序。这个特征也可称之为调整对象的"生态性"。"生态性"使得环境资源法的调整对象不同于一般的经济社会关系,具有了复杂性。

(二) 调整手段的综合性

调整对象的复杂性决定了调整手段的综合性。环境与资源保护法由污染防治法、自然保护法、资源能源法、国土开发整治法等行业、部门法综合而成,既与法学中的各二级学科有联系,也与法学之外的环境学、管理学、地理学、生态学等有联系,是研究从法律上调整人与自然环境的关系和有关的人与人的关系的新兴、边缘学科。

(三) 公益性和共同性

环境资源法主要是解决人类同自然的矛盾。环境保护的利益同全社会的利益是一致的。从这个角度说,环境与资源保护法具有广泛的社会性和公益性,最明显地体现了法的社会职能的一面。污染是没有国界限制的,一国的环境污染会给别国带来危害,环境问题是人类共同面临的问题,因此,各国的环境资源法也有许多共同之处。这种共同性使得环境资源法更具有互相借鉴性,也促进了国际环境资源法的发展。

(四) 区域性

环境资源法的区域性体现在两大方面。一方面,是环境问题的区域性,也就是说环境问题以及相应的污染防治和生态保护问题,不单纯是"末端治理"这个"点"或"全程控制"这条"线"的问题,它还更多地体现为"区域治理"这种"面"("区")的问题。另一方面,是区域的特殊性。我们在重视区域性的同时,更要注意区域的特殊性,例如,某一地区的大气污染是煤烟型的,而另一地区可能是石油型的,在区域性污染防治立法时就要有所区别。

(五)前瞻性

可持续发展、预防原则、谨慎原则和环境行动计划是这一特点的集中体现。环境资源法具有前瞻性的根本原因。许多环境问题一旦发生,不能迅速解决或者根本不可能解决,如臭氧层破坏、全球气候变暖、动植物种群灭绝等。要避免这种问题出现,唯一的办法是根据可持续发展的思想,应用现有的科学技术知识,面向未来制定环境保护计划,在治理已经产生的环境问题的同时,尽量避免产生任何新的环境破坏。

(六)可持续发展性

环境资源法以可持续发展为基本价值取向,其核心内容是要求既满足当代人的需要,又不对后代人满足其需要的能力构成危害,这个内涵不是传统公法、私法所能真正包容的。公法是以国家利益为本位,其对政权稳固与安全的关心超过对社会发展的关心,私法则以个人利益为本位,其对自身利益的关心是第一位的,只有独立的社会利益并且形成公共社会力量,才会以社会的持续发展为最大关怀,因此,只有环境资源法才是持续发展最有力的法律保障。

三、环境资源法的基本原则

环境资源法的基本原则,是指贯穿于环境资源法立法、执法、司法全过程之中的基本的指导思想和准则。修订后的《环境保护法》增加规定"保护环境是国家的基本国策",在第5条中明确"环境保护坚持保护优先、预防为主、综合治理、公众参与、污染者担责的原则"。

(一)保护优先原则

"环境保护优先性"原则,其基本内涵是指在环境管理活动中应把环境保护放在优先位置予以考虑,在社会的生态利益与其他利益冲突时,优先考虑生态利益。

这一原则,既能体现代内公平,又能体现代际公平,既保护了当代人和后代人平等的生存权和发展权,同时还尊重自然界的生态平衡系统,保护其他物种的生存权。新的《环境保护法》还要求重点区域、流域应当制定限期达标规划,并采取措施按期达标。这为全国总体环境质量改善提出了制度目标、时间表和路线图的具体要求。再如,对重点敏感生态地区划定生态保护红线等,都体现了保护优先的原则。

(二)预防为主原则

预防为主是指在环境保护工作中,要把工作重点放在预防环境污染和破坏上;仅有治理,难以根治环境问题,更重要的是要防止发生新的环境污染和破坏。

确立预防为主的原则,可以尽量避免环境损害,将环境损害消除于生产过程之中,做到防患于未然。把消除污染、防止生态环境破坏的措施,实施在开发建设活动之前或之中,从根本上消除产生环境问题的根源,减轻事后治理所付出的代价。

(三) 综合治理原则

从广义上来说,综合治理是指采取各种措施,包括经济、法律、行政、技术、教育等措施来控制环境污染和破坏。它要求把防治环境污染和破坏同经济建设、城乡建设结合起来,把治理和管理结合起来,做到以管促治。采取各种措施,综合治理已经产生的环境污染和破坏。只有这样,才能有效地保护和改善环境质量,实现可持续发展战略。

(四) 公众参与原则

公众参与原则,也称环境民主原则,是指在环境保护和自然资源的开发利用工作中必须依靠社会公众的广泛参与,公众有权了解有关信息,有权通过一定的形式参与管理、决策或监督。新修订的《环境保护法》多处提到公众参与环保的内容,尤其是体现了全民参与环保的理念。首先,明确一切单位和个人都有保护环境的义务。其次,增加了要求公民采用低碳、节俭的生活方式的规定,要求公民遵守环境保护法律法规,配合做好实施环境保护措施,也要求公民对废弃物进行分类放置等,这都是公众参与环保的形式。

(五) 损害担责原则

《环境保护法》确立了一个新的基本原则,即损害者担责原则。以前强调的仅仅是污染者担责而忽视了生态破坏者的责任,此次修订则把环境污染和生态损害的责任加以合并,用损害者担责原则予以概括,更为准确、到位。因污染环境造成损害的,污染者应当承担侵权责任。损害担责的原则反映了环境污染恢复责任的公平负担。污染者不仅要对已经产生的污染负责,还要对污染的长期影响负责。

第二节　环境资源法的基本制度

所谓环境保护的基本法律制度是指为了实现环境立法的目的,遵循环境保护的基本原则而在国家环境污染防治法律中制定的、由环境保护单项法规或规章所具体表现的、对国家环境保护具有重大、普遍和指导意义,并由环保部门来监督实施的同类法律规范的总称。环境保护法律制度主要有环境保护计划制度、环境影响评价制度、"三同时"制度、污染防治制度、许可证制度、环境监测制度、现场检查制度、限期治理制度、放射性物质污染管理制度、自然保护区和生态环境管理制度、污染事故报告制度,以及环境保护经济刺激制度等。

一、环境监测制度

环境监测制度是生态环境评价和保护的重要制度。现行环境保护法及其相关法律对环境监测提出了原则要求。环境评价监测点的设置和监测数据是环境质量评价的依据,监测数据依法公开是实现公众参与的基础。新修订的《环境保护法》通过规范制度来保障监测数据和环境质量评价的统一,规定国家建立监测网络和监测数据信息体系,统一规划设置监测网络;环境质量和污染物排放监测数据应当纳入监测数据信息体系,作为评价环境质量的依据;从事环境监测工作应当遵守国家监测规范,监测机构负责人对监测数据的真实性和准确性负责,监测数据依法公开。

二、环境影响评价制度

环境影响评价制度首创于美国。环境影响评价制度,是指在进行建设活动之前,对建设项目的选址、设计和建成投产使用后可能对周围环境产生的不良影响进行调查、预测和评定,提出防治措施,并按照法定程序进行报批的法律制度。

环境影响评价制度,是实现经济建设、城乡建设和环境建设同步发展的主要法律手段。建设项目不但要进行经济评价,而且要进行环境影响评价,科学地分析开发建设活动可能产生的环境问题,并提出防治措施。通过环境影响评价,为建设项目合理选址提供依据,防止由于布局不合理给环境带来难以消除的损害;通过环境影响评价,调查清楚周围环境的现状,预测建设项目对环境影响的范围、程度和趋势,提出有针对性的环境保护措施;环境影响评价还可以为建设项目的环境管理提供科学依据。

新的《环境保护法》将环境保护工作中一些行之有效的措施和做法上升为法律,来完善环境保护基本制度,增加了"未依法进行环境影响评价的建设项目,不得开工建设",并规定相应的法律责任:"建设单位未依法提交建设项目环境影响评价文件或者环境影响评价文件未经批准,擅自开工建设的,由负责审批建设项目环境影响评价文件的部门责令停止建设,处以罚款,并可以责令恢复原状"。同时,增加环境经济激励措施,规定"企业事业单位和其他生产经营者,在污染物排放符合法定要求的基础上,进一步减少污染物排放的,人民政府应当依法采取财政、税收、价格、政府采购等方面的政策和措施予以鼓励和支持。企业事业单位和其他生产经营者,为改善环境,按照有关规定转产、搬迁、关闭的,人民政府应当予以支持"。

三、"三同时"制度

"三同时"制度是指一切新建、改建和扩建的基本建设项目(包括小型建设项目)、技术改造项目、自然开发项目,以及可能对环境造成损害的其他工程项目,其中防治污染和其他公害的设施和其他环境保护设施,必须与主体工程同时设计、同时施工、同时投产。

"三同时"制度是我国首创的,最早规定于1973年的《关于保护和改善环境的若干规定》。"三同时"制度是防止产生新的环境污染和生态破坏的重要制度。凡是通过环境影响评价确认可以开发建设的项目,建设时必须按照"三同时"制度规定,把环境保护措施落到实处,防止建设项目建成投产使用后产生新的环境问题,在项目建设过程中也要防止环境污染和生态破坏。建设项目的设计、施工、竣工验收等主要环节落实环境保护措施,关键是保证环境保护的投资、设备、材料等与主体工程同时安排,使环境保护要求在基本建设程序的各个阶段得到落实,"三同时"制度分别明确了建设单位、主管部门和环境保护部门的职责,有利于具体管理和监督执法。

四、许可证制度

凡是对环境有不良影响的各种规划、开发、建设项目、排污设施或经营活动,其建设者或经营者,需要事先提出申请,经主管部门审查批准,颁发许可证后才能从事该项活动,这就是许可证制度。

许可证制度是污染控制法律规范的支柱,它有下列优点而在环境管理中发挥重要作用。

(1) 便于把影响环境的各种开发、建设、排污活动纳入国家统一管理的轨道,把各种影响环境和排污活动严格限制在国家规定的范围内,使国家能够有效地进行环境管理。

(2) 便于主管机关针对不同情况采取灵活的管理办法,规定具体的限制条件和特殊要求。

(3) 便于主管机关及时掌握各方面的情况,及时制止不当规划、开发及各种损害环境的活动,及时发现违法者,从而加强国家环境行政主管部门的监督职能的行使,保障法律、法规的有效实施。

(4) 促进企业加强环境管理,进行技术改造和工艺改造,采用无污染、少污染工艺。

(5) 便于群众参与环境管理,特别是对损害环境活动的监督。

五、污染防治制度

新的《环境保护法》完善了跨行政区污染防治制度。环境保护工作跨行政区域是一个必然趋势,也是环境保护由控制污染物排放到更加重视环境质量的保护和改善的方向。

对于跨行政区污染防治,现行《环境保护法》仅在第15条作出有关政府协商解决的原则性规定。其明确规定,国家建立跨行政区域的重点区域、流域环境污染和生态破坏联合防治协调机制,实行统一规划、统一标准、统一监测、实施统一的防治措施。污染防治的需要以经科学论证和法定程序批准的跨地区或者流域的规划为基础,明确相关行政区域政府的行政责任,解决跨行政区的环境污染防治问题。

六、征收排污费制度

1978年12月,中央批转的原国务院环境保护领导小组首次提出在我国实行"排放污染物收费制度"。征收排污费制度是对于向环境排放污染物或者超过国家排放标准排放污染物的排污者,按照污染物的种类、数量和浓度,根据法律、行政法规的规定征收一定的费用。这是一项运用经济手段有效地促进污染治理和新技术的发展,又能使污染者承担一定污染防治费用的环境保护法律制度。征收排污费的目的是为了促进节约和综合利用资源,治理污染和改善环境。根据我国有关环境保护法律的规定,凡是向水体、大气排放污染物的企业事业单位,都必须按照国家规定缴纳排污费,并负责治理。征收排污费的具体办法由国务院规定。征收的排污费一律上缴财政,按照国务院的规定用于污染的防治,不得挪作他用,并由审计机关依法实施审计监督。对污染企业征收排污费,并不免除其治理污染的责任,也不免除其因污染造成损失的赔偿责任和法律规定的其他责任。

此次修订在环境监管中引入了"许可管理"和"信用管理"的模式。通过许可管理,对排污企业实施排污许可,尽可能合并对企业的审批和环境监管,减轻企业的负担;通过环境信用,那些造成环境污染、生态破坏的企业,将面临降低甚至丧失环境信誉的处罚,从而使其减少或者失去进一步发展的机会。在当下建设公民信用和企业信用的社会大背景下,这一手段有利于发挥公民和企业守法的自觉性,使强制守法变为自觉守法。

七、总量控制制度

新《环境保护法》首先规定国家对重点污染物实行排放总量控制制度;其次,建立了对地方政府的监督机制。重点污染物排放总量控制指标由国务院下达,省级人民政府负责分解落实。企业事业单位在执行国家和地方污染物排放标准的同时,应当遵守重点污染物排放总量控制指标。对超过国家重点污染物排放总量控制指标或者未完成国家确定的环境质量目标的地区,省级以上人民政府环境保护行政主管部门应当暂停审批其新增重点污染物排放总量的建设项目环境影响评价文件。

八、环境公益诉讼制度

环境公益诉讼是公益诉讼所包含的众多方面诉讼中的一种,它是指由于行政机关或其他公共权力机构、公司、企业或其他组织及个人的违法行为或不作为,使环境公共利益遭受侵害或有侵害的可能时,法律允许任何公民、社会团体、国家机关为维护环境公共利益而向国家司法机关提起诉讼的制度,它是公众环境权益受到侵害时的法律救济途径之一。从国内外的实践看,建立环境公益诉讼制度,可以更加有效地保障公众的环境权利,维护社会公共利益和国家利益。

对污染环境、破坏生态,损害社会公共利益的行为,符合下列条件的社会组织可以向人民法院提起诉讼:(1)依法在设区的市级以上人民政府民政部门登记;(2)专门从事环境保护公益活动连续5年以上且无违法记录。符合前款规定的社会组织向人民法院提起诉讼,人民法院应当依法受理。提起诉讼的社会组织不得通过诉讼牟取经济利益。

第三节 环境污染防治法

一、环境污染防治法概述

防治环境污染是环境保护法的首要内容。我国现行《中华人民共和国环境保护法》对环境污染进行了列举性规定,即"在生产建设或者其他活动中产生的废气、废水、废渣、粉尘、恶臭气体、放射性物质以及噪声、振动、电磁波辐射等对环境的污染和危害"。

环境污染从其产生原因和影响要素来分类,可以分为大气污染、水污染、海洋污染、噪声污染、固体废物污染、放射物质污染、农药污染等多方面。目前我国在这些方面均制订了专门法律、法规予以调整,基本上形成了较完善的环境污染防治法体系。

二、环境污染防治立法

我国就环境污染防治颁布了一系列污染物排放标准,随后又颁布了有关环境管理的规定,1989年颁布了《中华人民共和国环境保护法》。迄今,已经颁布的专门的环境污染防治法律有《中华人民共和国海洋环境保护法》《中华人民共和国水污染防治法》《中华人民共和国大气污染防治法》《中华人民共和国固体废物污染环境防治法》《中华人民共和国环境噪声污染防治法》《中华人民共和国防沙治沙法》《中华人民共和国放射性污染防治法》7部法律规范。

三、大气污染防治法

大气是一种由多种物质混合而成的物质,其主要成分包括氮、氧、氩、氖、氦、氪、氙及二氧化碳、水蒸气和其他杂质。大气污染的危害主要表现在对人体健康的侵害以及对其他生物体、财产(器物)、资源的损害等方面。

我国已经建立了较为完善的大气污染防治法规标准体系,2001年开始施行的《中华人民共和国大气污染防治法》于2015年8月29日修订通过,自2016年1月1日起施行。修订后的《大气污染防治法》在重点城市大气污染防治、燃煤污染控制、机动车尾气治理、扬尘污染治理等多个领域作出新规定,对有关法律制度和执法手段进行了重要改革。

四、水污染防治法

水环境是水以及与水共生的要素所构成的有机统一体。我国《中华人民共和国水污染防治法》中的水是指陆地上的水,包括地表水(如江河、湖泊)和地下水,且主要为淡水。所谓水污染,是由于人们在生产和生活活动中将污染物或某种有害能量排入水体,导致水的物理、化学、生物特性发生变化,破坏水体环境,影响水体的有效利用,危害人们的健康、生命安全的现象。

1984年5月全国人大常委会通过《中华人民共和国水污染防治法》(2008年2月修订,2008年6月1日起施行),国务院相应发布了《中华人民共和国水污染防治法实施细则》。此外,国家有关部门还公布了各类水质标准和水污染物排放标准。水污染防治主要规定包括城市污水处理、地表水污染防治、地下水污染防治等方面。

(1)城市污水处理。城市污水应当进行集中处理,保护城市水源和防治城市水污染纳入城市建设规划,建设和完善城市排水管网,有计划地建设城市污水集中处理设施,加强城市水环境的综合整治;城市污水集中处理设施按照国家规定向排污者提供污水处理的有偿服务,收取污水处理费用,以保证污水集中处理设施的正常运行。

(2)保护生活饮用水源。省级以上人民政府可以依法划定生活饮用水地表水源保护区;在生活饮用水源受到严重污染,威胁供水安全等紧急情况下,环境保护部门应当报经同级人民政府批准,采取强制性的应急措施,包括责令有关企业事业单位减少或者停止排放污染物。

(3)淘汰严重污染水环境的落后工艺。国家对严重污染水环境的落后生产工艺和严重污染水环境的落后设备实行淘汰制度;禁止新建无水污染防治措施的小型化学制纸浆、印染、染料、制革、电镀、炼油、农药以及其他严重污染水环境的企业。

(4)保护地表水体。禁止向地表水体排放各类有害物质;县级以上地方人民政府的农业管理部门和其他有关部门,应当采取措施,指导农业生产者科学、合理地施用化肥和农药,控制化肥和农药的过量使用所造成的水污染。

(5)防治地下水污染。禁止企业事业单位利用渗井、渗坑、裂隙和溶洞排放、倾倒含有毒污染物的废水、含病原体的污水和其他废弃物;各类工程建设都要采取有效措施防治地下水污染。

五、海洋环境保护法

海洋环境是指由海洋水域、海洋生物、海洋气候以及其他海洋性自然要素所构成的有机的、相互依赖的生态系统。我国《中华人民共和国海洋环境保护法》将海洋环境污染损害定义为：直接或间接地把物质或者能量引入海洋环境，产生损害海洋生物资源、危害人体健康、妨碍渔业和海上其他合法活动、损害海水使用素质和减损环境质量等的有害影响。海洋环境污染的危害包括：损害海洋生物资源；危害人体健康；妨碍渔业和海上其他合法活动；损害海水使用素质和减损环境质量。

1982年通过、2013年修订的《海洋环境保护法》规定："造成海洋环境污染损害的责任者，应当排除危害，并赔偿损失；完全由于第三者的故意或者过失，造成海洋环境污染损害的，由第三者排除危害，并承担赔偿责任。对破坏海洋生态、海洋水产资源、海洋保护区，给国家造成重大损失的，由依照本法规定行使海洋环境监督管理权的部门代表国家对责任者提出损害赔偿要求。"

第四节 污染物质污染防治法

一、环境噪声污染防治法

（一）噪声污染

环境资源法上所讲的噪声即环境噪声是指在工业生产、建筑施工、交通运输和社会生活中所产生的干扰周围生活环境的声音。我国《中华人民共和国环境噪声污染防治法》把环境噪声划分为工业噪声、建筑施工噪声、交通运输噪声和社会生活噪声等四类。

（二）环境噪声的危害

由于环境噪声是一种令人感觉不愉快的声音，所以，无论是否成为污染现象都会对人类的正常生产、生活活动以及对动物的健康或生存造成影响。

1. 对人体健康的影响

噪声会影响睡眠和休息、干扰交谈和思考以及影响听力和导致其他疾病等方面。当人们接触较强的噪声后，会出现耳鸣、听力下降等现象，如果长时间接触噪声会导致听觉疲劳，并出现语言听力障碍，长此以往则可能发展成为噪声性耳聋。

2. 对动物的影响

噪声同样能够对动物的听觉器官、内脏器官和中枢神经系统造成病理性变化和损伤。实验证明，动物在噪声场中会出现听觉和视觉损伤，以及发生失去控制能力和痉挛的现象，还会导致动物内脏发生诸如心律衰竭、内出血等病变。强烈的噪声还会引起动物死亡。

3. 对财产（器物）的影响

噪声可以对建筑物、仪器设备造成影响。例如，强烈的噪声可以引起振动，使门窗玻璃破裂，对轻型建筑物造成破坏。

（三）环境噪声污染防治立法现状

我国调整环境噪声污染防治方面的法律主要是1996年10月由第九届人大常委会通过的《中华人民共和国环境噪声污染防治法》。此外，国务院发布的《关于结合技术改造防治工业污染的几项规定》《关于加强乡镇、街道企业环境管理的规定》以及《中国人民解放军关于减轻飞机噪声的影响的通知》《治安管理处罚条例》《道路交通管理条例》等相关法规中，也有部分关于环境噪声污染防治的规定。

二、固体废物污染防治法

（一）固体废物污染

《中华人民共和国固体废物污染环境防治法》对固体废物定义为：在生产建设、日常生活和其他活动中产生的污染环境的固态、半固态废物。固态废物如工业固体废物、城市生活垃圾和危险固态物质等。半固态废物则包括生产过程中产生的污泥、泥浆、废油、废酸、废碱、废溶剂、废沥青等以及生活中产生的水道污泥、厨房垃圾、废农药、人畜粪便。固体废物污染是因不适当地贮存、利用、处理和排放固体废物而污染环境、损害人体健康的现象。

固体废物污染的危害是多方面的。首先，固体废物要占用大量的土地，并且对土地造成污染。其次，固体废物直接排入水体，则必然造成对地表水的污染，固体废物由于腐烂变质渗透，而污染地下水体。其三，固体废物的大量堆放，无机固体废物则会因化学反应而产生二氧化硫等有害气体，有机固体废物则会因发酵而释放大量可燃、有毒有害的气体，且其存贮、运输、处置等原因所产生的微细颗粒、粉尘、烟尘等均对大气造成污染。其四，固体废物会寄生或滋生各种有害生物如鼠、蚊、苍蝇等，导致病菌传播，引起疾病流行，直接对人体健康造成危害。此外，易燃、易爆、传染性的固体废物的乱排乱堆，会引发水灾、爆炸、传染病流行等环境事故，更会造成巨大的经济损失和环境破坏。

（二）固体废物污染防治立法现状

国家特别重视危险废物的污染防治，1996年，制订《废物进口环境保护管理暂行规定》；1998年，颁布《国家危险废物名录》；1999年，下发《进口废物原料装运前检验机构认可管理办法（试行）》；2003年6月，国务院颁布了《医疗废物管理条例》。全国人大常委会于1995年10月30日通过的《中华人民共和国固体废物污染环境防治法》是关于防治固体废物污染方面的综合性法律。

三、沙尘污染防治法

（一）沙尘污染

由沙尘造成的大气污染是我国近年来城市大气污染的重要污染源，且污染程度急剧加深,同时荒漠化问题日益突出,严重影响了我国北方地区的生态状况,动摇了可持续发展的物质基础。

（二）沙尘污染防治立法现状

2001年8月,全国人大常委会通过了《中华人民共和国防沙治沙法》。这部法律的主要目的是防治沙尘污染,但也是一部资源保护法律,该法明确规定生态保护与扶贫相结合为防沙治沙的基本原则,突出了环境保护要"依靠群众、大家动手"的特点。

四、有毒有害物质污染及其防治立法

（一）有毒有害物质污染防治法

有毒有害物质是指在生产或日常生活中使用的,在一定的条件下会污染环境,使人和动物中毒、患病或者死亡的物质。这类物质只有在管理不善、使用不当时才会造成环境污染。从环境立法的角度看,有毒有害物质主要有三大类:一是化学物质,二是农药,三是放射性物质。这种分类当然不是自然科学上的分类,而是根据不同的管理措施和要求所进行的分类。

目前,我国有关防治有毒有害物质污染的法律、法规主要有：《防止含多氯联苯电力装置及其废物污染环境的规定》(1991年)、《农药安全使用标准》(1984年)、《农药管理条例》(1997年)、《中华人民共和国放射性污染防治法》(2003年6月通过)等。针对某一类有毒有害物质污染,我国现在只颁布了一部综合性的法律,就是《中华人民共和国放射性污染防治法》,对有毒化学品、放射性物质和农药等污染的防治立法,都是以大量的部门规章的形式出现或散见于其他的规范性法律文件中。

（二）放射性污染防治法

放射性污染,又称核污染,是指核设施运行、放射性同位素和射线装置应用以及伴生放射性矿物资源开发利用与放射性废物处置活动中,因放射性物质进入环境或贯穿辐射而造成改变环境中放射性水平,使环境质量恶化,危害人体健康或破坏生态环境的现象。放射性污染源于放射性物质的放射性,包括天然存在物的放射性如铀、锶、钴等以及人工生产的放射性物质。

我国于2003年6月颁布了《中华人民共和国放射性污染防治法》。国家有关部门还颁布了《核辐射环境质量评价一般规定》《辐射防护规定》《中水平放射性固体废物的浅地层处置规定》《放射性废物分类标准》等放射性环境保护标准。

（三）有毒化学品污染环境防治法

有毒化学品是指进入环境后对人体和环境能造成各种危害残存在潜在危险中的化学物质,包括有毒化学元素及其化合物与制品。有毒化学品在工业上应用广泛,种类繁多且数量巨大。目前世界已经生产或使用的化学物质已达700多万种,其中绝大部分都对人体和环境具有不利的影响,一旦这些有毒化学品从生产、贮存、运输、使用、处置过程发生泄漏、遗失、溢出、渗透、扩散而进入人体和环境,必然造成对环境的破坏、污染和对人体的损害。

我国有关有毒化学品污染防治方面的立法,包括 1987 年国务院颁布的《化学危险物品安全管理条例》,1991 年国家环境保护局、能源部发布的《防止含多氯碳苯电力装置及其废物污染环境的规定》,1992 年化工部、国家环境保护局发布的《关于防治铬化合物生产建设在环境污染的若干规定》,1993 年 2 月国务院经济贸易办公室、卫生部发布的《关于停止生产和销售萘丸的通知》,1994 年由国家环境保护局、海关总署、对外贸易经济部发布的《化学品首次进口及有毒化学品进出口环境管理规定》,1998 年形成调整后的《中国禁止或严格限制的有毒化学品目录(第一批)》。然而,直到目前我国尚未制定专门的化学危险物品管理方面的法律。

(四) 农药污染环境防治法

农药污染是指在生产、储运、销售和施用农药而造成环境污染、生态破坏、影响动植物正常生长、危害人体健康的现象。农药污染是多方面的,它首先是对农业环境的破坏,农药的施放与喷洒,既污染了大气,又污染了水源,渗透进入地下,则构成对土壤和地下水的污染,且农药在大量杀死病虫害的同时,也对农业病虫害的天敌如青蛙等益虫、益鸟构成巨大威胁,从而破坏农业生态的平衡。更为直接的危险是对人类身体所造成的潜在危害。

我国对农药污染防治工作比较重视。20 世纪 80 年代,我国颁布了一系列有关农药污染防治的法律法规。它们是:《中华人民共和国环境保护法》《中华人民共和国农业法》《中华人民共和国农业技术推广法》等。1982 年,国务院农牧渔业部、化工部、商业部等单位联合发布《农药安全使用规定》和《农药登记规定》《农药登记规定实施细则》《农药登记审批办法》《农药登记评审委员会组成办法》。1984 年,农牧渔业部提出并由国家环保部门发布的《农药安全使用标准》和《农药合理使用准则》。1996 年,农业部、国家环境保护局、国家工商行政管理总局等五个部门联合发出通知,严禁在蔬菜生产中使用高毒、高残留农药,防止有毒有害蔬菜进入市场,以确保食用蔬菜的安全。

第五节　环境资源法的法律责任

一、环境资源法的法律责任

环境与资源保护法的法律责任是法律责任制度在环境与资源保护法中的具体体现,是指因实施了违反环境与资源保护法的行为、造成生态破坏或环境污染的主体,依据环境与资源保护法的规定,应当承担的法律责任。环境与资源保护法的民事、行政及刑事责任之间存在一种互补且层层递进的关系,从而构成一个严密的责任网络。

近年来,在环境形势日益以及环境纠纷解决难的大背景下,为加大对环境与资源保护法的法律责任追究的力度,我国部分省市法院开始设立专门的环境保护审判庭,采取了民事、刑事与行政审判"三合一"或者民事、刑事、行政审判与执行"四合一"的职能配置模式,实现了环境与资源保护案件的专业化审判。

二、环境行政责任

环境行政责任,是指违反了《环境保护法》,实施破坏或者污染环境行为的单位或者个人所应承担的行政方面的法律责任。环境行政责任的主体可以是行政相对人,也可以是环境行政主体。《环境保护法》主要规定了环境行政相对人的环境行政责任。

(一) 行政责任的构成要件

1. 行为违法

这是指行为人实施了违反《环境保护法》的行为。

2. 行为人的过错

行为人主观上具有故意或过失也是承担行政责任的必要条件。在实践中,对环境的破坏多表现为故意,对环境的污染多表现为过失。

3. 行为的危害后果

根据我国《环境保护法》的规定,危害后果不是承担行政责任的必要条件。在此情况下,违法行为如《环境保护法》第 35 条第(1)—(5)项的行为即使没有造成危害后果,也要承担行政责任。但在另一些场合,必须产生了危害后果才承担行政责任。

4. 违法行为与危害后果之间具有因果关系

违法行为与危害后果之间必须存在内在的、必然的联系,而不是表面的、偶然的联系。当然,在不以危害后果为必要条件的场合,则不存在因果关系的问题。

由此可见,行为违法和有过错,是行为人承担行政责任的必要条件;危害后果和违法行为与危害后果的因果关系,在法律明文规定的场合才成为行政责任构成的必要条件。

(二) 环境行政处罚的形式

环境行政处罚的形式,是指环境管理部门对违法者实施行政处罚的类别。

《环境保护法》规定了警告、罚款、责令停止生产或者使用、责令重新安装使用、责令停业或关闭 5 种行政处罚形式。

环境污染的防治单行法中还规定了责令限期治理缴纳排污费、支付消除污染费用、赔偿国家损失、责令限期改正、责令停止违法行为、责令消除污染、没收违法所得、责令搬迁、责令改正等处罚形式。

(三) 环境行政处罚的内容

《环境保护法》对环境违法行为及相应的环境行政处罚措施作出了如下规定：

(1) 拒绝环境保护行政主管部门或者其他依照法律规定行使环境监督管理权的部门现场检查，或者在被检查时弄虚作假的，给予警告或处以罚款。

(2) 拒报或者谎报国务院环境保护行政主管部门规定的有关污染物排放申报事项的，给予警告或处以罚款。

(3) 不按国家规定缴纳超标排污费的，给予警告或处以罚款。

(4) 引进不符合我国环境保护规定要求的技术和设备的，给予警告或处以罚款。

(5) 将产生严重污染的生产设备转移给没有污染防治能力的单位使用的，给予警告或处以罚款。

(6) 建设项目的防治污染设施没有建成或者没有达到国家规定的要求，投入生产或者使用的，责令停止生产或者使用，可以并处罚款。

(7) 未经环境保护行政主管部门同意，擅自拆除或者闲置防治污染的设施，污染物排放超过规定排放的标准的，责令重新安装使用，并处罚款。

(8) 对违反《环境保护法》的规定，造成环境污染事故的企事业单位根据所造成的危害后果处以罚款。

(9) 对经限期治理未完成治理任务的企业事业单位，除依照国家有关规定加收超标准排污费外，可以根据所造成的危害后果处以罚款，或者责令停业、关闭。

三、环境民事责任

环境民事责任，是指单位或者个人因污染危害环境而侵害了公共财产或者他人的人身、财产所应承担的民事方面的责任。

(一) 环境民事责任的构成要件与免责

1. 环境民事责任的构成要件

传统民事侵权责任构成要件包括四个方面：主观上具有过错；行为具有违法性；发生损害结果；违法行为与损害结果之间具有因果关系。但是，环境民事责任作为特殊侵权责任，在其构成要件上有所不同。主观上的过错和行为的违法性不是环境民事责任的构成要件。首先，关于过错，我国《民法通则》《环境保护法》及相关法律并没有把故意或过失作为环境损害赔偿的要件。环境民事责任实行无过错责任的原因在于环境侵害行为本身创造社会财富有一定的正当性，追究其过错几乎不可能；另外，由排污者从营利中赔偿受害人的损失，符合公平原则。其次，关于行为的违法性，行为人即使达标排污，只要从事排污并发生了危害后果的，也要承担民事责任。行为人不得以达标排放作为免除其民事责任的抗辩理由。

环境民事责任的构成要件：(1) 实施了致害行为；(2) 发生了损害结果；

(3) 致害行为与损害结果之间具有因果关系。

2. 环境民事责任的免责事由

《环境保护法》规定,即使具备环境民事责任构成要件,在三种情形下也免予承担环境民事责任。这三种情形是:(1) 由不可抗力造成并且行为人及时采取合理措施。《环境保护法》规定:"完全由于不可抗拒的自然灾害,并经及时采取合理措施,仍然不能避免造成环境污染损害的,免予承担责任。"(2) 受害者自我致害。污染损失由受害者自身的责任所引起的,排污单位不承担责任。(3) 第三者过错。污染损失由第三者责任所引起的,第三者应当承担责任。

(二) 环境民事责任的形式

《环境保护法》规定:"造成环境污染危害的,有责任排除危害,并对直接受到危害的单位或者个人赔偿损失。"虽然《环境保护法》仅规定了排除危害和赔偿损失两种责任形式,但是《民法通则》中规定的10种民事责任形式中的停止侵害、排除妨碍、消除危险、恢复原状等都能适用于环境民事责任。

赔偿损失是环境民事责任形式中应用最广泛的一种责任形式。赔偿损失的范围,既包括财产损害赔偿,也包括对人身损害引起的财产损失赔偿;既包括直接损失,也包括间接损失。

排除危害也是环境民事责任形式中经常使用的形式。赔偿损失是事后补救,排除危害则是针对环境侵害的特点所采用的典型的预防性民事责任形式。排除危害既包括对实际发生的污染危害的排除,也包括对可能发生但尚未发生的污染危害的排除。

四、环境刑事责任

环境刑事责任是指行为人因故意或过失实施了严重危害环境的行为,并造成了人身伤亡或公私财产的严重损失,已经构成犯罪要承担刑事制裁的法律责任。

(一) 环境刑事责任的构成要件

破坏环境的犯罪构成要件,同一般犯罪构成没有实质上的区别,但也具有一定特点。

1. 犯罪主体

根据《环境保护法》和《刑法》的规定,关于环境犯罪的主体,已打破了"个人刑罚观",除了达到法定年龄具备刑事责任能力的自然人以外,还包括法人。

2. 犯罪客体

破坏环境资源罪的犯罪客体,是侵害各种环境要素和自然资源从而侵犯财产所有权、人身权和环境权。环境犯罪的客体具有复合客体的特征。

3. 犯罪的客观方面

犯罪的客观方面是指有污染和破坏环境及自然资源的行为及其社会危害性。环境犯罪造成的危害后果可能特别严重,往往会造成重大污染事故,致使公私财产遭受重大损失或人身伤亡的严重后果。未造成严重后果的环境违法行为通常是追究其行政责任。危害后果是否严重是区别行政责任和刑事责任的重要依据。

4. 犯罪的主观方面

犯罪的主观方面是指犯罪主体进行犯罪行为时的故意或过失的主观心理状态。一般而言,破坏环境和资源的行为多为故意,而污染环境的行为多为过失。因损害环境的行为可能产生极其严重的危害后果,在认定是否构成环境犯罪时,就不能仅仅看社会危害性一个方面,必须强调具备犯罪的故意或过失,这是区别有罪与非罪的重要界限。

(二) 环境刑事责任的形式

环境刑事责任的形式同一般的刑事责任的形式没有区别,主要分为主刑和附加刑。主刑的种类包括管制、拘役、有期徒刑、无期徒刑、死刑等。附加型的种类包括罚金、剥夺政治权利、没收财产等。附加刑可以独立适用。

参 考 文 献

1. 孟庆瑜:《环境资源法概论》,高等教育出版社,2016年。
2. 周珂、孙佑海、王灿发:《环境与资源保护法》(第三版),中国人民大学出版社,2015年。
3. 韩德培:《环境保护法教程》(第七版),法律出版社,2015年。
4. 赵云芬:《环境资源法》,中国政法大学出版社,2014年。
5. 汪劲:《环境与资源保护法学》,北京大学出版社,2013年。
6. 汪劲:"论全球环境立法的趋同化",《中外法学》,2009年第2期。
7. 钭晓东:《论环境资源法功能之进化》,科学出版社,2008年。

第六编 劳动与社会保障法律制度

第二十三章 劳动法律制度

[本章概要]

劳动法律制度是规范劳动关系的法律制度。在市场经济中,劳动、资本和技术是市场的三大基本要素,因而调整劳动关系的劳动法律也就成为市场经济中的重要法律制度。本章介绍了劳动法的概念、劳动法的适用范围、调整对象、劳动者和用工者的权利和义务、劳动法律关系、劳动合同、劳动争议处理机构及争议解决程序等内容。

第一节 劳动法概述

《劳动法》是新中国成立以来的第一部专门保障劳动者合法权益的基本法律,是劳动保障法制建设中一个重要的里程碑。《劳动法》的颁布,有力地推动了劳动立法体系的逐步形成,使劳动领域的各项工作逐步走向法制化,使劳动、工资、保险三项制度改革的成果在法治的轨道上不断得到扩大。《中华人民共和国劳动法》(以下简称《劳动法》)于1994年7月5日由第八届全国人民代表大会常务委员会第八次会议通过,1995年1月1日起施行。该《劳动法》初步建立起劳动关系协调制度、劳动争议处理制度、劳动保障监察制度,切实维护了劳动者的合法权益。

《劳动法》施行后的近20年里,中国的社会经济发生了巨大的变化,特别是随着我国社会主义市场经济体制不断完善,多种所有制经济迅猛发展,劳动关系日益趋向多元化、复杂化,劳资冲突日益成为社会焦点问题与新的社会矛盾,《劳动法》在调整这些新问题、新矛盾时已显得力不从心,暴露出了它的局限性。2007年6月29日《中华人民共和国劳动合同法》经第十届全国人民代表大会常务委员会第二十八次会议审议通过,于2008年1月1日起正式施行,成为劳动者权益保障的又一重要法律依据。2012年12月28日第十一届全国人民代表大会常务委员会第三十次会议通过关于修改《中华人民共和国劳动合同法》的决定,修订后的《劳动合同法》自2013年7月1日起正式施行。

一、劳动法的概念和调整对象

劳动法是调整劳动关系以及与劳动关系密切联系的其他社会关系的法律规范的

总称。劳动法有狭义和广义两种理解。狭义的劳动法专指我国现行的《劳动法》,广义的劳动法除《劳动法》外,还包括全国人民代表大会及其常委会制定的劳动法律、国务院制定的劳动行政法规、国务院所属各部委制定的劳动规章、地方性劳动法规和劳动规章及我国批准的国际劳工公约、其他规范性或准规范性文件(如中华全国总工会制定的《工会参与劳动争议处理试行办法》)等。

劳动法的调整对象是劳动关系和与劳动关系密切联系的其他社会关系。劳动关系是指劳动者与用人单位之间在实现劳动过程中的社会关系。与劳动关系有密切联系的其他关系,是随着劳动关系产生、变更、消灭而附带产生的,主要包括:(1)因管理劳动发生的关系;(2)因执行社会保险产生的关系;(3)因组织工会发生的关系;(4)处理劳动争议发生的关系;(5)因监督《劳动法》的执行而产生的关系。

二、劳动法的适用范围

《劳动法》规定:"在中华人民共和国境内的企业、个体经济组织(以下统称用人单位)和与之形成劳动关系的劳动者,适用本法;国家机关、事业单位、社会团体和与之建立劳动合同关系的劳动者,依照本法执行。"新的《劳动合同法》以《劳动法》的调整范围为基础,还反映出了发展中的新用工形式,提出在我国从事产品生产、流通或服务性活动等实行独立核算的经济单位,包括各种所有制类型的企业,如工厂、农场、公司、个体经济组织及民办非企业单位都是《劳动合同法》调整的对象。国家机关、事业组织与社会团体在通过劳动合同或应实行劳动合同与其工作人员之间建立关系时也应当适用《劳动合同法》,包括实行企业化管理的事业组织和通过劳动合同(聘用合同)或应通过劳动合同与其工作人员建立关系的事业组织。

作为劳动合同另一方当事人的劳动者是达到法定年龄、具有劳动能力、独立给付劳动并获得劳动报酬的自然人,同样是《劳动合同法》所调整的主体范围。具体包括:(1)与企业、个体经济组织和民办非企业单位之间形成劳动关系的劳动者;(2)国家机关、事业组织、社会团体的工勤人员;(3)实行企业化管理的事业组织的非工勤人员;(4)其他通过劳动合同(包括聘用合同)与国家机关、事业单位、社会团体建立劳动关系的劳动者。

三、劳动者和用工者的基本权利和义务

(一)劳动者的基本权利和义务

《劳动法》规定的劳动者基本权利是:平等就业和选择职业的权利、获得劳动报酬的权利、获得休息休假的权利、获得劳动安全卫生保护的权利、获得职业培训的权利、享受社会保险和福利、提请劳动争议处理的权利、结社权、集体协商权、民主管理权。劳动者的基本义务是:完成劳动义务、提高职业技能、执行劳动安全卫生规程、

遵守劳动纪律和职业道德。

(二) 用人单位的基本权利和义务

用工者的基本权利是:(1)招工权,根据本单位需要招用职工的权利;(2)用人权,依照法律和合同的规定,使用和管理劳动者的权利;(3)奖惩权,依照法律和本单位的劳动纪律,决定对职工奖惩的权利;(4)分配权,在法律和合同规定的范围内,决定劳动报酬分配方面的权利。

用人单位的基本义务是:应当依法建立和完善规章制度,保障劳动者享有劳动权利和履行劳动义务。

第二节 劳动合同

我国的劳动合同制度一直处于不断发展、不断完善、不断健全的过程之中,《劳动法》以立法的形式明文规定了劳动合同的重要地位,对其中较为成熟的和大的原则问题作了相应的法律规定。实行市场经济以来,劳动用工方式和用工制度发生了一些新的变化,在劳动合同制度实行的过程中,新问题、新矛盾不断出现,原有的法律规定已经不能完全适应依法规范劳动合同制度的需要,2007年6月29日第十届全国人民代表大会常务委员会第二十八次会议审议通过《中华人民共和国劳动合同法》,该法于2008年1月1日起正式施行。2008年9月3日国务院第二十五次常务会议通过《中华人民共和国劳动合同法实施条例》,自2008年9月18日起施行。2012年12月28日第十一届全国人民代表大会常务委员会第三十次会议通过关于修改《中华人民共和国劳动合同法》的决定,修订后的《劳动合同法》自2013年7月1日起正式施行。该法明确规定了"临时工"享有与用工单位"正式工"同工同酬的权利,并赋予人力资源与社会保障部门依法开展经营劳务派遣业务行政许可的权利。

《劳动合同法》及其《实施条例》,从劳动合同的订立、劳动合同的履行和变更、劳动合同的解除和终止、特别规定(集体合同、劳务派遣合同、非全日制用工)、监督检查、法律责任等方面对劳动合同制度作了全面规定,健全和完善了我国的劳动合同制度,为依法调整和规范劳动合同制度提供了法律保障。其颁布实施标志着我国的劳动合同制度纳入了依法规范、依法调整的法制轨道。

一、劳动合同

(一) 劳动合同的概念与特征

劳动合同是劳动者与用人单位确立劳动关系,明确双方权利和义务的协议。它具有以下五个特征。

(1)主体特定。一方是劳动者,另一方是用人单位。建立劳动关系应当订立劳动合同。

（2）劳动合同是劳动者与用人单位确立劳动关系的法律形式,其内容是明确劳动权利和劳动义务。

（3）劳动合同是要式合同,应当以书面形式签订。劳动合同依法订立即具有法律约束力,当事人必须履行劳动合同规定的义务,劳动者与用人单位签订劳动合同,可以保护自身的权利。

（4）劳动合同往往涉及第三人的物质利益。例如,劳动者所赡养的直系亲属等；子女就业、住房、生育及工伤、死亡时的物质帮助等。

（5）从属性。劳动合同订立后,劳动者即被招收为用人单位的成员,产生人身从属关系,对内享受本单位职工的权利并承担本单位职工的义务,对外以单位的名义从事生产经营的管理活动。

（二）劳动合同的种类、形式和内容

1. 劳动合同的种类

按照劳动合同有效期限的不同可分为以下三类。

（1）固定期限劳动合同。它是指用人单位与劳动者约定合同终止时间的劳动合同。用人单位与劳动者协商一致,可以订立固定期限劳动合同。合同期限届满,双方当事人的劳动法律关系即行终止。

（2）无固定期限劳动合同。这是指企业等用人单位与劳动者约定无确定终止时间的劳动合同。用人单位与劳动者协商一致,可以订立无固定期限劳动合同；有下列情形之一,劳动者提出或者同意续订、订立劳动合同的,除劳动者提出订立固定期限劳动合同外,应当订立无固定期限劳动合同：① 劳动者在该用人单位连续工作满10年的；② 用人单位初次实行劳动合同制度或者国有企业改制重新订立劳动合同时,劳动者在该用人单位连续工作满10年且距法定退休年龄不足10年的；③ 连续订立二次固定期限劳动合同,且劳动者没有法定情形,续订劳动合同的。上述"连续工作满10年"的起始时间,应当自用人单位用工之日起计算,包括《劳动合同法》施行前的工作年限。

用人单位自用工之日起满1年不与劳动者订立书面劳动合同的,视为用人单位与劳动者已订立无固定期限劳动合同。

（3）以完成一定工作任务为期限的劳动合同。它是指用人单位与劳动者约定以某项工作的完成为合同期限的劳动合同,如以项目承包方式完成承包任务的劳动合同,因季节原因临时用工的劳动合同等。

2. 劳动合同的形式

劳动合同的形式是指劳动合同的订立方式。劳动合同的形式一般有书面形式和口头形式两种。书面合同是由双方当事人达成协议后,将协议的内容用文字形式固定下来,并经双方签字,作为凭证的合同。口头合同是双方当事人口头承诺即告成立,不必用文字写成书面形式的合同。

我国《劳动法》规定,劳动合同应当以书面形式订立。法律之所以这样规定,其目的在于用书面形式明确劳动合同当事人双方的权利与义务,以及有关劳动条件,工资福利待遇等事项,在发生劳动争议时,便于当事人举证,也便于有关部门处理。

《劳动合同法》明确规定,建立劳动关系,应当订立书面劳动合同。已建立劳动关系,未同时订立书面劳动合同的,应当自用工之日起1个月内订立书面劳动合同。用人单位与劳动者在用工前订立劳动合同的,劳动关系自用工之日起建立。

3. 劳动合同的内容

劳动合同的内容由必备条款与可备条款构成。根据《劳动合同法》规定,劳动合同应当具备以下条款:

(1) 用人单位的名称、住所和法定代表人或者主要负责人;

(2) 劳动者的姓名、住址和居民身份证或者其他有效身份证件号码;

(3) 劳动合同期限;

(4) 工作内容和工作地点;

(5) 工作时间和休息休假;

(6) 劳动报酬;

(7) 社会保险;

(8) 劳动保护、劳动条件和职业危害防护;

(9) 法律、法规规定应当纳入劳动合同的其他事项。

劳动合同对劳动报酬和劳动条件等标准约定不明确,引发争议的,用人单位与劳动者可以重新协商;协商不成的,适用集体合同规定;没有集体合同或者集体合同未规定劳动报酬的,实行同工同酬;没有集体合同或者集体合同未规定劳动条件等标准的,适用国家有关规定。

可备条款是法律规定的生效劳动合同可以具备的条款,当事人可以协商约定可备条款。根据《劳动合同法》规定,劳动合同除前款规定的必备条款外,用人单位与劳动者可以约定试用期、培训、保守秘密、补充保险和福利待遇等其他事项。

(1) 试用期条款。试用期是指用人单位对新招收的职工进行思想品德、劳动态度、实际工作能力、身体情况等方面进一步考察的时间界限。《劳动合同法》规定,劳动合同期限3个月以上不满1年的,试用期不得超过1个月;劳动合同期限1年以上不满3年的,试用期不得超过2个月;3年以上固定期限和无固定期限的劳动合同,试用期不得超过6个月。同一用人单位与同一劳动者只能约定一次试用期。以完成一定工作任务为期限的劳动合同或者劳动合同期限不满3个月的,不得约定试用期。

试用期包含在劳动合同期限内。劳动合同仅约定试用期的,试用期不成立,该期限为劳动合同期限。

劳动者在试用期的工资不得低于本单位相同岗位最低档工资的80%或者不得低于劳动合同约定工资的80%,并不得低于用人单位所在地的最低工资标准。

(2)服务期条款。用人单位为劳动者提供专项培训费用,对其进行专业技术培训的,可以与该劳动者订立协议,约定服务期。劳动者违反服务期约定的,应当按照约定向用人单位支付违约金。违约金的数额不得超过用人单位提供的培训费用。用人单位要求劳动者支付的违约金不得超过服务期尚未履行部分所应分摊的培训费用。

用人单位与劳动者约定服务期的,不影响按照正常的工资调整机制提高劳动者在服务期间的劳动报酬。

(3)保密义务和竞业限制条款。《劳动合同法》提出用人单位与劳动者可以在劳动合同中约定保守用人单位的商业秘密和与知识产权相关的保密事项。对负有保密义务的劳动者,用人单位可以在劳动合同或者保密协议中与劳动者约定竞业限制条款,并约定在解除或者终止劳动合同后,在竞业限制期限内按月给予劳动者经济补偿。劳动者违反竞业限制约定的,应当按照约定向用人单位支付违约金。

竞业限制的人员限于用人单位的高级管理人员、高级技术人员和其他负有保密义务的人员。竞业限制的范围、地域、期限由用人单位与劳动者约定,竞业限制的约定不得违反法律、法规的规定。

在解除或者终止劳动合同后,前款规定的人员到与本单位生产或者经营同类产品、从事同类业务的有竞争关系的其他用人单位,或者自己开业生产或者经营同类产品、从事同类业务的竞业限制期限,不得超过2年。

关于实践中常见的用人单位与劳动者约定违约金的现象,《劳动合同法》明确规定,除用人单位对负有保密义务的劳动者违反竞业限制约定可要求支付违约金外,用人单位不得与劳动者约定由劳动者承担违约金。

二、劳动合同的订立、履行、变更、解除和终止

(一)劳动合同的订立

订立劳动合同,应遵循合法、公平、平等自愿、协商一致、诚实信用的原则,不得违反法律和行政法规的规定。任何人不得将自己的意志强加给合同双方。同时,订立劳动合同应注意在三个方面符合法律要求:(1)用人单位应是依法成立的单位,劳动者必须年满16周岁、具有劳动权利能力和行为能力;(2)各项条款不得违背法律规定;(3)应当采用书面形式。

用人单位与劳动者建立劳动关系,应当订立书面劳动合同。用人单位设立的分支机构,依法取得营业执照或者登记证书的,可以作为用人单位与劳动者订立劳动合同;未依法取得营业执照或者登记证书的,受用人单位委托可以与劳动者订立劳动

合同。

自用工之日起一个月内,经用人单位书面通知后,劳动者不与用人单位订立书面劳动合同的,用人单位应当书面通知劳动者终止劳动关系,无需向劳动者支付经济补偿,但是应当依法向劳动者支付其实际工作时间的劳动报酬。

用人单位自用工之日起超过1个月不满1年未与劳动者订立书面劳动合同的,应当依法向劳动者每月支付2倍的工资,起算时间为用工之日起满1个月的次日,截止时间为补订书面劳动合同的前一日,并与劳动者补订书面劳动合同;劳动者不与用人单位订立书面劳动合同的,用人单位应当书面通知劳动者终止劳动关系,并依照《劳动合同法》的规定支付经济补偿。

用人单位自用工之日起满1年未与劳动者订立书面劳动合同的,自用工之日起满1个月的次日至满1年的前一日应当依法向劳动者每月支付2倍的工资,并视为自用工之日起满1年的当日已经与劳动者订立无固定期限劳动合同,应当立即与劳动者补订书面劳动合同。

(二) 劳动合同的履行和变更

劳动合同的履行是指双方当事人按照合同约定完成各自的义务。依法订立的劳动合同,双方应该全面履行合同义务,不得擅自变更或终止,未经对方同意不得让他人代为履行。对于用人单位而言,必须按照合同能够的约定向劳动者提供适当的工作场所和劳动安全卫生条件、相关工作岗位,并按照约定的金额和支付方式按时向劳动者支付劳动报酬;对于劳动者而言,必须遵守用人单位的规章制度和劳动纪律,认真履行自己的劳动职责,并且亲自完成劳动合同约定的工作任务。

用人单位变更名称、法定代表人、主要负责人或者投资人等事项,不影响劳动合同的履行。用人单位发生合并或者分立等情况,原劳动合同继续有效,劳动合同由承继其权利和义务的用人单位继续履行。

在合同履行过程中,可能因为具体情况发生变化而需要对合同内容作出变更,此时双方应在平等协商的基础上达成变更协议。变更劳动合同,应当采用书面形式,变更后的劳动合同文本由用人单位和劳动者各执一份。

(三) 劳动合同的解除

劳动合同解除,是指劳动合同订立后,尚未履行完毕或者未全部履行以前,由于合同双方或者单方的法律行为导致劳动合同一方或双方当事人提前消灭劳动关系的法律行为。从表面上看,解除劳动合同不利于维护稳定的劳动合同关系,但从实质上看,法律规定劳动合同当事人有权经过平等协商或者依据法定事由单方面解除劳动合同,也是契约自由原则的一种体现。

1. 劳动合同的解除

(1) 协商解除。《劳动法》第36条规定:"用人单位与劳动者协商一致,可以解除劳动合同。"

（2）法定解除。具备法律规定的条件时，任何一方当事人享有单方解除权。

2. 根据当事人不同还可分为用人单位单方解除和劳动者单方解除

（1）劳动者单方解除劳动合同。

① 预告解除。劳动者提前30日以书面形式通知用人单位，可以解除劳动合同。劳动者在试用期内提前3日通知用人单位，可以解除劳动合同。

② 无需预告的解除。只要具备法律规定的正当理由即可解除。用人单位有下列情形之一的，劳动者可以随时通知用人单位解除劳动合同，而不必遵守解除预告期和书面形式通知的要求：未按照劳动合同约定提供劳动保护或者劳动条件的；未及时足额支付劳动报酬的；未依法为劳动者缴纳社会保险费的；用人单位的规章制度违反法律、法规的规定，损害劳动者权益的；用人单位以欺诈、胁迫的手段或者乘人之危，使劳动者在违背真实意思的情况下订立或者变更劳动合同的；用人单位在劳动合同中免除自己的法定责任、排除劳动者权利的；用人单位违反法律、行政法规强制性规定的；用人单位以暴力、威胁或者非法限制人身自由的手段强迫劳动者劳动的；用人单位违章指挥、强令冒险作业危及劳动者人身安全的；法律、行政法规规定劳动者可以解除劳动合同的其他情形。

③ 自行解除。因法律规定的特殊情况发生而导致劳动合同自行提前终止法律效力，并无需履行解除劳动合同的手续。如劳动者被开除、除名或因违纪被辞退等。

（2）用人单位单方解除。

① 随时解除。劳动者有下列情形之一的，用人单位无需以任何形式提前告知劳动者，可随时解除合同。劳动者在试用期间被证明不符合录用条件的；严重违反用人单位的规章制度的；劳动者严重失职，营私舞弊，给用人单位造成重大损害的；同时与其他用人单位建立劳动关系，对完成本单位的工作任务造成严重影响，或者经用人单位提出，拒不改正的；以欺诈、胁迫的手段或者乘人之危，使用人单位在违背真实意思的情况下订立或者变更劳动合同的；被依法追究刑事责任的。

② 无过失性辞退。有下列情形之一的，用人单位提前30日以书面形式通知劳动者本人或者额外支付劳动者1个月工资后，可以解除劳动合同：劳动者患病或者非因工负伤，在规定的医疗期满后不能从事原工作，也不能从事由用人单位另行安排的工作的；劳动者不能胜任工作，经过培训或者调整工作岗位，仍不能胜任工作的；劳动合同订立时所依据的客观情况发生重大变化，致使劳动合同无法履行，经用人单位与劳动者协商，未能就变更劳动合同内容达成协议的。

③ 经济性裁员。用人单位在市场形势发生变化或由于自身经营不善等经济性原因，解雇多个劳动者的情形。经济性裁员作为用人单位单方解除劳动合同的一种方式，必须满足法定条件。这些法定条件包括实体性条件和程序性条件，只有同时具

备了实体性条件之一和全部的程序性条件,才是合法有效的经济性裁员。

实体性条件:依照《企业破产法》规定进行重整的;生产经营发生严重困难的;企业转产、重大技术革新或者经营方式调整,经变更劳动合同后,仍需裁减人员的;其他因劳动合同订立时所依据的客观经济情况发生重大变化,致使劳动合同无法履行的。

程序性条件:需要裁减人员20人以上或者裁减不足20人但占企业职工总数10%以上的;必须提前30日向工会或者全体职工说明情况,听取工会或者职工的意见;裁减人员方案须向劳动行政部门报告。

裁减人员时,应当优先留用下列人员:与本单位订立较长期限的固定期限劳动合同的;与本单位订立无固定期限劳动合同的;家庭无其他就业人员,有需要扶养的老人或者未成年人的。

用人单位依照法律规定裁减人员,在6个月内重新招用人员的,应当通知被裁减的人员,并在同等条件下优先招用被裁减的人员。

为了保护劳动者的合法权益,防止用人单位滥用单方解除权,《劳动合同法》作出了特别规定:一方面,规定了工会在劳动合同解除中的监督职责,用人单位单方解除劳动合同,应当事先将理由通知工会;用人单位违反法律、行政法规规定或者劳动合同约定的,工会有权要求用人单位纠正;用人单位应当研究工会的意见,并将处理结果书面通知工会。另一方面,明确规定了用人单位不得解除劳动合同的情形,劳动者有下列情形之一的,用人单位不得解除劳动合同:从事接触职业病危害作业的劳动者未进行离岗前职业健康检查,或者疑似职业病病人在诊断或者医学观察期间的;在本单位患职业病或者因工负伤并被确认丧失或者部分丧失劳动能力的;患病或者非因工负伤,在规定的医疗期内的;女职工在孕期、产期、哺乳期的;在本单位连续工作满15年,且距法定退休年龄不足5年的;法律、行政法规规定的其他情形。

用人单位违反法律规定解除或者终止劳动合同的,应当依照《劳动合同法》规定的经济补偿标准的2倍向劳动者支付赔偿金,赔偿金支付后不再支付经济补偿。赔偿金的计算年限自用工之日起计算。

(3)劳动合同解除的经济补偿。

《劳动合同法》提出了劳动合同解除后应对劳动者作出经济补偿,这是约束用人单位解雇行为的重要方式,对于稳定劳动关系,保护劳动者权益具有积极的作用。并且,经济补偿金同时具有劳动贡献补偿金和社会保障双重性质,除劳动者自愿、主动辞职或者劳动者有严重过失被解雇的情形外,在劳动合同解除时用人单位都应当支付经济补偿金,从而解决现实中只有当用人单位解除劳动合同时才需支付经济补偿金,劳动者解除合同时用人单位一般不用支付经济补偿金的问题。

《劳动合同法》规定,有下列情形之一的,用人单位应当向劳动者支付经济补偿:

① 劳动者单方解除劳动合同的;

② 用人单位与劳动者协商一致解除劳动合同的；
③ 用人单位依法预告通知劳动者解除劳动合同的；
④ 用人单位因经济性裁员解除劳动合同的；
⑤ 除用人单位维持或者提高劳动合同约定条件续订劳动合同，劳动者不同意续订的情形外，因劳动合同期满终止固定期限劳动合同的；
⑥ 因用人单位被依法宣告破产的或被吊销营业执照、责令关闭、撤销或者用人单位决定提前解散的而导致劳动合同终止的；
⑦ 法律、行政法规规定的其他情形。

经济补偿按劳动者在本单位工作的年限，每满1年支付1个月工资的标准向劳动者支付。6个月以上不满1年的，按1年计算；不满6个月的，向劳动者支付半个月工资的经济补偿。

劳动者月工资高于用人单位所在直辖市、设区的市级人民政府公布的本地区上年度职工月平均工资3倍的，向其支付经济补偿的标准按职工月平均工资3倍的数额支付，向其支付经济补偿的年限最高不超过12年。

劳动者月工资是指劳动者在劳动合同解除或者终止前12个月的平均工资，具体按照劳动者应得工资计算，包括计时工资或者计件工资以及奖金、津贴和补贴等货币性收入。劳动者在劳动合同解除或者终止前12个月的平均工资低于当地最低工资标准的，按照当地最低工资标准计算。劳动者工作不满12个月的，按照实际工作的月数计算平均工资。

（四）劳动合同的终止

劳动合同的终止是指当劳动合同期满或者当事人约定的劳动合同终止条件出现时，劳动合同即行终止。劳动合同终止的情形：(1) 劳动合同期满的；(2) 劳动者开始依法享受基本养老保险待遇的；(3) 劳动者死亡，或者被人民法院宣告死亡或者宣告失踪的；(4) 用人单位被依法宣告破产的；(5) 用人单位被吊销营业执照、责令关闭、撤销或者用人单位决定提前解散的；(6) 法律、行政法规规定的其他情形。

用人单位应当在解除或者终止劳动合同时出具解除或者终止劳动合同的证明，并在15日内为劳动者办理档案和社会保险关系转移手续。用人单位出具的解除、终止劳动合同的证明，应当写明劳动合同期限、解除或者终止劳动合同的日期、工作岗位、在本单位的工作年限。

劳动者应当按照双方约定，办理工作交接。用人单位依照法律规定应当向劳动者支付经济补偿的，在办结工作交接时支付。用人单位对已经解除或者终止的劳动合同的文本，至少保存2年备查。

用人单位违反法律规定未向劳动者出具解除或者终止劳动合同的书面证明，由劳动行政部门责令改正；给劳动者造成损害的，应当承担赔偿责任。

（五）劳动合同的效力

劳动合同由用人单位与劳动者协商一致，并经用人单位与劳动者在劳动合同文本上签字或者盖章生效。如果双方当事人根据特定的需要，在劳动合同中对生效的期限或者条件作出特别约定的，则当事人约定的期限或条件一旦成立，劳动合同即生效。

劳动合同基于以下情形无效或部分无效：

（1）以欺诈、胁迫的手段或者乘人之危，使对方在违背真实意思的情况下订立或者变更劳动合同的；

（2）用人单位免除自己的法定责任、排除劳动者权利的；

（3）违反法律、行政法规强制性规定的。

劳动合同部分无效，不影响其他部分效力的，其他部分仍然有效。

对劳动合同的无效或者部分无效有争议的，由劳动争议仲裁机构或者人民法院确认。劳动合同被确认无效，劳动者已付出劳动的，用人单位应当向劳动者支付劳动报酬。劳动报酬的数额，参照本单位相同或者相近岗位劳动者的劳动报酬确定。

三、《劳动合同法》的特别规定

（一）集体合同

1. 集体合同的概念和特征

集体合同是指工会或职工代表代表全体职工与用人单位或其团体之间根据法律、法规的规定，就劳动报酬、工作时间、休息休假、劳动安全卫生、保险福利等事项，在平等协商一致的基础上签订的书面协议。集体合同的效力一般高于劳动合同的效力。

为了充分发挥平等协商和订立集体合同对维护劳动者权益的重要作用，《劳动合同法》规定，集体合同由工会代表企业职工一方与用人单位订立；尚未建立工会的用人单位，由上级工会指导劳动者推举的代表与用人单位订立。集体合同草案应当提交职工代表大会或者全体职工讨论通过。

此外，在县级以下区域内，建筑业、采矿业、餐饮服务业等行业可以由工会与企业方面代表订立行业性集体合同，或者订立区域性集体合同。

集体合同具有以下三个特征。

（1）集体合同是特定当事人之间订立的协议。特定当事人，一方是用人单位，即企业，另一方是劳动力的所有者，即用人单位内的全体劳动者，劳动者一方由工会组织代表，没有建立工会的，由上级工会指导劳动者推举代表，不能由职工个人或职工中其他团体为集体合同的一方当事人。

（2）集体合同必须是书面合同，其生效须经过特定程序。法律规定，集体合同订立后，应当报送劳动行政部门；劳动行政部门自收到集体合同文本之日起15日内未提出异议的,集体合同即行生效。依法订立的集体合同对用人单位和劳动者具有约束力。行业性、区域性集体合同对当地本行业、本区域的用人单位和劳动者具有约束力。

(3)集体合同对签订合同的单个用人单位或用人单位所代表的全体用人单位、工会所代表的全体劳动者都有法律效力。集体合同的效力一般高于劳动合同的效力,劳动合同中的劳动条件和各项劳动标准不得低于集体合同的规定。

2. 集体合同的内容和期限

(1)集体合同应具备的条款包括:劳动报酬、工作时间、休息时间、保险福利、劳动安全与卫生、合同期限、变更、解除、终止集体合同的协商程序、双方履行集体合同的权利和义务、履行集体合同发生争议时的协商处理办法、违反集体合同的责任等。用人单位和劳动者根据法律、法规、规章的规定,还可以就集体协商的某项内容签订专项书面协议,《劳动合同法》规定,企业职工一方与用人单位可以订立劳动安全卫生、女职工权益保护、工资调整机制等专项集体合同。

(2)集体合同的期限。集体合同的期限应当适当,太短不利于劳动关系的稳定,太长难以保证劳动者利益随着社会、经济的发展而同步提高。按照期限形式不同,可分为定期集体合同、不定期集体合同和以完成一定项目为期的集体合同。我国现行立法只就定期集体合同作了规定,期限为1—3年。

3. 集体合同纠纷和法律救济

用人单位违反集体合同,侵犯职工劳动权益的,工会可以依法要求用人单位承担责任;因履行集体合同发生争议,经协商解决不成的,工会可以依法申请仲裁,提起诉讼。

(二)劳务派遣

1. 劳务派遣的概念

劳务派遣又称劳动派遣、劳动力租赁,是指由劳务派遣单位与派遣劳动者订立劳动合同,由被派遣劳动者向接受劳务单位给付劳务,劳动合同关系存在于派遣单位与被派遣劳动者之间,但劳动力给付的事实则发生于被派遣劳动者与接受单位之间。根据《劳动合同法》,劳务派遣单位为用人单位,接受以劳务派遣形式用工的单位是用工单位。

修订后的《劳动合同法》明确规定我国企业的基本用工形式为劳动合同用工。劳务派遣用工是补充形式,只能在临时性、辅助性或者替代性的工作岗位上实施。所谓临时性工作岗位是指存续时间不超过6个月的岗位;辅助性工作岗位是指为主营业务岗位提供服务的非主营业务岗位;替代性工作岗位是指用工单位的劳动者因脱产学习、休假等原因无法工作的一定期间内,可以由其他劳动者替代工作的岗位。

用工单位应当严格控制劳务派遣用工数量,不得超过其用工总量的一定比例,具体比例由国务院劳动行政部门规定。根据人力资源和社会保障部2013年12月20

日审议通过的,于 2014 年 3 月 1 日实施的《劳务派遣暂行规定》第 4 条的规定,该比例为 10%。

此外,为进一步规范劳务派遣市场,修订后的《劳动合同法》还对经营劳务派遣业务应当具备的条件予以明确规定,具体包括:(1)注册资本不得少于人民币 200 万元;(2)有与开展业务相适应的固定的经营场所和设施;(3)有符合法律、行政法规规定的劳务派遣管理制度;(4)法律、行政法规规定的其他条件。同时还规定,经营劳务派遣业务,应当向劳动行政部门依法申请行政许可;经许可的,依法办理相应的公司登记。未经许可,任何单位和个人不得经营劳务派遣业务。

2. 劳务派遣关系中各方的权利义务

(1)劳务派遣单位与用工单位之间。

劳务派遣单位派遣劳动者应当与用工单位订立劳务派遣协议。劳务派遣协议应当约定派遣岗位和人员数量、派遣期限、劳动报酬和社会保险费的数额与支付方式,以及违反协议的责任。

用工单位应当根据工作岗位的实际需要与劳务派遣单位确定派遣期限,不得将连续用工期限分割订立数个短期劳务派遣协议。

(2)劳务派遣单位与被派遣劳动者之间。

劳务派遣单位应当履行用人单位对劳动者的义务。劳务派遣单位与被派遣劳动者订立的劳动合同,除应当载明劳动合同的一般必备条款外,还应当载明被派遣劳动者的用工单位以及派遣期限、工作岗位等情况。

劳务派遣单位不得以非全日制用工形式招用被派遣劳动者,应当与被派遣劳动者订立 2 年以上的固定期限劳动合同,按月支付劳动报酬;被派遣劳动者在无工作期间,劳务派遣单位应当按照所在地人民政府规定的最低工资标准,向其按月支付报酬。

劳务派遣单位不得克扣用工单位按照劳务派遣协议支付给被派遣劳动者的劳动报酬,不得向被派遣劳动者收取费用,并应当将劳务派遣协议的内容告知被派遣劳动者。

劳务派遣单位跨地区派遣劳动者的,被派遣劳动者享有的劳动报酬和劳动条件,按照用工单位所在地的标准执行。

劳务派遣中被派遣劳动者与劳务派遣单位之间劳动合同的解除,适用《劳动合同法》关于劳动合同解除的一般规定。

(3)用工单位与被派遣劳动者之间。

在劳务派遣中,用工单位应当履行下列义务:执行国家劳动标准,提供相应的劳动条件和劳动保护;告知被派遣劳动者的工作要求和劳动报酬;支付加班费、绩效奖金,提供与工作岗位相关的福利待遇;对在岗被派遣劳动者进行工作岗位所必需的培训;连续用工的,实行正常的工资调整机制。此外,用工单位不得将被派遣劳动者再派遣到其他用人单位。

被派遣劳动者享有与用工单位的劳动者同工同酬的权利。用工单位应当按照同工同酬原则,对被派遣劳动者与本单位同类岗位的劳动者实行相同的劳动报酬分配办法。用工单位无同类岗位劳动者的,参照用工单位所在地相同或者相近岗位劳动者的劳动报酬确定。劳务派遣单位与被派遣劳动者订立的劳动合同和与用工单位订立的劳务派遣协议,载明或者约定的向被派遣劳动者支付的劳动报酬,应当符合上述规定。

劳动者有权在劳务派遣单位或者用工单位依法参加或者组织工会,维护自身的合法权益。

（三）非全日制用工

1. 非全日制用工的概念

非全日制用工,是指以小时计酬为主,劳动者在同一用人单位一般平均每日工作时间不超过 4 小时,每周工作时间累计不超过 24 小时的用工形式。

2. 非全日制用工的劳动合同

非全日制用工双方当事人既可以订立书面协议,也可以订立口头协议。从事非全日制用工的劳动者可以与一个或者一个以上用人单位订立劳动合同;但是,后订立的劳动合同不得影响先订立的劳动合同的履行。

为了更好地维护全日制劳动者的权益,《劳动合同法》规定非全日制用工双方当事人不得约定试用期。用人单位违法与劳动者约定试用期的,由劳动行政部门责令改正;违法约定的试用期已经履行的,由用人单位以劳动者试用期满月工资为标准,按已经履行的超过法定试用期的期间向劳动者支付赔偿金。

非全日制用工的用人单位应当按时足额支付非全日制劳动者的工资,支付的小时计酬标准不得低于用人单位所在地人民政府规定的最低小时工资标准。劳动报酬结算支付周期最长不得超过 15 日。

非全日制用工双方当事人任何一方都可以随时通知对方终止用工。终止用工,用人单位不向劳动者支付经济补偿。

第三节 工作时间、休息休假和工资

一、工作时间

工作时间简称工时,是指劳动者为履行劳动义务,应当从事劳动的时间。具体是指劳动者每日工作的时数和每周工作的时数。

（一）一般规定

国家实行劳动者每日工作时间不超过 8 小时、平均每周工作时间不超过 44 小时的工作制度。对实行计件工作的劳动者,用人单位应当根据《劳动法》对工时制度的规定合理确定其劳动定额。企业因生产特点不能实行《劳动法》确定的工时制度的,经劳动行政部门批准,可以实行其他工时制度。

(二)关于延长工作时间的规定

用人单位由于生产经营需要,经与工会和劳动者协商可延长工时,一般每日不超过1小时。因特殊原因需延长工时的,在保障劳动者身体健康的条件下延长工时不超过3小时,每月不超36小时。

《劳动法》同时规定,有下列情形之一的,延长工作时间不受上述规定的限制:

(1)发生自然灾害、事故或者其他原因,威胁劳动者生命健康和财产安全,需要紧急处理的;

(2)生产设备、交通运输线路、公共设施发生故障、影响生产和公共利益,必须及时抢修的;

(3)法律、行政法规规定的其他情形。

二、休息休假

《劳动法》规定,用人单位应当保证劳动者每周至少休息1天。

劳动者的休假分为两种:节日休假和年休假。节日休假主要包括《劳动法》和其他法律、法规规定的元旦、春节、劳动节、国庆节等;年休假是指劳动者连续工作1年以上,享受的带薪年休假,具体办法由国务院规定。

三、工资

工资是用人单位依国家规定或集体合同、劳动合同约定,以法定方式直接支付给劳动者的劳动报酬。通常包括计时工资、计件工资、奖金、津贴等。

工资分配的原则是:(1)按劳分配原则,实行同工同酬;(2)自主确定原则,用人单位根据自身生产经营特点和经济效益,依法自主确定本单位的工资分配方式和工资水平;(3)工资水平逐步提高原则,在经济发展的基础上逐步提高工资水平;(4)国家对工资总量宏观调控原则。

有下列情形之一的,用人单位应当按照下列标准支付高于劳动者正常工作时间的工资报酬:(1)安排劳动者延长工作时间,应当支付不低于工资的150%的工资报酬;(2)休息日安排劳动者工作又不能安排补休的,支付不低于工资的200%的工资报酬;(3)法定休假日安排劳动者工作的,支付不低于工资的300%的工作报酬。

国家实行最低工资保障制度。最低工资的具体标准由省、自治区、直辖市人民政府规定,报国务院备案。用人单位支付劳动者的工资不得低于当地最低工资标准,确定和调整最低工资标准应参考的因素有:(1)劳动者本人及平均赡养人口的最低生活费用;(2)社会平均工资水平;(3)劳动生产率;(4)就业状况;(5)地区间经济差异。

工资应以货币形式按月支付给劳动者本人,不得克扣或无故拖欠。劳动者在法定休假日、婚丧假期间以及依法参加社会活动期间,用人单位应依法支付工资。

第四节 劳动安全卫生和劳动保护

劳动安全卫生和劳动保护制度,是为了保护劳动者在生产过程中的安全与健康,在改善劳动条件,预防工伤事故和职业病,实现劳逸结合和女工保护等方面,所进行的一系列组织管理和技术措施。

一、劳动安全卫生和保护制度概述

劳动安全卫生制度是国家为改善劳动条件、保证劳动者安全健康而制定的法律规范的总称,目的在于防止和消除伤亡事故,保护劳动者在劳动过程中的健康。为此《劳动法》专门对劳动安全卫生规程、设施和条件、劳动防护用品、安全卫生教育、监察、统计和事故处理等作出规定。

(1)用人单位必须建立、健全劳动安全卫生制度,严格执行国家劳动安全卫生规程和标准,对劳动者进行安全卫生教育,防止劳动过程中的事故,减少职业危害。

(2)劳动安全卫生设施必须符合国家规定的标准。新建、改建、扩建工程的劳动安全卫生设施,必须与主体工程同时设计、同时施工、同时投入和使用。

(3)用人单位必须为劳动者提供符合国家规定的劳动安全卫生条件和必要的劳动防护用品,对从事有职业危害作业的劳动者应当定期进行健康检查。

(4)从事特种作业的劳动者必须经过专门培训并取得特种作业资格。

(5)劳动者在劳动过程中必须严格遵守安全操作规程。劳动者对用人单位管理人员违章指挥、强令冒险作业,有权拒绝执行;对危害生命安全和身体健康的行为,有权提出批评、检举和控告。

(6)国家建立伤亡事故和职业病统计报告和处理制度。县级以上各级人民政府劳动行政部门、有关部门和用人单位应当依法对劳动者在劳动过程中发生的伤亡事故和劳动者的职业病状况,进行统计、报告和处理。

二、女职工特殊保护制度

我国《劳动法》除保障妇女平等就业权,实行男女同工同酬外,还就女职工生理和抚育子女的需要,作出特别规定。

(一)女职工禁忌的劳动

禁止安排女职工从事矿山井下、国家规定的第四级体力劳动强度的劳动和其他禁忌从事的劳动。

（二）女职工"四期"保护

（1）经期保护，法律禁止安排女工在经期从事高处、低温、冷水作业和国家规定的第三级体力劳动强度的劳动。（2）孕期保护，不得安排女工在孕期从事第三级体力劳动强度的劳动和孕期禁忌从事的劳动。对怀孕7个月以上的女工，不得安排其延长工作时间和夜班劳动。（3）产期保护，女工生育享受不少于90天的产假。（4）哺乳期保护，不得安排女工在哺乳未满1周岁婴儿期间从事第三级体力劳动强度的劳动和哺乳期禁忌从事的其他劳动，不得安排其延长工作时间和夜班劳动。

三、未成年工特殊保护制度

未成年工是指年满16周岁未满18周岁的劳动者。禁止安排未成年工从事矿山井下、有毒有害、国家规定的第四级体力劳动强度的劳动和其他禁忌从事的劳动，并且要求用人单位对未成年工定期进行健康检查。

第五节 劳动争议

一、劳动争议解决的法律适用

劳动争议，又称劳动纠纷，是劳动者与用人单位之间因实现劳动权利、履行劳动义务而发生的纠纷。为了公正及时解决劳动争议，保护当事人合法权益，促进劳动关系和谐稳定，第十届全国人民代表大会常务委员会第三十一次会议于2007年12月29日通过《中华人民共和国劳动争议调解仲裁法》，自2008年5月1日起施行。

该法适用于中华人民共和国境内的用人单位与劳动者发生的下列劳动争议：（1）因确认劳动关系发生的争议；（2）因订立、履行、变更、解除和终止劳动合同发生的争议；（3）因除名、辞退和辞职、离职发生的争议；（4）因工作时间、休息休假、社会保险、福利、培训以及劳动保护发生的争议；（5）因劳动报酬、工伤医疗费、经济补偿或者赔偿金等发生的争议；（6）法律、法规规定的其他劳动争议。

解决劳动争议，应当根据事实，遵循合法、公正、及时、着重调解的原则，依法保护当事人的合法权益。

二、解决劳动争议的机构

（一）劳动争议调解组织

根据法律规定，劳动争议调解组织包括：企业劳动争议调解委员会；依法设立的基层人民调解组织；在乡镇、街道设立的具有劳动争议调解职能的组织。其中，企业劳动争议调解委员会由职工代表和企业代表组成；职工代表由工会成员担任或者由全体职工推举产生；企业代表由企业负责人指定；企业劳动争议调解委员会主任由工会成员或者双方推举的人员担任。

劳动争议调解组织的调解员应当由公道正派、联系群众、热心调解工作，并具有一定法律知识、政策水平和文化水平的成年公民担任。

（二）劳动争议仲裁委员会

劳动争议仲裁委员会是国家授权的，依法独立处理劳动争议案件的专门机构，不按行政区划层层设立。省、自治区人民政府可以决定在市、县设立；直辖市人民政府可以决定在区、县设立。直辖市、设区的市也可以设立一个或者若干个劳动争议仲裁委员会。

劳动争议仲裁委员会由劳动行政部门代表、工会代表和企业方面代表组成。劳动争议仲裁委员会组成人员应当是单数。

劳动争议仲裁委员会依法履行下列职责：（1）聘任、解聘专职或者兼职仲裁员；（2）受理劳动争议案件；（3）讨论重大或者疑难的劳动争议案件；（4）对仲裁活动进行监督。

（三）人民法院

对劳动争议仲裁裁决不服还可以通过司法诉讼程序来解决，由人民法院民事审判庭按民事诉讼程序进行审理。

三、劳动争议处理程序

解决劳动争议一般有协商、调解、仲裁、诉讼四种方式。发生劳动争议，劳动者可以与用人单位协商，也可以请工会或者第三方共同与用人单位协商，达成和解协议。当事人不愿协商、协商不成或者达成和解协议后不履行的，可以向调解组织申请调解；不愿调解、调解不成或者达成调解协议后不履行的，可以向劳动争议仲裁委员会申请仲裁；对仲裁裁决不服的，除法律另有规定的外，可以向人民法院提起诉讼。

（一）调解

当事人申请劳动争议调解可以书面申请，也可以口头申请。口头申请的，调解组织应当当场记录申请人基本情况、申请调解的争议事项、理由和时间。调解中应当充分听取双方当事人对事实和理由的陈述，耐心疏导，帮助其达成协议。

经调解达成协议的，应当制作调解协议书。调解协议书由双方当事人签名或者盖章，经调解员签名并加盖调解组织印章后生效，对双方当事人具有约束力，当事人应当履行。达成调解协议后，一方当事人在协议约定期限内不履行调解协议的，另一方当事人可以依法申请仲裁。

自劳动争议调解组织收到调解申请之日起15日内未达成调解协议的，当事人可以依法申请仲裁。

因支付拖欠劳动报酬、工伤医疗费、经济补偿或者赔偿金事项达成调解协议,用人单位在协议约定期限内不履行的,劳动者可以持调解协议书依法向人民法院申请支付令。人民法院应当依法发出支付令。

(二) 仲裁

1. 管辖

劳动争议由劳动合同履行地或者用人单位所在地的劳动争议仲裁委员会管辖。双方当事人分别向劳动合同履行地和用人单位所在地的劳动争议仲裁委员会申请仲裁的,由劳动合同履行地的劳动争议仲裁委员会管辖。

劳动争议仲裁公开进行,但当事人协议不公开进行或者涉及国家秘密、商业秘密和个人隐私的除外。

2. 申请和受理

申请人申请仲裁应当提交书面仲裁申请,仲裁申请书应当载明下列事项:(1) 劳动者的姓名、性别、年龄、职业、工作单位和住所,用人单位的名称、住所和法定代表人或者主要负责人的姓名、职务;(2) 仲裁请求和所根据的事实、理由;(3) 证据和证据来源、证人姓名和住所。

书写仲裁申请确有困难的,可以口头申请,由劳动争议仲裁委员会记入笔录,并告知对方当事人。

劳动争议仲裁委员会收到仲裁申请之日起5日内,认为符合受理条件的,应当受理,并通知申请人;认为不符合受理条件的,应当书面通知申请人不予受理,并说明理由。对劳动争议仲裁委员会不予受理或者逾期未作出决定的,申请人可以就该劳动争议事项向人民法院提起诉讼。

3. 开庭和裁决

劳动争议仲裁委员会裁决劳动争议案件实行仲裁庭制。仲裁庭由三名仲裁员组成,设首席仲裁员。简单劳动争议案件可以由一名仲裁员独任仲裁。

劳动争议仲裁委员会应当在受理仲裁申请之日起5日内将仲裁庭的组成情况书面通知当事人。仲裁员有法定情形之一的,应当回避,当事人也有权以口头或者书面方式提出回避申请。

仲裁庭应当在开庭5日前,将开庭日期、地点书面通知双方当事人。当事人有正当理由的,可以在开庭3日前请求延期开庭。是否延期,由劳动争议仲裁委员会决定。

当事人申请劳动争议仲裁后,可以自行和解。达成和解协议的,可以撤回仲裁申请。

仲裁庭在作出裁决前,应当先行调解。调解达成协议的,仲裁庭应当制作调解书,调解书应当写明仲裁请求和当事人协议的结果。调解书经双方当事人签收后,发生法律效力。调解不成或者调解书送达前,一方当事人反悔的,仲裁庭应当及时作出裁决。裁决书应当载明仲裁请求、争议事实、裁决理由、裁决结果和裁决日期。裁决书由仲裁员签名,加盖劳动争议仲裁委员会印章。对裁决持不同意见的仲裁员,可以签名,也可以不签名。

仲裁庭裁决劳动争议案件,应当自劳动争议仲裁委员会受理仲裁申请之日起45日内结束。案情复杂需要延期的,经劳动争议仲裁委员会主任批准,可以延期并书面通知当事人,但是延长期限不得超过15日。逾期未作出仲裁裁决的,当事人可以就该劳动争议事项向人民法院提起诉讼。

仲裁庭对追索劳动报酬、工伤医疗费、经济补偿或者赔偿金的案件,根据当事人的申请,可以裁决先予执行,移送人民法院执行。仲裁庭裁决先予执行的,应当符合下列条件:(1)当事人之间权利义务关系明确;(2)不先予执行将严重影响申请人的生活。劳动者申请先予执行的,可以不提供担保。

4. 仲裁裁决的效力

(1)终局裁决。

《劳动争议调解仲裁法》第47条规定,下列劳动争议,除另有规定的外,仲裁裁决为终局裁决,裁决书自作出之日起发生法律效力:追索劳动报酬、工伤医疗费、经济补偿或者赔偿金,不超过当地月最低工资标准12个月金额的争议;因执行国家的劳动标准在工作时间、休息休假、社会保险等方面发生的争议。

劳动者对上述第47条规定的仲裁裁决不服的,可以自收到仲裁裁决书之日起15日内向人民法院提起诉讼。

用人单位有证据证明上述第47条规定的仲裁裁决有下列情形之一,可以自收到仲裁裁决书之日起30日内向劳动争议仲裁委员会所在地的中级人民法院申请撤销裁决:适用法律、法规确有错误的;劳动争议仲裁委员会无管辖权的;违反法定程序的;裁决所根据的证据是伪造的;对方当事人隐瞒了足以影响公正裁决的证据的;仲裁员在仲裁该案时有索贿受贿、徇私舞弊、枉法裁决行为的。

人民法院经组成合议庭审查核实裁决有前款规定情形之一的,应当裁定撤销。仲裁裁决被人民法院裁定撤销的,当事人可以自收到裁定书之日起15日内就该劳动争议事项向人民法院提起诉讼。

(2)非终局裁决。

当事人对《劳动争议调解仲裁法》第47条规定以外的其他劳动争议案件的仲裁裁决不服的,可以自收到仲裁裁决书之日起15日内向人民法院提起诉讼,法院受理案件后,将按有关民事诉讼的程序进行审理;期满不起诉的,裁决书发生法律效力。

5. 仲裁时效

劳动争议申请仲裁的时效期间为1年。仲裁时效期间从当事人知道或者应当知道其权利被侵害之日起计算。

仲裁时效,因当事人一方向对方当事人主张权利,或者向有关部门请求权利救济,或者对方当事人同意履行义务而中断。从中断时起,时效期间重新计算。

因不可抗力或者有其他正当理由,当事人不能在规定的仲裁时效期间申请仲裁的,仲裁时效中止。从中止时效的原因消除之日起,时效期间继续计算。

劳动关系存续期间因拖欠劳动报酬发生争议的,劳动者申请仲裁不受法定仲裁时效期间的限制;但是,劳动关系终止的,应当自劳动关系终止之日起一年内提出。

参 考 文 献

1. 徐智华:《劳动法与社会保障法》(第二版),北京大学出版社,2017 年。
2. 王全兴:《劳动法》(第四版),法律出版社,2017 年。
3. 董保华:《中国劳动法案例精读》,商务印书馆,2016 年。
4. 张安顺:《新编劳动法及相关法律法规解读与案例剖析》,中国言实出版社,2016 年。
5. 黎建飞:《劳动法与社会保障法:原理、材料与案例》,北京大学出版社,2015 年。

第二十四章 社会保障法律制度

[本章概要]

社会保障法是社会的安全网、稳定器和实现社会公平、和谐的调节器,社会保障法是市场经济不可或缺的法律支撑,是构建社会主义和谐社会的法律保障。本章就社会保障的概念及特征、劳动和社会保障法律体系,社会保险、社会救济、优抚安置、社会福利法律制度的内容、特点等进行了阐述。

第一节 社会保障法律制度

一、社会保障的概念及特征

社会保障是指国家通过法律对社会成员在生、老、病、死、伤、残、丧失劳动能力或因自然灾害面临生活困难时给予物质帮助,以此来保障每个公民的基本生活需要的制度。社会保障是工业革命和社会化大生产的产物。简单概括其发展历史,可以说它是始于德国,形成于美国。

社会保障有五个特征。

(一)社会性

社会保障法是典型的社会法,因而社会性是社会保障法最主要的特征。其社会性表现在三个方面。第一,目的的社会性。社会保障之设立即为社会利益,保障社会全体成员的生活安全,所以社会保障法的目标在于通过保证社会成员的基本生活需要来达到社会稳定。第二,享受权利主体的普遍性。社会保障的权利由全体社会成员享有,且随着经济的发展,可以享受保障的成员数目以及可以享受的社会保障项目会越来越多。第三,社会保障责任和义务的社会化。社会保障要获得长久的生命力,需要整个社会的参与,社会保障通过立法,采取国家、用人单位和社会成员共同负担的原则,将责任和义务分散到整个社会,以资金来源的多渠道来保证社会保障的正常运转。

(二)强制性

社会保障是国家通过立法建立和实施的。在现代社会,一个国家社会保障的内容是由法律规定的,是由国家强制实施的。社会保障法是国家为了保障公民的基本生活需要而强行规定的一系列准则,从社会保障项目的确立、社会保障资金的筹集和缴纳到社会保障的享受人群范围,以及社会保障金的发放都有明确的法律规定,任何单位和个人不能任意更改。

(三) 统一性

社会保障法既有实体性法律规范,也有程序性法律规范,并非具单一特性的实体法或程序法。之所以如此,是因为社会保障法所调整关系的复杂性。社会保障法调整的是一个在社会保障领域中由各种社会关系、各个运行环节组成的系统,因而社会保障法就必须不仅有具体的权利义务的规定,还要有维持程序正常运转的程序性规定。例如社会救助性,既有救助对象所享受的权利义务的实体规定,又有救助对象资格认定以及发放手续的程序性规定。

(四) 技术性

社会保障的运营须以数理计算为基础,这使得社会保障法在立法上有较高的技术性。"大数法则"和"平均数法则"在社会保障立法中会经常用到。另外,还有一些保障项目在费率、范围等的确定上会常用到统计技术。以养老保险为例,我国养老保险立法中的关键技术,涉及退休后平均存活年数的确定、养老保险基金的社会统筹范围的确定、养老保险费率的确定等种种问题,都需要运用数理技术来确定。

(五) 互济性

社会保障是对国民收入进行再分配的一种方式,具有互济性。这种分配方式是社会保障的运作,是国民收入的一种转移,即从高收入者转移到低收入者,从健康者转移到疾病者和残疾者,从家庭负担轻者转移到家庭负担重者等。这种社会保障机制集中了社会成员的一部分财力,对需要帮助的社会成员提供帮助,增强了劳动者个人抵御风险的能力。

二、社会保障法概述

1883年,德国颁布《疾病保险法》,标志着以社会保险为核心内容的现代社会保障制度的诞生。20世纪30年代,美国总统罗斯福为了应对严重的经济危机,采取了以扩大有效需求为核心的一系列"新政"措施,刺激国内经济发展。新政的主要内容之一,就是建立统一的社会保障制度,实行社会救济。1935年,美国国会通过《社会保障法》,联邦政府设立了社会保障署,促使社会保障制度在美国得到了较全面系统的实施。

社会保障法是指调整关于社会保险和社会福利关系的法律规范的总称,包括安全生产法、消防法等。也是保障社会成员基本生活需要和经济发展享受权的各种法律规范的总称。《社会保障法》是伴随着市场经济的发展而发展的。在社会保险方面,国务院先后颁布《关于建立城镇企业职工养老保险制度的决定》《失业保险条例》

《工伤保险条例》和《五保供养工作条例》等;劳动部颁发了《企业职工生育保险试行办法》和《企业职工工伤保险试行办法》等。在社会优抚方面,国务院颁布的行政法规有《革命烈士褒扬条例》《军人抚恤条例》和《城镇退役士兵安置条例》等。在社会救助方面,有国务院颁布的《城市居民最低生活保障条例》及民政部颁布的《城市生活无着的流浪乞讨人员救助管理办法实施细则》等。在社会福利方面,国家颁布了《义务教育法》和《残疾人保障法》等。2016年12月25日,第十二届全国人大常委会第二十五次会议通过了《中华人民共和国公共文化服务保障法》,内容包括基本公共文化服务标准制度、公共文化服务设施免费或优惠开放制度、公共文化服务公示制度、公众参与的公共文化服务设施使用效能考核评价制度、公共文化服务资金使用监督和公告制度等。《公共文化服务保障法》确立了公共文化服务的基本框架,确保了与相关政策和法规的衔接,为社会力量参与公共文化服务提供了法律保障,为构建现代公共文化服务体系提供了法律依据。

目前,我国的社会保障立法的很多内容是改革发展的应急产物,"头痛医头、脚痛医脚",不能从根本上解决问题。例如:随着人口老龄化现象的日益突出,政府无相应的配套政策出台;农民工在城市中的社会保障待遇问题尚未得到很好的解决;在农村推行的保险制度还不是很完善。由于社会保障体系不完善,管理不够科学,导致了社会保障金在筹集、支付、运营等过程中出现许多问题,造成了社会保障金增值速度缓慢、增值乏力、效率低下等情况。毋庸置疑,这些行政法规和规章的颁布对调整我国社会保障关系起到了一定的作用,但对于要建立社会保障制度或社会保障法律体系来说,却还显得远远不够。

三、社会保障法律制度的立法原则、框架结构

(一)社会保障法律制度的立法原则

为了充分发挥社会保障法律制度的作用,应该确立科学的立法原则,根据市场经济的特点和社会保障法律制度的性质,我国的社会保障法律制度主要应确立以下四项原则。

1. 社会保障水平与生产力发展水平相适应原则

社会保障基金属于消费基金中的一种,国家在一定时期内可提供的社会保障基金的数量决定着社会保障的水平,而社会保障基金的数量多少又取决于生产力发展水平。故在我国目前生产力发展水平还不高的情况下,社会保障水平决不能脱离生产力的实际发展水平,社会保障基金的提取数量应该与社会生产总值保持恰当、合理的比例。否则,会因国家经济承受能力有限而难以充分实现而产生消极作用。

2. 以社会保险为主,多种保障形式并举的原则

社会保障法律制度体系由多方面内容的制度组成,而其所包含的各项制度各自

具有不同的地位和作用,但相比而言,社会保险制度尤其具有特殊的保障作用,在整个社会保障制度体系中居于基础和核心地位,因此,建立我国的社会保险法律制度,在统筹兼顾,全面发展多种类、多层次社会保障形式的同时,应该重点发展和完善社会保险制度,以此带动其他社会保障形式的发展,从而建立起以社会保险为主干的完善的社会保障法律制度体系。

3. 权利与义务相统一、相一致原则

社会保险法律制度立法应贯彻权利与义务相统一、相一致原则,即任何社会成员和劳动者在享有社会保障方面的权利的同时,都应承担相应的义务,不能只享受权利而不承担义务,或者相反。这就要求每个社会成员和劳动者应积极、自觉履行参加劳动、交纳保障金等各项法定义务,只有这样,才能在其处于困难境地,需要得到物质帮助和资助时,有权获得帮助和资助。

4. 社会互助与个人储蓄积累相结合原则

建立社会保障制度是一项巨大、艰苦的系统工程,需要各方面的努力。在我国社会生产力发展尚未达到较高发展水平的情况下,建立社会保障制度应由国家、社会和个人共同努力。社会保障基金在由国家和社会筹集和承担的同时,也不能单靠国家和社会,社会成员和劳动者个人自己也应负担一定费用。因此,社会成员和劳动者应在平时把自己的部分劳动收入和其他合法收入有计划、有目地储蓄积累起来,以备将来在遭受困难和不幸时,把社会互助和个人储蓄积累结合起来使用。

(二) 社会保障的框架结构

社会保障法律制度是各种社会保障基本法律制度规定构成的制度体系。我国的社会保障法律制度的体系主要包括社会保险、社会救济、社会福利、优抚安置、农村社会保障等内容,其体系应由基本法、单行法、配套法三层次构成。

1. 社会保险法律制度

社会保险法律制度是社会保障法律制度的基础,它是把社会保障采取的最重要、最基本的措施法律化的结果,即以立法形式规定社会保险的范围、种类、原则、标准、保险基金的来源和筹集、保险机构及其体制的设置和管理等。社会保险是养老保险、医疗保险、伤残保险、失业保险、生育保险等的统称。社会保险法律制度就是通过分别制定上述保险法律、法规,建立统一的社会保险法律制度,使社会成员和劳动者因年老、疾病、伤残、失业、生育等在暂时或永久丧失劳动能力的情况下,获得物质帮助,为他们提供可靠的生活来源,保证其基本的生活需要。

2. 社会救济法律制度

社会救济法律制度是通过立法形式确立的由国家和社会对因遭受自然灾害或因贫困、残疾、丧失劳动能力等无依无靠、生活陷于困境,自身无法维持基本生活的社会成员给予必要的物资帮助,确保其维持最低水平的生活需求,以提高和增强他们社会生存力和适应力的各种社会救助制度。社会救济法律制度是党和国家关心人民群众生活,解除社会成员疾苦和忧虑各项措施的法定化,是社会主义制度优越性的体现,对维护社会稳定具有重要意义。

3. 社会福利法律制度

社会福利法律制度是以立法形式确立的为了保障全体社会成员的基本生活,改善和提高人们物质生活和文化生活水平,由国家、社会和团体共同举办的、向全体社会成员提供各种福利性物质帮助、福利设施以及社会服务的法律制度。

4. 优抚安置法律制度

优抚安置法律制度是由国家和社会对烈属、军属、复员退伍军人、残废军人等特定优抚对象予以优待、抚恤和妥善安置,为他们提供多种形式的物质帮助和服务,以确保他们的生活达到一定水平,解决他们的后顾之忧的法律制度。这是一种具有褒扬作用的特殊性质的社会保障法律制度。

5. 农村社会保障法律制度

我国农村人口占全国人口数量的绝大多数,随着社会主义市场经济的发展,在广大农村建立社会保障法律制度日益迫切,但鉴于目前农村经济发展的现实状况以及与城市存在的差距,鉴于当前农村社会保障法律制度还十分落后的现状,如果盲目追求城市和乡村社会保障法律制度建设同步一体化,是难以实现的。因此,应从实际出发,重视和加强农村社会保障法律制度建设。针对农村的实际状况和特点,制定切实可行的社会保障法律制度。作为长久之计,应大力加强和加快农村经济发展的步伐,在经济发展的基础上,逐步缩小城乡社会保障法律制度之间的差距,待客观条件成熟时,进而实现城乡社会保障法律制度一体化,建立全国统一的社会保障法律制度。

我国目前尚未形成系统的社会保障基本法和社会保障单行法,仅制定了一些社会保障的条例等,而且大多是在原有经济体制条件下,为了适应原有体制的需要制定的,与市场经济体制的要求不相适应。为了建立和完善我国社会保障法律制度体系,应按照社会主义市场经济体制的要求,对有关社会保障立法上的空白,尽快制定相应的社会保障基本法、单行法和作为配套法的一系列条例和实施细则,对已不能适应市场经济要求的已有社会保障立法应予修改或废除,并力争把零星规定与其他法中的有关社会保障立法的内容吸收、集中、统一起来,从而形成以基本法为主干,以单行法、配套法为具体体现的完整、统一的多层次社会保障法律制度体系。

四、社会保障的内容

社会保障包括三方面的内容,即社会救济、社会保险和社会福利。

社会救济是由代表国家的有关部门(如民政部门)向因意外条件或自然灾害等原因造成的生活困难者给予物质帮助的一种形式,例如,对因自然灾害造成的部分地区、部分居民的暂时困难的资助,对残废军人和军烈属抚恤和照顾,对残废公民生活提供的部分资助等。社会救济是社会保障中的最低层次。

社会保险,是指国家通过立法确立的,以保险形式实行的,对于因丧失劳动能力或劳动机会而不能劳动或暂时中断劳动的劳动者提供一定的物质帮助或相应的补偿,使其至少能维护基本生活的一种社会保障制度。社会保险是社会保障中的中间层次。

社会福利是国家、地方或社会团体举办的以全体成员为对象的福利事业,如教育、文化、体育、卫生设施、环境保护等。这是社会保障中的最高层次。

与社会保障的其他方面相比,社会福利是普遍保障制度;社会救济是依据经济情况调查而实行的保障制度;社会保险是以曾经存在的劳动关系为基础而确立的保障制度。

第二节 社会保险法律制度

社会保险是整个社会保障制度的主体、核心。它作为一种社会经济制度,是社会经济发展到一定阶段的产物,并随着社会经济的发展和自身实践活动的发展而不断发展变化。完善的社会保险体系作为现代化社会的一个重要标志,在社会经济运行中起着"减震器"和"安全网"的作用。随着社会主义市场经济的发展,社会保险的作用愈来愈重要。

一、社会保险概述

社会保险作为立法制度出现,始于19世纪80年代的德国,1883年,德国颁布《疾病保险法》,标志着以社会保险为核心内容的现代社会保障制度的产生。1883—1889年,德国在首相俾斯麦的主持下,制定了疾病、工伤和年老三项社会保险立法,从而成为世界上建立第一个社会保险制度的国家,至今已有100多年的历史。到目前,世界上有160多个国家实行了社会保险。

社会保险在我国过去又称为劳动保险。1951年由政务院颁布实施《中华人民共和国劳动保险条例》,开始正式成立新中国的社会保险制度。1953年对该条例作了修正,修正后的条例的颁布,标志着新中国社会保险制度的诞生。但是保险制度刚刚建立,当时尚在试行阶段,还有待于取得经验后逐步完善。因而把社会保险称作劳动保险,这个叫法一直维持到20世纪80年代,从20世纪90年代开始,改称社会保险,以适应国际惯例和改革开放的需要。

二、社会保险的概念及特征

(一)概念

社会保险是国家为了帮助公民抵御种种生活危险而建立的一种社会保障制度。

社会保险的项目一般包括养老保险、医疗保险、疾病保险、失业保险、工伤保险、遗嘱保险和护理保险。

（二）主要特征

1. 强制性

国家通过立法，强制符合条例的用人单位和劳动者参加社会保险，履行法律所规定的缴费等义务。劳动者在满足一定资格条件后可依法享受社会保险待遇。任何法定范围内的用人单位和劳动者都必须参加社会保险。

2. 共济性

社会保险实行互助共济，按照大数法则，在整个社会的范围内统一筹集和调剂使用资金，依靠全社会的力量均衡负担和分散风险。社会保险的覆盖范围越大，抵御风险的能力也越强。一般而言，社会保险费用应由国家、用人单位、个人三方共同负担，并在较高的层次上和较大的范围内实现社会统筹与互济。

3. 普遍性

社会保险的覆盖范围各个国家有所不同。一般来说，国家建立社会保险的目的，是保障所有国民或劳动者在遇到年老、失业、疾病、工伤、生育等各种风险时，都能够从国家或社会获得一定的物质帮助和服务，以维持基本生活，从而促使整个社会协调、稳定地发展。

4. 保障性

保障人们的基本生活，以从根本上安定社会秩序。社会保险的作用，就是对劳动者的收入起到保障作用，使其失去劳动收入后，仍能生活。体现在两个方面：一是保障基本生活，保障水平与国民经济发展相适应，有一定的限量，只解决基本生活所需；二是资金来源有保证，最后政府要兜底。

社会保险与保险公司办理的商业保险都具有互济性，它们之间的区别在于：(1) 社会保险强调强制性，普通商业保险着重自愿性；(2) 社会保险具有福利性，由非营利性机构管理，普通商业保险讲究营利性，由具有营利目的的保险机构经营；(3) 社会保险的保费主要采用国家、集体、个人分担的形式。普通商业保险则要由保人投保；(4) 政府承担的责任不同，社会保险是公民享有的一项基本权利，政府对社会保险承担最终的兜底责任，商业保险则受市场竞争机制制约，政府主要依法对商业保险进行监管，保护投保人的利益。

社会保险是依法建立的，它所具有的强制性、社会性的特征决定了社会保险法律关系是一种劳动行政法律关系。

三、社会保险的内容

在社会保障体系中，社会保险可视为是整个体系的基础和支柱，具体包括养老保险、失业保险、医疗保险和工伤保险生育保险等。

(一) 养老保险

我国 1986 年开始在全国推行养老保险改革。1991 年根据各地试行的经验,国务院发布了《关于企业职工养老保险制度改革的决定》,确立了新养老保险制度的基本原则和方向:社会共同负担;建立个人账户;逐步提高个人缴费标准;逐步过渡到省级统筹;建立多层次的养老保险体制;并确立了养老保险主管部门。1995 年,根据决定的实施情况,国务院发布了《关于深化企业职工养老保险制度改革的通知》,更加明确、具体地提出了养老保险制度改革的目标、原则和实施办法:适应社会主义市场经济体制要求;适应经济发展水平和社会承受力;适用各种所有制企业和个体劳动者;管理服务社会化;个人账户与社会统筹相结合;并提出了老人老办法、中人中办法、新人新办法的具体实施办法。1997 年,在各地基本建立养老保险制度的情况下,为了统一实施办法,国务院发布了《关于建立统一的企业职工基本养老保险制度的决定》。2014 年国务院发布《关于建立统一的城乡居民基本养老保险制度的意见》,按照党的十八大精神和十八届三中全会关于整合城乡居民基本养老保险制度的要求,依据《中华人民共和国社会保险法》有关规定,在总结新型农村社会养老保险(以下简称新农保)和城镇居民社会养老保险(以下简称城居保)试点经验的基础上,国务院决定,将新农保和城居保两项制度合并实施,在全国范围内建立统一的城乡居民基本养老保险(以下简称城乡居民养老保险)制度,目标是 2020 年前,全面建成公平、统一、规范的城乡居民养老保险制度,与社会救助、社会福利等其他社会保障政策相配套,充分发挥家庭养老等传统保障方式的积极作用,更好保障参保城乡居民的老年基本生活。

养老保险又称老年保险,是指国家通过立法强制建立养老保险基金,劳动者达到法定退休年龄并退出劳动岗位时,可以从养老保险基金中领取养老金,以保证其基本生活的一种社会保险制度。养老保险在整个社会保险制度中占有最重要的地位,是实施最广泛的险种。相比较于其他社会保险项目而言,养老保险所承担的风险是劳动者因年老丧失劳动能力,从而丧失劳动收入的必然性风险,与失业、工伤、疾病、生育等偶然性风险不同,是社会保险中最重要的基本项目。所以,各国都普遍地将养老保险纳入社会保险制度,并将其尽可能地扩及全体社会成员。

我国目前各种的养老保险制度包括三个层次:(1)基本养老保险,又称国家基本养老保险,是政府为保障社会成员在年老退休后能够获得固定的基本生活来源而通过强制性手段实施的一种养老保险。它是我国社会养老保险体系中最能体现社会保险性质的养老保险。(2)补充养老保险,是指在基本养老保险的基础上,职工所在的用人单位根据其自身的经济情况,为本企业职工投保的养老保险。它同时作为用人单位的一项福利待遇。(3)个人储蓄性养老保险,是社会成员为了自己年老后生活能够获得保障,根据自己的收入情况自愿通过储蓄积累而进行的养老保险。

目前我国养老保险的参保范围包括年满16周岁(不含在校学生),非国家机关和事业单位工作人员及不属于职工基本养老保险制度覆盖范围的城乡居民,可以在户籍地参加城乡居民养老保险。国家为每个参保人员建立终身记录的养老保险个人账户,个人缴费、地方人民政府对参保人的缴费补贴、集体补助及其他社会经济组织、公益慈善组织、个人对参保人的缴费资助,全部记入个人账户。个人账户储存额按国家规定计息。城乡居民养老保险待遇由基础养老金和个人账户养老金构成,支付终身。参加城乡居民养老保险的个人,年满60周岁、累计缴费满15年,且未领取国家规定的基本养老保障待遇的,可以按月领取城乡居民养老保险待遇。

新农保或城居保制度实施时已年满60周岁,在本意见印发之日前未领取国家规定的基本养老保障待遇的,不用缴费,自本意见实施之月起,可以按月领取城乡居民养老保险基础养老金;距规定领取年龄不足15年的,应逐年缴费,也允许补缴,累计缴费不超过15年;距规定领取年龄超过15年的,应按年缴费,累计缴费不少于15年。

城乡居民养老保险待遇领取人员死亡的,从次月起停止支付其养老金。

(二) 失业保险

失业保险在我国一直是空白项目,改革开放以后,失业问题成为影响社会稳定的重大问题,建立失业保险制度成为紧迫的课题。1986年,国务院颁布了《国营企业职工待业保险暂行办法》,规定国营企业的4种人为保险对象:破产企业职工、濒临破产整顿期间被精简职工、被终止或解除劳动合同职工、被辞退职工。1993年,国务院颁布了《国有企业职工待业保险规定》,将保险对象扩大到7种9类人,即增加了被撤销、解散企业的职工;按规定停产整顿而被精简的职工;按法律或地方政府规定可以享受保险待遇的职工。另外,原先的被辞退职工,扩大为被辞退、除名或开除职工。1999年1月,国务院颁布了新的《失业保险条例》,将实施范围扩大到城镇各类企事业单位。我国失业保险存在着很多问题:待业、下岗、协保、再就业中心和失业等各种状态并存,造成了隐性就业、用工制度混乱、劳动者权益受到不同程度侵害的局面。加上促进就业的手段和措施有限,就业形势严峻的局面没有得到根本性改观。目前,与失业保险配套的制度尚不够健全,处在待业状态的已毕业学生,未纳入失业保险范围,把社会问题留给了家庭承担,给父母造成了较大的负担。

失业,是指在劳动者法定劳动年龄内,有工作能力,无业且要求就业而未能就业的状态。失业保险,是指国家通过失业保险基金,对因失业而中断生活来源的劳动者在法定期间内给予失业保险金,以维持其基本生活需要的一项社会保障制度。1998年12月16日国务院第11次常务会议通过并实施了《失业保险条例》。

根据《失业保险条例》的规定,我国失业保险待遇具体包括:(1)失业保险金,即社会保险经办机构按规定支付给符合条件的失业者的基本生活费;(2)领取失业保险金期间的医疗补助金,即社会保险经办机构对失业者在领取失业保险金期间患病就医的医疗费给予的补助;(3)领取失业保险金期间死亡的失业人员的丧葬补助金和其供养的配偶、直系亲属的抚恤金;(4)领取失业保险金期间接受职业培训、职业介绍的补贴,包括失业者为接受职业培训所需的路费、住宿费和培训费等。

领取失业保险金须符合以下条件:(1)按照规定参加失业保险,所在单位和本人已按照规定履行交费义务满一年的;(2)非因本人意愿中断就业的;(3)已办理失业登记,并有求职要求。

失业人员如有以下情形之一的,则应立即停止领取失业保险金,同时停止享受其他失业保险待遇:(1)重新就业的;(2)应征服兵役的;(3)移居境外的;(4)享受基本养老保险待遇的;(5)被判刑收监执行或者被劳动教养的;(6)无正当理由拒不接受当地人民政府指定的部门或者机构介绍工作的;(7)有法律、行政法规规定的其他情形的。

失业保险金领取的期限依据失业人员失业前所在单位和其本人累计缴费时间长短来确定。失业保险是为了帮助公民抵御因失去工作导致收入中断的危险而施行的社会保险项目。

(三)医疗保险

1989年,卫生部和财政部联合颁布了《公费医疗管理办法》。1993年,又联合发出了《关于加强公费医疗用药管理的意见》,改革了国家全额负担的局面,逐渐扩大了个人承担的比例,同时,公费用药的范围也得到了严格限制。1992年,劳动部发出了《关于试行职工大病医疗费用社会统筹的意见的通知》。与此同时,新的医疗保险制度的试点工作开始进行。1994年4月,国家体改委、财政部、劳动部、卫生部联合发布了《关于职工医疗制度改革的试点意见》。在试点工作取得重大进展的情况下,1998年,国务院发布了《关于建立城镇职工基本医疗保险制度的决定》,确立了全国统一的医疗保险制度。2008年国务院发布《关于开展城镇居民基本医疗保险试点的指导意见》。2016年,国务院发布《关于整合城乡居民基本医疗保险制度的意见》,全国范围内均开展了城镇职工医疗制度改革,逐步建立了适应社会主义市场经济体制、符合财政、企业和个人承受能力的城镇职工基本医疗保险制度。

医疗保险,又称疾病保险或健康保险,是指劳动者因患病或非因工负伤治疗期间,可以获得必要的医疗费资助和疾病津贴的一种社会保险制度。

基本医疗保险的覆盖范围:城镇所有用人单位,包括国有企业、集体企业、外商投资企业、私营企业、机关、事业单位、社会团体、民办非企业单位等及其职工。其他经济组织及其从业人员,是否参加医疗保险,依据组织性质,由各省、自治区、直辖市人民政府决定。

基本医疗保险费由用人单位和职工共同缴纳。前者缴费率一般为在职职工工资总额的6%左右,后者缴费率一般为本人工资的2%。上述缴费率可随经济发展作相应调整。

医疗保险是为了帮助公民抵御疾病危险而施行的社会保险项目,是社会保险中最重要的基本项目。医疗保险给付由社会保障行政部门委托业务部门实施,从而形成了较为复杂的医、患、管三方关系。

(四) 工伤保险

工伤保险,是指劳动者在生产、工作过程中,由于意外事故负伤、致残、死亡,或者患职业病,造成本人及家庭收入中断,从工伤保险基金中获得必要的医疗费、康复费、生活费、经济补偿等必要费用的一种社会保险制度。它是一种强制保险。工伤保险的投保人为用人单位,被保险人是与该用人单位建立了劳动关系的职工。《国务院关于修改〈工伤保险条例〉的决定》于2010年12月8日国务院第136次常务会议通过,自2011年1月1日起施行。

工伤保险最初是在高风险的行业、职业和较大的企业中实行,对象主要是那些靠工资收入从事危险工作的工人,或者说主要是体力劳动者,后来逐步扩展到其他劳动者。只要是中华人民共和国境内的企业、事业单位、社会团体、民办非企业单位、基金会、律师事务所、会计师事务所等组织的职工和个体工商户的雇工,均有依照本条例的规定享受工伤保险待遇的权利。工伤保险的责任原则是指发生工伤事故后,确定职工工伤保险的责任由谁承担的基本准则。我国的工伤保险实行无过错责任原则,即在生产过程中或法定特殊情况下,发生意外事故使职工负伤、残疾或死亡,无论责任归于何方,用人单位均应承担赔偿责任,职工均应依法享受工伤保险待遇。职工有下列情形之一的,应当认定为工伤:(1) 在工作时间和工作场所内,因工作原因受到事故伤害的;(2) 工作时间前后在工作场所内,从事与工作有关的预备性或者收尾性工作受到事故伤害的;(3) 在工作时间和工作场所内,因履行工作职责受到暴力等意外伤害的;(4) 患职业病的;(5) 因工外出期间,由于工作原因受到伤害或者发生事故下落不明的;(6) 在上下班途中,受到非本人主要责任的交通事故或者城市轨道交通、客运轮渡、火车事故伤害的;(7) 法律、行政法规规定应当认定为工伤的其他情形。但是有下列情形之一的,不得认定为工伤或者视同工伤:故意犯罪的;醉酒或者吸毒的;自残或者自杀的。

(五) 生育保险

生育保险,是指女职工因怀孕和分娩所造成的暂时丧失劳动能力,中断正常收入来源时,从社会获得物质帮助的一种社会保险制度。我国生育保险的对象和范围包括城镇各类企业及其职工。不少地方在实施过程中把生育保险的对象延伸到了乡镇企业、社办企业的女职工。

生育保险基金,是为了使生育保险有可靠的资金保障,国家通过立法在全社会统一建立的,用于支付生育保险所需费用的各项资金。生育保险是能帮助公民抵御生育危险而施行的社会保险项目。生育保险给付具有覆盖事前(孕期)、事中(生产)和事后(哺乳)的特点。生育保险待遇是指女职工在生育期间依法享有的各种帮助和物质补偿。我国生育保险待遇的内容主要是:产假、生育津贴、生育医疗服务、生育期间的特殊劳动保护、生育期间的职业保障等。我国享有生育保险待遇的条件以建立劳动关系为基础,同时,还要受计划生育政策的限制,女职工享受津贴的前提还必须是单位为其缴纳了生育保险费用,而且领取生育津贴的时间与生育产假相一致。

第三节　社会救济、优抚安置、社会福利法律制度

一、社会救济

社会救济是指国家和社会对因各种原因无法维持最低生活水平的公民给予无偿救助的一项社会保障制度。救助的对象有三类:一是无依无靠、没有劳动能力、又没有生活来源的人,主要包括孤儿、残疾人以及没有参加社会保险且无子女的老人;二是有收入来源,但生活水平低于法定最低标准的人;三是有劳动能力、有收入来源,但由于意外的自然灾害或社会灾害,而使生活一时无法维持的人。社会救济是基础的、最低层次的社会保障,其目的是保障公民享有最低生活水平,给付标准低于社会保险。社会救济的经费来源主要是政府财政支出和社会捐赠。

社会救济法由社会救济、救灾救济和扶贫救济三部分法律制度构成。

社会救济,包括对城市居民、农村居民以及特殊社会群体的救济。城市居民最低生活保障制度,是国家对城市中的贫困居民,按照最低生活保障线标准给予生活保障的制度。这是适应我国社会主义市场经济体制而建立的新型社会救济制度。城市居民最低生活保障制度救济的范围是城市有常住户口的居民,包括所有家庭人均收入低于"最低生活保障线"的贫困对象。

救灾救济是发生较严重的突发性自然灾害后,由政府部门或者社会团体等机构有组织地向海外各界募集资金和物资,帮助解决灾区和灾民因灾遭受的困难。1980年,国务院批准对外贸易部、民政部、外交部《关于接受联合国救灾署援助的请示》,开始接受国际救灾援助。

我国扶贫救济的主要方式包括扶贫贷款、创办扶贫经济实体、建立扶贫互助储金会以及政策上的优惠等。

二、社会优抚

社会优抚制度是随军队的产生和发展而建立起来的,是对军人及其家属建立的社会保障制度。现在的社会优抚是国家以法定的形式通过政府行为,对社会有特殊贡献者及其眷属实行的具有褒扬和优待赈恤性质的社会保障措施。

社会优抚具有以下特点:

(1) 优抚对象具有特定性。优抚的对象是为革命事业和保卫国家安全作出牺牲和贡献的特殊社会群体,由国家对他们的牺牲和贡献给予补偿和褒扬。

(2) 优抚保障的标准较高。由于优抚具有补偿和褒扬性质,因此,优抚待遇高于一般的社会保障标准,优抚对象能够优先优惠地享受国家和社会提供的各种优待、抚恤、服务和政策扶持。

(3) 优抚优待的资金主要由国家财政支出。优抚工作是政府的一项重要行为,优抚优待的资金主要由国家财政投入,还有一部分由社会承担,只有在医疗保险和合作医疗等方面由个人缴纳一部分费用。

(4) 优抚内容具有综合性。社会优抚与社会保险、社会救助和社会福利不同,它是特别针对某一特殊身份的人所设立的,内容涉及社会保险、社会救助和社会福利等,包括抚恤、优待、养老、就业安置等多方面的内容,是一种综合性的项目。

社会优抚具体内容包括三个方面。

(一) 抚恤

这是政府对因公伤残人员、因公牺牲及病故人员家属采取的一种物质抚慰方式,包括伤残抚恤和死亡抚恤。伤残抚恤是国家和社会保障革命伤残人员(包括革命伤残军人、伤残人民警察、伤残机关工作人员、伤残民兵民工)基本生活的优抚制度。死亡抚恤是国家对革命烈士家属、因公牺牲和病故军人家属及因公牺牲病故的国家机关工作人员家属、人民警察家属发给一定数额的费用,给予生活帮助的制度。死亡抚恤分为一次性抚恤和定期抚恤两种。

(二) 优待

优待是指从政治上和物质上给予优待对象良好的物质或资金待遇、优先照顾与专项服务。社会优待的手段包括资金保障和服务保障。资金保障是向优抚对象提供各种生活津贴;服务保障是由社会各界提供的如交通、入学、医疗等方面的优待政策。

(三) 退役安置

退役安置是指国家和社会为退出现役的军人提供资金和服务,以帮助其重新就业的一项优抚保障制度。安置的对象包括转业的军官、复员志愿兵和退伍义务兵。退役安置主要从资金和服务两方面对退役军人提供保障。资金保障方面包括提供安置费、各级临时性生活津贴和生产性贷款;服务保障包括就业安置、就学安置、落户安置、职业培训、技术培训等。

三、社会福利的内容与特征

社会福利是一个争议颇大的概念,其内涵和外延因各国社会保障制度的内容不同而有区别。在福利国家,社会福利通常涵盖了社会保障,包括了政府和社会为国民提供的各种服务设施和社会保障的各项内容,因此,凡是政府和社会提供的为提升国民的物质和精神水平而采取的措施都属于社会福利的范畴。从这个层面上说,社会福利不仅是为了满足人们的基本社会需要,也是为了满足人们较高层次的生活享受,以及各种精神需求。这种理解实际上是一种广义的社会福利的概念。从狭义上讲,社会福利主要是国家为发展各种社会保险、社会救助事业,适应社会经济发展的需要,有针对性地解决已经出现的社会问题,预防社会问题的发生和恶化而制定的各种政策和采取的各种措施。我国社会福利被认为是社会保障体系的一部分。在社会福利方面,除了部分特殊主体(老人、儿童和残疾人员等)享有法律规定以外,对全体公民而言,国家基本上没有什么法律规定,只散见在其他的法律规范之中。随着市场经济的发展,在住房、医疗等方面,劳动者所依附的用人单位的福利在逐渐地减少甚至没有,现在的社会福利只体现在一些公共设施等公共产品之中,具体到个人享受的福利却体现不多,立法也寥寥无几。

社会福利具体包括三个方面的内容。

(1)国家或社会团体兴办的以全体社会成员为对象的公益性事业和社会服务。这些服务主要包括环境保护、教育、科学技术、文化、体育、卫生等。社会成员在享受这些社会福利时是免费或是低费用的。

(2)局部性或选择性的社会福利,主要是指政府为照顾一定地区或一定范围的居民对部分必要生活资料的需要而采取的优惠措施,如对寒冷地区居民给予的冬季补贴、夏季的降温补贴以及独生子女补贴等。

(3)特殊社会福利,也称民政福利。如政府和社会慈善机构为残疾人和无劳动与生活能力的人举办的福利工厂、老人院等。

社会福利相对于社会保险来说,其具有以下三个特征。

(一)社会福利具有普遍性

社会福利是国家和社会向社会全体成员提供的一种福利,任何人都有权享受。在社会福利项目中,有些是向全体社会成员提供的,如国家提供的义务教育,各种公共福利设施;有些是向特殊社会群体提供的,如残疾人福利、儿童福利、老人福利等。享受社会福利,不需要经济状况的调查,只要是社会成员,或某一部分福利成员,就可以享受这些福利待遇。

（二）社会福利具有更明显的公平性

社会福利是一种典型的国民收入再分配方式，是对社会财富分配的必要补充。它通过对全体社会成员或部分社会群体提供福利设施和服务，来共同分享社会发展的成果，满足社会成员的需要。享受社会福利与每个人的经济地位、职业背景等无太多联系，也无须与其贡献挂钩，因此，在"人人有份"的社会福利原则下，更多体现为追求社会公平的目的。

（三）社会福利的资金来源具有单向性

与社会保险费用实行三方负担原则不同，社会福利的资金来源于国家和社会，社会成员享受各种社会福利无须缴费。从国家来说，社会福利资金主要来源于国家税收；从社会来说，主要来源于各单位的福利资金或各种社会捐助。从各国社会福利资金筹集看，国家财政预算拨款和社会捐助相结合，已成为社会福利资金筹集的主要模式。

参 考 文 献

1. 周余姣："保障与方向——对《公共文化服务保障法》社会力量参与公共文化服务条款的解读"，《图书馆论坛》，2017年第6期。
2. 徐智华、吴汉东：《劳动法与社会保障法》（第二版），北京大学出版社，2017年。
3. 郑尚元：《劳动法与社会保障法前沿问题》，清华大学出版社，2011年。
4. 黎建飞、曾宪义、王利明：《社会保障法》（第四版），中国人民大学出版社，2011年。
5. 王广彬：《社会保障法制》，中国政法大学出版社，2009年。
6. 内维尔·哈里斯等：《社会保障法》，北京大学出版社，2006年。

第七编 国际经济贸易法律制度

第二十五章 国际经济贸易法律制度

[本章概要]

随着经济全球化,国际经济贸易法律制度已经成为经济法的新领域。本章主要阐述了 WTO 的基本法律制度,其中包括关税与贸易总协定(GATT)的涵义和地位、乌拉圭回合谈判的主要内容、WTO 的基本前提和宗旨、WTO 的基本法律原则、WTO 的一揽子协议和三大领域、WTO 与国际贸易救济措施、WTO 争端解决制度;重点阐述了我国的对外贸易法律制度的概念、原则和具体制度。

第一节 WTO 法律制度概述

一、关税与贸易总协定

关税与贸易总协定(GATT)有两种含义:一是指文本意义上的《关税与贸易总协定》,它是一个国际条约;另外一种涵义是指体系意义上的关税与贸易总协定,指世界贸易组织(WTO)成立前临时运作的国际贸易领域的准国际组织。

从文本意义上看,GATT 有两个主要版本,也就是 GATT1947 和 GATT1994。GATT1947 实际上成为第二次世界大战后国际经济贸易秩序的一种临时性安排,从这个意义上讲,学习 WTO 必须先了解 GATT,因为 GATT 是 WTO 之母。GATT1994 是乌拉圭回合的成果之一,根据国际经济贸易的发展需要对 GATT1947 进行了诸多修改。关税与贸易总协定(GATT1994)是世界贸易组织(WTO)法律制度的核心。

GATT1947 是第二次世界大战后成立的临时性安排。GATT 的法律属性是国际条约和一种临时性的安排,它在实践中发展成为一个非正式意义上的国际组织。

1947 年 10 月 30 日通过的关贸总协定是关于建立多边贸易体制的法律文件,由四个部分、38 个条款构成,其主要议题是关税。

当时 GATT 是整个国际贸易组织(ITO)构想的一部分;当时设想的 ITO 主要由 GATT 和世界银行(WB)以及国际货币基金组织(IMF)组成。ITO 的构想最终失败;GATT 从一开始就是作为一种暂时性质的安排而存在。GATT 虽然有缺陷,主要就是因为它只是一个协定,而不是国际组织,但由于当时种种条件不成熟,它仍然开始运作并发挥着重要作用。

GATT 自 1948 年开始临时实施至 1995 年 1 月 1 日世界贸易组织正式成立,拥有 47 年的历史,其制定的一整套有关国际贸易的原则和规章得到了世界大多数国家和地区的认可,并在 WTO 中继续有效。

二、乌拉圭回合和 WTO 的诞生

GATT 乌拉圭回合谈判于 1993 年 12 月 15 日完成最终协议草案,达成协议前加拿大提议成立 WTO 并获草拟 WTO 组织章程,以取代在组织机构上存在缺陷的 GATT 体系。1994 年 4 月参与谈判的各国部长在摩洛哥的马拉喀什集会,正式签署"乌拉圭回合多边贸易谈判最终协议"及"设立 WTO 协议",这些协议于 1995 年 1 月 1 日生效实施。

1994 年关贸总协定在法律上区别于 1947 年 10 月 20 日签订的关贸总协定,成为"建立世界贸易组织的马拉喀什协议"的组成部分,以多边货物贸易形式纳入附件Ⅰ。它成为其他多边货物贸易协议(如农产品协议、卫生与检疫协议、服装与纺织品协议等)的法律与原则基础。

GATT 与 WTO 并存一年至 1995 年 12 月 31 日为止。自 1996 年 1 月 1 日开始,GATT 的功能完全由 WTO 所取代。

乌拉圭回合结束了 GATT 作为一种临时安排的状态,建立了 WTO 这样一个国际组织。世界贸易组织(WTO)总部设在瑞士日内瓦,目前已有 135 个成员国家和地区。世贸组织是全球唯一的一个国际性贸易组织,负责处理国与国之间贸易往来和协定。成立世贸组织的基本目的就是促进各国的市场开放,调解贸易纠纷,实现全球范围内的贸易自由化。WTO 是一个谈判的场所,是一系列的规则,是一个争端解决机制,在当今国际经济贸易中发挥着重要作用。

作为体系意义上的 GATT 和 WTO 的主要区别有:(1) GATT 是临时生效的国际协议;WTO 是正式生效的,WTO 是永久性国际组织;(2) GATT 从未经过成员国批准,但是 WTO 协议经过每个成员国的批准,具有坚实的国际法基础;GATT 是个非常特殊的国际法现象;(3) GATT 只包括货物贸易,但是 WTO 包括了服务贸易、知识产权以及投资措施;(4) GATT 的争端解决机构具有严重的缺陷,WTO 争端解决机制弥补了其缺陷。

WTO 是具有法人地位的国际组织,与其前身关贸总协定相比,WTO 在调解成员间争端方面具有更高的权威性和有效性。

三、WTO 的基本法律原则

WTO 基本原则是 WTO 规则的核心,也具有 WTO 规则的一般功能。WTO 的核心法律原则主要有五项。

（一）无条件最惠国待遇原则

关贸总协定中的无条件最惠国待遇原则指在关税和进出口有关的规则手续等方面，任何缔约方给予任何国家的任何利益、优待、特权或豁免，都应该立刻和无条件地给予第三国的相同产品。它实际上是建立在互惠的基础上的。在关贸总协定范围内，所有成员方均相互给予最惠国待遇，当任何一方成为施惠方时，其他所有各方均自动成为受惠方。关贸总协定的最惠国待遇是无条件、无补偿性并且是自动地适用于各成员方的一种制度，有利于确保多边贸易体制的统一性与稳定性。

无条件最惠国待遇原则也是服务贸易总协定（GATS）和与贸易有关的知识产权协定（TRIPS）中的核心原则。

（二）国民待遇原则

国民待遇系指各成员方在征收国内税、实施有关国内销售、购买、运输、分配所适用的法令法规方面，对进口商品与国内商品应当一视同仁。除征收关税外，其他税费都应当相同，不得对进口商品实行歧视待遇。实行国民待遇原则的目的则是为了保证外国进口商品在进口国市场上取得与该进口国的本国产品有同等的地位、条件和待遇，防止进口国利用国内有关法律、法令作为贸易保护的手段。

国民待遇原则是关贸总协定和与贸易有关的知识产权协定中的核心原则，但是在服务贸易总协定中，国民待遇不是原则，而是各国的具体承诺。

（三）逐步减让关税原则

GATT 和 WTO 的每一轮谈判一个重要内容是减让关税。关税对等减让是 WTO 成员的一种约束性承诺。关税是 GATT 唯一允许的贸易保护措施，因为关税是透明的。在 GATT 中，每个国家都有关于减让关税的承诺表，关税不能超过一定的税率。

（四）一般禁止数量限制原则

数量限制是非关税壁垒中最常用的方法，是政府惯用的手段，常被用来限制进出口数量。数量限制的主要形式是：配额、进口许可、自动出口约束和禁止。GATT/WTO 对数量限制的态度则与对关税的态度不同。GATT/WTO 在原则上要求成员取消一切数量限制。

（五）透明度原则

为保证国际贸易环境的稳定性和可预见性，WTO 要求各成员应公布所制定和实施的贸易措施及其变化情况（如修改、废除等），不公布的不得实施；同时还应将这些贸易措施及其变化情况通知 WTO。成员所参加的有关影响国际贸易政策的国际条约也在公布和通知之列。一言以蔽之，透明度原则主要包含两个内容：贸易措施的公布和贸易措施的通知。就公布与通知的内容讲，除包括涉及各成员的法律规范，还包括有关政策、司法判决和行政裁定，也包括各成员依法实施的有关措施，如反补贴措施、反倾销措施、保障措施、技术性贸易壁垒措施、卫生与植物检疫措施等,均应履行公布和通知的义务。

四、一揽子协议

世界贸易组织的规则主要就是 WTO 协议。所谓的 WTO 协议是指《建立世界贸易组织的马拉喀什协议》和它的一系列附件。《建立世界贸易组织协议》的四个附件构成了 WTO 法律体系的实质性规则,附件一为贸易多边协定(其中又包括货物贸易多边协定、服务贸易总协定、与贸易有关的知识产权协定),附件二为《关于争端解决规则和程序的谅解》,附件三为《贸易政策审议机制》,附件四为《诸边贸易协定》。世界贸易组织的规则体系可以分为实体性规则和程序性规则两大部分。归纳起来主要由一部基本法(《建立世界贸易组织协定》)、两项程序法(《关于争端解决规则与程序的谅解》和《贸易政策审议机制》)、三大协定(《1994 年关贸总协定》《服务贸易总协定》和《与贸易有关的知识产权协议》)及其配套附属协议所构成。WTO 的一系列协议被总称为一揽子协议。

WTO 一揽子协议具有以下三个特点:(1)在货物贸易领域突破了"关税",加强了对非关税壁垒的规制;(2)很多附件协议是对 GATT 条款的细化,比如《反倾销守则》是对 GATT 第 6 条的细化;(3)现在的 WTO 协议除了货物贸易外,还进军"服务贸易"以及与贸易相关的知识产权,尤其是后者"与贸易相关的"这样一个创新,为 WTO 主题内容的扩展开了先例,诸如与贸易相关的环境问题、与贸易相关的劳工问题。

WTO 一揽子协议及其所确立的法律制度篇幅浩大,涵盖了几乎所有世界贸易准则。它的内容范围涉及货物贸易、投资、服务贸易、知识产权等广泛领域,是一系列世界贸易活动的综合体,为规范国际上的商业贸易活动提供了有力的法律保障。同时,WTO 法律体系不仅是个完整的体系,而且是个动态的体系。随着 WTO 新一轮多边贸易谈判的展开,其包含的内容将越来越多,体系也将更加完善。

五、WTO 的三大领域

(一)货物贸易领域

货物贸易是关贸总协定长期依赖所调整的传统领域,货物贸易多边协议是世界贸易组织法律体系的基础,涵盖 1994 年关税与贸易总协定、农产品协议、实施动植物卫生检疫措施的协议、纺织品与服装协议、技术性贸易壁垒协议、与贸易有关的投资措施协议、关于履行 1994 年《关税与贸易总协定》第 6 条的协议、关于履行 1994 年《关税与贸易总协定》第 7 条的协议、装运前检验协议、原产地规则协议、进口许可程序协议、补贴与反补贴措施协议、保障措施协议。

（二）服务贸易领域

国际服务贸易是指跨越国界进行服务交易的商业活动，是指国家之间服务输入和服务输出的一种贸易形式。《服务贸易总协定》第1条规定了服务贸易所适用的范围：(1) 从一成员国领土向任何其他成员领土提供服务；(2) 在一成员国领土内向任何其他成员国消费者提供的服务；(3) 一成员的服务提供者通过在任何其他成员领土内的商业存在提供服务；(4) 一成员的服务提供者通过在任何其他成员领土内的自然人提供服务。国际服务贸易的一体化和自由化是一种不可逆转的时代潮流，由于发达国家和发展中国家的服务业及国际服务贸易发展水平严重不平衡，加上服务市场的开放经常会涉及一些直接关系国家主权与安全、政治与文化等敏感问题，因此国际服务贸易市场显示出了很强的垄断性。由于服务业的这种垄断性、敏感性和发展的不平衡性，为了自身利益，无论是发展中国家还是发达国家都以种种理由和方法，对服务贸易实行不同程度的贸易保护主义政策和措施，使国际服务贸易领域的保护主义程度远远超过了国际货物贸易领域的保护主义，给国际服务贸易造成了种种壁垒，阻碍了服务贸易国际化的进程。因此，《服务贸易总协定》的制定无疑是全球贸易自由化进程中迈出的可喜一步，对于国际服务贸易乃至整个世界贸易的发展具有重大、深远的意义。

（三）与贸易有关的知识产权领域

知识产权领域统一化的进程早已开始，如《保护工业产权巴黎公约》（主要涉及专利和商标）、《保护文学艺术作品伯尔尼公约》（主要涉及版权）等在各自领域发挥着重要作用。乌拉圭回合谈判达成的《与贸易有关的知识产权协议》（TRIPS 协议）旨在缩小世界各国在知识产权保护方面的差距，并要使知识产权受到共同国际规则的管辖。TRIPS 协议主要目标：(1) 充分有效地保护知识产权，促进国际贸易的发展；(2) 促进技术革新、技术转让和社会发展；(3) 建立 WTO 与 WIPO 间的相互支持关系。TRIPS 协议的主要特色：(1) 首次将最惠国待遇原则引入知识产权的国际保护领域，在以前的知识产权国际保护有关条约中，主要原则是国民待遇原则，而 TRIPS 协议作为 WTO 的一部分将最惠国待遇原则引入了知识产权保护领域；(2) 要求成员对协议中明确规定的知识产权类型提供更高水平的立法保护；(3) 要求成员采取更为严格的知识产权执行措施；(4) 要求成员的知识产权获权和维持程序必须公平合理；(5) 将成员之间知识产权争端纳入 WTO 争端解决机制，加强了协议的约束力。

六、WTO 与国际贸易救济措施

（一）WTO 与国际贸易救济措施概述

WTO 中的国际贸易救济措施包括三大部分：反倾销、反补贴和保障措施。本节以反倾销法律制度为例,阐述国际贸易救济措施。

补贴是指政府或公共机构提供的财政支持,包括赠予、资金投入、贷款担保、税收减免等。WTO《补贴与反补贴措施协议》针对的是"专向性"补贴,即提供给一部分人、某些企业(行业)或特定地区的补贴,而且特别反对出口与进口替代补贴。补贴是政府行为而不是企业行为,这与下文重点阐述的反倾销法律制度不同。

GATT1994 第 19 条规定了保障措施的内容:当因出现未预料到的发展,或因缔约方(进口国)履行 GATT/WTO 协定义务的结果,使某种产品的进口数量急剧增长,致使该进口国国内的相同产业(生产相同产品或直接替代产品)受到严重损害或面临严重损害威胁时,该进口国可自行决定,在"制止或补救该损害所必需的程度与时间内"提高关税或采取数量限制措施。乌拉圭回合谈判达成《保障措施协议》,明确了采取保障措施的条件和程序规则。采取保障措施必须满足四个方面的条件:(1)不可预见发展的存在;(2)进口数量的增加;(3)国内产业受到严重损害或严重损害威胁;(4)进口数量的增加和国内产业受到严重损害或严重损害之间存在因果关系。与反倾销反补贴措施不同,保障措施是对他国或地区正常贸易采取的限制措施,而前者是对倾销和补贴这些不正当贸易行为采取的反击措施。另外,与反倾销和反补贴相比,保障措施可以采取提高关税、数量配额和关税配额等多种救济方式,对一国国内产业的保护更为充分,而且由于无须证明被调查方存在"不公正的贸易行为",保障措施调查的发起较之反倾销和反补贴更为容易。

(二)反倾销法律制度

所谓倾销,指的是产品以低于正常价值的方式进口,并由此对国内已建立的相关产业造成实质损害或者产生实质损害的威胁,或者对国内建立相关产业造成实者阻碍的那么一种情况。当倾销情况发生时,国家可以采取必要的反倾销措施,以消除或者减轻这种损害或者损害的威胁或者阻碍。

1948 年以前,反倾销法一直局限于国内法范畴,是进口国抵制倾销,保护本国工业的有效手段,但各国国内反倾销立法也助长了反倾销措施的滥用,使反倾销成为阻碍国际贸易发展和引发世界性的经济危机的主要因素。二战后,在关贸总协定存在的 48 年里举行的多达 11 次的贸易谈判中,一共有 3 次谈判将反倾销列为谈判议题之一,即第六次(肯尼迪回合)、第七次(东京回合)及第八次(乌拉圭回合),国际反倾销规则在最后一次谈判中最终被确立下来。

《关税与贸易总协定》在第 6 条"反倾销税与反补贴税"及其附件涉及反倾销法律,其中正文第 6 条共有 7 款,涉及反倾销法的就有 6 款:第 1 款,明确倾销应受到谴责及倾销判断标准;第 2 款,规定了反倾销税征收的幅度;第 4 款,明确指出原产国免税或退税行为不能成为征收反倾销税的理由;第 5 款,规定不能同时征收反倾销税以及反补贴税;第 6 款,规定征收反倾销税的情形;第 7 款,例外情形。

此外,在《关税与贸易总协定》的附件中还对以下两个方面作了进一步的说明:第一,指出当某进口商的销售价格低于与其是联号的出口商所开价格的相当价格,也低于在输出国国内的价格时,同样构成价格倾销;第二,指出对那些"全部或大体上全部由进口国家垄断贸易中由国家规定国内价格的国家进口的货物"确定可比价格时,可能存在特殊的困难。此条后来演化为对非市场经济国家运用第三国来替代的方法。

《关税与贸易总协定》第6条及其附件由此成为世界第一个涉及所有商品的国际性反倾销协定,并在其后一段较长时期内对该协定的成员实施反倾销起到了一定的积极作用。但是,该条及其附件原则性强,存在着可操作性弱的缺点,因而在实际实施时,各国往往我行我素,各自按照自己的标准加以实施。

在倾销的认定上,要考虑三方面因素:第一,产品以低于正常价值进入进口国销售;第二,倾销产品进口给进口国相关产业造成实质性损害;第三,损害与倾销产品进口之间存在因果关系。

反倾销措施主要包括三个方面:临时措施、价格承诺和征收反倾销税。反倾销税是进口国在正常海关税费外,对倾销产品征收的附加税。反倾销税的纳税人是进口商。反倾销税不得高于倾销幅度。价格承诺是被指控倾销产品的生产商、进口商和进口国达成的提高该产品价格以消除产业损害,进口国中止和终止案件调查的协议。在国家主管当局对出口商作出倾销商品的肯定性初裁,它可以采取临时措施,向进口商征收临时附加税或保证金。

七、WTO争端解决制度

WTO不仅是一个贸易谈判的舞台,还是一个争端解决机制。乌拉圭回合确定了以规则和程序为导向的争端解决机制。WTO中的争端解决是对GATT中的争端解决制度的一个巨大发展。WTO的争端解决机制在整个国际法领域也是比较成功的,因为它确定了强制性管辖权等制度。

争端解决机制是整个WTO体系的核心。WTO形成了专家组、上诉机构、争端解决机构(DSB)三层次的完整系统的争议解决体制。

专家组是争端解决机构的非常设性机构,专家组的成员一般由争端解决双方磋商后从WTO秘书处存有的专家名单中确定。对专家组作出的争端解决报告,除非争端方提起上诉,争端解决机构(DSB)应在60天内通过这一报告。

WTO争端解决制度在专家小组审理基础上,增设独特的上诉机构,受理争议方(不包括第三方)不服专家小组裁决或建议的上诉。上诉机构是常设性机构。《关于争端解决规则和程序的谅解》规定上诉请求仅限于专家小组报告范围内的法律问题和法律解释问题的争议。上诉机构审查每一项请求后作出的报告经争端解决机构

(DSB)批准后,争议方应无条件接受。

与其组织机构相应,WTO争端解决的主要程序有六项。第一,磋商,磋商是申请设立专家组的前提条件。第二,争议方提出设立专家组的申请并起诉。第三,专家组的裁定和结论。无论是申诉方还是被诉方,对其所提出的诉求或主张,都承担证明责任,即谁主张谁举证。专家组审理原来为秘密举行,2005年9月进行了第一次公开审理。第四,上诉机构的审查、裁定。在专家组报告发布后的60天内,任何争端方都可以向上诉机构提起上诉。第五,争端解决机构通过专家组和上诉机构的报告。争端解决机构并不亲自审理案件,它是在专家组和上诉机构的协助下提出建议、作出裁定。第六,争端解决机构裁定和建议的实施。被裁定违反了有关协议的一方,应在合理时间内履行争端解决机构的裁定和建议。

WTO争端解决制度具有一系列特色。第一,上诉机构是乌拉圭回合的一个创造。第二,从"一票否决"到"一票赞成"。WTO争端解决制度的另外一个创造就是专家组的裁决会被自动采纳,如果没有争端解决机构(DSB)全体一致的否决。这与之前的GATT体系中的争端解决不一样,在GATT体系中,专家组的裁决实行"一票否决制",可想而知,争端解决的失败方会否决专家组裁决的通过。第三,WTO争端解决机制实行以规则和程序为导向,显示出司法化倾向。第四,实现争端解决的一体化,这与原来GATT体系下分散的争端解决制度完全不同。

第二节 我国对外贸易法律制度

一、对外贸易法律制度的概念、原则

对外贸易法律制度,是指一国对其外贸活动进行行政管理和服务的所有法律规范的总称。一国的外贸法律制度是其为保护和促进国内产业,增加出口,限制进口而采取的鼓励与限制措施,或为政治、外交或其他目的,对进出口采取鼓励或限制的措施。它是一国对外贸易总政策的集中体现。对外贸易法律制度的宗旨是发展对外贸易和投资,维护对外贸易秩序,保护国内产业安全,促进一国经济稳定发展,改善人民的生活水平。对外贸易法基本上是国内法的范畴。但是,一国的对外贸易法律制度很大程度上受到WTO法律制度影响,两者应结合学习,系统掌握。

我国对外贸易法律制度的三项基本原则如下。

(1) 实行统一的对外贸易制度。我国实行统一的对外贸易制度,鼓励发展对外贸易,维护公平、自由的对外贸易秩序。

(2) 平等互利的原则。根据平等互利的原则,促进与发展同其他国家和地区的贸易往来。平等互利原则不仅要求在法律上互相平等,而且要求在经济上互相有利。

法律不允许外贸关系中任何一方恃强凌弱,或通过对外贸易活动攫取政治经济特权。

(3)互惠对等原则和最惠国、国民待遇原则。我国根据缔结或参加的国际条约与协定,给予其他方在互惠对等基础上的最惠国待遇与国民待遇或给予对等的歧视性的禁止、限制或其他类似的措施。

对外贸易法有狭义和广义之分。从广义上理解,我国对外贸易法是调整以上外贸相关领域经济关系的法律规范的总称。从狭义上理解,对外贸易法就是指我国于1994年5月12日通过的《中华人民共和国对外贸易法》,它是我国对外贸易的基本法律。在此基础上,我国还先后颁布了一批法律法规,初步形成了以此为核心的对外贸易法规体系。《中华人民共和国对外贸易法》于2004年4月6日经过修订,于2004年7月1日起正式施行。2016年11月7日通过了修正。

修订后的《对外贸易法》共11章70条,比原来的新增了3章内容共26条,其修改主要体现在三个方面:第一,根据对外贸易发展中出现的新情况和新变化对现行《对外贸易法》进行修改;第二,是对与我国入世承诺和世贸组织规则不相符合的内容进行修订;第三,根据我国入世承诺和世贸组织规则对我国享受世贸组织成员权利的实施机制和程序作出新的规定。

二、对外贸易基本法律制度

(一)对外贸易主体资格

对外贸易经营者,是指依法办理工商登记或者其他执业手续,依照《对外贸易法》和其他有关法律、行政法规的规定从事对外贸易经营活动的法人、其他组织或者个人。

允许个人从事对外贸易经营活动是2004年《对外贸易法》修订的重要内容之一。根据原《对外贸易法》第8条的规定,中国的自然人不能从事对外贸易活动,但是考虑到我国目前在技术贸易、国际服务贸易和边贸活动中,自然人从事外贸经营活动的情况已经大量存在,而在1994年《对外贸易法》中却没有赋予个人从事外贸经营活动的真正法律地位。

在我国签订WTO规则时曾作出了在3年内放开所有中国企业的外贸权的承诺,可是1994年《对外贸易法》中却未涉及自然人的贸易主体资格。此外,根据我国在加入WTO时所作的承诺,在贸易权方面给予所有外国个人和企业,并不低于给予在中国的企业的待遇。既然外国的自然人能够在国内做外贸,那么,我国的自然人当然也能够在国外从事外贸经营活动,否则即为对国民的一种歧视。可见,让自然人拥有进出口贸易权利实质表明了中国在对外贸易主体的问题上使国民待遇原则真正地落到了实处,使自然人都能平等地享有国民待遇。

考虑到上述问题的存在,《对外贸易法》作为一部外贸领域内的基本法,就应当允许 WTO 成员国的企业和自然人都能从事外贸经营活动。新《对外贸易法》中的第 8 条将外贸经营者的范围再次扩大到个人，外贸经营权的门槛再度降低。其中明确规定只要到工商登记机关办理设立登记手续，自然人即可依法从事外贸经营活动。

值得指出的是，我国新的《对外贸易法》允许个人直接从事外贸经营活动，这并不意味着我国对外贸易代理制度的取消。《对外贸易法》第 12 条明确规定了"对外贸易经营者可以接受他人的委托，在经营范围内代为办理对外贸易业务"。这主要是考虑到专门从事对外贸易的经营者在对外贸易实务方面具有专长和优势，对外贸易代理制度仍然存在。

2016 年《对外贸易法》修正案将第 10 条第 2 款"从事对外工程承包或者对外劳务合作的单位，应当具备相应的资质或者资格。具体办法由国务院规定"修改为"从事对外劳务合作的单位，应当具备相应的资质。具体办法由国务院规定"。2017 年 3 月 1 日，根据国务院《关于修改和废止部分行政法规的决定》（国务院第 676 号令），正式将《对外承包工程管理条例》第二章对外承包工程资格全部予以删除，正式取消了"对外承包工程资格审批"。这一变化表明今后企业走出去承包国外工程将不再受相关资格限制，这一变化有利于进一步调动企业对外承包工程的积极性。同时，相关部门也将加强事中事后监管，规范行业经营秩序。

（二）货物和技术进出口经营的登记制度

依照旧《对外贸易法》的规定，从事货物进出口与技术进出口的对外贸易经营，不但必须满足《对外贸易法》所规定的条件，还必须得到国务院对外经济贸易主管部门许可。在这些限制条件下，多数大中型生产和流通企业被排除在国际贸易和商业竞争之外，具有对外贸易经营权的法人和其他组织只是很少的一部分，大量的对外贸易都必须通过外贸代理制度来进行，无形中增加了对外贸易活动的复杂性，严重限制了我国对外贸易的发展，另外，原先的审批制的实行，其目的是控制外贸经营风险，维护外贸秩序。事实上，外贸经营权审批制是从我国高度集中的计划经济垄断经营制度到市场经济制度之间的过渡，是基于我国现代企业制度未真正确立，国家宏观调控对外贸易的经济手段尚不能顺畅运用而实行的。外贸经营权是企业经营权之一，政府对外贸经营权的控制，无疑在有外贸经营权和无外贸经营权的企业之间造成事实上的不平等。这种做法，限制了市场，也限制了竞争，与世贸组织要求相背离，容易被视为贸易壁垒。同时，这种制度导致我国外贸主体结构不够合理，国有外贸企业竞争乏力，没有充分发挥除外商投资企业外的其他非国有企业的潜力。这显然与各国允许自由进行对外贸易的普遍实践不符，也有悖于 WTO 贸易自由的精神实质。因此，新修订的《对外贸易法》将第 9 条修改为"从事货物进出口或技术进出口的对外贸易经营者应当向国务院对外贸易主管部门或其为委托的机构办理备案登记"。由审批制向登记制的转变取消了对从事对外贸易业务的条件限制，不仅履行了我国入世时所作的承诺,而且也适应了入世后我国货物进出口管理的要求,有利于推动对外贸易的迅速发展。

(三) 国际服务贸易

国际服务贸易领域的国际法律制度不如货物贸易发达。在 WTO 中《服务贸易总协定》中规定的原则只有最惠国待遇原则,而将市场准入和国民待遇作为国家的具体承诺。所以,《对外贸易法》明确规定了我国在国际服务贸易方面根据所缔结或者参加的国际条约、协定中所作的承诺,给予其他缔约方、参加方市场准入和国民待遇。

国务院对外贸易主管部门和国务院其他有关部门,依照有关法律、行政法规的规定,对国际服务贸易进行管理。国际服务贸易中也遵守最惠国待遇原则,但是作为例外,基于下列原因,可以限制或者禁止有关的国际服务贸易:(1) 为维护国家安全、社会公共利益或者公共道德,需要限制或者禁止的;(2) 为保护人的健康或者安全,保护动物、植物的生命或者健康,保护环境,需要限制或者禁止的;(3) 为建立或者加快建立国内特定服务产业,需要限制的;(4) 为保障国家外汇收支平衡,需要限制的;(5) 依照法律、行政法规的规定,其他需要限制或者禁止的;(6) 根据我国缔结或者参加的国际条约、协定的规定,其他需要限制或者禁止的。另外,国家对与军事有关的国际服务贸易,以及与裂变、聚变物质或者衍生此类物质的物质有关的国际服务贸易,可以采取任何必要的措施,维护国家安全。在战时或者为维护国际和平与安全,国家在国际服务贸易方面可以采取任何必要的措施。

(四) 与对外贸易有关的知识产权

与贸易有关的知识产权保护是 WTO 规则中的重要内容,正日益成为发达国家维护其国家利益的主要手段。随着知识经济的全球化趋势,作为世贸组织三大支柱之一的知识产权的本质已不再是技术的创新,而是各国竞争强势的武器之一,因而已逐渐受到世界各国的普遍关注。

在 WTO 的《与贸易有关的知识产权协议》(TRIPs)中规定了在保护知识产权时应遵守下述原则,即国民待遇、保护公共秩序、社会道德、公众健康等原则,同时也明确规定:"可采取适当措施防止权利持有人滥用知识产权"。而修订前的《对外贸易法》中没有关于与对外贸易有关的知识产权保护的规定。由于中国加入 WTO,以及 WTO 协定附件 1C 即 TRIPs 的相关规定和其他国家的立法与实践,为了在对外贸易中给相关权利人提供充分的知识产权保护,2004 年《对外贸易法》修订加入了"与对外贸易有关的知识产权保护"的相关规定。

《对外贸易法》第 29 条中首次规定了进出口货物侵犯知识产权,并危害对外贸易秩序的,国务院对外贸易主管部门可以采取在一定期限内禁止侵权人生产、销售的有关货物进出口等措施。除此之外,如果其他国家或地区未给予我国民待遇或未能提供充分有效的知识产权保护的,国务院外贸主管部门可以依法对该国或地区的贸易采取必要措施。此外,修改后的《对外贸易法》中还对知识产权权利人滥用专有权和优势地位的行为进行了限制。一旦国外知识产权人滥用自己在知识产权上的垄断地位,危害公平的对外贸易环境,则我国的外贸主管部门可以采取必要措施以消除危害,保证本国的知识产权得到切实的保护,促进我国对外贸易活动在公平的秩序下得到稳定的发展。

（五）对外贸易经营秩序

随着各类外贸经营主体的增加,在经营秩序方面出现了各种各样的问题。在对外贸易秩序的制度方面,新《对外贸易法》一改旧《对外贸易法》对外贸秩序只有零散几条规定的方式,而专设一章对此问题进行详尽的规定。与旧法相比,新法具有以下的变化:(1)单列一条规定了外贸活动中反垄断的内容,并规定了对该行为的处理方法;(2)对外贸活动中的不正当竞争行为进行细化,列举了诸如低价销售商品、串通投标等不正当竞争行为,并规定了针对该行为的行政措施;(3)增加规定了破坏对外贸易秩序的行为,如走私、逃避认证、检验、检疫等行为;(4)增加了将违法的进出口商名单向社会公告这一措施,给违法者以巨大的市场压力,从而促使其遵守对外贸易秩序。

对外贸易经营秩序方面的主要规定:在对外贸易经营活动中,不得违反有关反垄断的法律、行政法规的规定实施垄断行为;在对外贸易经营活动中,不得实施以不正当的低价销售商品、串通投标、发布虚假广告、进行商业贿赂等不正当竞争行为;对外贸易活动中,不得有伪造、变造进出口货物原产地标记、骗取出口退税、走私、逃避法律、行政法规规定的认证、检验、检疫等违反法律、行政法规规定的行为;对外贸易经营者在对外贸易经营活动中,应当遵守国家有关外汇管理的规定。

（六）对外贸易调查和对外贸易救济制度

应用WTO规则保护我国产业和市场,是《对外贸易法》的重要内容。对外贸易调查和救济的宗旨是针对对外贸易中的垄断行为、不正当竞争行为以及扰乱对外贸易秩序的行为,最大限度、充分地用足用好反补贴、反倾销等救济措施。对外贸易调查有助于保护本国产业和市场秩序。对外贸易调查已经成为各主要贸易国家保护本国产业和市场秩序的重要法律手段。为了应对针对我国入世承诺而滥用救济措施的行为,最大限度地在保护国内产业利益,2004年新修订的《对外贸易法》增加了"对外贸易调查"一章,规定对9种事项进行调查和处理。新《对外贸易法》的第七章是关于对外贸易调查的制度。旧法中关于贸易调查的内容只体现为一个条文,即"发生第29条、第30条、第31条规定的情况时,国务院规定的部门或者机构应当依照法律、行政法规的规定进行调查,作出处理",新法则用了3条6款7项条文对此制度进行了规定。新的《对外贸易法》确定的对外贸易调查制度主要内容:一是确定了采取贸易调查的主体,即国务院对外贸易主管部门或其会同其他部门进行调查;二是增加了调查的事项，原法调查的内容仅限于为确定是否采取反倾销、反补贴以及保障措施时需要调查的情况，即新法则规定了7项调查的事项，包括他国贸易壁垒、有关国家安全利益的事项、规避对外贸易救济措施的行为等，且有一项补漏规定，即所有可能影响外贸秩序的事项都在调查的范围之内；三是增加了关于对外贸易调查的程序以及方式的内容，也增加了有关单位和个人的配合、协助义务以及有关国家工作人员对国家秘密、商业秘密的保密义务。新法在旧法仅有一个条文的基础上，将对外贸易调查发展细化成为一项对外贸易管理的重要制度，不但增加了调查的事项，还规定了调查遵循的程序和调查采取的方式，并且对于调查程序具体实施中的协助、保密义务也有所涉及，不能不说已经是一项比较完善的制度。对外贸易调查是对外贸易管理的重要内容，是实施对外贸易管理不可或缺的制度。一项完善的对外贸易调查制度有利于对外贸易管理的顺利进行，能够更好地维护我国的对外贸易秩序。

根据世贸组织的有关协定，我国贸易救济制度也进行了相应的完善。这一制度体现在新《对外贸易法》的第八章，共有11个条文，与旧法简单的3条相比，无疑反映了对外贸易救济制度内容的丰富和进步，有八个方面。首先，明确了"反倾销措施"的说法。旧法中只提到可以采取"必要措施"消除损害，但并未将这种措施总结为反倾销措施。其次，增加了第三国倾销的内容。如果进口到第三国的产品以低于正常价值销售对我国的产业造成损害或威胁，我国政府可与第三国政府协商以采取相应的措施。GATT1994第6条第1款规定："用倾销的手段将一国产品以低于正常价值的办法引入另一国的商业，如因此对一缔约方领土内一已建立的产业造成实质损害或实质损害威胁，或实质阻碍一国内产业的新建，则倾销应予以谴责。"也就是说，GATT1994并没有将倾销的受害国限于倾销产品的进口国，如果倾销产品给另一国造成损害，也属于GATT1994谴责的倾销行为。在新《对外贸易法》中增加第三国倾销的规定，与WTO协定关于反倾销的内容相一致，给国内产业提供了更有力的保护。第三，将可以采取反补贴措施的补贴由原法的"任何形式的补贴"改为"专项性补贴"。根据WTO补贴与反补贴措施协议，可以将补贴分为禁止性补贴、可诉补贴和不可诉补贴。对于不可诉补贴，其他成员可在事实基础上对其不可诉资格提出质疑，但不能仅仅依此就限制另一成员方对该项补贴的采用。而绝大部分不可诉补贴都是非专项性补贴，我国原《对外贸易法》规定可以对任何形式的补贴采取必要措施是违反WTO补贴与反补贴协议的。因此，新《对外贸易法》对此作了修改，以符合WTO规则的要求。第四，增加了对服务贸易采取保障措施的内容。随着服务领域的开放，外国的服务将会大量涌入我国，为保护我国的国内产业，规定这种保障措施是必要的。第五，增加了因第三国限制进口而导致的进口数量激增而采取保障措施的规定，完善保障措施的内容，给国内产业提供更为全面的保护。第六，据WTO规则，增加规定了当其他成员国违反WTO协定而使我国的条约利益受损时，可以据条约暂停和终止履行我国义务。第七,增加了建立对外贸易应急预警机制的内容,以应对对外贸易中的突发和异常情况,体现了对贸易进行管理和维护机制的完善。第八,对规避救济措施的行为采取反规避措施,保障救济措施的施行。

(七) 进出境检验检疫制度

1. 进出口商品的检验

根据我国法律,对国家指定范围内的商品实施强制性检验检疫(法定检验),对法定检验之外的进出口商品,可以抽样检验。对于法定检验的进口商品,未经检验,不得销售、使用;对于法定检验的出口商品,未检验合格的,不准出口。经当事人申请、国家质检部门批准,可以免予检验。

法定检验的范围:(1) 对列入《种类表》的进出口商品的检验;(2) 出口食品的卫生检验;(3) 出口危险货物包装容器的性能鉴定和使用鉴定;(4) 对装运出口易腐烂变质食品、冷冻品的船舱、集装箱等运载工具的适载检验;(5) 有关国际条约规定必须经商检机构检验的进出口商品的检验;(6) 其他法律、行政法规规定须经商检机构的进出口商品的检验。

2. 进出境动植物检疫

根据《进出境动植物检疫法》及其实施细则,对下列各物实施检疫:进境、出境、过境的动植物、动植物产品和其他检疫;装载动植物、动植物产品和其他检疫物的装载容器、包装物、铺垫材料;来自动植物疫区的运输工具;进境拆解的废旧船舶;有关法律、行政法规、国际条约或者贸易合同约定应当实施进出境动植物检疫的其他货物、物品。

通过贸易、科技合作、交换、赠送、援助等方式输入动植物、动植物产品和其他检疫物的,应当在合同或者协议中订明中国法定的检疫要求,并订明必须附有输出国家或者地区政府动植物检疫机关出具的检疫证书。此外,所称的中国法定的检疫要求,指中国法律、行政法规和国务院农业行政主管部门规定的检疫要求。

对输入的动植物、动植物产品和其他检疫物,按照中国的国家标准、行业标准以及国家质检总局的有关规定实施检疫。输入动植物、动植物产品或其他检疫物,经检疫不合格的,由口岸检疫机关签发《检疫处理通知书》,通知货主或其代理人在口岸检疫机关的监督和技术指导下,作除害处理。在国(境)外发生重大动植物疫情并有可能传入中国时,可以采取紧急预防措施。

(八) 对外贸易促进机制

根据对外贸易发展战略,我国建立了对外贸易促进机制。我国采取措施鼓励对外贸易经营者开拓国际市场,采取对外投资、对外工程承包和对外劳务合作等多种形式,发展对外贸易。

在金融服务保障方面,我国根据对外贸易发展的需要,建立和完善为对外贸易服务的金融机构,设立对外贸易发展基金、风险基金。另外,我国还通过进出口信贷、出口信用保险、出口退税及其他促进对外贸易的方式,发展对外贸易。在信息服务保障方面,我国建立了对外贸易公共信息服务体系,向对外贸易经营者和其他社会公众提供信息服务。在组织机构保障方面,对外贸易经营者可以依法成立和参加有关协会、商会。有关协会、商会应当遵守法律、行政法规,按照章程对其成员提供与对外贸易有关的生产、营销、信息、培训等方面的服务,发挥协调和自律作用,依法提出有关对外贸易救济措施的申请,维护成员和行业的利益,向政府有关部门反映成员有关对外贸易的建议,开展对外贸易促进活动。

参 考 文 献

1. 武亮、赵永秀:《外贸政策法规解读》,人民邮电出版社,2016年。
2. 黄东黎、杨国华:《世界贸易组织法:理论·条约·中国案例》,社会科学文献出版社,2013年。
3. 张乃根:《WTO法与中国涉案争端解决》,上海人民出版社,2013年。
4. 孙琬钟:《WTO法与中国论丛》(2013年卷),知识产权出版社,2013年。
5. 于雷:《国际贸易保护主义中的对华反补贴问题研究》,上海社会科学院出版社,2013年。
6. 曹建明、贺小勇:《世界贸易组织》(第三版),法律出版社,2011年。
7. 贺小勇等:《WTO法专题研究》,北京大学出版社,2010年。
8. 沈四宝、尚明:《〈中华人民共和国对外贸易法〉规则解析》,对外经贸大学出版社,2004年。
9. 赵维田:《世界贸易组织(WTO)的法律制度》,吉林人民出版社,2000年。

第八编 经济仲裁与诉讼法律制度

第二十六章 经济仲裁制度和诉讼法律制度

[本章概要]

在经济法律关系中,当事人之间就其权利义务发生争议,可以通过协商、调解、仲裁或司法诉讼等方式解决纠纷。本章围绕仲裁法律制度和民事诉讼法律制度,着重介绍了仲裁的基本原则、仲裁机构设置和管辖、仲裁程序、诉讼管辖、民事案件审批程序以及执行程序等内容。

第一节 经济仲裁

一、仲裁、仲裁原则和制度

(一)仲裁及仲裁原则

仲裁是纠纷当事人在自愿的基础上达成协议,将纠纷提交非司法机构(仲裁委员会)处理,仲裁机构作出对争议各方均有约束力的裁决的一种解决纠纷的制度和方式。仲裁适用于平等主体的公民、法人和其他组织之间发生的合同纠纷和其他财产利益纠纷。

仲裁原则是在仲裁活动中,仲裁机关和当事人在法定程序中按各自地位,必须遵循的准则,它在仲裁活动中起着主导作用。

1. 自愿原则

自愿原则是仲裁制度的一项根本原则,是法律赋予当事人诸多权利的集中体现。自愿原则,在仲裁中体现为:采取仲裁方式解决纠纷,当事人必须自愿,即当事人应当自愿达成仲裁协议。如果没有仲裁协议,一方申请仲裁的,仲裁委员会不予受理。有仲裁协议的,一方向法院起诉,法院不予受理;当事人可以选定仲裁机构,仲裁机构不实行级别管辖和地域管辖;当事人可以选定仲裁员和共同约定仲裁庭的组成形式、审理方式等事项。

2. 独立仲裁原则

没有独立的仲裁,也就没有真正意义上的仲裁。为此,《仲裁法》规定,仲裁依法独立进行,不受任何机关、社会团体和个人的干涉。仲裁独立,包括从仲裁机构的设置,到仲裁纠纷的整个程序,都依法具有独立性。

3. 公平合理原则

这是指根据事实、符合法律规定,公平合理地解决纠纷的原则。这一原则是公正解决民事经济纠纷的根本保障,是解决当事人之间的争议的基本准则。

（二）仲裁的基本制度

仲裁,又称"公断",是指当事人双方根据事前或者事后达成的仲裁协议,自愿将纠纷提交给仲裁机构处理,仲裁机构作出的裁决对双方当事人具有约束力的一种法律制度。

仲裁制度是国际上通行的解决纠纷的重要法律制度。在我国,仲裁制度逐步发挥着越来越重要的作用。1994年8月31日,第八届全国人大常委会通过了《中华人民共和国仲裁法》,于1995年9月1日起施行。该法的制定和实施,对于规范仲裁机构和仲裁程序,完善仲裁制度,保证公正及时地仲裁民事经济纠纷,保护当事人的合法权益,促进社会主义市场经济的健康发展,有着十分重要的意义。2017年9月1日,第十二届全国人民代表大会常务委员会第二十九次会议决定对《中华人民共和国仲裁法》中有关仲裁员资格条件的部分条文进行修改。我国仲裁法根据多年来的实践经验,借鉴国际上通行的做法,确立了下列基本制度。

1. 协议仲裁制度

协议仲裁制度是自愿原则的集中体现,也是自愿原则在仲裁过程中得以实现的最基本保证。仲裁机构由当事人在仲裁协议中选定。仲裁机构受理案件,必须基于当事人的共同授权,对没有仲裁协议的仲裁申请,仲裁机构不予受理。

2. 或裁或审制度

或裁或审是尊重当事人选择争议解决途径的基本制度,也是国际上通行的一项仲裁制度。因此,我国《仲裁法》规定,当事人达成仲裁协议,一方向人民法院起诉的人民法院不予受理,但仲裁协议无效的除外。

3. 一裁终局制度

仲裁实行一裁终局的制度。裁决作出后,即具有法律效力。当事人就同一纠纷再申请仲裁或者向人民法院起诉的,仲裁委员会或者人民法院不予受理。一裁终局制度,既体现了处理纠纷快捷、及时的仲裁特点,又保证了仲裁裁决的权威性和有效性。

4. 回避制度

根据《仲裁法》规定,当事人有下列情形之一的,必须回避。当事人也有权提出回避申请:

（1）是本案当事人或者当事人、代理人的近亲属；

（2）与本案有利害关系；

(3) 与本案当事人、代理人有其他关系,可能影响公正仲裁的;
(4) 私自会见当事人、代理人,或者接受当事人、代理人的请客送礼的。

二、仲裁机构设置和管辖范围

(一) 仲裁机构设置

仲裁委员会是民间性的常设机构,与行政机关没有隶属关系,各仲裁委员会之间也没有隶属关系。我国《仲裁法》规定,仲裁机构为仲裁委员会。仲裁委员会可以在直辖市和省、自治区人民政府所在地的市设立,也可以根据需要在其他设区的市设立,不按行政区划层层设立。仲裁委员会独立于行政机关,与行政机关没有隶属关系。设立仲裁委员会,应当经省、自治区、直辖市的司法行政部门登记。

仲裁委员会应当具备以下条件:
(1) 自己的名称、住所和章程;
(2) 必要的财产;
(3) 该委员会的组成人员;
(4) 有聘任的仲裁员。

仲裁委员会由主任1人,副主任2—4人和委员7—11人组成,其组成人员必须是法律、经济贸易专家和有实际工作经验的人员。

仲裁员是仲裁委员会聘任的从事仲裁工作的人员。仲裁委员会应当从公道正派的人员中聘任仲裁员,并符合以下条件之一:
(1) 通过国家统一法律职业资格考试取得法律职业资格,从事仲裁工作满8年的;
(2) 从事律师工作满8年的;
(3) 曾任法官满8年的;
(4) 从事法律研究、教学工作并具有高级职称的;
(5) 具有法律知识、从事经济贸易等专业工作并具有高级职称或者具有同等专业水平的。

仲裁是当事人意思自治的产物。依据仲裁中当事人意思高度自治这一原则,当事人可以选择任何人担任仲裁员。但是,有些国家为了保证仲裁案件的审理质量,通过立法对当事人的意思自治进行一定限制,规定必须具备一定条件的人才能担任仲裁员。从各国对仲裁员资格的有关规定看,各国对仲裁员的资格要求有宽有严。规定较宽的如1986年荷兰《民事诉讼法典》第1023条规定,任何有法律行为能力的自然人可被指定为仲裁员。再如,《阿根廷民商事诉讼法典》第743条第2款规定,只有已经达到成年且具备完全民事行为能力的人,才可以担任仲裁员。也有些国家对仲裁员的资格条件规定得较为严格,如在西班牙,在当事人约定依法仲裁争议的情况下,只有执业律师才能被选择为仲裁员。

在仲裁活动中,代表仲裁委员会行使仲裁权,对案件进行审理和裁决的组织形式是仲裁庭。仲裁庭可以由3名仲裁员或者1名仲裁员组成。由3名仲裁员组成的,设首席仲裁员。如果双方当事人约定由3名仲裁员组成仲裁庭的,由双方当事人各指定1名,第三名仲裁员由当事人共同选定;如没有共同选定第三名仲裁员的,双方可以共同委托仲裁委员会主任指定。第三名仲裁员是首席仲裁员。如果双方当事人约定由1名仲裁员处理案件,由双方当事人共同选定或者共同委托仲裁委员会主任指定仲裁员。

（二）仲裁受理案件的范围和管辖

根据《仲裁法》规定,平等主体的公民、法人和其他组织之间发生的合同纠纷和其他财产权益纠纷,可以申请仲裁。但下列纠纷除外:一是婚姻、收养、监护、护养、继承纠纷;二是依法应当由行政机关处理的行政争议。

仲裁委员会的管辖,是指仲裁委员会对当事人提请仲裁的案件依法审理并作出裁决的根据《仲裁法》的规定。仲裁委员会对案件的管辖权取决于双方当事人是否达成仲裁协议。达成仲裁协议的,仲裁委员会才有权受理;没有达成仲裁协议的,仲裁委员会就无权受理。同时,当事人可以在仲裁协议中选择仲裁委员会和仲裁形式。仲裁没有级别管辖和地域管辖的限制。

三、仲裁协议

（一）仲裁协议的种类

仲裁协议是当事人以书面协议方式请求仲裁委员会仲裁的意思表示,是申请仲裁的重要依据,也是仲裁委员会取得案件管辖权的依据。在实践中,仲裁协议可以分为两类:仲裁条款和仲裁协议书。

仲裁条款,即当事人在合同中订立的以仲裁方式解决争议的条款。

仲裁协议书,即当事人在主合同之外单独订立的发生纠纷时请求仲裁的协议书。仲裁协议书可以在纠纷发生前订立,也可以在纠纷发生后订立。

（二）仲裁协议的基本内容

仲裁协议的基本内容是仲裁协议的核心。仲裁协议的内容主要有三项:

（1）请求仲裁的意思表示;

（2）仲裁事项。即当事人约定的将何种争议提交仲裁的范围;

（3）选定的仲裁委员会。由于仲裁实行协议管辖原则,所以当事人必须选定具体的仲裁委员会。

仲裁协议对仲裁事项或者仲裁委员会没有约定或者约定不明确的,当事人可以补充协议;达不成补充协议的,仲裁协议无效。此外,在仲裁案件中,仲裁协议具有独立性。主合同无效或者变更、解除、终止，不影响仲裁协议的效力。

（三）仲裁协议的无效

仲裁协议如有下列情形之一的，该仲裁协议无效：

（1）约定的仲裁事项超出法律规定的仲裁受理范围；

（2）订立仲裁协议的人是无民事行为能力人或者限制民事行为能力人；

（3）一方采取欺诈、胁迫等手段，违背当事人真实意志订立的仲裁协议的。

在仲裁实践中，对仲裁协议效力的确认是一个十分复杂的问题。如果当事人对仲裁协议的效力有异议，应当在仲裁庭首次开庭前提出，请求仲裁委员会作出决定，或者请求人民法院作出裁定。一方请求仲裁委员会作出决定，另一方请求人民法院作出裁定的，由人民法院裁定。

四、仲裁程序

仲裁程序包括申请和受理、仲裁庭的组成、开庭和裁决等。

（一）仲裁申请和受理

1. 申请

当事人向仲裁机关申请仲裁，应符合以下条件：有仲裁协议；有具体的仲裁请求和事实、理由；属于仲裁委员会的受理范围。

申请仲裁，应当向仲裁委员会递交仲裁协议、仲裁申请书及副本。仲裁申请书应写明下列事项：当事人的姓名、性别、年龄、职业、工作单位和住所，法人或者其他组织的名称、住所和法定代表人或者主要负责人的姓名、职务；仲裁请求和所根据的事实、理由；证据和证据来源、证人姓名和住所。

2. 受理

仲裁委员会收到仲裁申请书之日起5日内，认为符合受理条件的，应当受理，并通知当事人；认为不符合受理条件的，应当书面通知当事人不予受理，并说明理由。

仲裁委员会受理仲裁申请后，应当在仲裁规则规定的期限内将仲裁规则和仲裁员名册送达申请人，并将仲裁申请书副本和仲裁规则、仲裁员名单送达被申请人。

3. 答辩

被申请人应当在仲裁规则规定的期限内提交答辩书。仲裁委员会收到答辩书后，应当在仲裁规则规定的期限内将答辩书副本送达申请人。被申请人未提交答辩书的不影响仲裁程序的进行。

（二）当事人在仲裁开庭前的准备

在案件受理后，正式开庭仲裁前，需要做一系列的准备工作，采取必要措施，以更好维护当事人的合法权益。

（1）当事人、法定代理人可以委托律师或其他代理人进行仲裁活动。委托律师和其他代理人进行仲裁活动的应当向仲裁委员会提交委托书。

（2）当事人可以放弃或变更仲裁请求。被申请人可以承认或者反驳仲裁请求，有权提出反请求。

（3）保全措施。一方当事人因另一方当事人的行为或者其他原因，可能使裁决不能执行或者难以执行的，可以申请财产保全。当事人申请财产保全的，仲裁委员会将当事人的申请依民事诉讼法有关规定提交人民法院。由于申请错误，导致被申请人因财产保全遭受损失的，申请人应承担赔偿责任。

（4）选定仲裁员。仲裁庭可以由3名仲裁员或者1名仲裁员组成。由3名仲裁员组成的，设首席仲裁员。由3名还是1名仲裁员组成仲裁庭，由当事人约定。独任仲裁员以及3名仲裁员中的首席仲裁员，须由当事人共同约定或共同委托指定。其余2名仲裁员由当事人双方各自选定或委托指定。

当事人没有在仲裁规则规定的期限内约定仲裁庭组成方式或者选定仲裁员的，由仲裁委员会主任指定。

仲裁庭组成后，仲裁委员会应当将仲裁庭的组成情况书面通知当事人。

（5）收集和提交证据。当事人应当对自己的主张提供证据。但仲裁庭认为有必要收集的证据可以自行收集。证据应当在开庭时出示，当事人可以质证。在证据可能灭失或者以后难以取得的情况下，当事人可以申请证据保全。当事人申请证据保全的，仲裁委员会应当将当事人的申请提交证据所在地的基层人民法院。

（6）技术鉴定。仲裁庭对专门性问题认为需要鉴定的，可以交由当事人约定的鉴定部门鉴定，也可以由仲裁庭指定的鉴定部门鉴定。

根据当事人的请求或者仲裁庭的要求，鉴定部门应当派鉴定人参加开庭。当事人经仲裁庭许可，可以向鉴定人提问。

（三）仲裁庭开庭和裁决

1. 开庭

仲裁应当开庭进行，当事人协议不开庭的，仲裁庭可以根据仲裁申请书、答辩书以及其他材料作出裁决。

仲裁不公开进行，当事人协议公开的，可以公开，但涉及国家秘密的除外。

仲裁委员会应当在仲裁规则规定的期限内将开庭日期通知双方当事人。当事人有正当理由的，可以在仲裁规则规定期限内请求延期开庭。是否延期，由仲裁庭决定。

申请人经书面通知，无正当理由不到庭或者未经许可中途退庭的，可以视为撤回仲裁申请；被申请人经书面通知，无正当理由不到庭或者未经仲裁庭许可中途退庭的，可以缺庭裁决。

仲裁庭开庭本着简单、灵活、便利当事人的原则进行。一般程序如下：

（1）庭审前准备。由书记员宣布庭审规则，查明当事人和仲裁参与人是否到庭，向首席仲裁员报告仲裁庭开庭准备是否就绪。

（2）开庭审理。由首席仲裁员宣布案由和开庭；核对当事人身份和代理权限；宣布仲裁庭组成人员；告知双方当事人权利义务。

（3）庭审调查。这是仲裁庭审理案件的重要环节。其顺序：申请人陈述仲裁请求、事实及理由；被申请人进行答辩或提出反请求；双方代理人阐述代理意见；询问证人、出示证据、当事人相互质证。

（4）庭审辩论。争议的双方当事人根据仲裁庭调查的事实和证据，就如何认定案件事实、证据、责任和适用法律等问题阐明自己的意见。

辩论终结时，仲裁庭应当征询当事人的最后意见。

2. 和解

当事人可以在申请仲裁后自行和解，达成和解协议的，可以请求仲裁庭根据和解协议作出裁决书，也可以撤回仲裁申请。当事人达成和解协议，撤回仲裁申请后反悔的，可以根据仲裁协议申请仲裁。和解裁决是一种重要的纠纷解决方式或当事人权利义务确认方式，在仲裁结案形式中占有较大比重。

3. 调解

仲裁在作出裁决前，可以先行调解。当事人自愿调解的，仲裁庭应当调解。调解不成的，应当及时作出裁决。

调解达成协议的，仲裁庭应当制作调解书或者根据协议的结果制作裁决书。调解书与裁决书具有同等法律效力。

调解书应当写明仲裁请求和当事人协议的结果。调解书由仲裁员签名，加盖仲裁委员会的印章，经双方当事人签收后，即发生法律效力。

4. 裁决

对调解不成或在调解书签收前双方当事人反悔的，仲裁庭应及时作出裁决。裁决应当按照多数仲裁员的意见作出，少数仲裁员的不同意见可以记入笔录。仲裁庭不能形成多数意见时，裁决应当按照首席仲裁员的意见作出。

裁决书应当写明仲裁请求、争议事实、裁决理由、裁决结果、仲裁费用的负担和裁决日期。当事人协议不愿写明争议事实和理由的则可以不写。

裁决书由仲裁员签名，加盖仲裁委员会印章。仲裁庭仲裁纠纷时，其中一部分事实已经清楚的，可以就该部分先行裁决。

裁决书自作出之日起发生法律效力。

五、申请撤销裁决

申请撤销裁决是指对已经发生法律效力的裁决，当事人有证据证明裁决违背仲裁法规定的，可以向仲裁委员会所在地的中级人民法院申请撤销裁决。当事人申请撤销裁决的,应当在收到裁决书之日起6个月内提出。

当事人提出证据证明裁决有下列情形之一的,可以申请撤销裁决：

（1）没有仲裁协议的；

（2）裁决的事项不属于仲裁协议的范围或者仲裁委员会无权仲裁的；

（3）仲裁庭的组成或仲裁的程序违反法定程序的；

（4）裁决所根据的证据是伪造的；

（5）对方当事人隐瞒了足以影响公正裁决的证据的；

（6）仲裁员在仲裁该案时有索贿受贿、徇私舞弊、枉法裁决行为的。

人民法院组成的合议庭审查核实有上述规定情形之一的,应当裁定撤销。人民法院认定该裁决违背社会公共利益的,应当裁定撤销。

人民法院受理撤销裁决的申请后,认为可以由仲裁庭重新仲裁的,通知仲裁庭在一定期限内重新仲裁,并裁定中止撤销程序。仲裁庭拒绝重新裁定的,人民法院应当裁定恢复撤销程序。

六、执行

裁决作出后,当事人应当履行裁决。一方当事人不履行的,另一方当事人可以依照《民事诉讼法》的有关规定向人民法院申请执行。

根据规定,仲裁裁决的强制执行应当向有管辖权的法院提出申请。国内仲裁由被执行人住所地或者被执行人财产所在地的人民法院执行。仲裁执行中的级别管辖参照人民法院受理诉讼案件的级别管辖的规定执行。一方当事人申请执行,另一方当事人申请撤销裁决的,人民法院应当裁定中止执行；人民法院裁定撤销裁决的,应当裁定终结执行；撤销裁决的申请被裁定驳回的,人民法院应当裁定恢复执行。

第二节　经济纠纷诉讼

经济纠纷诉讼是指人民法院及经济诉讼参与人为解决经济纠纷案件所进行的诉讼活动。目前审理经济纠纷案件主要由各级人民法院设置的民事审判庭承担,此外,还有专门法院,如铁路运输法院和海事法院等。

经济纠纷诉讼在程序方面适用的法律,主要是2013年1月1日正式实施《中华人民共和国民事诉讼法》,囿于篇幅,本节仅作扼要介绍。

一、案件的管辖

案件的管辖,是指根据民事案件的不同情况和各级人民法院的职权范围,确定案件由哪一个法院受理的一种司法制度。案件的管辖是诉讼中首先遇到的问题。当事人应当了解管辖的规定,向有管辖权的人民法院提起诉讼。根据《民事诉讼法》的规定,管辖主要可以归纳为级别管辖、地域管辖和移送管辖与指定管辖三种情况。

（一）级别管辖

我国的人民法院分为四级,即基层人民法院、中级人民法院、高级人民法院、最高人民法院。级别管辖是指各级人民法院经济审判庭之间受理第一审案件的分工和权限。确定级别管辖的原则是以案情是否重大复杂、影响范围大小为标准,具体规定如下:

（1）基层人民法院管辖第一审经济纠纷案件,但民事诉讼法另有规定的除外；

（2）中级人民法院管辖下列第一审民事案件:重大涉外案件；在本辖区内有重大影响的案件；最高人民法院确定有中级人民法院管辖的案件；

（3）高级人民法院管辖在本辖区有重大影响的第一审民事案件；

（4）最高人民法院管辖下列第一审经济案件:在全国有重大影响的案件；认为应当由本院审理的案件。

（二）地域管辖

地域管辖是指确定同级人民法院之间在各自的辖区审理第一审民事案件的分工和权限。地域管辖可分为一般地域管辖、特殊地域管辖、专属地域管辖、协议管辖和选择(共同)管辖。

1. 一般地域管辖

其原则是"原告就被告",即民事诉讼由被告住所地人民法院管辖。对公民提起的民事诉讼,由被告住所地人民法院管辖；被告住所地与经常居住地不一致的,由经常居住地人民法院管辖。对法人或者其他组织提起的民事诉讼,由被告住所地人民法院管辖。公民的住所地是指公民的户籍所在地,法人或者其他组织的住所地是指法人或者其他组织的主要办事机构所在地。

2. 特殊地域管辖

（1）因合同纠纷提起的诉讼,由被告住所地或者合同履行地人民法院管辖；

（2）因保险合同纠纷提起的诉讼,由被告住所地或者保险标的物所在地的人民法院管辖；

（3）因票据纠纷提起的诉讼,由票据支付地或者被告住所地人民法院管辖；

（4）因公司设立、确认股东资格、分配利润、解散等纠纷提起的诉讼,由公司住所地人民法院管辖；

（5）因铁路、公路、水上、航空运输和联合运输合同纠纷提起的诉讼,由运输始发地、目的地或者由被告住所地人民法院管辖；

（6）因侵权行为提起的诉讼,由侵权行为地或者被告住所地人民法院管辖；

（7）因船舶碰撞或者其他海事损害事故请求损害赔偿提起诉讼的,由碰撞发生地、碰撞船舶最先到达地、加害船舶被扣留地或者被告住所地人民法院管辖；

（8）因铁路、公路、水上和航空事故请求损害赔偿提起的诉讼，由事故发生地或者车辆、船舶最先到达地、航空器最先降落地或者被告住所地人民法院管辖；

（9）因海难救助费用提起的诉讼，由救助地或者被救助船舶最先到达地人民法院管辖；

（10）因共同海损提起的诉讼，由船舶最先到达地、共同海损理算地或者航程终止地的人民法院管辖。

3. 专属管辖

专属管辖是指按照诉讼标的特殊性与管辖的排他性而确定的管辖。下列案件实行专属管辖：

（1）因不动产纠纷提起的诉讼，由不动产所在地人民法院管辖；

（2）因港口作业中发生纠纷提起的诉讼，由港口所在地人民法院管辖；

（3）因继承遗产纠纷提起的诉讼，由被继承人死亡时住所地或者主要遗产所在地人民法院管辖。

4. 选择（共同）管辖

同一诉讼的几个被告住所地、经常居住地在两个以上人民法院辖区的，所涉及人民法院都有管辖权；两个以上人民法院都有管辖权的案件，原告可以向其中一个人民法院起诉；原告向两个以上有管辖权的人民法院起诉的，由最先立案的人民法院管辖。

5. 协议管辖

《民事诉讼法》第 34 条："合同或者其他财产权益纠纷的当事人可以书面协议选择被告住所地、合同履行地、合同签订地、原告住所地、标的物所在地等与争议有实际联系的地点的人民法院管辖，但不得违反本法对级别管辖和专属管辖的规定。"

（三）移送管辖和指定管辖

人民法院发现受理的案件不属于本院管辖的，应当移送有管辖权的人民法院，受移送的人民法院应当受理。

有管辖权的人民法院由于特殊原因，不能行使管辖权的，由上级人民法院指定管辖。人民法院之间因管辖权发生争议，由争议双方协商解决；协商解决不了的，报请它们的共同上级人民法院指定管辖。

人民法院受理案件后，当事人对管辖权有异议的，应当在提交答辩状期间提出。人民法院对当事人的异议，应当审查。异议成立的，裁定将案件移送有管辖权的人民法院；异议不成立的，裁定驳回。对驳回的裁定，当事人可以上诉。

二、诉讼参加人

（一）当事人

民事诉讼当事人是指因民事权利义务发生争议，以自己的名义进行诉讼，并受人民法院裁判约束的有利害关系的人。当事人有广义和狭义之分。广义的当事人,包括原告、被告、共同诉讼人、诉讼代表人和第三人。狭义的当事人指原告和被告。

原告是为维护自己的民事权益,以自己的名义向人民法院提起诉讼,因而引起诉讼程序的人。被告是指与他人的民事权益发生争议,由人民法院通知应诉的人。当事人一方或者双方为两人以上,其诉讼标的是共同的,或者诉讼标的是同一种类、人民法院认为可以合并审理并经当事人同意的,为共同诉讼。在共同诉讼中,原告为两人以上的,称为共同原告;被告为两人以上的,称为共同被告。当事人一方人数众多的共同诉讼,可以由当事人推选代表人进行诉讼。

对当事人双方的诉讼标的,第三人认为有独立请求的,有权提起诉讼;对当事人双方的诉讼标的,第三人虽然没有独立请求权,但案件处理结果同他有法律上的利害关系的,可以申请参加诉讼,或者由人民法院通知他参加诉讼。人民法院判决承担民事责任的第三人,有当事人的诉讼权利义务。

(二)诉讼代理人

无诉讼行为能力人由他的监护人作为法定代理人代为诉讼。当事人、法定代理人可以委托一至两人作为诉讼代理人。律师、基层法律服务工作者、当事人的近亲属或者工作人员、当事人所在社区、单位以及有关社会团体推荐的公民,都可以被委托为诉讼代理人。

委托他人代为诉讼,必须向人民法院提交由委托人签名或者盖章的授权委托书。授权委托书必须记明委托事项和权限。诉讼代理人代为承认、放弃、变更诉讼请求,进行和解,提起反诉或者上诉,必须有委托人的特别授权。

三、证据

(一)证据的概念

证据是用来证明案件真实情况的一切事实。当事人发生纠纷,诉诸法院,请求维护自己的合法权益,必须提供有关证据,来证明自己的主张。没有证据证明的主张,法院或者仲裁机构将因证据不足而对当事人的诉讼(仲裁)请求作出不予支持的判决或裁定。为此,在诉讼或仲裁中必须高度重视证据。

(二)证据的基本特点

证据是认定案件事实的根据,在诉讼中有着十分重要的意义。证据有以下三个基本特征:(1)客观性。证据是客观存在的事实,符合客观实际和真实情况;(2)关联性。证据是同案件有某种联系并对证明案情有实际意义的事实;(3)法律性。证据应当是依法收集、依法查证的事实。

(三)证据的种类

证据有下列几种:当事人的陈述;书证;物证;视听资料;电子证据;证人证言;鉴

定意见;勘验笔录。

证据必须查证属实,才能作为认定事实的根据。书证、物证是传统的常见证据。在实践中,往往由于当事人重视不够,不注意保存,造成证据灭失,以至在诉讼中处于不利的地位。

(四) 证据保全

在证据可能灭失或者以后难以取得的情况下,诉讼参加人可以向人民法院申请保全证据,人民法院也可以主动采取保全措施。

(五) 举证责任

举证责任是指当事人对自己提出的主张有责任提供相应的证据予以证明。举证责任包括两个方面的内容:一是由谁提供证据证明案件事实,即举证责任由谁承担;二是当举不出证据证明案件事实的后果由谁承担。我国《民事诉讼法》第64条规定:"当事人对自己提出的主张,有责任提供证据。"该条规定明确了"谁主张谁举证"的原则。当然,在当事人及其诉讼代理人因客观原因不能自行收集证据,或者人民法院认为审理案件需要的证据,人民法院应当调查收集。

四、财产保全

财产保全是指人民法院对可能因当事人一方的行为或者其他原因,使判决难以执行或者造成当事人其他损害的案件,可以根据对方当事人的申请,作出财产保全的裁定;当事人没有提出申请的,人民法院在必要时也可以裁定采取财产保全措施。可以采取保全措施的财产限于请求的范围,或者与本案有关的财产,财产保全的方法有查封、扣押、冻结或者法律规定的其他方法。

人民法院对情况紧急的,必须在当事人提出财产保全申请后的48小时内作出裁定,并立即开始执行。财产被冻结后,人民法院应立即通知被冻结财产的人。被申请人提供担保的,应当解除财产保全。财产已被查封、冻结的,不得重复查封、冻结。

人民法院在决定采取保全措施时,可以责令申请人提供担保。否则,可裁定驳回财产保全的申请。当事人对财产保全的裁定不服的,可以申请复议一次,复议期间不停止裁定的执行。

财产保全申请有错误的,申请人应当赔偿被申请人因财产保全所遭受的损失。

五、审判程序

人民法院审理经济纠纷案件,实行两审终审制。

(一) 第一审普通程序

1. 起诉和受理

起诉是指一方当事人向人民法院请求审理案件的活动,是诉讼过程的开始、审理案件的前提。起诉必须符合以下条件：原告是与本案有直接利害关系的公民、法人和其他组织；有明确的被告；有具体的诉讼请求和事实、理由；属于人民法院受理案件的范围和受诉人民法院管辖。起诉应向人民法院递交起诉状，并按照被告人数提出副本。

起诉状应当记明下列事项：当事人姓名、性别、年龄、民族、职业、工作单位和住所，法人或者其他组织的名称、住所和法定代表人或者主要负责人的姓名、职务；诉讼请求和所根据的事实与理由；证据和证据来源，证人姓名和住所。

人民法院对起诉状经审查认为符合受案条件的，即应当在7日内立案受理，并通知当事人；对认为不符合起诉条件的，法院应当在7日内裁定不予受理。原告对裁定不服的，可以提起上诉。

人民法院应当在立案后5日内将起诉状副本发送被告，被告在收到起诉书副本后15日内提出答辩状。被告提出答辩状的，人民法院应当在收到之日起5日内将答辩状副本发送原告。被告不提出答辩状的，不影响人民法院审理。

2. 开庭审理

人民法院审理民事案件，除涉及国家秘密、个人隐私或者法律另有规定的以外，应当公开审理；离婚案件，涉及商业秘密的案件，当事人申请不公开审理的，可以不公开审理。

（1）开庭前准备。

开庭前作好以下准备：在开庭3日前通知当事人和其他诉讼参与人；对公开审理的案件发布公告；由书记员在庭审前查明有关人员是否到庭，宣布法庭纪律；由审判人员核对当事人身份，宣布案由及审判人员、书记员名单，告知当事人诉讼权利和义务，询问当事人是否提出回避申请。

（2）法庭调查。

法庭调查一般按照下列顺序进行：当事人陈述；告知证人的权利义务，证人作证，宣读未到庭的证人证言；出示书证、物证、视听资料和电子证据；宣读鉴定意见；宣读勘验笔录。

（3）法庭辩论。

法庭辩论按照下列顺序进行：原告及其诉讼代理人发言；被告及其诉讼代理人答辩；如有第三人参加，由第三人及其诉讼代理人发言或答辩；互相辩论。

法庭辩论终结，由审判长按原告、被告、第三人的先后顺序征询各方最后意见。

3. 调解和判决

法院对受理的民事案件，应当根据自愿和合法的原则进行调解；调解不成的，应当及时判决。调解成立时，法院应制作调解书，由审判员、书记员署名，盖人民法院印章。调解书经双方经当事人签字后，即发生法律效力。

未达成调解协议或者调解书送达前一方反悔的,人民法院应当及时判决。判决可以当庭宣判,也可以定期宣判。

人民法院适用普通程序审理的案件,应当在立案之日起6个月内审结,有特殊情况需要延长的,由本院院长批准,可以延长6个月;还需要延长的,报请上级人民法院批准。

（二）简易程序

基层人民法院和它派出的法庭审理事实清楚、权利义务关系明确、争议不大的简单的第一审民事案件,可以采用简易程序,由一名审判员对案件独立进行调解或者审判。

人民法院适用简易程序审理案件,应当在立案之日起3个月内审结。

（三）第二审程序

第二审程序又称上诉审程序,指当事人不服一审判决时,在法定期限内向上一级人民法院提起上诉,上一级人民法院对未发生法律效力的判决、裁定的案件重新审理的法律程序。当事人不服一审判决,可在判决书送达之日起15日内向上一级人民法院提起上诉;不服一审裁定的,有权在裁定书送达之日起10日内提起上诉。第二审人民法院对上诉案件,组成合议庭,重新审理案件。

上诉状应通过原审法院提出,并按照对方当事人或者代表人的人数提出副本。

第二审法院对上诉案件,经过审理,可作出以下处理:

(1) 原判决、裁定认定事实清楚,适用法律正确的,以判决、裁定方式驳回上诉,维持原判决、裁定;

(2) 原判决、裁定认定事实错误或者适用法律错误的,以判决、裁定方式依法改判、撤销或者变更;

(3) 原判决认定基本事实不清的,裁定撤销原判决,发回原审人民法院重审,或者查清事实后改判;

(4) 原判决遗漏当事人或者违法缺席判决等严重违反法定程序的,裁定撤销原判决,发回原审人民法院重审。

人民法院审理上诉案件,应当在第二审立案之日起3个月内审结,有特殊情况需要延长的,由本院院长批准。人民法院审理对裁定的上诉案件,应当在第二审立案之日起30日内作出终审裁定。

第二审人民法院的判决、裁定,是终审的判决、裁定。

第二审法院审理上诉案件,可以进行调解。调解成立,原审法院的判决即视为撤销。

（四）特别程序

人民法院审理某些特殊类型的非民事权益争议案件采用特别程序。由特别程序审理的案件有：选民资格案件；宣告失踪或者宣告死亡案件；认定公民无民事行为能力或者限制民事行为能力案件；认定无主财产案件；确认调解协议案件；实现担保物权案件。

特别程序审理案件，实行一审终审制。选民资格案件或者重大、疑难案件，由审判人员组成合议庭审理；其他案件由审判员一人独任审理。

（五）审判监督程序

审判监督程序，也称再审程序，是人民法院对已经发生效力的判决、裁定、调解书，发现确有错误，依法重新审理案件的程序。

各级人民法院院长对本院已经发生法律效力的判决、裁定、调解书，发现确有错误，认为需要再审的，应当提交审判委员会讨论决定；最高人民法院对地方各级人民法院已经发生法律效力的判决、裁定、调解书，上级人民法院对下级人民法院已经发生法律效力的判决、裁定、调解书，发现确有错误的，有权提审或者指令下级人民法院再审；最高人民检察院对各级人民法院已经发生法律效力的判决、裁定，上级人民检察院对下级人民法院已经发生法律效力的判决、裁定发现确有错误的，或者发现调解书损害国家利益、社会公共利益的，有权按照审判监督程序提出抗诉。

当事人对已经发生法律效力的判决、裁定，认为有错误的，可以向上一级法院申请再审，但不停止判决、裁定的执行。当事人对已经发生法律效力的调解书，提出证据证明调解违反自愿原则或者调解协议的内容违反法律的，可以申请再审。当事人申请再审，应当在判决、裁定发生法律效力后6个月内提出。人民法院对不符合规定的申请，予以驳回。当事人对已经发生法律效力的解除婚姻关系的判决、调解书，不得申请再审。

（六）督促程序

债权人请求债务人给付金钱、有价证券，符合法定条件的，可以向有管辖权的基层人民法院申请支付令。人民法院受理申请后，经审查债权人提供的事实、证据，对债权债务关系明确、合法的，应当在受理之日起15日内向债务人发出支付令；申请不成立的，裁定予以驳回。债务人应当自收到支付令之日起15日内清偿债务，或者向人民法院提出书面异议。债务人在规定的期间不提出异议又不履行支付令的，债权人可以向人民法院申请执行。

申请支付令必须符合下列条件：（1）债权人与债务人没有其他债务纠纷；（2）支付令能够送达债务人。申请书应当写明请求给付金钱或者有价证券的数量和所根据的事实、证据，向有管辖权的基层人民法院提出。

（七）公示催告程序

按照规定可以背书转让的票据持有人，因票据被盗、遗失或者灭失，可以向票据支付地的基层人民法院申请公示催告。申请人申请公示催告应当向人民法院递交申请书,写明票面金额、发票人、持票人、背书人等票据主要内容和申请的理由、事实。

人民法院决定受理申请的,应当同时通知支付人停止支付,并在3日内发出公告,催促利害关系人申报权利。公示催告的期间,由人民法院根据情况决定,但不得少于60日。

支付人收到人民法院停止支付的通知,应当停止支付,至公示催告程序终结。公示催告期间,转让票据权利的行为无效。

利害关系人应当在公示催告期间向人民法院申报。人民法院收到利害关系人的申报后,应当裁定终结公示催告程序,并通知申请人和支付人;没有人申报的,人民法院应当根据申请人的申请,作出判决,宣告票据无效。判决应当公告,并通知支付人。自判决公告之日起,申请人有权向支付人请求支付。

六、执行程序

对于已经发生效力的判决书、裁定书、调解书及其他应由人民法院执行的法律文书,当事人必须履行。拒绝履行的,享有权利一方可向人民法院申请强制执行。申请执行的期限,根据《民事诉讼法》第239条规定:申请执行的期间为2年。申请执行时效的中止、中断,适用法律有关诉讼时效中止、中断的规定。前款规定的期间,从法律文书规定履行期间的最后一日起计算;法律文书规定分期履行的,从规定的每次履行期间的最后一日起计算;法律文书未规定履行期间的,从法律文书生效之日起计算。

人民法院的主要执行措施:冻结、划拨被执行人的银行存款;扣留、提取被执行人应当履行义务部分的收入;查封、扣押、冻结、拍卖、变卖被执行人应当履行义务部分的财产;强制被执行人交付财物或者票证;强制被执行人迁出房屋或者退出土地;强制被执行人执行法律文书指定的行为等。被执行人不履行法律文书确定的义务,并隐匿财产的,人民法院有权发出搜查令,对被执行人及其住所或者财产隐匿地进行搜查。

参 考 文 献

1. 田中成明:《现代社会与审判——民事诉讼的地位和作用》(第四版),北京大学出版社,2016年。
2. 李浩:《民事诉讼法学》,法律出版社,2016年。
3. 江伟、肖建国:《仲裁法》,中国人民大学出版社,2016年。
4. 林一飞:《商事仲裁实务精要》,北京大学出版社,2016年。
5. 廖永安:《民事诉讼制度专题实证研究》,中国人民大学出版社,2016年。
6. 江伟、肖建国:《民事诉讼法》,中国人民大学出版社,2015年。
7. 田平安:《民事诉讼法学》,法律出版社,2015年。